2017年度浙江省社科联省级社会科学学术著作出版资金资助出版（编号：2017CBZ01）

国家社会科学基金项目"我国未成年人数字化阅读实证研究"（项目批准号：12CTQ014）

当代浙江学术文库
DANGDAI ZHEJIANG XUESHU WENKU

像素的悖论：
中国未成年人数字化阅读实证研究

王佑镁 著

中国社会科学出版社

图书在版编目（CIP）数据

像素的悖论：中国未成年人数字化阅读实证研究/王佑镁著.
—北京：中国社会科学出版社，2018.5

（当代浙江学术文库）

ISBN 978 - 7 - 5203 - 1472 - 5

Ⅰ.①像… Ⅱ.①王… Ⅲ.①少年儿童—电子图书—阅读—研究—中国 Ⅳ.①G255.75

中国版本图书馆CIP数据核字（2017）第280174号

出 版 人	赵剑英	
责任编辑	田 文	
特约编辑	陈 琳	
责任校对	张爱华	
责任印制	王 超	

出　版	中国社会科学出版社	
社　址	北京鼓楼西大街甲158号	
邮　编	100720	
网　址	http://www.csspw.cn	
发行部	010 - 84083685	
门市部	010 - 84029450	
经　销	新华书店及其他书店	

印刷装订	北京明恒达印务有限公司
版　次	2018年5月第1版
印　次	2018年5月第1次印刷

开　本	710×1000 1/16
印　张	22.25
插　页	2
字　数	369千字
定　价	95.00元

凡购买中国社会科学出版社图书，如有质量问题请与本社营销中心联系调换
电话：010 - 84083683
版权所有　侵权必究

目 录

引言 未成年人阅读的"像素"悖论 …………………………………… (1)
    一 问题提出 ………………………………………………………… (1)
    二 研究定位 ………………………………………………………… (11)
    三 研究方法 ………………………………………………………… (13)
    四 研究框架 ………………………………………………………… (18)

第一章 未成年人数字化阅读研究综述 ……………………………… (20)
  第一节 数字化阅读的概念纷争与统整 ……………………………… (20)
    一 数字化阅读的概念纷争 ………………………………………… (20)
    二 数字化阅读术语分类谱系 ……………………………………… (24)
    三 数字化阅读的概念视图 ………………………………………… (27)
  第二节 未成年人数字化阅读研究现状 ……………………………… (29)
    一 国内研究现状 …………………………………………………… (29)
    二 国外研究现状 …………………………………………………… (40)
  第三节 未成年人数字化阅读相关调查 ……………………………… (48)
    一 个体调查研究项目 ……………………………………………… (49)
    二 机构调查研究项目 ……………………………………………… (51)
  第四节 未成年人数字化阅读研究述评 ……………………………… (61)
    一 国内外研究比较 ………………………………………………… (62)
    二 研究热点与趋势 ………………………………………………… (66)
    三 本研究关注焦点 ………………………………………………… (71)

第二章 未成年人数字化阅读的特征与倾向 ………………………… (75)
  第一节 调查研究设计 ………………………………………………… (75)

一　研究目的 ……………………………………………………（75）
　　二　研究流程 ……………………………………………………（76）
　　三　问卷设计 ……………………………………………………（77）
　　四　采样方法 ……………………………………………………（78）
　　五　调查实施 ……………………………………………………（81）
第二节　未成年人数字化阅读的基本特征 ……………………………（82）
　　一　基于数字化阅读主体的特征分析 …………………………（82）
　　二　基于数字化阅读媒介的特征分析 …………………………（84）
　　三　基于数字化阅读方式的特征分析 …………………………（86）
　　四　基于数字化阅读内容的特征分析 …………………………（90）
第三节　未成年人数字化阅读的基本认知 ……………………………（93）
　　一　对数字化阅读特点的认知 …………………………………（93）
　　二　对数字化阅读动机的认知 …………………………………（96）
　　三　对数字化阅读效果的认知 …………………………………（98）
　　四　对数字化阅读预期的认知 …………………………………（101）
第四节　未成年人数字化阅读的基本倾向 ……………………………（102）
　　一　数字化阅读的场景取向 ……………………………………（102）
　　二　数字化阅读的态度取向 ……………………………………（105）
　　三　数字化阅读的消费取向 ……………………………………（106）
第五节　本章小结 ………………………………………………………（108）

第三章　未成年人数字化阅读的眼动分析 …………………………（114）
第一节　眼动研究设计 …………………………………………………（114）
　　一　眼动分析概述 ………………………………………………（114）
　　二　眼动研究方案 ………………………………………………（115）
第二节　数字化阅读与纸质阅读的眼动行为比较 ……………………（116）
　　一　实验背景 ……………………………………………………（116）
　　二　相关研究回顾 ………………………………………………（118）
　　三　实验设计 ……………………………………………………（120）
　　四　实验结果及分析 ……………………………………………（122）
　　五　实验结论 ……………………………………………………（128）

第三节 数字化阅读中不同版面要素的眼动研究 (129)
  一 实验背景 (129)
  二 相关研究回顾 (130)
  三 实验设计 (132)
  四 实验结果与分析 (133)
  五 实验结论 (137)

第四节 语言图式和内容图式对数字化阅读影响的眼动研究 (137)
  一 实验背景 (137)
  二 相关研究回顾 (138)
  三 实验设计 (140)
  四 实验结果与分析 (142)
  五 实验结论 (146)

第五节 本章小结 (148)

第四章 未成年人数字化阅读的行为分析 (150)
第一节 行为研究设计 (150)
  一 行为观察概述 (150)
  二 行为研究方案 (151)

第二节 使用经验对未成年人数字化阅读的影响研究 (152)
  一 实验背景 (152)
  二 相关研究回顾 (153)
  三 实验设计 (155)
  四 实验结果与分析 (159)
  五 实验结论 (166)

第三节 用户经验与未成年人数字化阅读行为的关系研究 (168)
  一 实验背景 (168)
  二 相关研究回顾 (168)
  三 实验设计 (171)
  四 实验结果与分析 (172)
  五 实验结论 (182)

第四节 本章小结 (184)

第五章 数字化阅读对未成年人发展的影响 …………………… (186)

第一节 量表研究设计 …………………………………………… (186)
  一 研究方法概述 ………………………………………… (186)
  二 研究方案设计 ………………………………………… (187)

第二节 数字化阅读对未成年人认知发展的影响 ……………… (188)
  一 本研究背景 …………………………………………… (188)
  二 相关研究回顾 ………………………………………… (189)
  三 本研究设计 …………………………………………… (191)
  四 数据统计与结果分析 ………………………………… (192)
  五 本研究结论 …………………………………………… (198)

第三节 数字化阅读对未成年人社会发展的影响 ……………… (200)
  一 本研究背景 …………………………………………… (200)
  二 相关研究回顾 ………………………………………… (201)
  三 本研究设计 …………………………………………… (203)
  四 数据统计与结果分析 ………………………………… (204)
  五 本研究结论 …………………………………………… (210)

第四节 本章小结 ………………………………………………… (211)

第六章 未成年人数字化阅读的引导策略 …………………………… (213)

第一节 德尔菲法研究设计 ……………………………………… (213)
  一 相关研究回顾 ………………………………………… (213)
  二 德尔菲法概述 ………………………………………… (215)
  三 德尔菲法操作流程 …………………………………… (215)
  四 德尔菲法注意事项 …………………………………… (216)

第二节 德尔菲法研究过程 ……………………………………… (217)
  一 实施过程 ……………………………………………… (217)
  二 数据收集与分析 ……………………………………… (219)

第三节 本章小结 ………………………………………………… (232)

第七章 未成年人数字化阅读的服务创新 …………………………… (234)

第一节 发展未成年人的数字化阅读素养 ……………………… (234)

一　素养连续统：从信息素养到数字素养 …………………………（235）
　　二　数字化阅读素养的概念建构 ……………………………………（238）
　　三　数字化阅读素养的内容结构 ……………………………………（239）
　　四　未成年人数字化阅读素养的发展策略 …………………………（242）
第二节　支持未成年人数字化阅读的参与式学习框架 ………………（245）
　　一　参与式学习 ………………………………………………………（245）
　　二　参与式学习的理论基础 …………………………………………（247）
　　三　支持未成年人数字化阅读的参与式学习框架建构 ……………（254）
　　四　支持未成年人数字化阅读的参与式学习框架实施流程 ………（257）
第三节　建设面向未成年人的数字化阅读服务体系 …………………（259）
　　一　基于 Web 2.0 的图书馆数字化阅读服务"双环"模型 ………（260）
　　二　面向未成年人数字化阅读的图书馆服务策略 …………………（262）
　　三　建立未成年人数字化阅读推广的多维路径 ……………………（266）
　　四　开发面向未成年人数字化阅读的政策框架 ……………………（268）
　　五　构建面向未成年人的数字化阅读服务生态圈 …………………（269）

结语　迈向跨媒体社交化阅读 ………………………………………（272）
　　一　观点总结 …………………………………………………………（272）
　　二　创新与不足 ………………………………………………………（278）
　　三　研究展望 …………………………………………………………（280）

附录 ………………………………………………………………………（283）
　　一　全国国民阅读调查历年主要数据一览表 ………………………（283）
　　二　我国未成年人数字化阅读现状调查（预调查表）………………（285）
　　三　我国未成年人数字化阅读现状调查（正式调查表）……………（290）
　　四　使用经验对未成年人数字化阅读的影响调查问卷 ……………（298）
　　五　用户经验与未成年人数字化阅读行为的关系调查问卷 ………（303）
　　六　数字化阅读对未成年人认知发展的影响调查问卷 ……………（306）
　　七　数字化阅读对未成年人社会性发展的影响调查问卷 …………（309）
　　八　未成年人数字化阅读的引导策略相关研究问卷 ………………（312）

参考文献 ……（323）
　　一　中文部分 ……（323）
　　二　英文部分 ……（336）
　　三　网页部分 ……（346）

引 言
未成年人阅读的"像素"悖论

这是一个数字技术迅猛发展、传播方式不断变革的新时代！新媒体、新技术革新了持续千年的阅读载体，也改变了持续千年的阅读方式，移动化、网络化阅读更新了业已形成的阅读习惯，个性化、社交化阅读变革了习以为常的阅读观念。对于阅读这一重要的信息传播方式而言，这是一个伟大的时代，也是一个颠覆的时代，以网络阅读、电子阅读、手机阅读等为代表的数字化阅读，正逐渐侵蚀传统纸质阅读的领地，这种以像素为载体的数字化阅读带来巨大便利性的同时，似乎也备受责难——诸如信息杂乱、良莠不齐、无聊肤浅，等等。人们在责难数字化阅读的同时，却发现越来越离不开数字化阅读，这种"悖论"对于身处心智发展关键阶段的未成年人来说，要做出"像素"阅读与"纸质"阅读之间的选择，似乎更加艰难，从这个意义上说这是"一个最好的时代"，也是"一个最坏的时代"！作为未成年人获取知识与信息、实现社会化的重要途径，数字化阅读与传统纸质阅读的争论和纠纷从未停止，阅读也从未像今天这样面临巨大的挑战：阅读到底应该是"像素化"还是"纸质化"？未成年人是否应该在"像素"阅读与"纸质"阅读之间做出艰难的选择？

一 问题提出

（一）引子：数字原生代的烦恼

在我国，未成年人一般指未满十八周岁的公民。[①] 按照这个界定，当前所指的未成年人均属于"95后"，这个年龄段的个体属于典型的数字原生代（Digital Natives）——一个出生、成长于数字社会的群体。国际著名学习软

[①] 参见《中华人民共和国未成年人保护法》（2012年10月26日中华人民共和国主席令第65号）第一章第二条。

件设计家马克·普林斯基（Marc Prensky）于2001年最早在其论文《数字原生代与数字移民》中提出"数字原生代"的概念，① 以表征不同代际群体在数字技术使用方面的显著性差异。② 来自美国哈佛大学贝克曼互联网与社会研究中心（Berkman Center for Internet and Society）和瑞士圣加仑大学（University of St. Gallen）信息法研究中心的两位研究者约翰·帕尔弗里（John Palfrey）和乌尔斯·加塞（Urs Gasser）在研究网络化生存问题的时候，系统阐述了这个新概念，他们指出，相对于数字技术引发的新的商业模式变革和新的算法研究出现，数字技术革命带来的最深刻、最持久的变化在于一种代际鸿沟的形成——这种鸿沟存在于数字时代出生者和非数字时代的出生者之间。③ 不同于他们的父辈，对于数字原生代而言，他们出生在一个数字化、网络化世界，比特（bit）就是他们的生活，数字化生存是他们贯穿始终的生存方式，他们生活在PC、互联网、手机和平板电脑的时代，生存在虚拟社区与现实空间中，自由切换于各种媒介与设备之间。其实，当今社会的"80后"甚至再年轻些的未成年人都可以算得上是真正的数字原生代。

数字原生代对于数字技术和数字设备有着天然的敏感性和亲近感。国内知名科技博客"36氪"报道，《科学美国人》曾经讨论过一个话题，"数字化环境下成长的数字原住民是不是会更加偏好数字设备？"为此，杂志提供了一段视频④，视频记录了一个儿童面对iPad和杂志的时候其习惯性动作，看上去小女孩只有1岁，但是，显然iPad是她最喜爱的玩具，小孩能够熟练操作平板上的每个应用；而面对杂志的时候，却表现得非常陌生，竟然把杂志竖起来，朝封面上又是按又是敲又是戳，显然她认为这是一个屏幕；更加有意思的是，纸面无法产生iPad那种触摸效果之后，她并没有意识到纸本和屏幕的区别，反倒是对自己的肢体表示了怀疑，竟然按了按自己的大腿以便确认手指没问题。⑤

---

① Prensky, Marc. *Digital Natives, Digital Immigrants*. On the Horizon, 2001, 9 (5): 1–6.

② 与"数字原生代"（Digital Natives）相关的还有两个概念，"数字移民"（Digital Immigrants）和"数字难民"（Digital Refugees），这三个概念构成了数字时代依据人类数字鸿沟所划分的新的"三个世界"。

③ John Palfrey & Urs Gasser. *Born Digital: Understanding the First Generation of Digital Natives*, New York: Basic Books, 2008.

④ 该视频名为《A Magazine Is an iPad That Does Not Work》，读者可以在优酷上检索观看。

⑤ Boxi:《数字时代的阅读：纸质书和电子书背后的科学》，http://36kr.com/p/202596.html, 2017-10-05。

这段视频非常直观地表明了数字原生代对于阅读这一信息传播方式的认知和感知，其行为表现对于大多数"数字移民"是不可理解的。这种"反差"至少表现在三个方面，一是新生代数字原住民是天生的技术玩家。平板电脑的设计与界面非常动感、华丽，特别易操作，体验感极强，对于使用者的学习能力毫无要求，零起点的使用者都可以在不用尝试或者简单尝试的基础上，熟练操作和使用终端设备完成操作。二是对于数字原生代而言，屏幕化、像素化才是信息媒介传播的天然方式。对于儿童而言，本无界面与材质的要求，但由于习惯于"刷屏式"的操作，无论是纸质或者其他材质，"刷屏"是唯一的存在。三是数字设备已经天然植入到数字原生代的信息传播范式之中，甚至超过了她对自己身体的判断，即使在纸质杂志无法操作的时候，她宁愿相信自己的手指出问题而不是对象出问题！从建构主义角度看，数字原生代已经被建构于一种数字技术环境之中，一切的经验都是数字化的！

互联网诞生伊始就与阅读紧密联系在一起。理解数字化阅读与纸质阅读的区别对每一个人都很重要。在视频中，小女孩的父亲认为，他的小孩属于典型的数字原生代，对于这些数字技术的陪伴者来说，由于数字技术的使用偏好，反而对传统的杂志非常陌生，而这些操作在成人看起来觉得非常不可思议，或许这就是数字原生代与数字移民之间的代沟！可能解释会有多种视角，但这段视频引发了一系列重要问题，这些问题对于未成年人尤为重要：数字技术究竟会在多大程度上改变人们的阅读方式和阅读行为？数字化阅读到底有何优缺点？数字化阅读到底如何影响未成年人的发展？数字化阅读与纸质阅读的分水岭是否是深浅阅读？应该如何引导健康、积极的数字化阅读？

（二）数字化阅读与纸质阅读：取代还是共存

1. 何谓数字化阅读

数字化阅读是一种相对传统纸质阅读的泛指，指的是一种以数字化媒介为信息载体的阅读方式和途径。数字化阅读是指依靠各种数字化平台或移动终端，以数字化形式获取信息或传递认知的过程。[①] 由于数字化媒介技术在不断发展演变过程中，数字化阅读其实是一个兼容性较强的概

---

① 王佑镁：《数字化阅读的概念纷争与统整：一个分类学框架及其研究线索》，《远程教育杂志》2014年第1期。

念，随着数字技术、智能终端等层出不穷，数字化阅读也演变为不同的类型，与数字化阅读相关的大致有电子阅读、网络阅读、手机阅读、移动阅读、在线阅读、云阅读、轻阅读、微阅读、绿色阅读等。数字化阅读具有交互性强、信息量大、刷新速度快、多媒体表现等特点，深受读者欢迎。

2. 数字化阅读是传统阅读的数字化传承

阅读是人类社会不可缺少的思想交流活动。倡导全民阅读是国际社会发出的号召，也是我国提高国民素质、促进和谐社会建设的重要举措。随着技术进步和网络的普及，人们的阅读方式和阅读习惯正在发生深刻变化。数字化阅读已经成为一种重要的阅读形式。在阅读生态系统中，数字化阅读将会越来越普及，数字化阅读的作用和价值将越来越得到凸显。同传统的纸质阅读相比，数字化阅读具有独特的阅读特质，显示出其独特的价值和优势，综合盛华等学者的观点[①]，其主要表现在：

（1）阅读资源丰富化。互联网、移动互联网等为数字化阅读可提供无限丰富的信息资源。相对传统单本或者系列图书而言，计算机及网络所能承载的文字量和信息量是巨大的资源优势，同时，随着云技术、协同技术的发展又使不同的计算机及各种终端之间能够进行信息共享和连通，形成了一种具有海量信息的阅读资源库。

（2）阅读信息多媒化。多媒体表征是网络数据的重要特征，借助高速互联网、3G 网络，大量的文字、图像、声音、动画等各种形式的多媒体信息大量用于阅读信息表征，使读者的信息理解和知识建构获得了多通道的感知，强化了阅读与学习效果。

（3）阅读行为快捷化。数字化阅读使阅读行为更加方便快捷。借助网络信息的超级链接属性，阅读者可以进行选择性、跳跃式阅读信息，而不像传统的线性阅读；同时，借助各种应用程序提供的全文检索或者个性化检索功能，读者随时收集与阅读材料相关的新信息，拓展阅读空间，增加阅读广度和深度，使得数字化阅读正在成为一种个性化的、立体的、全面的、整体性的阅读方式。

（4）阅读交流互动化。借助于社交网络和程序的功能，网络阅读、手机移动阅读都实现了多维互动式的阅读交流。多维指的是，不仅仅可以

---

① 盛华：《数字化阅读：图书馆服务的机遇与挑战》，《江西图书馆学刊》2011 年第 1 期。

通过传统途径进行线下交流，也可以通过分享、邮件、微信等进行线上交流，不仅可以与个体进行交流，还可以在社区进行互动，不仅可以与读者进行交流，还可以与阅读程序进行人机交流。这种多维互动充分发挥读者的个性，充分尊重当代未成年人的性格；这种多维度的互动使读者充分体验阅读情境，增强阅读兴趣和自主性，尊重读者的能动性，如果加以适当的引导，这种数字化阅读无疑拓展了传统的阅读空间，延伸了阅读意义，提高了阅读成效。

（5）阅读环境开放化。阅读实际上是发生在一种空间环境中，良好的环境对于阅读至关重要。常常说读书需要静心、精心、净心，其实指的就是一种环境和心境。而对于数字原生代来说，数字化环境是一种必须存在而且依赖的空间。数字化阅读环境是一种复合的环境，包括物理空间、网络空间、精神世界和心理空间；数字化阅读环境也是一种开放的环境，数字技术突破了传统的时空限制，借助各种网络联机技术，读者能够轻而易举实现所谓"泛在阅读"。

3. 数字化阅读对传统阅读的破坏性嬗变

破坏性嬗变一词源于破坏性创新——即利用 Web 2.0 技术进步效应，从阅读领域的传统及薄弱环节进入，颠覆阅读市场与结构，进而不断升级自身的产品和服务，爬到产业链的顶端。众所周知，我国的阅读现状不容乐观，纸质阅读量和阅读率逐年下降，而数字化阅读越来越得到各个年龄段读者的青睐，有学者认为数字化阅读的"信息过载"及"浅阅读"倾向破坏了现有阅读生态，应该加以抵制和屏蔽，其实这是一种典型的保护主义做法，无益于培养数字时代公民的竞争力和素养。数字化阅读绝非对传统阅读的否定，而是对纸质阅读或者传统阅读的破坏性嬗变，是一种集成性创新、一种补偿性创新。[①] 许多学者认同这一观点，仲明等认为数字化阅读的主要创新在于：[②]

（1）数字化阅读有利于提高个体创新能力。数字化、网络化为信息的拓展、知识的传播以及思维的关联提供了物质基础，这也是个体创造性

[①] 王佑镁：《数字化阅读：Web 2.0 时代阅读方式的传承与嬗变》，《中国信息界》2011 年第 11 期。

[②] 仲明：《"读"书可能高雅"读"网未必低俗　网络阅读就一定低俗吗》，《光明日报》2009 年 2 月 9 日。

创新性潜质培育的基础，数字化阅读的多媒体化、开放性满足个体创新的基本诉求。同时，网络链接使得多学科知识交叉融合机会大大增强，促进了科学与人文、艺术与逻辑、发散与聚合、定性与定量相互渗透；网络信息组织的分布式、链接式方式也大大挖掘了大脑的认知潜能，有助于知识创造和知识创新。

（2）数字化阅读有利于提升阅读品质。对于未成年人阅读来说，阅读品质比阅读数量更加重要，阅读品质比阅读方式也更加重要。而在这方面，数字化阅读具有提升阅读品质的潜在优势。一方面，以超文本组织信息资源的方式，把各个信息节点和知识节点进行聚合，确保了阅读内容的丰富性和层次性；另一方面，以多媒体的方式，对阅读内容进行可视化，增强趣味性和认知驱动力，这不仅有利于提高阅读效果，还有利于形成科学的阅读品质。就这个角度而言，数字化阅读的快速普及，看似挑战传统阅读，其实并非以阅读品质的下降为代价的。

（3）数字化有利于拓展知识视野。借助数字技术和网络技术的传播速度，数字化阅读内容得以快速更新和获取。因此，数字化阅读材料的更新率和储存量都是传统纸本阅读无法比拟的，在信息冗余、知识爆炸的今天，只有通过数字化阅读，才能缩短信息可及的时空距离，才能突破先进学术成果的传播藩篱，接触到最新的内容，聆听到最好的讲座，把握最前沿的动态。

（三）深阅读与浅阅读：数字化阅读的争论

在过去的十多年间，阅读界、出版界以及社会大众关注的热点之一是数字化阅读的利弊问题，其中一种主流的观点是数字化阅读必将导致"浅阅读"——趋向一种碎片化、休闲化、平面化、娱乐化阅读。[①] 但此类观点大多发自研究者的主观臆测，而数字化阅读与纸质阅读究竟有何异同，成为数字化阅读和出版产业发展待解决的重要问题。[②]

阅读成为国民基本生活方式的一部分。无论身处哪个时代，阅读都是个体获取信息的重要方式，如果说"一个人的阅读史就是精神发育史"，那么今天，如何看待阅读、选择何种方式阅读就关乎未来的

[①] 董朝峰：《电子传媒时代的深浅阅读再辨析》，《图书馆杂志》2011年第3期。
[②] 张冰、张敏：《数字阅读必然会导致浅阅读吗？——基于眼动追踪技术的数字阅读与纸质阅读对比实证分析》，《新闻传播》2013年第1期。

价值选择，进而关乎国家竞争力和民族生存发展。① 这点似乎也得到国际上相关观点的支持。国际学生评量计划（PISA）② 曾指出："今天，有多大比例的学生具备了第五级阅读能力，可能会决定每个国家在未来的全球经济中，能拥有多少世界级知识工作者"，"对于以知识为基础的经济体系而言，有多少公民具备最高的第五级阅读能力，是考查未来国家竞争力的重要指标"。

阅读一旦赋予如此高度的功能与价值，对于不同阅读类型的重视与评价就显得非常敏感。进入21世纪以来，国民阅读现状与问题越来越受到各界的重视，从1999年始，中国新闻出版研究院（前身中国出版发行科学研究所）共发起了十二次全国国民阅读调查，调查的数据表明了一个基本趋势，那就是纸质阅读率呈下降趋势，网络阅读、电子阅读、移动阅读等新型阅读率呈上升趋势。尤其是当新型阅读方式大行其道，"冲击"所谓传统阅读的时候，关于"深阅读"与"浅阅读"的争论就出现了，而且这种争议基本上是在批判网络阅读等数字化阅读诸种流弊的过程中出现的，但上述诸多观点似乎并无更多实证性的研究作为支撑。③

但相关研究似乎试图从阅读的行为与方法角度来界定。比如，"浅阅读"是一种追求短暂视觉快感、跳跃式的阅读行为与方法，浅阅读常常表现为阅读节奏快，不需要思考、追求心理愉悦，其具体特征就是：倡导"速读""缩读""读图"，崇尚"时尚阅读"和"轻松阅读"，是一种对信息简单占有的功利性阅读。④ 而"深阅读"与此相反，强调思考能力、

---

① 郝振省：《让阅读成为国民基本生活方式的一部分》，《出版参考》2003年第10期。

② PISA（Program for International Student Assessment，国际学生评估项目的缩写）是一项由经济合作与发展组织（Organization for Economic Co-operation and Development, OECD）统筹的学生能力国际评估计划。主要对接近完成基础教育的15岁学生进行评估，测试学生们能否掌握参与社会所需要的知识与技能。第一次PISA评估于2000年首次举办，此后每3年举行一次。评估主要分为3个领域：阅读素养、数学素养及科学素养，由这3项组成一评估循环核心，在每一个评估周期里，有2/3的时间会对其中一个领域进行深入评估，其他两项则进行综合评测。2012年首次尝试引入了基于计算机的问题解决测试。PISA2000把阅读能力划分为一到六级，六级为最高。

③ 董一凡：《对近两年图书馆界关于"浅阅读"问题研究的述评》，《图书馆论坛》2009年第6期。

④ 方向辉：《"浅阅读"时代高校图书馆应对大学生信息素质缺失的策略探析》，《医学信息学杂志》2012年第6期。

逻辑能力和感悟能力的培养，能让人们更深刻地领悟知识，汲取营养的阅读，深阅读有助于增进社会的文明程度，增进民族的文化底蕴和创作力。① 也就是说，"浅阅读"是基于浏览式、随意性、跳跃性、碎片化、娱乐化的阅读，虽然这种阅读习惯有可能弱化思维能力，最终导致文化底蕴散失，但在当前信息爆炸的数字时代，人们生活和工作的节奏快捷，时间被碎片化，浅阅读有其存在的价值。

其实，所谓"深阅读"与"浅阅读"之争是一个伪命题，尤其是把数字化阅读视为一种带有否定意味的"浅阅读"更不可取。从信息加工的角度看，阅读是指从各种信息载体或媒体中获取信息的过程。阅读确有不同的层次和类型，任何类型的阅读效果也有深浅之分。数字化阅读与纸质阅读确有差异，但绝不是阅读效果"深浅"之间的差异。

数字化阅读与浅阅读并无天然的联系。数字化阅读改变了阅读内容的载体，进而改变了阅读的方式，但这种改变并没有涉及信息加工过程，而信息加工过程的深浅才是导致阅读效果"深浅"的关键因素。判断一种阅读是否属于浅阅读，需要对其阅读的目的和意图做出分析。美国学者詹姆斯·默盖尔根据阅读中触及的层次不同，把阅读分为三个层次，由低到高分别为：知识性阅读、理解性阅读、探索性阅读，不同层次代表着阅读的不同深度。② 而阅读的深浅效果，应该与阅读目标与任务相关。实际上，有个案研究也证明：内容的阅读理解不因介质不同而产生差异，实验结果不支持数字阅读必然会导致浅阅读。另外，传统纸质阅读也存在"一目十行""好读书不求甚解"等典型的"浅阅读"现象。③

而从媒介进化的角度看，数字化阅读方式适应了"数字土著"的数码技术使用习惯，甚至适应了数字原生代的思维方式。尼古拉斯·卡尔在《浅薄——互联网如何毒化了我们的大脑》一书中提出，人的大脑是高度可塑的，非线性的互联网阅读改变的不仅仅是我们的阅读方式，它还影响了人类的思考方式和行为方式，深刻化是碎片化、经验化的思维转向整体性、理性化的思维开始的。④ 站在新媒体时代，这种视角是前瞻性的，也

---

① 凌遵斌、张新新：《数字出版时代的深阅读与浅阅读》，《科技与出版》2011年第11期。
② 孙淑静：《浅阅读的内涵及其弊端》，《读者》2007年第4期。
③ 董朝峰：《电子传媒时代的深浅阅读再辨析》，《图书馆杂志》2011年第3期。
④ ［美］尼古拉斯·卡尔：《浅薄——互联网如何毒化了我们的大脑》，刘纯毅译，中信出版社2010年版，第30页。

是符合现实的。从这个角度出发,数字化阅读带来的所谓"浅阅读"应该是与"深阅读"同样重要的信息获取方式。"浅阅读"并不是对"深阅读"的抛弃,"深阅读"并不是传统意义上的"长阅读",连篇累牍绝对不是现代意义上的"深阅读"。①

(四)保护主义与超越保护主义:未成年人阅读的"像素"悖论

数字化阅读的爆发式发展不会因为"深浅阅读"的争论而停下脚步。最新的全国国民阅读调查报告结果显示:2016 年,受数字媒介迅猛发展的影响,数字化阅读方式(网络在线阅读、手机阅读、电子阅读器阅读、光盘阅读、Pad 阅读等)的接触率为 68.2%,较 2013 年的 50.1% 上升了 18 个百分点。② 就此,中国新闻出版研究院院长魏玉山和国民阅读研究与促进中心主任徐升国均表示,统计显示数字阅读率持续超过传统阅读率,数字化阅读已经是全民阅读的重要组成部分。

而且,历次全民阅读调查也表明,青少年的数字化阅读年龄呈现出低龄化趋势,尤其是当 iPad 出现后,使得低龄儿童甚至低幼儿童更多地接触到数字化新媒体阅读,这样使得青少年的数字化阅读习惯更容易培养。对此,国民阅读研究与促进中心主任徐升国认为,就总体而言,青少年数字化阅读的总体趋势是不可避免且不可逆转的。

由于数字化阅读等新型阅读方式的快速普及,以及未成年人对于这种新型阅读方式的依赖与不适应性,数字化阅读已经成为未成年人阅读"悖论"的缘起。一些研究质疑数字化阅读的"浅层次",从而对数字化阅读采取抵制和限制的做法。而从现实看,Web 2.0 新媒体以其个性化、互动性、参与性等特质,为数字时代的阅读变迁提供了技术支持和服务转型,而数字技术的发展则为数字化阅读提供了硬件基础和软件支持。因此,如何在阅读的"像素"与"纸质"之间做出判断和选择,乃至行动上的采纳,对于未成年人阅读而言,是一个极为重要的问题。

事实上,相对传统纸质阅读而言,数字化阅读其实就是一种以数字媒介为信息载体的阅读方式,是数字时代阅读方式多元化的重要取向。数字化阅读具有交互性、多媒体化、开放性等优点,但也存在浅阅读和碎片化

---

① 张鸣霄:《"浅阅读"情境下纸媒的阅读追求》,《新闻传播》2011 年第 7 期。
② 中国新闻出版研究院:《第十四次全国国民阅读调查结果》,http://www.chuban.cc,2017 年 5 月 20 日。

阅读倾向。在全民阅读视域下，从数字时代的发展背景来看，应该走出保护主义的窠臼，站在超越保护主义的立场，积极引导和匡正数字化阅读，形成数字化阅读与纸质阅读的协同共存的阅读新生态。

保护主义是国际贸易领域中的一个术语。保护主义即以维护本国利益作为是否适用本国法律的依据；任何侵害了本国利益的人，不论其国籍和所在地域，都要受该国法律的追究。保护主义一般是站在现实的利益立场来看待问题，在法律范围内的保护主义对于现实经济社会发展至关重要。然而，过度的保护主义则表现为一种本位的、反面的、消极的观点与效应。英国著名的教育学家大卫·帕金翰（David Buckingham）最早在媒介素养教育领域引入这一概念，[①] 他认为：所谓保护主义，指教育界以系统化的课程培养学生的媒介批判意识，使其能抵御大众媒介的消极影响，即让青少年远离媒介的污染。[②] 帕金翰是站在批判的立场来分析保护主义的。媒介素养教育的保护主义事实上是反对媒介的教育，这种思想被理解为鼓励学生去"甄辨与抵制（Discrimination and Resist）"，通过这种教育，使得学生能够防范大众传媒的错误影响，自觉追求符合传统精神的美德和价值观。[③]

针对这种消极的保护主义立场，帕金翰进一步提出了超越保护主义的媒介教育新观念，他认为，媒介素养教育的界定应该更加客观和现实，应该适度降低所谓"抵制"和"免疫"的门槛，至少是弱化当初被狭隘地理解的那种抵制和免疫。当代的媒介素养教育应该采取积极的态度引导学生去体验媒介，而不是对立。因此，在帕金翰看来，媒介素养教育不应该被视为一种甄辨方式或洞察隐蔽的意识形态的方法，而是媒介时代儿童教育发展的现实路径。

帕金翰有关媒介素养教育的这一"超越保护主义"立场，实质上是

[①] 大卫·帕金翰（David Buckingham）是英国当代著名的教育思想家，也是世界公认的媒介素养理论专家。帕金翰媒介教育思想的核心是"超越保护主义"，这一理论以审视英国媒介素养教育实践为基础，直接针对以利维斯和马斯特曼为代表的传统保护主义而提出的。20世纪90年代以来，大卫·帕金翰出版了一系列影响巨大的著作，特别是在《童年之死：在电子媒体时代成长的儿童》（After the Death of Childhood: Growing Up in the Age of Electronic Media）中，他对"童年之死"的传统保护主义恶果进行批判，进一步完善了"超越保护主义"的理论体系。

[②] 王帆：《视觉文化为导向的媒介素养教育：超越保护主义》，《中国电化教育》2011年第9期。

[③] 大卫·帕金翰、宋小卫：《英国的媒介素养教育：超越保护主义》，《新闻与传播研究》2000年第6期。

一种适应现实、面向未来的发展性观点，主张以适应和发展来适应新媒介的变革。具体到未成年人数字化阅读与纸质阅读的关系，超越保护主义或许是一种可以整合的思维。对于未成年人来说，在数字时代，数字化阅读与个体学习和发展密切相关。可以说，阅读是个体学习和成长的基本途径，是个体实现社会发展和精神发展的基础。学习往往被视为一个信息加工和知识建构过程，阅读则是一种典型的信息加工活动，对于个体发展及国民素质提升影响重大。国际阅读素养进展研究（PIRLS）认为，阅读素养是学生从小学开始就应该掌握的最重要的能力。[1] 阅读的能力是个体进行一切学习的基础，良好的阅读能力是个体自信地融入社会，满足生活、工作甚至生存的需要；通过阅读，个体才能提高鉴赏能力，并且接受各种信息和内容，满足个人精神世界发展的需求。[2] 因此，对于数字时代的未成年人，要适应数字化生活与学习，应该以主动积极的姿态应对数字化阅读的变革；应该立足于阅读和信息生态观的视角，理性分析数字化阅读与传统阅读的关系，探究合理的政策保障和有效途径，提高数字化阅读水平和层次，从而提升全民阅读的质量与效果。

二　研究定位

（一）研究内容及考量

未成年人数字化阅读是新时期国民阅读领域出现的一个重要问题。数字化阅读已成为全民阅读的重要组成部分，也是未成年人社会发展与认知发展的一种重要途径。最近，苹果公司研究人员前瞻性地开发了电子书阅读应用软件 iBook 2，关注数字化阅读在未来基础教育中的革命性作用。国际经合组织实施的国际学生评量计划（简称 PISA）中自 2009 年开始加入数字化阅读测试，显示数字化阅读在知识经济社会中的价值；PISA 最新测评结果表明，我国学生数字化阅读活动广度指数平均值仅为 - 0.35，显著低于 OECD 各国的平均值[3]，这将影响到数字时代国民素质、国家知识文化力量的提升。

---

[1] 温红博、辛涛：《阅读素养：孩子面向未来的基础能力》，《中国教育报》2011 年 3 月 17 日。

[2] 赵霞：《新媒体对青少年阅读的影响研究》，《中国青年研究》2014 年第 2 期。

[3] 中国教育新闻网读书频道组织专题论坛国内学生阅读素养问题，论坛主题为"PISA 夺冠后的学生阅读素养思考"，详见 http：//www.jyb.cn/book/tbch/2011/ydsy/。

数字化阅读是一种以数字化媒介为信息载体的阅读方式和途径。站在超越保护主义的立场，顺应未成年人阅读方式新变化，应该以主动积极的姿态应对数字化阅读的变革，同时，要借力图书馆在推进全民数字化阅读中重要而积极的角色，积极引导数字化阅读，形成数字化阅读与纸质阅读的和谐共生的阅读新生态，从而促进国民阅读素养和国家竞争力。

（二）研究范畴及界定

1. 我国未成年人数字化阅读的倾向与特征研究

以 7—18 岁年龄段的未成年人作为研究样本，选择三种类型指标对未成年人的数字化阅读倾向与特征进行比较研究，包括人口统计指标（如年龄等）、数字化阅读表现性指标（如数字化阅读接触率等）和数字化阅读发展性指标（如数字化阅读行为等）。以表现性和发展性指标为重点，归纳出未成年人数字化阅读的主要倾向与特征。

2. 数字化阅读对未成年人社会发展的影响研究

采用准实验研究方法，探索数字化阅读对未成年人社会发展的影响。以典型的数字化阅读平台如 ZAKER（扎客）等作为支撑，研究揭示未成年人数字化环境下阅读对其社会化情绪、社会化关系、道德标准、自我意识、同伴关系等方面产生的积极和消极影响。

3. 数字化阅读对未成年人认知发展的影响研究

以眼动技术（EM）作为研究工具，探究数字化阅读对未成年人认知发展的机制与影响。通过严格的认知科学方法，揭示未成年人数字化媒体环境下阅读对其思维、想象、创造、智力、推理、概念化、符号化、计划和策略的制订、问题解决等方面产生的积极和消极影响。

4. 我国未成年人数字化阅读的引导策略研究

建构未成年人数字化阅读的三类引导策略：教学性策略、技术性策略及素养性策略。相对于教学引导以及技术服务考量，数字化阅读素养是一种在数字化环境中能通过合法方式快速高效地获取信息、辨别信息、分析、利用信息、开发信息等方面的素养。

5. 图书馆在促进未成年人数字化阅读中的服务创新研究

构建图书馆数字化阅读 2.0 服务模型：强化不同数字化介质的阅读增值服务，如微阅读、云阅读、移动阅读、Web 2.0 阅读等以应对日益增加的数字化阅读需求。强化社区行动计划：建立整合学校、地方教育行政当局、家长、社区团体、图书馆与媒体工作者等社会力量形成数字化阅读服务创新社区，有效推进未成年人数字化阅读；最后从全民阅读的整体观点出发，提出政府支持未成年人数字化阅读的对策与政策建议。

（三）相关观点预设

（1）在新媒体高度发达的时代，通过适当的引导策略和干预手段，数字化阅读将对未成年人社会发展和认知发展产生积极的作用。

（2）数字化阅读的快捷、方便、量大、互动是其优势，但快餐式、随意性、碎片化等特征会消减阅读的价值，良好的数字化阅读素养是实现未成年人有效阅读的重要前提。

（3）未成年人数字化阅读可以从教学性策略、技术性策略、管理性策略及素养性策略四种路径进行积极引导。

（4）图书馆应该积极构建 Web 2.0 基础上的阅读社区服务空间，创设个性化、无缝式、泛在型的数字化阅读服务策略。

（5）未成年人数字化阅读政策构建需要从社会、学校、家庭、产业等维度展开，以形成合力推动全民阅读的深入。

（四）理论与现实意义

本研究通过实证方法聚焦未成年人数字化阅读这一现象，具有一定的时代感和紧迫感，针对上述问题的研究具有以下重要的理论和现实意义：

第一，为未成年人数字化阅读建立"行为基础"。通过对未成年人数字化阅读的深入研究，揭示未成年人数字化阅读各阶段隐藏的"认知规律"和"成长密码"，为未成年人数字化阅读的有效展开提供行为参照。

第二，整合图书馆学、阅读学、传播学、教育学、心理学等学科关于阅读、媒介素养以及认知发展的理论成果，形成新的以未成年人数字化阅读为主线的理论体系，为上述学科搭建理论沟通桥梁。

第三，通过对数字化阅读影响未成年人社会及认知发展的实证研究，为化解困扰学界的有关数字化阅读之争提供实证依据，为我国全民阅读中数字化阅读的推广提供有效对策。

三　研究方法

主要采用实证研究方法，包括问卷调查法、眼动研究、准实验研究、行为观察等。采用上述实证研究方法对前述 5 个研究范畴问题开展了 9 项研究，表0—1 展示了本研究问题、子问题与方法之间的对应关系，具体阐述如下：

表 0—1　　　　　　　　实证研究设计

序号	研究问题	研究子问题	问题描述	研究方法
一	未成年人数字化阅读的特征与倾向	1. 未成年人数字化阅读的特征与倾向	未成年人数字化阅读的行为特征、认知与倾向。	问卷调查法、交叉分析
二	未成年人数字化阅读的眼动分析	1. 数字化阅读与纸质阅读的眼动行为比较	未成年人阅读不同介质的眼动行为比较	眼动研究、行为统计
		2. 数字化阅读不同版面的眼动研究	未成年人数字化阅读不同版面的眼动行为分析	
		3. 不同图示对未成年人数字化阅读影响的眼动研究	不同图示对未成年人数字化阅读影响的眼动分析	
三	未成年人数字化阅读的行为分析	1. 使用经验对未成年人数字化阅读的影响研究	不同使用经验对数字化阅读行为的影响	行为观察、准实验研究
		2. 用户经验与未成年人数字化阅读行为的关系研究	不同用户经验对数字化阅读效果的影响	
四	数字化阅读对未成年人发展的影响	1. 数字化阅读对未成年人认知发展的影响研究	数字化阅读对未成年人注意、感知、记忆、思维与问题解决、言语与想象等的影响	问卷调查、量表分析
		2. 数字化阅读对未成年人社会性发展的影响研究	数字化阅读对未成年人社会化情绪、道德标准、社会化关系、同伴关系、自我意识的影响	
五	未成年人数字化阅读的引导策略	1. 未成年人数字化阅读的引导策略	未成年人数字化阅读引导策略与措施	德尔菲法、均值统计

（一）问卷调查

问卷调查法是社会科学领域常用的一种研究方法，是通过调查者运用统一设计的问卷或者量表向被调查者了解情况或者征询意见的一种方法，其特点是能够实现标准化调查、抽样调查、定量分析以及间接调查等。在问卷调查法中，问卷设计、抽样和调查实施是最为关键的三个步骤。问卷设计一般要采用预调查的方式多次修订问卷；抽样需要采用合理的算法，确定有代表性的有效样本；调查实施一般要通过一定方式的组织以确保回收率。当前的一个趋势是网络调查，通过互联网及其调查系统把传统的调查和分析方法在线化、智能化。①

本研究涉及全国大样本调查，具体实施如下：通过文献研究确定本课题研究的理论基础，分别制定针对不同学段未成年人的半结构式访谈提纲，进行实地访谈；在此基础上编制调查问卷，在课题组所在城市选定每组多个案例对问卷进行测试，根据测试结果修订问卷；最后确定正式问卷并在全国选取若干城市实施调查，为提高问卷调查的效率，本研究与本地调查组织者合作，采用网络调查问卷进行问卷填写和数据收集与统计。数据采用均值比较、交叉分析等方法进行实证检验。具体研究设计详见第二、五章。

（二）眼动研究

眼动仪作为一种认知分析技术，很早就被心理学家使用，主要用来观察眼球运动从而直接对心理过程进行研究，眼动参数逐渐被用来作为反映认知加工过程的重要指标。最近20年，眼动分析技术本身得到快速发展和普及，进一步被拓展为认知科学、学习科学研究的重要分析技术，用以分析阅读过程中眼动与知觉及其认知之间的关系。②

而最早在此领域进行探索并且研究最为系统的无疑是认知心理学领域。认知心理学家采用眼动分析技术，以阅读现象为研究内容，通过记录观察眼球运动来考察心理活动，试图探究个体阅读过程中的信息加工机制。其实，通过记录观察眼球运动来考察心理活动的研究方

---

① 曾天山：《内容之马与方法之车——以方法创新提高教育研究质量》，《中国教育学刊》2012年第10期。

② 王佑镁：《眼动分析技术在学习与阅读研究中的应用综述》，《远程教育杂志》2011年第5期。

法最早始于19世纪末,最初研究者主要是用肉眼或借助简单仪器对人的眼动情况进行观察。① 随着科技的进步,研究者开始使用专门的眼动记录仪来记录和分析人的眼动。经过数百年的发展,研究者在诸如句子加工、篇章阅读、眼动模型建构、消费、运动、工程等领域取得巨大的成就。② 国内的眼动研究起步较晚但发展迅猛,著名心理学家沈德立领衔的团队在天津师范大学率先使用眼动仪做了大量的阅读研究。沈德立教授的著作《学生汉语阅读过程的眼动研究》,为第一部系统反映我国中文阅读眼动研究成果专著,使我国阅读领域的眼动研究迈上了一个新的台阶。③

眼动分析技术在数字化阅读研究领域大有可为,阅读是人类获取信息的重要方式之一,而数字化阅读也是一种典型的界面交互方式。随着数字化技术的全面应用,数字出版业和数字化阅读工具、阅读内容和阅读方式等各方面技术和产品也不断成熟与完善。数字化阅读研究需要依靠眼动仪等对新技术环境中的阅读和学习效果及其机制进行科学的探究。比如,可以从阅读方式、阅读界面存在的空间、阅读界面的表现形式、阅读中的信息整合和深度加工等方面,以及对数字化阅读与传统阅读进行对比展开研究,这些对于教学产品设计、视觉传达设计、人与界面的关系、数字化学习的机理研究都具有重要意义。具体的数字化阅读方式包括网络阅读、手机阅读、PDA阅读、博客阅读、云阅读、微阅读等,应该成为我国图书情报、出版、教育技术或者学习科学等领域新的研究方向和热点。

本研究中,眼动技术主要用于探索未成年人数字化阅读过程中的认知规律与机制,主要指标包括数字化阅读过程中的注视时间、凝视时间、眼跳距离、回视、瞳孔直径等,通过对比数字化阅读与传统阅读,以观察样本的认知过程变化。设备为Tobii1750眼动仪等。具体研究设计详见第三章。

(三)准实验研究

准实验研究原来是心理学研究中采用的一种方法,是指在较为自然的

---

① 卞迁、齐薇、刘志方、闫国利:《当代眼动记录技术述评》,《心理研究》2009年第1期。
② 蒋波、章菁华:《1980—2009年国内眼动研究的文献计量分析》,《心理科学》2011年第1期。
③ 沈德立:《学生汉语阅读过程的眼动研究》,教育科学出版社2001年版。

情况下进行实验处理的研究方法，近年来已被教育研究和社会科学领域所采用。不同于研究变量和实验环境严格控制的实验研究，这种研究方法适当地控制无关变量，在较为自然的环境下以类似实验的方法设计方案来进行研究，这就是准实验研究。

本研究中，准实验研究主要结合眼动研究、行为分析，用于数字化阅读对个体发展的影响分析，使用平行班进行前后测，以中小学学科网络阅读作为教学干预，分析其学习效果与认知影响。具体研究设计详见第二、三章。

（四）行为观察

1981年，美国人力资源专家拉萨姆和瓦克斯雷在行为锚定等级评价法和传统业绩评定表法的基础上，经过改进，提出了行为观察量表法。在企业管理领域，行为观察量表法的具体流程为：通过各项评估指标给出一系列有关的有效行为，将观察到的个体的每一项工作行为同评价标准比较进行评分，看该行为出现的次数频率，每一种行为上的得分相加，得出总分结果比较。① 这种方法的优点是通过一个比较有效的行为标准，评估个体的表现；缺点是结果可能带有一定的主观性。

本研究中，行为观察法主要用于不同使用经验和用户经验对未成年人数字化阅读行为的影响，通过前后测，辅之以视频技术手段，观察不同使用经验和用户经验对数字化阅读操作行为、阅读效果的影响。具体研究设计详见第四章。

（五）德尔菲法

德尔菲法（Delphi Method），也称为专家意见法，通过采用非面对面的交流方式征询专家小组成员的预测意见，经过多轮征询，使专家小组的预测意见趋于集中，最后做出符合未来发展趋势的预测结论。德尔菲法强调系统程序，强调匿名性以及基于数据统计的意见趋同。② 一般由调查者拟定调查表，以邮件、函件的方式向专家成员进行征询意见；专家组成员又以匿名的方式提交意见，经过几次反复征询和反馈，专家意见逐步趋于集中，最后获得高准确率的集体判断结果。

---

① 张蓬：《电信企业信息化推广项目的团队建设》，硕士学位论文，山东大学，2010年。
② 王振飞：《基于AHP和模糊综合评价法对汽车服务备件的分类研究》，硕士学位论文，吉林大学，2011年。

本研究中，德尔菲法主要用于引导对策与政策构建。预先设计问卷表，在图书馆学、基础教育等领域遴选多人分别组成专家组，经过几轮征询，最后作出符合未来发展趋势的预测结论。具体研究设计详见第六章。

四 研究框架

（一）基本思路

本研究在实地调查我国未成年人数字化阅读的特征基础上，通过眼动（EM）技术及准实验研究等实证方法，探索未成年人数字化阅读的倾向、规律与模式，揭示数字化阅读对未成年人社会发展与认知发展的影响，建构未成年人数字化阅读的引导与服务策略，为全民阅读及图书馆阅读服务创新提供基于证据的政策建议。基本思路如图0—1所示。

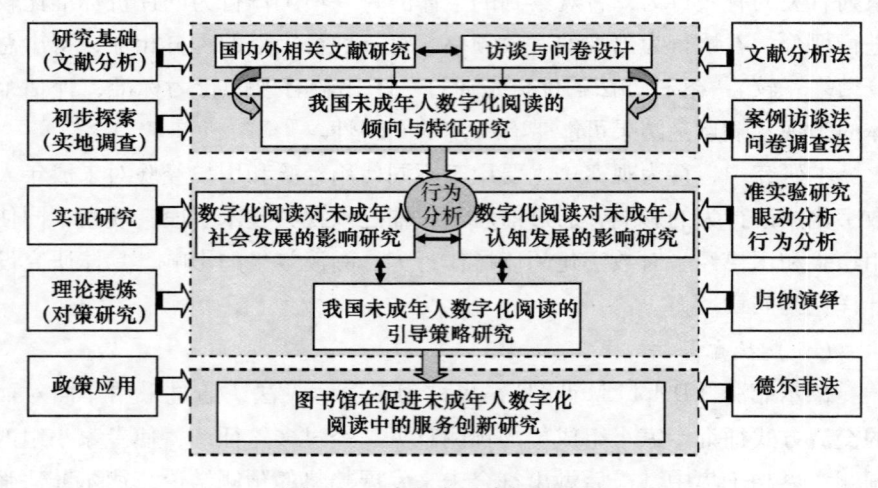

图0—1 本研究思路与框架图

（二）重点和难点

需要获得数量较多、有代表性的未成年人的支持，这是本研究成功最重要的基础，拟通过与未成年人面对面的访谈来获得关键数据，并据此进行相关测量工具的开发，然后再实施大规模的问卷调查，这是本研究的重点。

通过眼动等认知神经科学方法、准实验研究法来实证数字化阅读对未成年人社会发展与认知发展的影响，准确揭示数字化阅读及未成年人发展之间的关系，为图书馆阅读服务创新及全民阅读推广提供依据，这是本研究的核心内容，也是难点。

第一章
未成年人数字化阅读研究综述

数字技术以其前所未有的颠覆性传播方式,为数字时代的阅读变迁提供了技术支持和服务转型。个人化、互动性、参与性等 Web 2.0 传播媒体特质,为数字化阅读提供了硬件基础和软件支持。难怪达恩顿在其新著《阅读的未来》中,振聋发聩地质问到:阅读已死,或将迎来新生?这本书以阅读传记的方式,从西方文化史的角度,在数字化生存环境下对未来阅读形态的大胆预测。① 而现在看来,数字化阅读也无异于一种阅读领域的"破坏性创新"——即利用 Web 2.0 技术进步效应,从阅读领域的薄弱环节进入,颠覆阅读市场与结构,造成了"狼来了"的境遇,果真如此吗?该如何面对数字化阅读呢?

第一节 数字化阅读的概念纷争与统整

作为一个新兴的多学科交叉领域,数字化阅读因其技术发展的动态性及研究视角的多学科相关性,研究中存在一种术语纷呈、概念纷争的状态,为学术研究及实践应用带来了沟通上的困难,进而影响到学术交流与传播,不利于数字化阅读研究的深化。因此,需要借鉴分类学中的小众分类和大众分类原理,建构数字化阅读相关概念的分类谱系及概念视图,统整该领域相关术语及概念体系,形成一个相对清晰的数字化阅读领域概念框架,为这一领域的深入研究提供参照,同时为该领域的研究发展提供基础性和前导性的工作,这将有助于跨学科协同研究。

一 数字化阅读的概念纷争

中国知网数据库分析显示,至今为止能够追踪到的有关数字化阅读方

---

① [美]罗伯特·达恩顿:《阅读的未来》,熊祥译,中信出版社2011年版,第3页。

面的最早文献，是上海出版印刷高等专科学校吴旭君发表于《印刷与出版》2000年第1期的《网络阅读及其他》一文，① 这篇综述类短文对国内外的图书电子化情况进行了简要对比，认为网络革命将渗透到人类社会的所有层面，网络把传统被动型的阅读方式演化成互动型的阅读体验。由于视角的关系，该文并没有从学术层面具体界定网络阅读，仅仅是提出了阅读的网络形式这一现象，但由此拉开了国内数字化阅读相关研究的大幕。经中国知网复合检索，数字化阅读相关文献年均发文近190篇，从具体文献来看，这已经快速成长为一个具有明确主题、科学研究方法和稳定学术研究圈的跨学科研究领域。

而从实践领域来看，随着信息化、数字化、网络技术的迅速普及与推广，一方面，信息载体已从单一的纸质媒介发展到丰富的多媒体、超媒体，新媒介的出现必然会使受众的信息接收渠道和可支配时间得以重新划分，也必然导致传播媒介市场的重新划分，阅读领域也不例外；另一方面，技术变革的影响已从物质层面的生产生活方式深入延伸到精神层面的交往方式、思维方式、行为方式，正如尼葛洛庞蒂（Negroponte）所言："计算不再只和计算机有关，它决定我们的生存。"② 阅读作为人们最重要的学习与思维方式，自然也无法翻越"数字化浪潮"；与此同时，新生代个体作为"数字土著"，在信息获取与阅读需求上具有明显的时代特征，而时下愈演愈烈的 Web 2.0 技术与服务，以其便利、快捷、移动的技术特征和个性化、互动性、参与性的服务特质，高度契合"数字土著"群体的个体特质及其阅读需求，加速助推了这一变革，传统阅读正是在这两股力量的冲击下，经历着打击与嬗变。

可以说，正是由于技术发展的外源推动力及个体需求的内源动力，不断对传统阅读形式进行瓦解与创新，重构着个体阅读生态环境。实践领域的活跃带来了研究领域的勃兴，由此也衍生出与此相关的种种概念、术语和表述。通过对相关文献的主题词进行聚类分析，发现在这一领域与数字化阅读相关表述有20个之多，其中核心表述有6个（主题词），分别是网络阅读、移动阅读、手机阅读、电子阅读、数字阅读、泛在阅读（云阅读）等。表1—1对数字化阅读核心术语及概念进行了比较。

---

① 吴旭君：《网络阅读和其他》，《出版与印刷》2000年第1期。
② ［美］尼古拉·尼葛洛庞蒂：《数字化生存》，胡泳译，海南出版社1996年版，第5页。

表1—1　　　　　　　　数字化阅读相关术语概念

概念	界定	关键词	观点来源
电子阅读	指以数字化信息为阅读对象,以计算机信息网络和必须的电子硬件设备的支持的双向、互动、开放式阅读方式①②	电子阅读硬件介质、开放互动方式	徐彬,2000;曾敏灵,2008
网络阅读	指网络文化语境中的阅读活动,即借助计算机、网络技术来获取包括文本在内的多媒体合成信息和知识,完成意义建构的一种超文本阅读行为③④⑤	计算机网络技术环境、超文本阅读方式	王素芳,2004;张岚,2008;朱原谅,2010
数字阅读	指依靠各种数字化平台或移动终端,以数字化形式获取信息或传递认知的过程⑥	阅读载具和形式的数字化	毕静,2010;王佑镁,2012
手机阅读	指用户以手机设备为终端,通过无线或移动通信网络访问、接受、下载所需信息,并在移动终端上浏览、收看(听)的阅读活动⑦⑧	手机终端、多维阅听活动	楼向英、高春玲,2009;倪圣、袁顺波,2012
移动阅读	指以移动载体为阅读工具,在移动通信与互联网络相结合的无线互联网络环境下,对电子资源进行随时随地的阅读⑨⑩	移动载具、移动方式	茆意宏,2010;叶凤云,2012

---

① 徐彬:《电子阅读新选择》,《软件》2000年第10期。
② 曾敏灵:《电子阅读发展与图书馆建设的对策》,《图书馆论坛》2008年第3期。
③ 王素芳:《网络阅读的发展现状和前景探析》,《图书与情报》2004年第3期。
④ 张岚:《大学生网络阅读研究》,《图书馆理论与实践》2009年第3期。
⑤ 朱原谅:《基于元认知的网络阅读研究》,《图书情报工作》2010年第2期。
⑥ 毕静:《图书馆web 2.0背景下的数字阅读》,《农业图书情报学刊》2010年第12期。
⑦ 楼向英、高春玲:《Mobile 2.0背景下的手机阅读》,《图书馆杂志》2009年第10期。
⑧ 倪圣、袁顺波:《我国手机阅读研究现状述评》,《现代情报》2012年第6期。
⑨ 茆意宏:《论手机移动阅读》,《大学图书馆学报》2010年第6期。
⑩ 叶凤云:《移动阅读国内外研究综述》,《图书情报工作》2012年第11期。

续表

概念	界定	关键词	观点来源
泛在阅读 云阅读	通过阅读终端，能够在任何时间、任何地点阅读和获取所需要的信息①②③	云平台、定制阅读	王子舟，2010；张学军，2012；王筱萌，2013

从表1—1可以看出，上述核心术语及其概念其实均指向新媒体环境下的阅读形态，从一般理解来看，数字化阅读是一种泛指，相对传统纸质阅读而言，是一种以数字化媒介为信息载体的阅读方式和途径。研究者指出，从阅读的内容、目的和结果来看，新媒体环境下的数字化阅读与纸本阅读没有本质的差别，都是人们从符号中获得意义的一种社会实践活动和心理过程，是信息知识的生产者和接受者借助于文本实现的一种信息与知识传递过程。④ 实际上，除了上述核心术语，其他非核心术语如电脑网络阅读、超文本阅读、电子文本阅读、平板阅读、网页阅读、在线阅读、互动阅读、立体阅读等也常常出现在不同领域的研究文献中，呈现一种术语纷呈、概念纷争的现况。

从内涵来看，这些表述无一例外都指向数字化阅读这一共同的内涵。当然，概念的多寡并不是评价一个研究领域的指标，主要看其是否有学术研究的必要。通过对相关术语内涵与外延的比较，发现在数字化阅读领域的概念界定中存在如下几个问题，①简单重复，术语字面差异却生产多个表述方式，如超文本阅读与超阅读，数字阅读与数字化阅读，电脑屏幕阅读与屏幕阅读等，又如电子阅读、电子文本阅读与电子阅读器阅读等；②概念同质，内涵一致却表述多样，如新媒体阅读、多媒体阅读与超媒体阅读，电脑阅读、网络阅读与数字阅读等；③视角杂糅，指向一致却各立门户，如立体阅读、社交化阅读与数字化阅读，在线阅读、网络阅读与超文本阅读等；④口语表述，口语化、通俗化，如超阅读、虚拟阅读、网上阅读、平板阅读、微阅读等。

---

① 王子舟：《随电子书洪流走入数字阅读时代》，《图书馆建设》2010年第6期。
② 张学军：《"数字化"引领时代"云阅读"改变生活》，《图书馆建设》2012年第8期。
③ 王筱萌：《"云阅读"时代到来》，《出版参考》2013年第3期。
④ 王素芳：《网络阅读的发展现状和前景探析》，《图书与情报》2004年第3期。

概念是建构理论的基础，没有概念就难以形成理论。应该说，上述每个概念术语的使用都有其主观与客观依据，因此无所谓对错之分。况且，作为一个新生事物，由于技术载体、服务方式及阅读主体本身的变迁与发展，数字化阅读表现出多种形态及其表述方式也可以理解且需要尊重。然而，概念建构不是简单的术语表达，概念建构有四个途径：一是抽象事实建构概念；二是借用移植建构；三是比较研究建构；四是发展建构。[①] 而上述一些术语和概念简单依据数字化阅读在外延性的媒介介质、阅读方式、阅读支持技术等方面的不同，进行相关概念的建构、界定、表述和使用，由此形成这些概念之间关系多样化、交叉化、同质化等问题，虽说反映出数字化阅读研究的繁荣勃兴之现状，但如果始终处在一个术语纷呈、概念纷争的状态，也会给为学术研究及实践应用带来沟通上的困难，进而影响到学术交流与传播，因此有必要在数字化阅读研究过程中，厘清和归纳相关概念，建立数字化阅读的分类谱系和概念视图，引导这一领域研究的深化。

二　数字化阅读术语分类谱系

所谓分类，是指以事物的本质属性或者其他显著性特征作为根据，把各种事物集合成类的过程。对物质和概念按一定性质进行分类，是认识客观事物的手段，在科学研究中有重要意义。[②] 对一个领域中的概念和事物进行分类，必须具备两个要素：被分类的对象和分类的依据，[③] 分类工作一般可以分为两种，一种是由权威组织完成，称之为小众分类；另一种是由民意完成，称之为大众分类。本研究先从这两种方法中提取概念类别，如表1—2所示。

表1—2　　数字化阅读领域两种分类方法的主要概念体系

分类方法	主要概念分类列举	数据来源方法
小众分类法	网络阅读、移动阅读、手机阅读、数字阅读、电子阅读、数字化阅读、在线阅读、超文本阅读、泛在阅读等	CNKI复合检索、主题词聚类

---

① 邓大才：《概念建构与概念化：知识再生产的基础》，《社会科学研究》2011年第4期。
② 俞立君、陈树年：《文献分类学》，武汉大学出版社2004年版，第8—10页。
③ 徐克学：《数量分类学》，科学出版社1994年版，第6—8页。

续表

分类方法	主要概念分类列举	数据来源方法
大众分类法	数字阅读、电脑网络阅读、网络阅读、手机阅读、移动阅读、电子阅读、电子阅读器阅读、电脑屏幕阅读、超阅读、电脑阅读、虚拟阅读、在线阅读、云阅读、互动阅读、立体阅读、电子文本阅读、平板阅读、网页阅读、绿色阅读、轻阅读、微阅读、浅阅读、多媒体阅读、泛阅读等	百度知道、天涯社区中参与者 tag 的信息分类

作为一个新兴领域，数字化阅读这一概念群的表述反映了两种基本的认知，一是专业认知层面。作为阅读研究范畴的子集，经过十多年的发展，数字化阅读已经发展成为一个多学科交叉的领域，从多篇文献涉及的学科类别来看，分布有图书情报、出版、计算机应用、新闻与传媒、教育学、语言文学、社会学等多个学科领域；相关研究文献也提出了多个相关概念，这种分类方法其实就是一种自上而下的小众分类，集中了研究者和研究团队的智慧，具有明确的概念界定和内涵表述，本研究通过中国知网数据库复合检索和主题词聚类，总共提取了上述 9 个核心术语。

二是大众认知层面。随着数字技术的发展，广大用户获得越来越多、越来越丰富的、越来越多元的阅读需求与阅读体验。有关这一新型阅读方式的讨论交流散见于各种媒体、社区、论坛、微博、博客等社交媒介中，用于大众表达各自的阅读体验与经验。这种动态分享带来的分类机制称之为大众分类。大众分类（Folksonomy）指的是由大众参与的、开放的、动态的分类形式，是一种社群参与者运用自定义标签（tag）的方式所进行的协作分类。[1] 小众分类虽然不如大众分类权威，但由于其开放性、动态性、自定义特性等特征，事实上能够反映一定的趋势与民意，更为贴近用户的数字化阅读需求。本研究根据百度知道、天涯社区中参与者 tag 的信息分类，提取了上述 24 个类别。

需要指出的是，小众分类法一般都是在一定限制条件下完成的，反映了少数专家学者的意见，具有一定的学科、视野和交流上的限制。大众分类法主要反映民意认知，缺乏学术论证。面对数字化阅读这个不断演化的

---

[1] 余金香：《Folksonomy 及其国外研究进展》，《图书情报工作》2007 年第 7 期。

新领域,需要充分考虑到数字化阅读研究的动态性和发展性,同时兼顾学术研究的规范性,本研究试图将反映专业智慧的小众分类与反映用户兴趣的大众分类加以结合,形成具备一定弹性的数字化阅读领域的立体开放分类体系,并且在此基础上区分核心概念及概念之间的关系,以此描绘本领域的概念谱系。同时,作为阅读研究领域的一个子集,数字化阅读的概念谱系离不开阅读研究的基本框架。阅读学的基本研究框架一般从三个方面展开,分别是阅读客体、阅读主体、阅读本体,这一分析框架得到数字化阅读领域专家的认同与采纳。①②③ 本研究进一步细化为阅读形态、阅读载体、阅读对象、阅读方式等四个属性,综合上述方法建构了数字化阅读相关概念分类谱系,如表 1—3 所示。

表 1—3　　　　　　　数字化阅读相关概念四维分类谱系

维度	阅读形态	阅读载体	阅读对象	阅读方式
术语分布	电子阅读 数字阅读 移动阅读 泛在阅读 云阅读 ……	网络阅读 电脑阅读 电子阅读器阅读 电子书阅读 手机阅读 平板阅读 ……	多媒体阅读 电子文本阅读 微阅读 网页阅读 ……	在线阅读 网上阅读 超文本阅读 超阅读 屏幕阅读 社会化阅读 互动阅读 立体阅读 聚合阅读 ……

在上述四维分类谱系中,"阅读形态"维度聚合了相对于纸质阅读形态不同的新媒体阅读形态,这一维度具有明显的技术发展特质,从早期的电子技术、信息化技术到移动技术、泛在资源环境和云技术环境,充分展示了在技术力量推动下阅读的时代嬗变历程,而泛在阅读与云阅读将成为未来关注的热点;"阅读载体"维度显示了数字化阅读不同于纸质阅读在

---

① 梁桂英:《1997—2007 年国内网络阅读研究综述》,《图书馆杂志》2008 年第 4 期。
② 刘元荣:《2000—2010 年网络阅读研究述评》,《图书馆学研究》2011 年第 6 期。
③ 曾克宇:《网络时代的大众阅读——"网络阅读"研究综述》,《高校图书馆工作》2007 年第 2 期。

于其技术载具的多样化,包括从电脑到智能终端等不同阅读载体;"阅读对象"维度显示出数字化阅读中的信息表征方式,与传统文字图片静态信息结构不同,数字化阅读中实现了从"阅读"到"阅听/看"的阅读新体验;在"阅读方式"维度中,聚合了从人机交互到人机—人际交互的不同数字化阅读方式,也直接展示了数字化阅读不同于传统纸质阅读的基本特征,包括:非线性、跳跃性、互动化、碎片化、聚合式、读图式的新型阅读体验等。同时,考虑到技术的未来演化和用户阅读需求的发展,数字化阅读四维分类谱系也是一个动态的、开放的、发展的结构。

三 数字化阅读的概念视图

需要指出的是,在研究过程中,任何分类都是相对的,目的在于有效地组织其研究领域所涵盖的内容。上述分类谱系也不例外,从整体上看,诸如超文本阅读、电脑屏幕阅读、超阅读、电脑阅读、虚拟阅读、在线阅读、云阅读,等等。其实这些概念表述大多指向同一内涵——数字化阅读;从个别来看,相关概念之间具有交叉重叠的关系,因此分类主要取其关键特征,以手机阅读和移动阅读为例,从概念关系上来看,手机阅读强调的是手机载体终端平台上的阅读,其形态上属于一种移动阅读,两者是包含与被包含的关系,而移动阅读虽然是一种新的阅读形态,强调的是阅读过程的可移动性,从本质上看,移动阅读也是数字阅读的一种类型,也是泛在阅读的一种途径,这些概念之间表现为一种交叉关系。

从阅读的发展历史来看,信息媒介的发展引发了历次阅读技术的变迁。达恩顿在《阅读的未来》一书中,把电子传媒的出现看作阅读历史的一次伟大变革[1],可以说,电子阅读是随着电子信息时代的到来而出现的,也是作为纸质阅读的革新者而出现的,这一新型的阅读方式从阅读对象、阅读方式、阅读体验等方面给纸质阅读者带来了全新的体验,因此,电子阅读可以看作数字化阅读这一新型阅读形态的原点,其他各种表述都是随着数字化(数字阅读)、移动化(移动阅读)、智能化(泛在阅读)技术的应用而进行的"更新换代",但由于当前的信息技术发展远已超越电子晶体管时代,因此,作为原点的电子阅读反而在概念发展中落后于其他表述,这一现象在其他领域也得到印证,如学习领域的电子化学习到数

---

[1] [美]罗伯特·达恩顿:《阅读的未来》,熊祥译,中信出版社2011年版,第5页。

字化学习的变迁。①

基于上述分析，结合数字化阅读相关概念梳理及分类谱系，本研究构建了数字化阅读相关概念视图，以此统整相关概念，形成以电子阅读为原点，数字阅读、移动阅读、泛在阅读、云阅读等在内的数字化阅读生态体系，如图1—1所示。

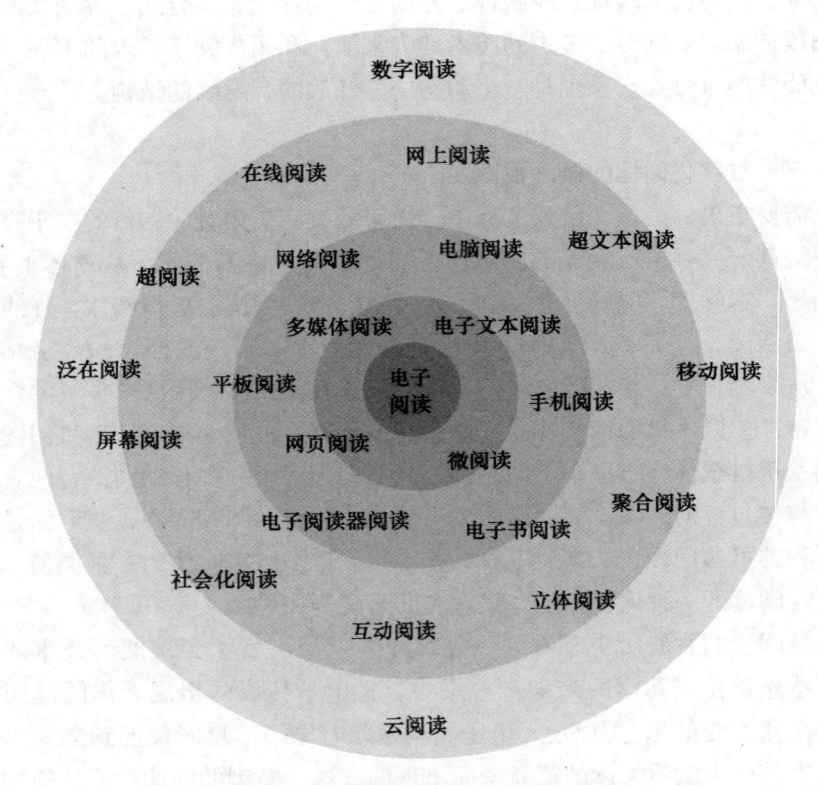

图1—1 数字化阅读研究相关概念视图

这一概念视图统整了来自不同学科领域视角的纷争芜杂的数字化阅读相关属于概念。整个视图由内到外5个环组成，内环中的电子阅读最早是作为传统阅读的革新者而出现，而随着信息技术和数字技术的发

---

① 李克东：《数字化学习——信息技术与课程整合的核心》，《电化教育研究》2001年第8期。

展，电子阅读一词由于其电子技术时代的特征已经无法包容当下新媒体环境下的阅读形态，但作为一个原点，衍生和生发出了当前的阅读新样式。外环表征了更有抽象和上位的概念体系，包括学界高度认同的数字阅读、移动阅读等，也包括未来最受关注的泛在阅读和云阅读等新形态，均作为数字化阅读的子类而存在，也是可以统整中间三环相关术语和概念的上位概念。中间三环分别从具体的阅读属性进行归类，此类概念体系宜作为具体的描述性词汇显现，不宜作为新型阅读形态的表征术语。而在最上位的概念上，倾向于使用数字化阅读来统一表征，强调依靠各种数字化平台或移动终端，以数字化形式获取信息或传递认知的过程。

第二节 未成年人数字化阅读研究现状

随着新媒体技术为介质的数字技术不断普及与推广，数字化阅读这一阅读新形态逐渐为读者所接纳。几乎与技术发展同步，国内外对于数字化阅读的关注始于网络在线阅读，随着移动互联技术的发展，研究兴趣逐步转向平板电脑阅读、电子阅读器阅读，最新的关注热点在于手机移动阅读、社交化阅读等；触动数字化阅读还有一个关键因素在于：数字化阅读对于传统阅读的"挑战"和"挤压"，不同层面的读者阅读调查均显示一种"此消彼长"的态势，从传统阅读观念来看，对数字化阅读的研究在某种程度上已经化为一种"预设式"的观察，国内学术界表现更加明显，较多关注传统阅读与数字化阅读的优缺点，尤其是关于数字化阅读带来的"浅阅读"等批判。国外研究比较多的关注数字化阅读效果和数字化阅读行为分析，研究中比较讲究跨学科方法以及量化分析。但综合来看，以未成年人为特定群体的数字化阅读研究总体上还没有引起足够的重视。

一 国内研究现状

具体而言，国内大部分学者集中在数字化阅读的主体、客体及本体三大层面进行学术探讨，方法以描述性的主观阐述和逻辑分析居多，[①] 关注未成年人数字化阅读的系统性研究尚不多见。数字化阅读调查类的相关研

---

① 刘元荣：《2000—2010年网络阅读研究述评》，《图书馆学研究》2011年第6期。

究将在本章第三节专门阐述。

1. 多视角阐述数字化阅读的内涵，包括阅读介质、阅读文本、阅读方式的数字化

学术界关于数字化阅读的研究从其界定开始。作为一种包含各种介质的新型阅读方式，确定一个统一的定义是比较困难的。概括起来，对数字化阅读的界定有三种视角。

一是强调阅读介质的数字化。数字化阅读是由数字化技术引发的一次阅读媒介变化，也是传统阅读行为嬗变的直接和根本原因。[①] 王素芳从网络阅读研究入手，认为网络阅读是一种由文本变化所带来的新的阅读方式，专指网络文化语境中的阅读活动，即借助计算机、网络技术来获取包括文本在内的多媒体合成信息和知识，完成意义建构的一种超文本阅读行为，[②] 该定义引用较广，强调了网络阅读的阅读属性，突出了广义上的网络——即指计算机、网络技术的多媒体介质。顾雪林指出，数字化阅读是依靠多种电子平台、移动终端获取信息的过程，包括网络阅读、手机阅读、PDF阅读、本地电子书阅读等，是一种全新的阅读形式。[③] 王佑镁认为，数字化阅读是指使用电脑、网络、MP3、MP4、手机、平板电脑、iPad、电子阅读器等进行阅读，阅读内容以文字为主，辅以图片、音视频和动画等[④]。研究者开展不同数字化介质的阅读研究，如在线阅读、微阅读、超阅读、云阅读、手机阅读、网络阅读、移动阅读、电子阅读、Web 2.0阅读、屏幕阅读、微信阅读等，数字化阅读已经成为一个类型丰富层次多样的、满足不同群体需要的新阅读家族。[⑤]

尽管上述界定都从数字媒介技术的介质特征入手，但很明显，这些概念还没有反映出新的阅读方式与传统阅读的本质区别——数字化阅读与传统阅读的区别不仅仅在于"介质的变化"，根本上是信息传播方式的变

[①] 李新祥：《数字时代国民阅读行为嬗变研究》，中国社会科学出版社2014年版，第18页。
[②] 王素芳：《网络阅读的发展现状和前景探析》，《图书与情报》2004年第3期。
[③] 顾雪林：《数字阅读迈出万里长征第一步 未来发展将无比灿烂》，《中国教育报》2009年4月24日。
[④] 王佑镁：《数字化阅读：Web 2.0时代阅读方式的传承与嬗变》，《中国信息界》2011年第11期。
[⑤] 谷婵娟、钱晓飞、庄重：《手机阅读的生态化发展策略探析》，《图书馆理论与实践》2011年第3期。

革。美国学者尼葛洛庞蒂在其 1996 年出版的《数字化生存》中指出,[①]数字化、网络化、信息化使人的生存方式发生了巨大的变化,并由此带来一种全新的生存方式。阅读依赖于不同物质技术基础的介质,传统纸本书阅读的基础是基于物质的原子（atom）,后者基于比特（bit）的数字,这使得数字化阅读本质上有别于传统阅读。马飞受此启发,从与纸质阅读的对立视角出发,提出不用纸本书的阅读称之为"数字化阅读"。[②]杨宪东使用"屏幕阅读""电脑阅读"或"网上阅读"来以区别于使用印刷纸本书的阅读,而后也把不用纸本书的阅读称之为"数字化阅读"（俗称为电脑阅读）。[③] 杨军强调了媒介形态变迁与阅读行为变迁的关联,认为人类的阅读行为依存于承载信息符号的媒介形态,媒介形态是阅读行为得以存在的基础。[④]

二是强调阅读文本的数字化。纸质阅读面对的是原子,数字化阅读面对的是像素——此即阅读文本上的数字化。盛华强调了数字化阅读的文本转换,认为数字化阅读是一种由文本载体发生变化所形成的新型阅读方式,主要有两层含义,即阅读对象的数字化和阅读方式的数字化。[⑤] 张正指出了数字化阅读的二重含义,一是指普通意义上的网络阅读,主要是以多媒体技术、网络技术为中介,以电脑上所传递的数字化信息为阅读对象,通过人机交互来交流并获取读者所需要的包括文本在内的多媒体信息的行为;二是移动网络阅读,是指将图书、报纸、杂志等内容资源进行数字化加工,通过互联网、无线网以及存储设备进行传播,使用户随时随地进行无障碍的网络阅读行为。[⑥] 杨帆认为网络文本是一种超文本,数字化阅读是一种非线性阅读,这种阅读方式直接导致人们阅读方法、阅读习惯、阅读心理甚至思维方式发生改变。[⑦] 陈七妹认为网络媒介重新调整了

---

① ［美］尼古拉·尼葛洛庞蒂：《数字化生存》,胡泳、范海燕译,海南出版社 1996 年版,第 129 页。
② 马飞：《数字化阅读让阅读更精彩》,《新世纪图书馆》2008 年第 4 期。
③ 杨宪东：《开发"数字化阅读"课程的实践与思考》,《徐州教育学院学报》2005 年第 1 期。
④ 杨军：《媒介形态变迁与阅读行为的嬗变——以印刷媒介与网络媒介为例的考察》,《图书馆工作与研究》2006 年第 3 期。
⑤ 盛华：《数字化阅读：图书馆服务的机遇与挑战》,《江西图书馆学刊》2011 年第 1 期。
⑥ 张正：《数字化阅读：图书馆的挑战与机遇》,《图书与情报》2009 年第 6 期。
⑦ 杨帆：《阅读的革命》,《图书与情报》2003 年第 1 期。

纸质媒介强调线性视觉而导致人们感官投入的分配比例，使传统的读写方式发生了改变，从而引起包括认知习惯、思维模式在内的许多变化，① 这一界定充分挖掘了阅读文本数字化给阅读过程带来的变革。

三是强调阅读方式的数字化。谈及阅读，人们头脑中往往呈现的是一幅"青灯黄卷、手捧书籍、翻阅纸张、沉浸其中"的画面，传统阅读的线性方式已经被数字化阅读的非线性、多模式过程和方式所取代，可以说传统"阅读"过程已经演变为"使用"过程。刘艳妮指出，无论是网络阅读还是电子阅读，都是不同于纸质书本的阅读，是一种集文字、图像、声音、视频等多媒体信息于一体的数字化阅读方式。② 这种数字化阅读不再是双手捧书、直接触摸纸张的阅读，阅读都必须借助电脑、手机、电子阅读器等数字化、可移动终端阅读设备。杨志刚认为，数字化阅读就是指以数字化形式获取或传递认知的过程，不论载体、场合、形式，可以是任何数字化终端，可以是任何格式，可以通过任何技术手段，可以是交互的、跨越时空的社会性阅读，也可以是私密的个人阅读。③

由此可见，传统阅读在改变，改变的不仅是手段，不仅是载体，更是阅读的定义与内涵。数字化阅读是新媒体时代催生的崭新的阅读方式，与以纸质文本为介质的传统阅读方式不同，数字化阅读的阅读内容寄生于各类数字设备、电子平台、移动终端（例如平板、手机、电子阅读器、PC等），利用互联网的高效性与普遍性，进行广泛地传播，使得数字化阅读成为一种兼具随时性、私密性、跨越性、社交化的阅读方式。

2. 理性分析数字化技术带来的优缺点，挖掘数字化阅读过程模式与行为特质

从内涵上看，数字化阅读显然不同于纸质阅读。纸质阅读是一种典型的、单向的传统信息传播方式，而数字化阅读是一种立体的、互动的信息传播方式，不同的阅读行为模式必然给数字化阅读过程与行为带来不同的体验与特质。从认知的角度看，阅读是从视觉材料中获取信息的过程；从传播的角度看，读者阅读实际上是与媒介生产者进行信息、思想和情感的

---

① 陈七妹：《从媒介分析角度看网络对传统阅读方式的影响》，《新闻界》2004年第6期。
② 刘艳妮：《数字化阅读对传统阅读的影响研究》，硕士学位论文，辽宁大学，2011年。
③ 杨志刚：《开展数字阅读提升图书馆内容服务》，《图书馆论坛》2011年第1期。

交流，是一种交往上的实践；① 从社会的角度看，阅读又是一种以书面材料作为社会交际的中介而存在的社会现象。② 数字化阅读首先具备阅读的基本过程属性，同时还具有网络行为的基本属性，因此，数字化阅读具有非常独特的过程与模式。欧晓平提出了数字化阅读的个别化学习模式和协作化学习模式。③ 时少华、何明生在韦斯特利—麦克莱恩阅读模式的基础上，经过信息需要、信息搜索、信息使用三个方面的改进，构建出了网络阅读的一般模式，较有创新性。④ 贺子岳进一步结合网络阅读的要素，提出了包括网络文本资源、阅读中介、二级阅读者、互动与技术因子等五个因素的网络阅读模式，⑤ 具有一定的启发性。

关于数字化阅读的特点，大部分研究者都从数字化技术本身的特点出发，理性分析数字化阅读的优缺点。

积极方面：数字化阅读的优点主要表现为内容丰富、获取方便、互动性好、共享性高、时效性强等方面；⑥ 王健、陈琳等认为数字化阅读对青少年的积极影响在于能够消除青少年数字鸿沟，真正实现了个性化阅读，能使青少年获得更加形象、完整、系统、深刻的认识。⑦ 孙延蕙认为网络阅读这一独特新颖的阅读形式能激发人的创新意识。⑧ 徐婷认为，数字化阅读与传统的纸质出版物相比，数字化电子出版物具有存储量大、检索便捷、便于保存、成本低廉等优点。⑨ 曾克宇总结了网络阅读的五个优势：阅读环境开放性、阅读内容丰富性、阅读过程互动性、阅读行为共时性和阅读方式虚拟性。⑩ 新型数字化阅读方式如手机阅读、微信阅读往往带来

---

① 李新祥：《数字时代国民阅读行为嬗变研究》，中国社会科学出版社 2014 年版，第 9 页。
② 郭成：《试论语文阅读的内涵与理念》，《山东教育学院学报》2011 年第 11 期。
③ 欧晓平：《网络阅读的特点、模式与网络作文的意义》，《引进与咨询》2006 年第 12 期。
④ 时少华、何明生：《网络阅读一般模式的构建》，《哈尔滨工业大学学报》（社会科学版）2003 年第 12 期。
⑤ 贺子岳：《论网络阅读模式的构建》，《武汉大学学报》（人文科学版）2006 年第 3 期。
⑥ 朱咫渝、史雯：《新媒体时代数字化阅读的审视》，《现代情报》2011 年第 2 期。
⑦ 王健、陈琳：《信息化时代的阅读方式与前景探析》，《江苏开放大学学报》2010 年第 21 期。
⑧ 孙延蕙：《网络阅读的创新功能》，《泰山学院学报》2005 年第 4 期。
⑨ 徐婷：《数字化阅读及其对传统出版物的影响》，硕士学位论文，中国科学技术大学，2009 年。
⑩ 曾克宇：《网络时代的大众两读——"网络阅读"研究综述》，《高校图书馆工作》2007 年第 2 期。

的是"微阅读",人们质疑微阅读甚至数字化阅读的"浅阅读"特质;对于微阅读"短平快"的方式,有学者保持积极乐观的看法,刘净植认为,阅读形式的转变,字数应该不是最关键的,如何浓缩、如何表达,只要和微博的表现模式适应,让人简单快捷地获取到知识应该是可以做到的。① 这一观点具有很好的媒介历史观和开放视野,极具理性,值得细细品味。

消极方面:技术本身具有两面性,数字媒介信息传播也不例外。其实在《数字化生存》一书中,尼葛洛庞蒂就提醒人们,尽管数字化生存极具诱惑性,但挑战也随之而来,其中之一就是数字依赖、网络成瘾对人的发展的制约。② 数字时代出现了大量不良信息,给读者阅读造成了负面影响。多数学者认为,数字化阅读会带来信息选择困难、丧失逻辑思辨能力、理性思考缺失、网络信息资源异化、阅读原始目的转移等负效应。张文莉认为数字化阅读对学生的消极影响包括:信息过载、思维方式的退化、诱发伦理道德问题等。③ 梁涛认为网络阅读的负面影响较大,不良信息的侵袭、多媒体氛围导致想象力缺乏、娱乐性阅读导致理性思考缺失、信息庞杂分散注意力。④ 陈鹏飞指出,充斥网络的随意用语成为少儿阅读的内容,对少儿的正常受教育过程也会产生负面影响。⑤ 刘敏认为网络阅读带来了心理负效应,认为对网络信息的依赖让青少年懒于思考,过多信息分散了注意力,对青少年的人际关系、心理健康和身体素质都带来不良影响。⑥ 张岚等人认为,阅读传统文本时,读者会进入一个既有的文化传统中展开思考,而网络无法做到这一点。⑦ 张智君从认知心理学的角度研究了网络阅读的负面效应,具体包括超文本阅读中迷路问题、认知负荷问题、线性文档与非线性连接的组合问题等,这将影响超文本阅读效率。⑧ 谢晓波认为,网上信息发布具有很大的随意性和自由度,缺乏筛选和把关

---

① 刘净植:《微阅读盛行,未必是阅读之危》,http://news.cuc.edu.cn/article/27636,2015-10-05。
② [美]尼古拉·尼葛洛庞蒂:《数字化生存》,胡泳、范海燕译,海南出版社1996年版,第78页。
③ 张文莉:《论新时期对大学生的网络阅读指导》,《河南图书馆学刊》2009年第5期。
④ 梁涛:《青少年网络阅读的负效应及对策》,《中国青年研究》2007年第6期。
⑤ 陈鹏飞:《少年儿童网络阅读现象及对策》,《大众文艺》2008年第10期。
⑥ 刘敏:《青少年网络阅读的心理负效应及应对策略》,《编辑之友》2013年第6期。
⑦ 张岚等:《大学生经典名著阅读与网络网读透视》,《图书馆论坛》2008年第2期。
⑧ 张智君:《超文本两读中的迷路问题及其心理学研究》,《心理学动态》2001年第2期。

机制，信息质量良莠不齐。[1] 贺子岳也指出，网络阅读过程中读者需要耗费更多的时间才能进入与学习相关的阅读阶段。[2] 赵维森认为，视觉媒体技术的发展对传统阅读行为会产生重大影响，使现代文化大众的阅读对象、阅读方式、阅读性质、阅读质量发生根本性的逆转，包括读者注意力的转移、阅读行为由直接阅读转变为间接阅读、阅读的自主自由性变成了被动受控性、对作品意义的创造性阐释变为对作品意义的简单复制等。[3] 耿玉玲以网络阅读为例指出，数字化阅读存在稳定性较差、权威性不够的特点。[4] 崔磊提出，数字出版环境中受众阅读习惯呈现出内容的娱乐化、形式的新体验、场所的形态变革等特征，新阅读方式中的社会群体趋向多样，但这种阅读变化是否符合人类理性阅读的趋势值得思考。[5] 李新娥指出了一些传统阅读载体和网络阅读载体对于少年儿童阅读的冲击，认为各种大众媒介普及会对儿童阅读产生网络沉迷、阅读污染、甚至一种"反文化"的"文弃"现象——放松对书籍的阅读和文化修养。[6]

大多数学者都注意到了数字化阅读的两面性，理性分析了数字化阅读的优劣势。吴赟、杨锋概括了新媒体环境下中国国民阅读发展变化的四个特征：第一，新媒体的开放性和包容性导致读者阅读身份发生变化，即读者有机会成为内容的创造者和传播者，阅读反馈更为便捷；第二，新媒体的个性化和移动化导致读者阅读习惯和阅读时空的分化；第三，新媒体的超时空性和超媒体性导致读者阅读兴趣和阅读方式的变化；第四，新媒体的交互性和消费性导致读者阅读能力和阅读效率的变化。[7] 盛终娟提出，数字阅读优势在于阅读环境开放性、内容丰富性、过程互动性和及时方便，而缺点是多媒体氛围易造成少儿想象力的缺失，娱乐性阅读导致理性

---

[1] 谢晓波：《青少年网络阅读导读及其策略》，《图书馆工作与研究》2008年第9期。
[2] 贺子岳：《论网络阅读模式的构建》，《武汉大学学报》（人文科学版）2006年第3期。
[3] 赵维森：《远离图像，亲近文字——关于文化工业时代阅读的社会学意义的思考》，《阅读与写作》2000年第8期。
[4] 耿玉玲：《网络文献与网络阅读探析》，《图书馆论坛》2006年第2期。
[5] 崔磊：《数字出版环境中的受众阅读及其反思》，《编辑之友》2012年第4期。
[6] 李新娥：《大众传媒对少年儿童阅读的影响及对策》，《江西图书馆学刊》2007年第3期。
[7] 吴赟、杨锋：《新媒体环境下中国国民阅读行为嬗变的特征及其问题反思》，《出版广角》2012年第12期。

思考缺失。① 何婉莘认为，数字化阅读有助于激发阅读兴趣，但不利于思考与想象；使阅读更加自由，但也带来盲目性和缺乏经典性；提供了丰富资源，但也产生垃圾信息。② 孙益祥对数字阅读持积极态度，认为可以消除数字鸿沟、在有效的引导下可以实现个性化阅读，获取更加完整、深刻、系统的认识。③ 因此，要正视数字化阅读的优缺点，不可因噎废食，重点在于加强青少年数字化阅读的引导，培养青少年的数字化阅读素养。

3. 对比研究数字化阅读与传统阅读的差异，理性分析数字化阅读对未成年人发展的影响

正如对数字化阅读的优缺点分析，针对数字化阅读对未成年人发展的影响也表现为正反两种观点，甚至可以说是一种学术争议。这一争议的出发点仍在于数字化阅读与传统阅读的关系，可以说该问题始终是学者们关注的热点，也是社会、家庭、学校所关注的主题，两者之间的关系一定程度上又可以演化为有关"浅阅读和深阅读"之争。

相对于传统纸质阅读的所谓"深阅读"，李劲认为数字化阅读偏向于一种"浅阅读"，这种浅阅读不需要思考，往往采取跳跃式的阅读方法，追求的是短暂的视觉快感和心理的愉悦，需要深度引导。④ "浅阅读"可能加剧阅读功利化倾向，造成国民文化素质下降、思维能力弱化等，还可能影响民族素质，降低民族创新能力，尤其可能对青少年价值观养成、人格发展等产生不利影响。⑤ 刘昕亭认为，"浅阅读"时代的真正可怕之处，是我们日益接受乃至默认眼下现实的犬儒态度，拒绝去思考乃至实现一个更好明天的立场。⑥ 杨敏指出，数字化网络化时代，个体信息和交流方式发生了很大的改变，读者不再局限于花大量的时间去专心阅读厚重的传统纸质图书，更愿意使用电子化载体阅读。⑦ 上述学者基本上对数字化阅读

---

① 盛终娟：《网络时代少年儿童读者的需求与满足研究》，《中小学图书情报世界》2008年第12期。

② 何婉莘：《浅论少儿图书馆青少年网络阅读指导服务》，《福建图书馆理论与实践》2010年第3期。

③ 孙益祥：《青少年的网络阅读及其模式》，《出版发行研究》2010年第4期。

④ 李劲：《论浅阅读时代图书馆对大众阅读的深度引导》，《图书馆学研究》2008年第4期。

⑤ 杨红：《"浅阅读"时代图书馆的应对策略》，《图书馆》2008年第2期。

⑥ 刘昕亭：《浅阅读：书展时代的读书生活》，《中国图书评论》2011年第12期。

⑦ 杨敏：《大学生网络阅读中存在的问题与对策探析》，《新西部》2008年第9期。

及其带来的"浅阅读"持否定态度。

也有学者对数字化阅读的影响持积极态度。作为一种阅读革命，韩立红认为，数字化阅读的积极意义表现为阅读功能的进一步拓展，阅读逐渐成为一种交流方式、交往方式、工作方式、休闲方式、生活方式，甚至成为一种新的生存方式。[①] 沈水荣认为，阅读新变革的表现就是知识点阅读、融合式阅读、互动式阅读和无缝隙阅读四种阅读方式的兴起[②]，所谓知识点阅读，就是从"一本一篇"的阅读发展到对按一定主题排列展现的知识点进行阅读；所谓融合式阅读，就是从单一文字信息的阅读发展到以文字信息为基础的多种形态信息相融合的阅读体验；所谓互动式阅读，就是从个体阅读发展到人与人之间在交流互动中阅读；所谓无缝隙阅读，是指从特定场合条件下的阅读发展到随时随地进行阅读。[③] 这类观点认为数字化阅读不会对传统载体的生存造成威胁，还有学者认为浅阅读也是一种有效的阅读形式，并且也是社会发展的必然现象。[④] 刘德寰则从实证研究层面验证了"上网对读书时间的影响"，认为上网是公民读书的催化剂，上网会增加其读书时间；低文化程度，上网对增加阅读时间的催化剂作用更大。[⑤]

更多的观点趋向理性和平衡，认为数字阅读与传统阅读两者各有优势，互补互促的。刘儒德等人认为，互联网环境下个体能快意自由发表观点，提高读者参与热情，加强作者与读者的互动，不过也导致网络阅读的内容良莠不齐，降低了网络文本的可靠性。[⑥] 李红梅认为，作为一种新载体，网络拓展了阅读的空间和渠道，但数字化生存会使人的存在进一步虚拟化，进一步远离自然。[⑦] 朱俊融认为，受众在新媒体时代阅读习惯会产生网络在线阅读、快餐式阅读、碎片式阅读、多元化阅读等方面的变化。[⑧] 研究者也意识到，传统阅读优势在于纵向深入系统的阅读方式，使

---

① 韩立红：《阅读革命带来的利好与冲击》，《领导之友》2011年第4期。
② 沈水荣：《新媒体新技术下的阅读新变革》，《出版参考》2011年第9期。
③ 李新祥：《数字时代国民阅读行为嬗变研究》，中国社会科学出版社2014年版，第21页。
④ 杨红：《"浅阅读"时代图书馆的应对策略》，《图书馆》2008年第2期。
⑤ 刘德寰：《上网、读书时间和催化剂》，《广告大观》（理论版）2007年第6期。
⑥ 刘儒德等：《网上阅读与纸面阅读行为的对比调查》，《电化教育研究》2004年第5期。
⑦ 李红梅：《大学生网络阅读中存在的问题及引导措施》，《中国成人教育》2007年第15期。
⑧ 朱俊融：《新媒体时代受众阅读习惯研究》，硕士学位论文，南京艺术学院，2011年。

所获知识更加扎实；数字化阅读要注重横向对比的阅读方式，可扩大读者相关领域知识面，两者并非水火不相容。① 平衡的观点一般认为数字化阅读与传统阅读存在着不可替代、理性共存的关系。②

还有一些研究通过实证方法分析未成年人数字化阅读与纸质阅读的差异。岳园以电子书阅读为例，考察不同互动方式对不同年龄段孩子的影响，在针对杭州 210 名 5—6 岁的儿童进行分组实验后认为，电子故事书的使用在语音意识还有文字知识上对增进幼儿的早期阅读能力有帮助，但在对故事理解方面，成人陪伴纸本书阅读的效果更好。电子故事书也许可以通过成人陪伴或者增加互动设置来提升幼儿的故事理解成效。大班与中班幼儿对不同互动方式的电子书使用偏好有较大差异，但从早期阅读成绩的各项指标上看，两种互动方式的影响都是积极的，没有差别。③ 从目前的文献来看，采用实证方法来探究未成年人数字化阅读的研究还不多见，这也是本研究需要突破的一个重点。

4. 多方协同创新阅读服务，积极引导与推广未成年人数字化阅读

针对未成年人数字化阅读存在的正负效应，学者提出应该强化数字化阅读的调控、指导与推广。一般从数字化图书馆、数字出版现状及对策进行分析。大多学者都指出，面对数字化的冲击，对于图书馆既是挑战也是机遇。张正认为，要想顺应时代，图书馆应重构资源，创新服务，积极引导数字化阅读。④ 赵荣给出了具体思路：通过转变图书馆服务方式和服务手段以及开展人性化、智能化服务来应对挑战。其中，特别说明图书馆数字资源整合是数字化阅读工作的基础。⑤ 还有许多学者研究少儿图书馆现状及策略，指出少儿图书馆数字化阅读的推广要从青少年的实际需求出发，把数字化资源与阅读写作知识、阅读写作跟踪辅导很好地结合起来，利用 Web 2.0 相关技术，提供数字化服务，真正吸引青少年的目光，调动积极

---

① 刘洪娟：《浅议青少年网络阅读与纸质阅读的选择》，《图书馆工作与研究》2012 年第 10 期。
② 刘元荣：《2000—2010 年网络阅读研究述评》，《图书馆学研究》2011 年第 3 期。
③ 岳园：《电子故事书阅读对 5—6 岁幼儿早期阅读能力的影响》，硕士学位论文，浙江理工大学，2013 年。
④ 张正：《数字化阅读：图书馆的挑战与机遇》，《图书与情报》2009 年第 6 期。
⑤ 赵荣、张丽、郑鑫：《网络环境下我国高校图书馆信息服务调查与分析》，《科技导报》2003 年第 21 期。

性。① 张智君针对读者在网络阅读过程中容易迷失的问题，认为提供导航辅助（结构导航和概念导航）是重要的解决途径。② 荣梅③、陈鹏飞④、程欣⑤、梁涛⑥等研究者分别从不同角度针对青少年读者的阅读状况提出对策。

在未成年人数字化阅读推广方面。王思根等人通过分析我国数字化阅读发展的现状，认为数字化阅读要有广阔的发展前景，需政府引导、科技支撑、教育参与等多种因素合力作用。⑦ 还有学者研究青少年数字化阅读推广、行为的影响因素。一般采用问卷调查、数据分析得出结论。如有学者通过创新推广理论和问卷调查，分析数字化阅读内容、电子阅读器、学生本身以及外界四个因素，得出数字化阅读强大的查阅功能以及比较低的费用对青少年选择数字化阅读有很大的影响。⑧ 曹远以普通高中生数字化课外阅读为例，认为数字化阅读过程中存在学生阅读动机功利化、阅读习惯快餐化、阅读态度娱乐化、网络道德弱化的问题，通过培养学生分辨良莠的信息能力、阅读能力，教授学生阅读方法可积极消除数字鸿沟。⑨

提升未成年人数字化阅读素养或许是一个教育性举措，学校、社会和图书馆都大有可为。在未成年人数字阅读素养方面，陈丽冰认为数字阅读的非线性、互动性、立即性、汇集性、匿名性是有别于纸质阅读的几个方面，这些特征在带来更多有益的阅读体验同时，也对青少年的阅读产生了冲击，需要加强青少年数字化阅读素养教育。国际经济合作与发展组织（OECD）指出，可以从检索信息、形成广泛的理解、发展自己的诠释、反思和评价文本内容以及反思和评价文本形式五个方面来评估学生的数字阅读素养，需要通过培养青少年数字阅读素养，建立良好的数字阅读态度与行为，方能培育出具有数字阅读素养的公民。⑩ 李玉英通过对上海 198 名

---

① 于洋：《从青少年写作辅导谈少儿图书馆网站的服务创新》，《才智》2012 年第 34 期。
② 张智君：《超文本阅读中的迷路问题及其心理学研究》，《心理学动态》2001 年第 2 期。
③ 荣梅：《当代青少年课外阅读现状的实证分析》，《出版发行研究》2012 年第 12 期。
④ 陈鹏飞：《少年儿童网络阅读现象及对策》，《大众文艺》2008 年第 10 期。
⑤ 程欣：《网络时代少儿阅读需求与阅读指导》，《中小学图书情报世界》2008 年第 5 期。
⑥ 梁涛：《青少年网络阅读的负效应及对策》，《中国青年研究》2007 年第 6 期。
⑦ 王思根、员立亭：《数字化阅读的现状及其趋势》，《商洛学院学报》2011 年第 5 期。
⑧ 王雪侠：《青少年数字化阅读推广的影响因素分析》，硕士学位论文，山东师范大学，2013 年。
⑨ 曹远：《普通高中生数字化课外阅读研究》，硕士学位论文，扬州大学，2011 年。
⑩ 陈丽冰：《关于青少年数字阅读素养教育问题的思考》，《探求》2014 年第 6 期。

14—15岁学生的调研，认为青少年网络阅读的文本知识性和教育性严重不足，进行网络阅读基本处于以娱乐消遣为目的的低层次阅读阶段，处于浅阅读状态；网络阅读对青少年的阅读习惯和思维方式产生了如"跳跃式""碎片化"等不良影响；网络不良信息、杂乱信息等也对青少年的数字化阅读产生了困扰。[1] 冯蕾总结了国内的儿童数字阅读推广项目，希望通过图书馆的力量来引导青少年，培养数字化阅读素养。[2]

二 国外研究现状

总体而言，数字时代读者阅读行为研究在国外也是一个重要的学术议题，但专门针对青少年数字化阅读的研究并不多见，总体文献量偏少。研究者以 WOS 数据库为例进行了专门检索，发现自 1999 年至 2015 年，该库发表相关文献总共仅为 136 篇。[3] 分析国外相关研究发现，虽然直接针对未成年人的研究成果不多，但许多成果涉及阅读行为变化的社会环境因素、文化变革视角、阅读方式变化调查、数字阅读设备的发展等诸多问题。研究焦点则集中于数字化阅读变革及效果差异上，这对于未成年人数字化阅读研究有着较大启发。随着数字化阅读越来越为未成年人所采纳，需要从更宽广的研究视野、更严格的实证研究为其阅读提供指导。

1. 通过大规模跟踪调查，关注儿童数字设备与资源的使用

与国内情形一样，国外专门调研未成年人数字化阅读状况的报告还不多见。一些针对儿童整体的阅读调查报告中可以发现其数字化阅读的基本状况。全球知名的童书出版、教育和传媒公司 Scholastic 联手领先的营销、战略研究咨询公司 Harrison Group，在 2006 年至 2012 年期间推出了四期《儿童与家庭阅读报告》，这份报告从开始就关注到数字时代的儿童阅读状况，2012 年度数据显示，儿童阅读电子书的比例比 2010 年上升了一倍，达 46%，其中 20% 的儿童是为兴趣而读，利用 iPad、电子书阅读器以及其他手持阅读设备的比例大大增长，72% 的父母选择支持孩子阅读电

---

[1] 李玉英、赵文：《青少年网络阅读的调查与思考》，《河北青年管理干部学院学报》2008年第9期。

[2] 冯蕾：《数字阅读视野下未成年人阅读推广的分析与实践》，《河南图书馆学刊》2013年第5期。

[3] 王慧、刘婧、顾囷：《国内外未成年人数字阅读研究综述》，《山东图书馆学刊》2015年第2期。

子书。在电子书的优势方面，获取的便利性、阅读的趣味性、互动性、词典功能、朗读功能等因素排在了前面；基于技术的发展，坚持优先选择纸质书的比例正在逐步下降。① 亚马逊中国的用户调查报告显示，Kindle 的主体用户是 13—35 岁的年轻人，其中"80 后"占比最高。② 安德鲁·伯格（Andrew Berg）认为，数字图书虽然仍处于发展阶段，但最终会停留在少数几种形态上，他以亚马逊的电纸书以及 Adobe 公司为例，从价格方面、开发及市场开拓方面探讨电子图书的未来。③

一些国际机构如国际儿童数字图书馆（ICDL）也开展了儿童数字化阅读相关调研。ICDL 是一个非营利性的公益基金会组织，帮助世界儿童学习不同的文化、语言等，为贫困地区、教育不发达的地区提供优秀的教育资源，让每一个孩子都能了解和阅读世界各地的儿童文学。其调研报告以多元文化中不同国家儿童数字阅读现状为主，2007 年，在 ICDL 支持下，都林·阿里逊（Druin Allison）等人追踪研究了四个不同国家的 12 名儿童使用 ICDL 的情况，认为数字化阅读可以提高孩子阅读的多样性、增加阅读动机、吸引他们探索多元文化，而物理图书馆作为社交空间和阅读空间同样受到重视。④ 西澳大利亚曾发布青少年阅读研究报告（WASA-BR），梅尔杰（Merge）以该报告数据为基础，分析了当地青少年参与数字阅读的水平和态度，认为青少年并不一定觉得数字化阅读比纸本阅读更加吸引他们，对一些学校用电子资源替换纸质资源的做法提出了质疑。⑤ 瓦拉（Vaala）等人调查了 1226 名参与者后发现，尽管 iPad 在资源获取方面有很多便利，在书本形式上也有很多趣味性，但是对于 6 岁以下的低

---

① Scholastic, Harrison Croup, *2012 Kids & Family Reading Report*^{TM}, http：//mediaroom. scholastic. com/files/kfrr2013 - wappendix. pdf, 2015 - 10 - 08.

② 亚马逊中国：《亚马逊中国"2015 全民阅读"调查报告》, http：//www. 199it. com/archives/342115. html, 2015 - 10 - 05。

③ Andrew Berg, *Reading the Future of the Digital Book*, Wireless Week, May/June, 2009, 10.

④ Druin A., Weeks A., Massey S. & Bederson B. B. (2007). *Children's interests and concerns when using the International Children's Digital Library: A four country case study*. In Proceedings of Joint Conference on Digital Libraries (JCDL, 2007) Vancouver, British Columbia, Canada. pp. 167 – 176. a paper which gives an overview of our work with digital libraries and children in New Zealand, Honduras, Germany and the U. S..

⑤ Merga, Margaret K., *Are Teenagers Really Keen Digital Readers? Adolescent Engagement in Ebook Reading and the Relevance of Paper Books Today*, 2014, 49 (1)：27 - 37.

幼儿童来说，只要条件允许，父母们更加倾向于共读纸质书籍。[1] 相对于国内未成年人数字化阅读现状调研，国外的相关研究更加关注社会、家庭外部因素在未成年人数字化阅读中的态度，更加注重多元文化、数字媒介文化对儿童阅读文化的影响。

2. 注重媒介技术变革取向，关注数字化阅读变迁

作为一种新媒体阅读，媒介技术的变革实际上生成了今天的数字化阅读文化。国外学者注重从媒介技术变革的跨学科视角审视数字化阅读。伊丽莎白·米勒（Elizabeth Milller）等人从媒介技术视角，梳理了儿童数字化阅读文化的发展脉络，提出了未来需要研究的课题与研究方法。[2] 瑞典的两位专家乌拉·约翰逊－斯玛拉蒂（Ulla Johnsaon-Smaragdi）和安内立斯·琼森（Annelis Jonsson）对1976—2002年间青少年图书阅读习惯变迁做了研究，认为：每一时期每一种新的媒介形态进入媒介环境中都会带有其特殊的媒介文本特征，与此相适应的是，青少年图书阅读习惯也会受新媒介特征的影响。[3] 美国批评家斯文·伯克茨认为，电子书诞生初始人们的阅读方式发生根本变化，虽然对此感到恐惧，但也能持宽容的心态去接纳。[4] 刘子明（Ziming Liu）系统研究了人们在数字环境中阅读行为的变化表现，主要包括阅读介质的数字化转向、网络阅读的增加等，[5] 他同时指出，纸质阅读和电子阅读各有其优点和局限性，读者阅读行为的变化受到多种因素的综合影响，在未来的发展中仍然会出现很多无法预计的影响因素。[6]

---

[1] Vaala S., Takeuchi, L. Co-reading with Children on iPads: Parents' Perceptions and Practices. The Joan Ganz Cooney Center, Quick Report. http://www.joanganzcooneycenter.org/publication/quick-report-parent-co-reading-survey/. 2015 - 10 - 05.

[2] Elizabeth B. Miller, Warschauer Mark, *Young Children and E-Reading: Research to Date and Questions for the future.* Learning, Media and Technology, 2014, 39 (3): 283 - 305.

[3] Ulla Johnsaon-Smaragdi, Annelis Jonsson, Book Reading in Leigure Time: Long-Tern Changesm Young Peoples' Book Reading Habits, Scandinavian Journal of Educational Research, Vol. 50, No. 5, November, 2006, 519 - 540.

[4] ［美］斯文·伯克茨：《读书的挽歌——从纸质书到电子书》，中国对外翻译出版公司2001年版，第168—169页。

[5] Ziming Liu, *Reading Behavior in the Digital Environment: Changes in Reading Behavior Over the Past Ten Years*, Journal of Documentation, Vol. 61, Issue 6, 2005, pp. 700 - 712.

[6] 李新祥：《数字时代国民阅读行为嬗变研究》，中国社会科学出版社2014年版，第38页。

3. 透过多元文化视角，关注未成年人数字化阅读行为与习惯

一些研究者重点关注了数字技术影响未成年人数字化阅读行为与习惯的养成。提出了"数字原生代"一词的马克·普林斯基（Marc Prensky）认为，数字时代，孩子越来越依赖数字媒体技术的应用，过于频繁的数字技术使用行为会导致他们的大脑组织结构与属于数字移民的老师有所不同。[1] 西恩帕（Ciampa）的研究发现，通过让一年级孩子使用在线阅读系统，孩子享受了在线阅读的乐趣、提高了阅读理解的能力，并且增加孩子在家阅读的时间。[2] 杰桑·伊丽莎（Dresang Eliza T.）和科奇拉·鲍伊（Kotrla Bowie）提出了网络阅读的协同阅读观点，令人耳目一新，所谓协同阅读就是一种特殊形式的阅读，其中大量的读者、读者与文本以及文本的构成大于某个特定部分的作用，他认为，众多的看似没有关联的阅读因素基于网络的力量能产生巨大的创造性，网络环境下数字化阅读的协同性与传统环境下纸质阅读的独立性有本质不同。[3] 雷特（Reuter）观察 3 岁到 13 岁的孩子使用 ICDL 中查找和选择数字图书方面的行为特征，研究分析了不同性别、不同年龄的孩子在查找和选择图书方面的差异。[4] 谢莉（Sheri）对四个不同国家的 12 名儿童对 241 本电子图书的响应模式进行追踪调研，调查了孩子们对数字图书的选择偏好。[5] 张（Zhang）对中学生的数字科技阅读方面做了调研，认为中学生倾向于选择浅显的科技资料进行阅读，他们的阅读是随机、粗略并且分散的，需要有一定的引导策略来指导中学生开展科技资源的数字化阅读，才能达到目标明确、透彻的、

---

[1] Marc Prensky, Digital Natives, Digital Immigrants Part 2: Do They Really Think Differently?, On the Horizon, Vol. 9, 2001: 1 - 6.

[2] Ciampa K., *The Effects of an Online Reading Program on Grade 1 Students Engagement and Comprehension Strategy Use*. Journal of Research on Technology in Education, 2012, 45 (1): 27 - 59.

[3] Dresang Eliza T., Kotrla Bowie, *Radical Change Theory and Synergistic Reading for Digital Age Youth*, Journal of Aesthetic Education, Vol. 43, No. 2, 2009, pp. 92 - 107.

[4] Reuter K., Druin A., Bringing Together Children and Books: An Initial Descriptive Study of Children's Book Searching And Selection Behavior in A Digital Library. 67th Annual Meeting of the American Society for Information Science and Technology. Providence, RI. NOV, 2004, pp. 12 - 17.

[5] Massey, Sheri, Weeks, Ann Carlson, Druin, Allison, *Initial Findings from a Three-Year International Case Study Exploring Children's Responses To Literature In a Digital Library*. Library Trends, 2005, 54 (2).

有思考的阅读。① 斯帖·乌森-杰（Esther Uso-Jua）和罗尼娅·鲁兹·玛德瑞（Noelia Ruiz Madrid）合作研究了 EFL 学习者的阅读行为，认为超文本介质阅读（在线阅读网络期刊）不仅没有影响学生的整体阅读理解，而且还提升了读者的阅读策略。②

4. 采用实证研究方法，关注未成年人数字化阅读效果

在数字化阅读效果方面，随着技术发展、资源不断丰富，对于数字化阅读的态度越来越积极，尤其是针对低幼儿童识字和早期阅读的帮助越来越受到肯定。当然，多数研究认为数字阅读虽然有优势，但还不足以取代纸质阅读。

实际上，数字化阅读过程中虽然可以让孩子们自由获取网络资源进行阅读，但似乎效果不尽如人意，容易获得的大量资源并不能保证知识的学习。③ 艾丽卡·帕卡德（Erika Packard）针对儿童的网络阅读与学习成绩之间的关系展开研究，得出的结论是："网络是有趣的，但不会使你变得更聪明。"④ 诺贝尔文学奖得主多丽丝·莱辛（Doris Lessing）表达了对数字化阅读的忧虑，她担心人们在网上花费太多时间，而没有时间去阅读纸质图书，导致读者的思维逐步缺乏深度。⑤ 著名阅读指导专家莫提摩·J. 艾德勒、查尔斯·范多伦也有同感，"太多的资讯就如同太少的资讯一样，都是一种对理解力的阻碍。换句话说，现代的媒体正以压倒性的泛滥阻碍着我们的理解力"⑥。美国帕里什·莫里斯的研究表明，利用电子书阅读器的孩子对故事的理解力，要远远差于那些和家长们一同用纸本书进

---

① Zhang M., *Supporting Middle School Students' Online Reading of Scientific Resources: Moving Beyond Cursory, Fragmented, and Opportunistic Reading*. Journal of Computer Assisted Learning, 29 (2): 138 – 152.

② Esther Uso-Jua & Noelia Ruiz Madrid, Reading Printed versus Online Tests, A Study of EFL learners Shategic Reading Behavior, International Jounal of English Studies, Vol. 9 (2), pp. 59 – 79.

③ 王慧、刘婧、顾围：《国内外未成年人数字阅读研究综述》，《山东图书馆学刊》2015 年第 2 期。

④ Erika Packard, It's Fun, But Does It Make You Smarter, Monitor Staff, November, 2007.

⑤ Doris Lessing, On Not Winning the Nobel Prize, http://www.nobelprize.org/nobel_prizes/literature/laureates/2007/lessing-lecture_en.html, 2015 – 10 – 04.

⑥ [美] 莫提摩·J. 艾德勒、查尔斯·范多伦：《如何阅读一本书》，郝明义、朱衣译，商务印书馆 2004 年版，第 8 页。

行阅读的孩子[①],这一结果让人深思。范德堡大学的加布里·埃尔斯特劳斯、美国布鲁金斯研究院的教育政策主任格罗弗·怀特赫斯特的研究都表明,家长与孩子对话互动的"对话式阅读"对于孩子学习能力的培养至关重要,而人与人的直接互动却是在电子书中很难直接呈现的。[②] 在第二外语的学习中,数字化阅读的效果有不同的观点,虽然多数学者认可了数字化阅读的优势,但阿尔-谢丽(Al-Shehri)等人认为在多媒体环境开展第二外语的阅读学习,如果有过多的干扰分散注意力,反而会导致认知超载,从而降低学习效果。[③]

另外,一些研究肯定了数字化阅读的积极效果。肯顿·奥哈拉(Kenton O'Hara)和阿比盖尔·塞伦(Abigail Sellen)进行了纸质阅读和在线文档阅读的比较研究,[④] 结果发现,文档在线阅读相比纸质阅读的关键差异是在线阅读时支持注释、快速导航,并有灵活的空间布局等主要优势,这些特征能让读者加深对文本的理解,提取某种意义上的结构框架,进行交错阅读与写作。安妮·伯克(Anne Burke)和詹妮弗·罗塞尔(Jennifer Rowsell)研究了青少年数字化阅读实践与他们理解互动文本所需关键技能的复杂程度。[⑤] 莱奥波尔迪娜·弗顿娜蒂(Leopoldina Fortunati)与简·文森特(Jane Vincent)从社会学的视角研究了在纸上阅读写作和在键盘上写作在屏幕上阅读的互补性。[⑥] 梅纳德(Maynard)和莎莉(Sally)讨论青少年的电子书阅读与纸本书阅读之间的相关性。[⑦] 值得一提的是,数字化阅读引起了脑科学、神经医学领域的关注,阅读生理学权

---

① 李新祥:《数字时代国民阅读行为嬗变研究》,中国社会科学出版社2014年版,第43页。

② 许光耀:《数字阅读可能影响儿童学习能力提高》,《解放日报》2012年1月31日。

③ Al-Shehri, Saleh, Gitsaki, Christina, *Online Reading*: A Preliminary Study of The Impact of Integrated And Split-Attention Formats On L2 Students' Cognitive Load. Recall, 2010, 22 (3): 356 – 375.

④ Kenton O'Hara & Abigail Scllen, A Comparison of Reading Paper and On-Line Documents, CHI March, 1997, pp. 22 – 27.

⑤ Anne Burke & Jennifer Rowsell, Screen Pedagogy: Challenging Perceptions of Digital Reading Practice, Changing English: Studies in Culture and Education, 2008, 15 (4), pp. 445 – 456.

⑥ Leopoldina Fortunati & Jane Vincent, Sociological Insights on the Comparison of Writing/Reading, Telematics and Informatics, Vol. 31, Issue 1, February, 2014, pp. 39 – 51.

⑦ Maynard, Sally, The Impact of E-Books on Young Children's Reading Habits, publishing Research Quarterly, Vol. 26, Issue 4, December 2010, pp. 236 – 248.

威玛雅内·沃尔夫（Maryanne Wolf）从脑神经科学的角度得出结论，她认为，阅读最核心的秘密在于可以让读者的大脑获得自由思考的时间，而在数字化阅读过程中，大脑中的"延迟神经"思考基本停滞，因此，阅读型大脑的结构在数字化阅读方式的影响下会发生根本性的改变，并由此带来思考方式、行为模式的改变。[1] 有研究者认为，数字化阅读虽然对文学作品的理解差异不大，但经过设计的电子书对非小说文章的理解却有一定的帮助，魏库玛（Wijekumar）等人通过让131名四年级学生使用经过设计的辅助阅读系统，6个月后，这些学生在寻找关键词、分析文章结构、归纳文章主要观点、回忆文章大意几个方面的能力有了显著地提高。[2] 埃德米尔（Aydemir）等人的研究，也对比了五年级学生使用不同介质阅读文学作品和非文学作品之间的差异，认为对于文学作品的阅读，介质的差异对理解的影响不大，但是对于非文学作品，则数字化阅读在协助学生理解方面更有优势。[3]

还有一些研究持中立观点。德庸（De Jong）等人比较了低幼儿童独自阅读电子书和成人为之阅读纸质书之间的差异，结果认为差异并不明显，没有证据能证明电子书会让孩子分心或者影响孩子的理解，因此在获取文章内容方面，可以使用电子书籍替代纸质书。[4] 卡拉特（Korat）等人同样比较了低幼儿童独立阅读电子书、让成人为之阅读和接受正规幼儿园教育之间的差异，也认为三者之间在对儿童的词汇、词语识别和语音方面差异并不明显。[5] 祖科（Zucker）等人则从技术方面比较了不同电子书对低幼儿童阅读的影响，认为要选择合适的电子书才能增加有利因素减少不

---

[1] Maryanne Wolf, Learning to Think in Digital World, http://www.boston.com/news. 2015-10-04.

[2] Wijekumar K. K., B. J. F. Meyer and P. Lei, *Large-Scale Randomized Control Trial with 4th Graders Using Intelligent Tutoring of the Structure Strategy to Improve Nonfiction Reading Comprehension*. Educational Technology Research and Development, 2012, 60 (6): 987-1013.

[3] Aydemir, Zeynep, Ozturk, Ergun, Horzum M. Baris, *The Effect of Reading from Screen on The 5th Grade Elementary Students' Level of Reading Comprehension on Informative and Narrative Type of Texts*. Kuram Ve Uygulamada Egitim Bilimleri, 2013, 13 (4): 2272-2276.

[4] De Jong MT, Bus A. G., *The Efficacy of Electronic Books in Fostering Kindergarten Children's Emergent Story Understanding*. Reading Research Quarterly, 2004, 39 (4): 378-393.

[5] Korat O., Shamir A., *Electronic, Books Versus Adult Readers: Effects on Children's Emergent Literacy as A Function of Social Class*. Journal of Computer Assisted Learning, 2007, 23 (3): 48-259.

利因素。① 格雷姆肖（Grimshaw）等人比较了 132 名十岁左右儿童使用电子词典、纸质词典和没有词典阅读文学作品之间的差异，研究表明，介质的差异不会影响孩子享受故事情节，但是电子词典比纸质词典使用频率更高，也有助于孩子更好地理解故事，而在没有词典的情况下，详细的叙事则会增强孩子的理解。② 琼斯（Jones）等人针对三年级学生的对比研究同样显示，介质的差异对孩子们理解文学作品的影响不大，但是电子词典、自动翻页等功能让孩子们更加倾向于选择电子书籍。③ 在罗伯特（Roberts）等人的研究中，不仅分组阅读电子书和纸质书，还将 30 个二年级学生按照阅读能力分组，结果显示，对于阅读能力强的孩子，介质的差异影响不大，而对于阅读能力弱的孩子，电子书影响了他们的理解。④ 乔杜里（Chaudhry）针对科威特四年级学生的对比研究，也同样认为虽然孩子们因为电子书的便利新颖等特点倾向于选择电子书，但介质不同产生的理解差异并不明显，阅读纸质书用时更短。⑤ 虽然多数研究肯定了数字化阅读对低幼儿童的益处，帕瑞－莫里斯（Parish-Morris）对 165 名低幼儿童的亲子共读研究认为，纸本阅读能增强父母与儿童的对话和对内容的关注，虽然在回忆人物和事件上没有太大差异，但是在回忆内容和情节的顺序上，还是纸本阅读占优势，并且认为电子书中小游戏和声音打扰了对故事的理解。⑥

国外还有一个领域的研究值得关注，该领域与国内特殊教育中的某些研究相关，就是技术辅助儿童阅读，国内一般关注技术辅助残障儿童的学

---

① Zucker, Tricia A., Moody, Amelia K., McKenna, Michael C., *The Effects of Electronic Books on PreKindergarten To Grade 5 Students' Literacy and Language Outcomes: A Research Synthesis*. Journal of Educational Computing Research, 2009, 40 (1): 47 – 87.

② Grimshaw, Shirley, Dungworth, Naomi, McKnight, Cliff, *Electronic books: children's reading and comprehension*. British Journal of Educational Technology, 2007, 38 (4): 583 – 599.

③ Jones, T. and C. Brown, Reading Engagement: *A Comparison Between e-Books and Traditional Print Books in an Elementary Classroom*. International Journal of Instruction, 2011, 4 (2): 5 – 22.

④ Roberts M. C. and C. R. Barber, *Effects of Reading Formats on the Comprehension of New Independent Readers*. Journal of Literacy and Technology, 2013, 14 (2): 24 – 55.

⑤ Chaudhry, Abdus Sattar, *Student Response to E-Books: Study of Attitude Toward Reading Among Elementary School Children in Kuwait*. Electronic Library, 2014, 32 (4): 458 – 472.

⑥ Parish-Morris J., N. Mahajan, K. Hirsh-Pasek, R. M. Golinkoff and M. F. Collins, *Once Upon a Time: Parent-Child Dialogue and Storybook Reading in the Electronic Era*. Mind, Brain, and Education, 2013, (3): 200 – 211.

习与阅读。在研究有阅读障碍儿童的数字化阅读方面，几乎都认可了经过设计的电子书籍可以帮助不同年龄段、有不同程度阅读障碍的儿童提高阅读能力。埃尔特姆（Ertem）采用方差分析了 77 名阅读能力较低的四年级学生的数字化阅读，认为有良好交互性和多媒体嵌入的电子书，能够增强这些孩子获取信息和推理故事的能力。[①] 罗维欧（Lovio）等人针对阅读能力较差的低幼儿童的研究同样都认为，用现代技术辅助阅读是有益于这些孩子阅读能力提高的。[②] 麦克拉纳汉（McClanahan）等人则是让教师用 iPad 辅助教学，帮助有多动症影响阅读的五年级儿童开展阅读，研究认为数字化阅读的交互功能可以帮助多动症儿童集中注意力，经过一年的训练，学生长时间阅读能力增长，也获得了阅读的信心。[③] 对于有比较严重认知障碍的儿童方面，佩普勒（Peppler）等人跟踪了一个有认知障碍、没有读写能力的 9 岁女孩长达两年半的时间，女孩通过特别设计的软件来逐步发展了语言能力，理解了语言结构，最终成长为可以进行阅读和写作，并且进行创意设计的孩子。[④]

第三节 未成年人数字化阅读相关调查

针对数字媒体技术发展对国民阅读行为的影响日益显现，研究机构和人员对此开展了大量调查。相关研究可以分为机构调查与个体调查两种类型，下面分别进行阐述。实际上，各种调查项目除了收集未成年人数字化阅读的一般状况外，也是对前面综述中相关结果的一种印证。考虑到本研究的未成年人数字化阅读特征与倾向研究主题，有必要单独对现有相关调查项目做一梳理与总结。下面从个体调查与机构调查两类项目进行阐述。

---

① Ertem Ihsan Seyit, *The Effect of Electronic Storybooks on Struggling Fourth-Graders' Reading Comprehension*. Turkish Online Journal of Educational Technology, 2010, 9 (4): 140 – 155.

② Lovio Riikka, Halttunen Anu, Lyytinen Heikki, *Reading Skill and Neural Processing Accuracy Improvement after A 3 – Hour Intervention In Preschoolers with Difficulties in Reading-Related Skills*. Brain Research, 2012, 1448: 42 – 55.

③ McClanahan B., Williams K., Kennedy E. & Tate S., *A Breakthrough for Josh: How Use of An Ipad Facilitated Reading Improvement*. TechTrends, 2012, 56: 20 – 28.

④ Peppler K. & Warschauer M., *Uncovering Literacies, Disrupting Stereotypes: Examining The (Dis) Abilities of A Child Learning to Computer Program And Read*. International Journal of Learning and Media, 2012, 3 (3): 15 – 41.

一 个体调查研究项目

虽然针对未成年人数字化阅读的系统性调查并不多见，但国内不少研究者结合各自的研究项目，对不同人群在数字时代的阅读现状进行了调查研究，为本研究提供了重要的基础。比较有影响的包括邓香莲的《新媒体环境下阅读引导与读者服务的协同推进研究》、高春玲的《移动阅读与图书馆延伸服务研究》、李新祥的《数字时代国民阅读行为嬗变研究》等，这些重要的研究项目都进行了系统的阅读调查。

邓香莲等基于上海市民阅读现状，展开新媒体环境下阅读引导与读者服务的协同推进研究，涉及国民对阅读重要性和阅读目的的认知、现代家庭的阅读消费、国民传统阅读时间的变化、国民的首选阅读方式、国民阅读的特点等方面；[1] 李新祥教授提出了一个包括阅读主体、阅读媒介和阅读环境三个维度的指标体系，并根据这个指标体系设计研究问卷，实施全国范围的阅读嬗变调查，描述了我国国民阅读行为嬗变的具体表现，[2] 数据翔实，分析深刻，对于相关研究具有重要的学术参考价值。

一些研究者还就不同群体的阅读状况进行了中小规模调研。荣梅、张劲对当代青少年课外阅读现状进行了调查分析，[3] 认为青少年的课外阅读目的多向化，方式多元化，内容多样化，纸质书刊阅读仍是青少年课外阅读的主流方式，手机阅读（微阅读）已成了青少年课外阅读的新方式。刘晓景对重庆 300 名不同年龄段的儿童数字化阅读进行了调查，数据显示，儿童电子书阅读需求比例达到了 36%，3—6 岁学龄前儿童对电子书的需求最高；在趣味性方面，关注好玩的动画和互动点击，对于音乐的喜好是随着年龄的增加而增加，对于阅读后的游戏并无特别喜好；家庭、学校和图书馆对儿童电子书的阅读指导起着不同的作用，对于图书馆提供电子书阅读

---

[1] 参见邓香莲等《解析新媒体环境下国民对阅读重要性和阅读目的的认知》，《科技与出版》2012 年第 1 期；邓香莲、张卫：《解析新媒体环境下国民传统阅读时间的变化》，《科技与出版》2012 年第 2 期；邓香莲等：《解析新媒体环境下现代家庭的阅读消费》，《科技与出版》2012 年第 3 期；邓香莲：《解析新媒体环境下国民的首选阅读方式》，《科技与出版》2012 年第 4 期等。

[2] 李新祥：《数字时代国民阅读行为嬗变研究》，中国社会科学出版社 2014 年版。

[3] 荣梅、张劲：《当代青少年课外阅读现状的实证分析》，《出版发行研究》2012 年第 12 期。

设备,有78%的儿童选择感兴趣。① 李曦对6—16岁儿童的数字化阅读需求进行了小型调研,认为卡通漫画、科普知识和文学小说是儿童最喜欢的三类读物;学习类网站、动画动漫类网站和游戏类网站是儿童访问的主要网站;数字化阅读的方式以电脑为主,主要利用搜索引擎和儿童网站寻找阅读资源,对专业的数字图书馆利用率偏低。② 李嫒针对湖北1200名初高中生的调研结果显示,80%的人喜欢网络阅读,40%的人使用手机终端进行网络阅读,阅读形式中,喜欢卡通漫画和小说的人数为81%,而喜欢文学名著只有19%,网络阅读呈现很强的娱乐性。③ 王雪侠调研了180名初高中学生,认为学生对数字化阅读的内容是否危害健康、是否不系统、不可靠以及是否影响思维这些因素关注不够;搜索功能强、低辐射、待机时间长、操作简单、价格低的电子阅读器更受学生欢迎;如果学校有相关数字化设备并给予辅导支持,会促进学生对数字化阅读的积极性。④

姜洪伟基于上海800名9—12岁的儿童和200名家长的调研数据显示,73%的儿童认为通过数字化阅读提高了阅读兴趣,60%的认为提高了阅读能力,42%的认为提高了语文成绩;认为在线阅读导致"下降"的比例均不到10%,可见儿童对在线阅读效用大多持肯定态度;家长方面则存在分歧,有超40%的家长表示"说不清楚",认为能够"提高"的比例均低于40%;对在线阅读的利弊,被调查儿童和家长都认为"内容丰富"是其最突出的优点,其次是"获取便捷"和"娱乐放松";最突出的缺点,儿童认为"容易导致疲劳",家长认为是"注意力容易分散"。综合评价其作用,半数以上的家长认为有正面作用,但应限制时间与内容。⑤ 从以上调研结果可以看出:海量资源、检索便利、廉价易得、即时交互是孩子们认可的几个方面,而视疲劳、分散注意力、信息筛选困难则是几个不利因素。

---

① 刘晓景、曾婧:《儿童电子书阅读的实证研究》,《图书馆界》2014年第4期。
② 李曦:《基于数字阅读需求的图书馆儿童数字信息服务研究》,硕士学位论文,西北大学,2014年。
③ 李嫒、周晓霞:《我国青少年网络阅读现状分析》,《图书馆学研究》2013年第3期。
④ 王雪侠:《青少年数字化阅读推广的影响因素分析》,硕士学位论文,山东师范大学,2013年。
⑤ 姜洪伟:《儿童在线阅读的价值认知探析》,《中国出版》2014年第2期。

二 机构调查研究项目

个体调查项目在研究主题、样本选取以及数据分析上均有特定的考量，因此，在研究结果的覆盖面上也存在一定程度的局限。相对于个体研究项目的特定设计，由机构组织的调查项目，往往围绕某个主题开展系统性强、覆盖面大、结果利用率较好的调查，这些调查项目的结果无疑有助于全面认识国民阅读状况，也有助于考察未成年人等群体的数字化阅读状况，能为本研究提供了扎实的基础和研究参考，在此基础上，才能系统设计本项目的调查方案，使得研究更加有效。

鉴于相关调查研究种类繁多且主题不一，在此主要描述几个有代表性、且有特色的与数字化阅读有关的调查，如表1—4，更多的相关调查项目及结果分析可以参考李新祥教授的专著[1]，相关的专题调查结果均已正式出版，可以参阅有关出版物。[2]

表1—4　　国内有关未成年人数字化阅读的调查项目汇总表

调查类型	调查项目名称	目标群体	调查机构	调查时间
综合性阅读调查	全国国民阅读调查	全国受众	中国新闻出版研究院	1999年始每年一次
	中国青少年上网行为调查报告	全国青少年	中国互联网络信息中心	2007年始每年一次

---

[1] 李新祥：《数字时代国民阅读行为嬗变研究》，中国社会科学出版社2014年版，第82—113页。

[2] 包括郝振省：《中国数字出版产业年度报告（2011—2012）》，中国书籍出版社2012年版；张立：《中国数字出版产业年度报告（2013—2014）》，中国书籍出版社2014年版；中国青少年研究中心：《新媒介与新儿童》，中国青年出版社2014年版；中国社会科学院新闻传播研究所：《中国新媒体发展报告（2015）》，社会科学文献出版社2015年版；中国社会科学院新闻传播研究所：《中国新媒体发展报告（2013）》，社会科学文献出版社2013年版；中国社会科学院新闻传播研究所：《中国新媒体发展报告（2014）》，社会科学文献出版社2014年版；李文革、沈洁：《中国未成年人互联网运用报告（2009—2010）》，社会科学文献出版社2010年版；李文革、沈洁：《中国未成年人新媒体运用报告（2011—2012）》，社会科学文献出版社2012年版；李文革、沈洁：《中国未成年人互联网运用报告（2013—2014）》，社会科学文献出版社2014年版；官建文：《中国移动互联网发展报告（2014）》，社会科学文献出版社2014年版；官建文：《中国移动互联网发展报告（2015）》，社会科学文献出版社2015年版。

续表

调查类型	调查项目名称	目标群体	调查机构	调查时间
综合性阅读调查	全民阅读调查	全国受众	亚马逊公司	2014年始每年一次
	上海市民阅读状况调查分析报告	上海受众	上海市新闻出版局	2012年始每年一次
	上海市青少年阅读状况调查	上海受众	上海市新闻出版局与共青团上海市委员会	2013年始每年一次
	广东省居民阅读调查	广东居民	广东省委宣传部与中国新闻出版研究院	2011年
数字化阅读调查	中国数字阅读用户行为研究	全国受众	艾瑞咨询集团	2012年始每年一次
	今日头条年度数据报告	今日头条用户	今日头条	2015年
	数字阅读用户阅读习惯调查	数字阅读用户	盛大云中书城	2012年
	中国人移动阅读调查	移动阅读用户	网易云阅读	2012年 2014年
	中国手机阅读市场用户调查	手机用户	易观国际	2010年 2014年

1. 全国国民阅读调查

全国国民阅读调查是由中国新闻出版研究院组织实施的全国性、综合类阅读调查。1999年第一次启动全国国民阅读与购买倾向抽样调查，而后均已全国国民阅读调查持续实施，到2017年共进行了14次，每年均在4月23日的"世界阅读日"前夕发布上一年的调查报告，这是一项为了了解全国国民阅读现状而进行的连续性、大规模的基础性国家工程，为掌握中国国民阅读行为采集了大量基础数据。[①] 更为重要的是，该调查工程能

---

① 历年数据可以参阅如下文献：中国新闻出版研究院全民阅读调查课题组：《全民阅读调查报告》(2008—2011)，中国书籍出版社，分别于2009年12月、2011年4月、2012年10月和2013年4月出版；郝振省、陈威：《中国阅读：全民阅读蓝皮书（第一卷）》，中国书籍出版社、海天出版社2009年版；郝振省、陈威：《中国阅读：全民阅读蓝皮书（第二卷）》，中国书籍出版社、海天出版社2011年版。

够根据不同阅读群体的阅读变化，每年修订调查变量，及时了解和掌握国民阅读的新动向。

2015年发布的《第12次中国国民阅读调查数据》显示①，2014年中国成年国民图书阅读率为58%，数字化阅读接触率为58.1%。数字化阅读首次超过传统阅读。数据表明，在数字化阅读中增长最快的是手机和微信阅读，中国成年国民手机阅读接触率达到51.8%，比去年上升近10个百分点，人均每天手机阅读时长为33.82分钟。

首先，数字化阅读呈明显上升趋势，且助推国民阅读率的提升，2015年首次超过了国民图书阅读率。数字化阅读方式接触率从2008年的24.7%跃升至2015年的58.1%，国民图书阅读率也从48.8%升至58%。这与传统的认为数字化阅读"挤压"传统阅读的观念不一致，而数字化阅读率首次微弱超越图书阅读率，也预示着数字化阅读成为主流的阅读方式正显示出端倪，而这一趋势在最近的两年调查中得到确证。

其次，在各种数字化阅读方式中，新型阅读方式发展迅速。网络阅读率从2000年的3.7%升至2012年的54.9%，10多年来几乎增长了20倍，可见其发展势头的迅猛，但由于移动阅读等新型阅读方式的出现，传统的网络阅读实际上难以涵盖其中，因此，从2009年起，进一步细分为网络在线阅读、手机阅读、光盘阅读、电子阅读器阅读、平板阅读，2015年还新增了微信阅读。可以看出，光盘、电子阅读器等阅读方式迅速被更为方便快捷又具有社交性的手机阅读方式所取代，手机阅读成为增长最快的阅读方式，平板阅读、微信阅读逐渐成为新阅读的领跑者，尤其是微信阅读，2015年首次调查发现，有34.4%的成年国民在2014年进行过微信阅读，在手机阅读接触者中，超过六成的人（66.4%）进行过微信阅读。

再次，对于未成年人阅读而言，尽管受到数字化阅读的冲击和挤压，实际上未成年人的阅读率保持平稳状态，一直保持在76.1%—82.7%之间小幅波动，未成年人人均图书阅读量还有小幅上升的趋势，从2012年的5.49本上升到2014年的8.45本。实际上，作为一种新型阅读方式，数字化阅读与传统阅读具有一定的互动关系，这有利于推进全民阅读，有

---

① 中国新闻出版研究院：《第十二次中国国民阅读调查数据》，http://www.chuban.cc，2015 – 10 – 05。

利于提升国民阅读力。

2. 中国青少年上网行为调查报告

国内针对青少年的数字化阅读调研不多,多数是在针对青少年的网络调研和总体阅读报告中才能找到相关数据。中国互联网络信息中心(CNNIC)从2007年每年一次发布《中国互联网络发展状况统计报告》,描绘中国互联网络的宏观发展状况,忠实记录了中国互联网络发展脉络。① 同时,每年发布《中国青少年上网行为调查报告》,② 其中对青少年数字化阅读现状进行了分析。

根据CNNIC2014年5月份发布的《2013年中国青少年上网行为调查报告》,2013年中国6.18亿网民中,25周岁以下的青少年网民规模为2.56亿,18岁以下未成年达到近1.4亿。青少年上网行为中,通过微博、微信和论坛进行数字化阅读占很大比例,"网络文学"选项也高达45%,随着手机、PDA等终端设备的普及和数字资源的迅速发展,利用手机终端进行数字化阅读已经非常普遍,仅"手机网络小说"一项就达到40.3%。③

类似的报告还包括中国少先队事业发展中心发布的《中国未成年人互联网运用状况调查报告》,该项调查对象以全国6—17岁的在校学生为主,具有很强的针对性。2014年7月15日发布的《第七次中国未成年人互联网运用状况调查报告》显示,未成年人的网络活动不再集中在"玩游戏""听音乐"中,呈现分散趋向,"看小说""看新闻""看帖子"等数字化阅读活动也逐步成为未成年人上网的主要活动。④

---

① 中国互联网络信息中心(China Internet Network Information Center,CNNIC)是经国家主管部门批准,于1997年6月3日组建的管理和服务机构,行使国家互联网络信息中心的职责。作为中国信息社会基础设施的建设者和运行者,中国互联网络信息中心(CNNIC)以"为我国互联网络用户提供服务,促进我国互联网络健康、有序发展"为宗旨,负责管理维护中国互联网地址系统,引领中国互联网的行业发展,权威发布中国互联网统计信息,代表中国参与国际互联网社群。

② 历年调查数据可参见中国互联网络信息中心《中国青少年上网行为调查报告》,http://www.cnnic.net.cn/hlwfzyj/hlwxzbg/qsnbg/。

③ 中国互联网络信息中心:《2013年中国青少年上网行为调查报告》,http://www.cnnic.net.cn/hlwfzyj/hlwxzbg/qsnbg/201406/t20140611_47215.htm,2015-10-05。

④ 中国少先队事业发展中心:《第七次中国未成年人互联网运用状况调查报告》,http://kid.qq.com/a/20140624/030820.htm,2015-10-05。

3. 区域城市居民阅读情况调查

不少区域以城市为单元开展相关的未成年人阅读调查。这些调研没有专门针对青少年的数字化阅读展开，虽有涉及但都不够全面和系统。主要包括：

（1）首都青少年阅读状况调查

由中国统计信息服务中心（CSISC）、千龙网和中国首都网联合发布的《2014首都青少年阅读状况调查报告》显示，电脑阅读、手机阅读、移动终端阅读分别以13%、23%、15%合计51%的比例超过纸质阅读，阅读方式同时存在纸质、电子方式重合的现象也日益增多。在阅读书籍来源方面，除了购买和借阅，有16%的青少年是在网络上阅读。[①]

（2）上海市民阅读状况调查

《上海市民阅读状况调查（2015）》项目是由上海市新闻出版局委托上海理工大学、上海出版印刷高等专科学校"上海市民阅读调查课题组"组织实施的专题调查。[②]报告显示：上海市民阅读首选纸质书，纸质书阅读时间回升，用于数字化阅读的时间稳中有降。在阅读方式的"首选"上，传统（纸质）阅读体现出巨大的优势，高出"数字阅读"25.15个百分点。在数字化阅读与纸质阅读之间的时间分配这一问题上，"纸质阅读"也出现了回升的态势，"数字阅读的时间短于纸质阅读"这一选项有44.60%的人选择，高出"数字阅读的时间长于纸质阅读"占33.05%这一数字约11个百分点。同时，认为"纸质读物"具有最好阅读效果的比例（70.65%）处于绝对优势，并比2013年上升5.68个百分点。

仍有近六成上海市民不愿为数字化阅读付费，表明数字出版物购买的非刚性、不确定性虽然表现依然明显，但在数字化阅读的市场不断扩大和希望"免费"仍然占据主流的情况下，阅读者为获得必需的、符合要求的数字读物，进行必要的消费亦是能够在缓慢的进程中得到认可、提升的。

上海市民对数字化阅读感受基本定型，集中在"来源广，信息丰富"

[①] 中国统计信息服务中心（CS1SC）、千龙网、中国首都网：《2014首都青少年阅读状况调查报告》，http：//beijingww.qianlong.com/mmsource/images/2014/04/22/wwzlt042204.pdf，2015-10-05。

[②] 上海市新闻出版局：《2015年上海市民阅读状况调查报告发布》，http：//news.online.sh.cn/news/gb/content/2015-08/11/content_7505228.htm，2015-10-05。

"获取便利""收费少甚至不付费""方便信息检索"四项。"手机""网络在线"和"iPad/平板电脑"是上海市民在进行数字出版物阅读时使用最多的三项载体。同时,"手机"的比例连续三年升高且两年居首。不过,在信息丰富的同时,也让读者感受到了数字化阅读所带来的烦恼:"容易导致视觉疲劳"(23.72%)连续第三年成为"数字阅读存在的主要问题"的首选,其他依次为"海量信息,难以筛选""信息庞杂"和"不适合精度阅读"。

（3）上海市青少年阅读状况调查

"2013 上海青少年阅读调查"是由上海市新闻出版局与共青团上海市委员会委托上海出版印刷高等专科学校、上海理工大学"上海青少年阅读调查"课题组组织实施的专题调查。《上海市青少年阅读状况调查分析报告（2013 年度）》数据显示,[①] 在阅读效果方面,仅有 11.86% 的读者认为"数字读物"具有最好阅读效果,28.40% 的受访者的数字化阅读时间超过了纸质阅读。

报告还显示,"包罗万象的丰富内容""快捷灵活方便的搜索""低廉便宜的成本""使用方法的先进和便利"成为青少年垂青数字化阅读的重要理由;"容易导致视觉疲劳""海量信息,难以筛选""信息庞杂""不适合深度阅读"是目前数字化阅读存在的主要问题。[②] 认为"纸质读物"具有最好阅读效果的比例要大大高出认为"数字读物"具有最好阅读效果的比例。"手机""网络在线阅读"和"IPAD/平板电脑"是青少年在进行数字化阅读时使用最多的三项载体。可以说,互联网的结合使得阅读的交互性大大提升,并满足了用户对于内容共享和多终端协调要求。

（4）广东省中小学生课外数字阅读状况问卷调查

新世纪出版社联合广东省教育厅与广东省出版集团于 2009 年 8 月开展了一次较大规模的广东省中小学生课外数字阅读状况问卷调查。参与调查的有广东省内的 13 所中小学校,共发放问卷 5000 份,回收有效问卷 4031 份。调查结果显示,有 28% 的孩子用电脑阅读,13% 的孩子用手机

[①] 上海市新闻出版局、共青团上海市委员会:《上海市青少年阅读状况调查分析报告（2013 年度）》, http://www.hellobook.com.cn/qsndsw/template/viewInfo.jsp?resId=CMS0000000000060905, 2015-10-04。

[②] 同上。

阅读。孩子们上网的主要活动还是游戏、聊天和视频,看新闻和看电子书的比例只有26%和24%。[1]

(5) 广东省居民阅读情况调查

广东省委宣传部委托中国新闻出版研究院开展广东省居民阅读情况调查。[2] 本次调查在广东省的广州、深圳、惠州、茂名、汕尾和湛江6个地市进行数据采集,其中未成年人样本占有效样本的14.7%,农村样本比例为19.4%。报告显示,广东人的图书阅读率比全国平均水平略低1.2个百分点,而数字化阅读方式的接触率则比全国平均水平高出了31.9个百分点。在进行数字化阅读的居民中,有55.1%的受访者进行过手机阅读,手机阅读超过了网络在线阅读而成为广东人最主要的数字化阅读方式,且比纸质图书的阅读率高出2.4个百分点。

在针对广东中小学生的调查中,"找书很方便""不用或很少花钱""有无数图书可选择"是孩子选择网络书籍的主要原因,"眼睛容易疲劳""在电脑前坐着看不舒服""容易形成网瘾""容易分散注意力"则是几个主要不认可的因素。[3]

4. 亚马逊全民阅读调查报告

一些阅读服务类企业充分利用商业大数据,进行读者阅读相关调查。2015年,亚马逊中国首次针对Kindle用户深入发掘,覆盖全国500多个城市14000名读者,最终发布《亚马逊中国"2015全民阅读"调查报告》。[4] 报告指出,在阅读载体的选择上,电子阅读呈明显上升趋势,72%的Kindle用户全年阅读总量超过12本书,其中50% Kindle用户的年阅读量超过24本书。

该报告还显示,以社交媒体为主的浅阅读已经成为很多读者生活的重要组成部分。51%的受访者每天会用超过1个小时阅读社交媒体上的信息,而每天读书超过1个小时的受访者仅占36%。利用"上下班、上下学或出差途中"等零散时间阅读的比例明显上升,2014年

---

[1] 陈锐军:《广东省青少年数字阅读现状调查与分析》,《中国出版》2010年第8期。
[2] 邓琼、刘晓伟:《广东首次发布的居民阅读调查报告显示综合阅读率数字阅读率均高于全国水平》,《羊城晚报》2012年8月16日。
[3] 陈锐军:《广东省青少年数字阅读现状调查与分析》,《中国出版》2010年第8期。
[4] 亚马逊中国:《亚马逊中国"2015全民阅读"调查报告》,http://www.199it.com/archives/342115.html,2015-10-05。

利用零散时间阅读的受访者比例达39%,而2013年这一比例仅为29%。

Kindle用户的阅读是多样化的,取决于时间、地点和具体内容。调查结果显示,使用Kindle的读者多是满足文学、小说等精神上的追求。而使用纸书阅读的时候,看的是一些学术书籍和教材教辅。对于电子阅读设备,读者最看重的电子书阅读器功能前3名为"快速翻书功能""内置智能词典""跨设备无间断阅读"。还有一个有趣的现象,真正使用Kindle的用户一次阅读时长平均为65分钟,其中女性的平均阅读时长明显高于男性,女性花74分钟,男性只花一个小时的时间。

5. 今日头条年度数据

随着移动阅读的兴起和快速普及,移动阅读客户端、各种阅读APP如雨后春笋般迅速推出,今日头条即是其中的代表性产品。今日头条共积累了2.2亿用户,每天有2000万活跃用户。今日头条2015年1月发布了年度数据[1],从宏观角度挖掘出大众的阅读轨迹,有几个指标和数据值得参考。

首先,从男性和女性用户这个角度来对阅读习惯进行分析,64%的用户是男性,36%是女性。男性一天之内平均会打开7次,每一次5.5分钟,女性平均打开5次,每次8分钟。这意味着男性阅读次数多,时间短,女性阅读次数少,时间长。男性的15大阅读标签中社会话题超过了7成,接下来是娱乐、时政、运动、军事等。不同于男性,女性最关注的阅读标签是娱乐,其次是社会、时尚,而"育儿"则是独特的关注标签。

其次,衡量读者阅读习惯的有两个指标,第一个是平均停留时长(指用户在某篇文章上停留的时间),第二个是跳出率(指没有读到文章结尾就返回的比例)。一千字的文章跳出率是22.1%,平均停留时长是48.3秒。四千字的文章则刚好相反,跳出率高达65.8%,文章字数越多,跳出率越高。看来在互联网时代,人们已经习惯了"快阅读",对"长篇大论"的容忍度降低了很多。如图1—2所示。

---

[1] 今日头条:《今日头条年度数据大揭秘》,http://tech.huanqiu.com/observe/2015-01/5507670.html,2015-10-05。

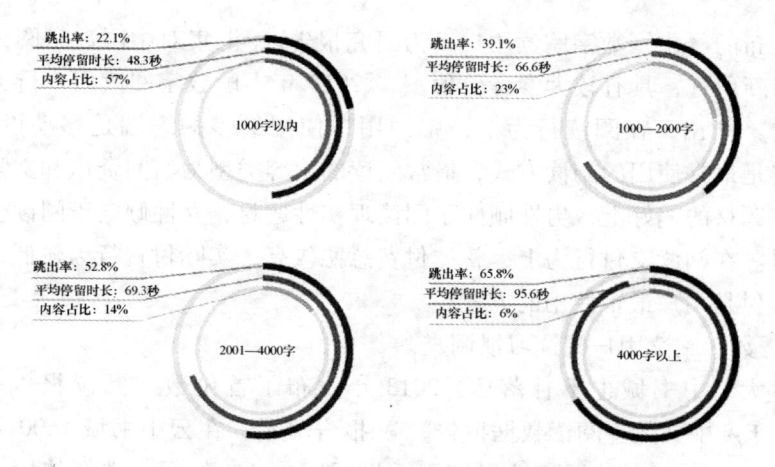

第一章 未成年人数字化阅读研究综述　　59

跳出率：22.1%
平均停留时长：48.3秒
内容占比：57%
1000字以内

跳出率：39.1%
平均停留时长：66.6秒
内容占比：23%
1000—2000字

跳出率：52.8%
平均停留时长：69.3秒
内容占比：14%
2001—4000字

跳出率：65.8%
平均停留时长：95.6秒
内容占比：6%
4000字以上

图1—2　今日头条关于阅读习惯的调查

最后，对新闻的关注度，用户遵循着单一爆点的遗忘曲线。新闻在发出6小时后，关注度会明显降低至一个低谷，12小时后会进一步下降。而过了12小时，关注度不降反升，或许是因为有新的内容补充进来。而过了24小时，甚至36小时之后，新闻不再被关注。如图1—3所示。

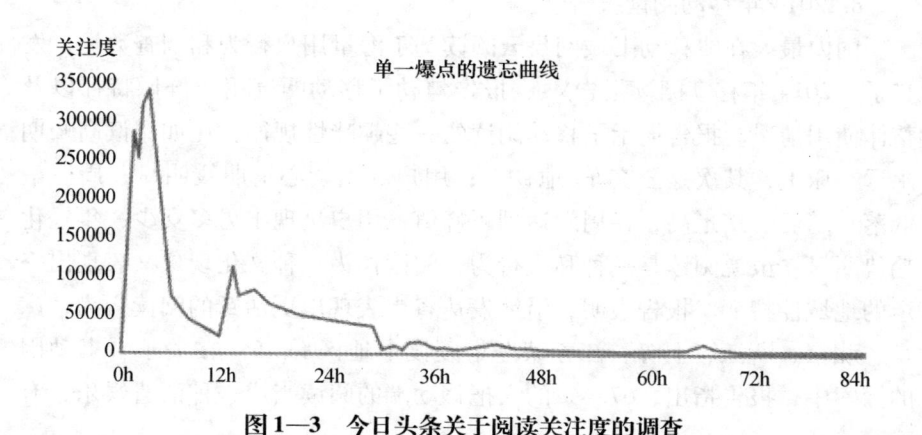

图1—3　今日头条关于阅读关注度的调查

6. 中国数字阅读用户行为研究报告

艾瑞咨询集团（iResearch）是一家专注于网络媒体、电子商务、网络游戏、无线增值等新经济领域，深入研究和了解消费者行为，并为网络行业及传统行业客户提供数据产品服务和研究咨询服务的专业机构。由该集团发布的《中国数字阅读用户行为研究报告》，汇集对中国数字阅读用户的最新研究，具有较大参考价值。[1]《2014年中国数字阅读用户行为研究报告》指出，在阅读行为上，中国用户使用最多的终端是移动设备，浏览器是最常使用的阅读方式，最常阅读的内容类型为新闻资讯和文学小说。在题材的偏好上，男性倾向于阅读现实性题材，女性倾向于阅读生活类题材。在阅读支付行为上，整体付费意愿较高，实际付费行为较低，第三方支付是用户最常使用的方式。

7. 数字阅读用户阅读习惯调查

盛大云中书城也不甘落后，2013年发布了首份数字阅读报告——《2012年度中文数字阅读数据报告》。[2] 报告显示：在云中书城1600万阅读人群中，有62%的用户选择使用手机阅读，16%的用户选择使用电子书阅读，12%的用户选择使用平板电脑阅读，整体上看有超过90%的用户使用移动设备进行阅读，这也表明数字阅读用户的移动互联趋势更加明显，对于移动设备的使用和依赖正逐渐加强。在付费方面，高达77%的用户有意愿为好的数字内容买单，这表明了中国数字阅读人群的消费理念和阅读模式正在发生变化。

8. 2014年移动阅读报告

国内最大在线移动书城网易云阅读基于海量用户行为和调查数据，发布了《2014年移动阅读报告》[3]，报告勾勒了移动阅读用户群像特征以及整体使用情况。报告揭示了移动阅读的一些趣味性规律：比如阅读高峰期永远在床上，其次是公交车/地铁上；用户的阅读心情曲线明显，周三最低落，随后一路走高，在周六达到了峰值；用户呈现出男多女少，年轻化趋势明显。虽说阅读是一种私人行为，阅读作为一种文化现象又表现出一定的地域性特征。报告表明，沿海发达省市表现出更活跃的阅读行为，广东、北京、浙江、上海、江苏荣登最爱读书地区top 5。在关于看书动因的探索中，报告指出，67.4%的人把移动端的阅读当成一种消遣娱乐，有

---

[1] 艾瑞网：《2014年中国数字阅读用户行为研究报告》，http://report.iresearch.cn/2211.html，2015-10-05。

[2] 云中书城：《2012年度中文数字阅读数据报告》，http://culture.people.com.cn/n/2013/0118/c87423-20253005.html，2015-10-05。

[3] 网易云阅读：《2014年移动阅读报告》，http://www.sootoo.com/content/544395.shtml，2015-10-05。

7.6%的用户认为阅读内容可以作为相亲的谈资。

9. 中国手机阅读市场用户调查

易观智库（Analysys International）联合塔读文学（www.tadu.com）进行了2013年度的移动阅读用户研究，发布了《中国移动阅读用户研究报告2014》[1]，主要结论有：①用户呈现年轻化趋势，随着智能机普及率的提高和移动阅读的社交化，用户年龄结构趋向年轻，18—24岁年龄段用户成为下一个增长点。②午间和晚间时段阅读最活跃，午间休息时段11—13点移动阅读活跃用户访问量明显增多，12点达到该时段峰值；20—23点是全天访问量最高的时段。③越来越多的用户已经不再采用碎片化和浅阅读的方式，而是逐步向长阅读和深阅读转变。④网文男频内容最受欢迎[2]，目前阅读网文男频内容的用户占42.1%，明显高于阅读网文女频和出版读物的用户。

第四节 未成年人数字化阅读研究述评

上述分别就数字化阅读的概念谱系考察、国内外未成年人数字化阅读研究以及数字化阅读相关调查进行了系统的文献分析。可以看出，数字化阅读是一个跨学科的主题，不同学者基于各异的研究旨趣和视角已经取得了丰富的研究成果。中国知网数据显示，不少学者对此领域进行了综述，综述类文献量就超过了100篇，其中，李新祥教授对比了国内外相关领域的研究，并进行了系统性非常强的述评；[3] 王慧对国内外未成年人数字化阅读研究进行了综述，[4] 资料翔实，很受启发；叶凤云对国内外移动阅读研究进行了分析，具有很强的针对性；[5] 卢宏考察了近五次我国全国国民

---

[1] 易观智库、塔读文学：《中国移动阅读用户研究报告2014》，http://www.wtoutiao.com/a/142253.html，2015-10-05。

[2] 男频是网络小说网中对某类网络小说的一种称呼。网络小说发布的网站，一般将本站点的小说，分成男频和女频两大类。

[3] 李新祥：《数字时代国民阅读行为嬗变研究》，中国社会科学出版社2014年版，第36—46页。

[4] 王慧、刘婧、顾围：《国内外未成年人数字阅读研究综述》，《山东图书馆学刊》2015年第2期。

[5] 叶凤云：《移动阅读国内外研究综述》，《图书情报工作》2012年第11期。

阅读调查数据，得出了一些阅读变量方面的变化趋势；[1] 马英针对中学生的网络阅读研究情况进行了综述；[2] 刘德寰等人综述了数字时代国民阅读的影响与嬗变趋势；[3] 付昕分析了十年来国内网络阅读研究方面的主要论点；[4] 陈铭综述了国内有关数字化阅读与纸质阅读对比方面的研究成果；[5] 王海燕针对新兴的社会化阅读展开了研究述评[6]，等等，可以说，相关述评已经涉及未成年人数字化阅读研究的每个主题和细节，为本研究提供了重要的基础。

一 国内外研究比较

下面结合前三节的分析，以及各个综述类文献，就国内外未成年人数字化阅读领域的研究做一述评。

1. 未成年人数字化阅读研究领域热点繁多，但深度不够

作为一个跨学科的领域，数字化阅读涉及图书馆学、阅读学、教育技术学、课程与教学论、计算机科学、传播学、出版学、心理学、文艺学等文理交叉的多个学科门类，不同的学科为数字化阅读提供了不同的研究视点和热点，比如，图书馆学关注的是未成年人数字化阅读服务与指导，阅读学关注数字化阅读的原理，教育技术学关注数字化阅读的信息传播机制与影响，课程与教学论关注学科教学中的数字化阅读，计算机科学关注数字化阅读的技术机制与实现，传播学关注数字媒体与阅读变革，出版学关注数字化阅读引发的出版变革及法律问题，心理学关注未成年人数字化阅读中的认知与心理机制，文艺学关注数字化阅读中的审美意识等。应该说，多学科视野为未成年人数字化阅读提供了广阔的研究空间，可以说是热点繁多，热词频出，但纵观相关文献，各个领域有深度的、系列化的、产生广泛影响的研究成果尚不多见。主要原因在于研究的跨学科方法融合上不够，加上不同群体数字化阅读取向不一致，未成年人数字化阅读尚未

---

[1] 卢宏：《近五次我国全国国民阅读调查综述》，《图书情报知识》2014 年第 1 期。
[2] 马英：《中学生网络阅读研究述评》，《湖北第二师范学院学报》2014 年第 7 期。
[3] 刘德寰、郑雪、崔凯、张晓鸽、左灿、崔忱：《数字化时代对国民阅读影响的文献综述》，《广告大观（理论版）》2009 年第 2 期。
[4] 付昕：《近 10 年来国内网络阅读研究代表性观点述评》，《图书馆学刊》2009 年第 5 期。
[5] 陈铭：《儿童纸质阅读和数字阅读比较研究综述》，《新闻传播》2013 年第 10 期。
[6] 王海燕：《我国社会化阅读研究综述》，《图书馆理论与实践》2015 年第 3 期。

成为一个焦点主题,研究略显散乱。

2. 数字化阅读研究术语表述多样化,研究缺乏一定的协同性与统合性

作为一个新兴的多学科交叉领域,数字化阅读因其技术发展的动态性及研究视角的多学科相关性,研究中存在一种术语纷呈、概念纷争的状态,为学术研究及实践应用带来了沟通上的困难,进而影响到学术交流与传播。从现有文献来看,数字化阅读的表述在中文中竟多达 29 个,虽然不同的表述侧重点不一样,但确实给学术交流和传播带来了巨大的困难,外文中其实同样存在此问题,但情形好于中文领域。比如,术语"数字化阅读"与"数字阅读",在检索文献时候如果没有考虑到两者差异,结果就相差巨大,中国知网数据库中,前者数据有 175 条,后者有 806 条,两者相差达差不多 4 倍!同样的事情也发生在英文世界中,这一含义的词汇可以译做"e-reading"或者"digital reading"。虽然学术研究强调自由表达,但同一意义确有必要相对的统一并保持稳定,况且随着数字媒介的不断更新与普及,数字化阅读术语谱系将会越来越复杂,因此,建立必要的、科学的术语规范是必要的,相关学者已经注意到了此问题,姜洪伟对数字阅读相关概念进行了辨析[1],王佑镁对数字化阅读相关概念进行分类与统整。[2]

3. 未成年人数字化阅读研究路径重现象描述、轻实证研究

有关数字化阅读领域研究范式问题,李新祥[3]、王慧[4]等学者均已认识到国内比较重视现象描述和经验阐释、轻实证研究。刘德寰也认为,对未成年人数字化阅读内容与形式变化的原因没有进行充分的实证[5],对于未成年人数字化阅读行为、价值与机制尚缺乏实证以支持各自观点;研究取向存在一定的非理性。实际上,任何研究并非一定要采用何种方法,而

---

[1] 姜洪伟:《数字阅读概念辨析及其类型特征》,《图书馆理论与实践》2013 年第 9 期。

[2] 王佑镁:《数字化阅读的概念纷争与统整:一个分类学框架及其研究线索》,《远程教育杂志》2014 年第 1 期。

[3] 李新祥:《方法、问题与对策:我国国民阅读研究现状述评》,《浙江传媒学院学报》2010 年第 2 期。

[4] 王慧、刘婧、顾围:《国内外未成年人数字阅读研究综述》,《山东图书馆学刊》2015 年第 2 期。

[5] 刘德寰、郑雪、崔凯、张晓鸽、左灿、崔忱:《数字化时代对国民阅读影响的文献综述》,《广告大观(理论版)》2009 年第 2 期。

是要根据研究目标来设计研究方法。然而，对于未成年人数字化阅读这一新事物，对其关注与研究必然伴随大量的争议和臆断，简单通过经验性分析和主观臆测，恐难以消除常识所带来的误解，比如，有关数字化阅读的"深浅阅读"之争就是一个实例，大量的讨论是建立在有关数字化阅读的直观表现和间接体验上，没有严格的实证研究作为支撑，很多结论也显得苍白无力[1]。因此，研究者急需调整研究范式，结合现象描述与实证研究，深度挖掘未成年人数字化阅读现象及背后的机理，才能产生有学术生命力和影响力的成果。

对比国内外的研究，虽然都开始逐步关注未成年人的数字化阅读，但从文献数量上来看，相关研究文献总体偏少，还未形成研究热点。从研究主题来看，国外的研究多偏重于未成年人在数字环境中的阅读需求、阅读行为、阅读习惯、阅读方式和阅读效果的探讨，多从微观层面集中到一个特定群体样本，采用案例研究、数据调研、实验对比等定性和定量研究方法开展研究；国内的研究则多从宏观层面关注未成年人的数字化阅读现状、讨论其利弊和阅读行为效果等，多数属于描述性研究，仅有少数学者开展诸如理论模型的构建与实证分析等较为深入的解释性研究，实证研究还显不足。[2]

4. 未成年人数字化阅读研究范围很大，但研究视角较窄、方法较单一

由于多学科介入，术语表达不一，研究成果重复较多，甚至相同题目的文献不止一次出现，结果却大同小异。虽然很多研究注重量化分析，但通常采用简单的抽样，或者简单的实验设计，研究方法相对比较单一，深度尚待挖掘，容易忽略数字化阅读在认知机制层面的研究。一些量化研究在方法上也仅仅是采用问卷调查法[3]，尚无法深刻揭示未成年人数字化阅读这一复杂现象；作为一个跨学科的新兴领域，还需从多学科交叉视野中才能为未成年人数字化阅读提供"研究路径"和"理论依据"。显然，作为一种文化与认知行为，单一的调

---

[1] 董朝峰：《电子传媒时代的深浅阅读再辨析》，《图书馆杂志》2011年第3期。
[2] 刘婧、华薇娜：《国内外网络阅读研究概述》，《新世纪图书馆》2013年第6期。
[3] 李新祥：《方法、问题与对策：我国国民阅读研究现状述评》，《浙江传媒学院学报》2010年第2期。

查研究尚无法揭示未成年人数字化阅读的"认知依据",还需借鉴认知科学技术从脑科学视角予以探究,而这种研究取向就需增加实证和量化研究的成分。

李新祥教授指出,注重使用量化和实证研究方法是西方科学研究的传统,对阅读行为的研究同样十分重视量化与实证。① 国外有关未成年人数字化阅读研究中,控制实验、个案研究等方法经常被使用。比如,罗塞尔(Rowsell)和伯克(Burke)采用一个多模态话语理论框架,重点考察了两名在美国和加拿大的中学生所实践的数字化阅读学习,具体讨论了线上文本阅读与以印刷为本及以学校为本的读写文化教学实践之间有什么区别,作者聚焦于两种不同体裁的线上文本,描绘出数字化阅读所产生的多样性阅读实践,同时把阅读实践与阅读者的主观看法作对照,说明两者之间的互相影响力。理论框架和方法体系非常清晰,研究独具特色。② 雅各布·尼尔森(Jakob Nielsen)是国际知名的可用性测试(Usability Test)领域的专家,他建立了著名的尼尔森诺曼研究小组(Nielsen Norman Group,NNG),开展信息系统可用性测试研究,他使用"眼球跟踪仪"来探测、跟踪读者眼球在网页上的移动,记录读者在网页各部分停留以及停留时间的长短。③ 以斯帖·乌森-杰(Esther Uso-Jua)和罗尼娅·鲁兹-玛德瑞(Noelia Ruiz-Madrid)采用控制实验的方法,研究网络阅读与纸质阅读对学生理解能力的影响,分析两组学生对材料的阅读理解情况和所使用的阅读方法的不同。结果表明,网络阅读没有影响学生的综合理解力,但促进了学生采用更多的阅读方法,包括从上往下读和从下往上读。④ 这些多样化的实证研究方法非常科学、精确地揭示了未成年人数字化阅读中的认知机制与影响效果。此外,相对于国内未成年人数字化阅读的单一主题,国外研究视野更加开阔,比较多的研究关注未成年人数字化阅读的多元文化、媒介技术、家庭互动因素,以及针对一些阅读障碍读者

---

① 李新祥:《数字时代国民阅读行为嬗变研究》,中国社会科学出版社 2014 年版,第 45 页。

② Rowsell J. & Burke A., *ding by Design*:*Two Case Studies of Digital Reading Practices*. Journal of Adolescent &Adult Literacy, October, 2009, 53 (2), pp. 106–118.

③ 雅各布·尼尔森相关研究工作可参见 NNG 主页:http://www.nngroup.com/articles/。

④ Esther Uso-Jua & Noelia Ruiz-Madrid, *Reading versus online Texts*, *A Study of EFLlearners Shategic Reading Behavior*. International Journal of English Studies, Vol. 9 (2), 2009, pp. 59–79.

的数字化阅读干预等，值得国内研究者关注。

5. 未成年人数字化阅读现状调查相关性不大，群体针对性、学科整合性不强

国内外关注的青少年数字阅读研究，有相当一部分讨论了数字化阅读的优势和弊端，但多数为成人视角的理论探讨，以实际调研数据为基础的并不多，影响较小。数字化阅读的主体涉及不同年级、阶层群体。国内针对未成年人数字化阅读的现状调研还比较少，多数是在针对青少年的网络使用调研和包括青少年群体在内的总体阅读报告中才能找到相关数据。国外的相关调查注重长期跟踪、群体针对性以及学科综合。欧美发达国家大多有专门机构从事读者阅读习惯的调查研究。除了教育、图书情报科学的研究学者之外，还有大量计算机科学、心理科学、认知神经科学等领域的专家学者对这一命题展开了深入研究。[①] 比如，希腊国家图书中心定期推出《希腊国民的阅读行为》报告，美国国家艺术基金会定期开展关于美国国民阅读及相关问题趋势的调查[②]，英国出版商协会的图书营销委员会也定期开展读者阅读行为的研究。

二 研究热点与趋势

为了进一步厘清研究的焦点，本研究采用科学计量学方法，运用词频分析法和共词分析法，研究工具为 Bicomb 和 SPSS 20.0。分析样本以中国期刊网全文数据库（CNKI）作为文献来源，采用多次复合检索，所采用的期刊截至 2015 年 9 月份，确定有效文献 1207 篇作为研究资料。研究系统梳理了我国数字化阅读领域的研究热点，绘制我国相关领域数字化阅读研究热点的知识图谱，进一步归纳我国数字化阅读研究领域的热点和未来发展趋向。主要结论如下：

（一）数字化阅读研究领域的研究热点

1. 数字化出版转型背景下的电子书研究

这一主题主要侧重于数字化出版的转型、电子阅读及其产业发展

[①] 李新祥：《数字时代国民阅读行为嬗变研究》，中国社会科学出版社 2014 年版，第 46 页。

[②] 2002 年发布《阅读危机：美国成人文学阅读调查》，2007 年发布《阅读，还是不阅读，一个影响国家命运单独问题》，2009 年发布《上升中的阅读：美国文化史的新篇章》。

研究。数字化时代的来临，给传统出版中的报业出版发展带来了巨大的冲击，也给人们带来了阅读载体和方式变化。传统出版业需要将传统图书出版延伸到网络空间，促进管理理念、资源、人才、内容制作、出版流程、销售渠道与新媒体的深度融合，发展延伸出版产业链条。传统出版业的转型带动电子书产业的发展，但电子书产业在发展过程中也受到一些制约因素的影响：一是产业内部没有进行深度融合，产业链内部的数字出版商即内容提供商、平台服务商、电信运营商、终端提供商即电子阅读器制造商之间各自单打独斗；二是电子书的版权问题，国内数字版权意识不强，没有完善的电子书版权授权体系和保护机制；三是电子书格式标准不一，电子书阅读器以及电子书销售平台制定了各自独有的电子书格式标准，读者难以找到与电子书格式相匹配的阅读器；四是电子书资源相对匮乏，内容多偏向娱乐性质的，不能起到启迪读者思想的作用。[①]

2. 新媒体背景下数字化阅读发展现状研究

数字化阅读现状一直是研究者们关注的热点，研究者主要关注的研究对象是大学生和青少年群体。研究者针对不同区域、类型的大学生群体数字化阅读现状进行了调查和比较，如李武等对中、日、韩三国的大学生数字化阅读的使用动机和用户评价进行研究，发现中、韩大学生更加注重阅读的娱乐性需求和互动性需求，对数字化阅读所提供的内容最满意，而日本的大学生更加注重资讯性的需求，对数字化阅读的硬件满意度比提供的内容满意度要高。[②] 陈锐军对广东省的青少年数字化阅读现状调查发现学生读课外书的时间在减少，花在互联网阅读的时间在快速增加；学生在网上最喜欢做的事情是偏娱乐性；学生的阅读习惯也正在发生深刻变化，由传统的逐字逐句阅读变成了跳转式的超文本阅读。[③] 作为城市弱势群体，农民工数字化阅读也得到学界的关注，杜春娥等人基于问卷调查和访谈对外来农民工的数字文化资源需求与使用状况进行了分析，发现时政新闻、电子书、音乐、电影、娱乐、体育是农民工数字化阅读的主要阅读类型，

[①] 李金秋：《新媒体时代传统图书出版的生存发展之路》，《出版广角》2015 年第 5 期。

[②] 李武、刘宇、张博：《大学生数字化阅读的使用动机和用户评价研究——基于中日韩三国的跨国比较》，《出版科学》2014 年第 6 期。

[③] 陈锐军：《广东省青少年数字阅读现状调查与分析》，《中国出版》2010 年第 16 期。

他们正积极参与到数字文化活动中，建构了自己的文化生态。[①] 针对大学生、青少年数字化阅读问题，研究者提出了许多对策，蔡红等从图书馆的角度出发，指出图书馆可以通过推广公益宣传、加强阅读指导功能、组织读书会等读者协会以及打造品牌文化讲座等形式引导读者进行深阅读；徐洪升指出图书馆可以针对不同的阅读需求引导阅读方向、构建多元化的导读模式与用户开展互动探讨、构建基于 Web 2.0 的导航技术平台优化平台服务等。

3. 新时期图书馆阅读推广机制建设研究

中国人均纸质图书阅读量与世界其他国家相比有很大的差距。发达国家早已把国民阅读力的提高作为未来竞争力的重要手段，并通过各种形式推广全民阅读。如英国政府通过国家公共图书馆给地方（社区）图书馆提供发展基金举办文学作品的推广活动，并启动了由图书信托基金协调，地方由图书馆服务机构联合学龄前机构和医疗专家共同参与的"阅读起跑线计划"。数字化阅读的普及带动着图书馆进行数字化阅读推广机制的建设研究。程文艳等通过分析新加坡、韩国、美国这些国外高校图书馆的推广阅读文化的实例后，指出我国应从建构阅读推广长效机制、扩大阅读推广范围、建立促进阅读基金会、充分利用先进的传媒技术与手段使阅读推广活动常办常新等策略入手，构建我国图书馆阅读推广机制。[②] 陈鹏从营销的视角提出了嵌入式营销、手机阅读营销、品牌营销、网络视频营销这几种手段促进图书馆的阅读推广。[③] 阅读推广的机制有多种途径，但是成效如何并没有一个科学的测评手段，研究者建议可以通过"国际阅读素养调查"（PIRLS）来检查阅读推广活动的成效，PIRLS 每 5 年一次，针对全球 40 多个国家和地区的小学四年级学生进行阅读能力的检测，[④] 对推广机制成效进行科学的测评，以便于总结不足并调整。

---

① 杜春娥、畅榕、刘辰：《农民工数字文化资源需求与使用状况调查——以北京地区为例》，《中国广播电视学刊》2015 年第 4 期。
② 程文艳、张军亮、郑洪兰、周红梅：《国外图书馆推广阅读文化的实例及启示》，《图书馆建设》2012 年第 5 期。
③ 陈鹏：《图书馆阅读推广营销手段探析》，《图书馆工作与研究》2015 年第 1 期。
④ 曹桂平：《关于台湾地区阅读推广活动的思考》，《图书馆建设》2010 年第 3 期。

4. 移动图书馆的数字资源建设与服务模式研究

顺应数字化阅读的发展趋势，图书馆需要构建数字资源建设，并提供各种信息服务，满足读者的阅读需求。国外较早开始电子书的编目实践工作。例如美国杜克大学图书馆就利用现有纸本书的 MARC（Machine Readable Catalogue，机器可读目录）格式对电子书阅读器进行编目，描述电子书阅读器的名称、型号，然后连接每个阅读器预装的电子书。[1] 针对图书馆在数字资源建设存在的问题，吴若英等人指出图书馆应积极与出版社沟通，丰富电子书资源渠道，同时可与其他高校共享数字资源；结合数字资源建设，图书馆可提供特色的馆藏服务；应用加密技术，完善版权保护等。[2] 研究者也提出针对资源分散问题，可构建一个基于 Web 环境的综合性文献信息服务平台，把各类分布式文献信息资源按一定的管理方式和应用目的组织起来，实现内容间的无缝关联，以统一的界面提供对各类资源的透明访问，并最终把文献信息资源融入知识服务体系中。[3] 柳丹枫通过国内外移动图书馆的发展现状的比较，发现国外手机图书馆服务模式更多样化，除了短信、浏览器、客户端外还有二维码模式等，服务内容上，我国移动服务内容比较单一，主要是图书借阅服务和基本信息发布两部分，而国外服务内容则更加全面和多样，除了基本服务内容外，还会提供医疗保健、家庭生活、志愿服务等。[4]

（二）数字化阅读研究的未来趋势

1. 数字化阅读与出版行业的盈利模式和共赢机制研究

数字化阅读是一个涉及多方利益的开放系统。目前，数字化阅读产业链分工的不明确是阻碍数字出版行业发展的一大问题。销售渠道对电子书的低价倾销；电子书定价机制中对内容商发言权的忽视；电子书销售数据第三方监管的缺失，使内容提供商很难与平台运营商建立起真正的信任关

---

[1] Polanka S., Building an E-Reader Collection, the Duke University Library Experience [EB/OL]. www.aserl.org/projects/CollDev/E_Reader_1.ppt, 2014-11-27.

[2] 吴若英、郭春侠、马娟：《电子书阅读器在图书馆的应用及发展研究》，《图书馆建设》2015年第3期。

[3] 赵荣：《浅谈图书馆服务工作如何应对数字化阅读的挑战》，《图书馆工作与研究》2011年第7期。

[4] 柳丹枫：《3G 时代移动图书馆的发展现状与前景分析》，《中共福建省委党校学报》2013年第10期。

系。[1] 盈利是数字阅读出版行业各产业的共同目标，但是合作之后的利益该如何分配是亟待解决的问题。目前国内主要盈利分配模式是代理分成制和批发折扣制，但是这两种制度仍不能平衡各自的利益，因此要积极探索适合我国数字出版行业的盈利分配模式，这将会对我国数字出版行业的发展起着重要的促进作用。

2. 媒体融合视角下的数字化阅读生态研究

近日发布的国内首份城市阅读指数研究报告显示，在互联网环境下，手机等新媒体阅读成为读者的第一途径，阅读生态发生深刻变化。对于数字化阅读来说，如何融合传统媒体与数字媒体，构建积极的、健康的数字化阅读生态系统是一个重要的课题。新媒体的出现的确给传统媒体带来了一定的冲击。但任何技术的变革只会促进该行业的发展但不会对该行业有价值的内容淘汰。新媒体和传统媒体都有各自的优势，这就需要找到两者之间融合的好途径，这是数字化阅读研究领域当中值得关注的部分。

3. 数字化阅读的质量与效果研究

当前，许多学者对未成年人、大学生、全体国民等不同群体的数字化阅读现状进行问卷调查研究之后发现在这些群体当中都普遍存在浅阅读现象。因此，数字化阅读经常被看作是一种"浅阅读"，受到许多质疑，但是数字化阅读的质量和效果究竟如何？它对读者的自身全面发展究竟产生什么样的影响？数字化阅读过程中读者可获得快速理解和反应的能力以及多任务处理能力。这种阅读理解和认知层面的改变，会对人类的学习、认知、创新乃至精神健康等方面产生怎样的影响，人脑是否会发展出新的更为高级的认知形态，暂时还不能确定，还需要一些深度的实证研究来帮助人们理解和认知数字化阅读。

4. 重视图书馆阅读推广对参与者的影响评估研究

阅读推广，无论是对儿童、青少年、大学生还是全体国民，其意义是非常重要的。现有的图书馆阅读推广的研究主要侧重于宏观和基础理论，如阅读推广的意义、推广的形式、推广的策略等方面展开，而对参与者的影响评估研究较少。国外在对参与者的影响评估研究早已开始，英国在1992年针对婴幼儿阅读服务推出的"阅读起跑计划"，该项目研究人员采用对照实验法、调查法、半结构访谈法等定量和定性的研究方法长期对研

---

[1] 汤雪梅：《基于大众阅读的数字出版发展模式研究》，《编辑之友》2013年第2期。

究对象进行跟踪调研，该项目的研究结果显示，参与者的语言能力和数学能力都得到提升。国内可借鉴国外的实践研究方法、工具及统计方法，探究我国的阅读推广项目对参与者的影响评估，在此基础上促使图书馆进行反思，改进图书馆阅读服务，使图书馆阅读服务对全体国民的家庭生活、社会生活都产生更大的影响，推进全民阅读的可持续发展。

5. 大数据时代基于数据挖掘的个性化的数字资源服务实例研究

图书馆掌握着大量的用户信息和数字学习资源，这些信息汇集在一起就成了一个大数据库，这些数据通过一定的技术处理和分析，将能对数字资源的采集、用户的需求、导读等提供帮助，从而对我们的学习产生巨大的影响。在大数据时代，图书馆将在数据存储、数据挖掘、数据分析等方面面临巨大的挑战与考验，复杂数据的处理也将成为大数据时代图书馆发展的主旋律，通过对数据的分析探寻图书馆服务的模式、未来发展趋势。[①] 通过数据挖掘，图书馆能优化资源建设和知识服务，不仅能帮助读者解决问题，还能为读者提供个性化的学习资源、学习导向。因此，基于数据挖掘的个性化的数字资源服务实例研究将能为图书馆的数字资源建设和服务提供好的参考。

三　本研究关注焦点

综上可知，数字化阅读问题受到广泛关注，但针对未成年人的、系统性的实证研究还不多见。课题组注意到，国家图书馆 2011 年启动了"全国少儿图书馆数字阅读推广先导项目"，引导少儿学习正确的数字化阅读方法。中国新闻出版研究院发起的国民阅读调查持续关注数字化阅读问题，显示青少年数字化阅读接触率持续上升，手机移动阅读、网络阅读以及电子阅读迅猛增长，挤压并对传统阅读产生了巨大冲击。梁桂英[②]、刘德寰[③]、刘元荣[④]等梳理了国内外数字化阅读研究情况，从阅读客体、阅读主体、阅读本体三个层面展开述评，重点关注未成年人网络阅读的目

[①] 张文彦、武瑞原、于洁：《大数据给图书馆带来的机遇与挑战》，《图书与情报》2012 年第 6 期。

[②] 梁桂英：《1997—2007 年国内网络阅读研究综述》，《图书馆杂志》2008 年第 4 期。

[③] 刘德寰、郑雪、崔凯、张晓鸽、左灿、崔忱：《数字化时代对国民阅读影响的文献综述》，《广告大观（理论版）》2009 年第 2 期。

[④] 刘元荣：《2000—2010 年网络阅读研究述评》，《图书馆学研究》2011 年第 6 期。

的、影响、阅读心理、阅读指导及图书馆的服务对策等问题；系统研究未成年人数字化阅读的专著尚未出现，相关的专著也寥寥无几，比如李新祥的《数字时代国民阅读行为嬗变研究》①、王平的《移动社交时代的电子阅读》② 等。

可以看出，本领域所要研究的内容较多较广，本研究将从实证的角度，重点关注未成年人数字化阅读三个方面的问题：

(1) 未成年人数字化阅读行为特征：一些大规模调查项目（CNNIC、全国国民阅读调查等）曾对国民阅读形式与内容的变化进行过问卷调查，发现未成年人已经成为数字化阅读的主体，并从数字化阅读率、数字化阅读认知、新媒体阅读载体等方面描述这一新型阅读方式。相对于传统阅读，数字化阅读不仅仅是阅读载体的变化，更重要的是阅读文本、阅读模式、认知方式以及阅读空间的变革，是数字文化语境下从符号中获得意义的一种社会实践活动和心理过程；③ 数字化阅读具有内容丰富、获取方便、互动性好、共享性高、时效性强等优势，④ 这促使青少年阅读重心发生转移——由积累转向选择、由品味转向交往、由经典转向大众；⑤ 学界对未成年人数字化阅读行为特征初步归纳为四个方面：①网民地位主体化且低龄化；②上网行为侧重于聊天和游戏；③跳跃式和选择性的阅读方式以及信息迷航；④浅阅读的负效应等，⑥ 但针对未成年人的数字化阅读的具体行为特征和倾向性还缺少系统的量化研究和统计学特征描述。

(2) 数字化阅读对未成年人发展的影响：作为一个心智尚待成熟的群体，数字化阅读层次与水平直接影响到未成年人个体发展。学界普遍认同数字化阅读是把"双刃剑"：对青少年的积极影响在于能够真正实现了个性化阅读，能使青少年获得更加形象、完整、系统、深刻的认识，⑦ 交

---

① 李新祥：《数字时代国民阅读行为嬗变研究》，中国社会科学出版社2014年版。
② 王平：《移动社交时代的电子阅读》，知识产权出版社2015年版。
③ 王素芳：《网络阅读的发展现状和前景探析》，《图书与情报》2004年第3期。
④ Kurniawan S. H. & Zaphiris P., *Reading online or on paper*: *Which is faster*?. Proceedings of the 9th International Conference on Human-Computer Interaction, 2001, pp. 220 – 222.
⑤ 李劲：《论浅阅读时代图书馆对大众阅读的深度引导》，《图书馆学研究》2008年第4期。
⑥ 付昕：《近10年来国内网络阅读研究代表性观点述评》，《图书馆学刊》2009年第5期。
⑦ 孙益祥、陈琳：《青少年的网络阅读及其模式》，《出版发行研究》2010年第4期。

互开放的网络环境有助于激发青少年的创新思维;[①] 但同时数字化阅读存在稳定性较差、权威性不够、浅层化、网络迷航的特点,[②] 相对于传统纸质阅读的"深阅读",数字化阅读偏向于一种"浅阅读";[③] 消极影响还包括信息选择困难、丧失逻辑思辨能力、理性思考缺失、网络信息资源异化、阅读原始目的转移等。[④] 坦普尔大学(Temple University)最新研究表明,电子阅读设备很有可能在不经意间成为妨碍孩子们学习的物件,[⑤] 数字化阅读过程中的交互操作可能阻碍儿童学习能力的培养。[⑥] 张智君[⑦]、刘儒德[⑧]等采用心理学实验方法,对超文本阅读、网络阅读与传统阅读进行了对比研究,揭示了数字化阅读中存在网络迷航和认知负荷从而影响阅读效果。但综合文献显示,数字化阅读对未成年人影响的研究多囿于经验描述,对未成年人数字化阅读的价值及与传统阅读的关系始终存在争议,尚待深度的实证研究支持,关注数字化阅读对未成年人认知和社会发展的研究还不多见。

(3)未成年人数字化阅读的引导与对策:针对未成年人数字化阅读存在的负效应,学者提出应该强化数字化阅读的调控与指导、优化信息资源整合[⑨]、加强网络道德教育以提升网络阅读技能,[⑩] 以及强化图书馆数字化阅读延伸服务。[⑪] 余训培系统提出了网络阅读指导的四种形式[⑫]:意见领袖型、基于统计的网络阅读指导、把关人型网络指导和阅读社区的网络阅读指导等,具有较强的参考价值。上述策略分析基本上站在实用操作层面,尚缺乏多学科视野中的微观引导策略与宏观政策构建相协调的未成

[①] 孙延蕻:《网络阅读的创新功能》,《泰山学院学报》2005年第4期。
[②] 耿玉玲:《网络文献与网络阅读探析》,《图书馆论坛》2006年第2期。
[③] Leu D. J. & Zawilinski L., *The New Literacies of Online Reading Comprehension*. New England Reading Association Journal, 2007, 43(1), pp. 1 – 7.
[④] 梁涛:《青少年网络阅读的负效应及对策》,《中国青年研究》2007年第6期。
[⑤] Lisa Guernsey, *Why E-Reading with Your Kid Can Impede Learning*. TIME, 2011 – 12 – 20.
[⑥] Gabrielle Strouse, *Why E-Reading With Your Kid Can Impede Learning*. TIME Magazine, December 2011, p. 20.
[⑦] 张智君:《超文本阅读中的迷路问题及其心理学研究》,《心理学动态》2001年第2期。
[⑧] 刘儒德等:《网上阅读与纸面阅读行为的对比调查》,《电化教育研究》2004年第5期。
[⑨] 张正:《数字化阅读:图书馆的挑战与机遇》,《图书与情报》2009年第6期。
[⑩] 吴志攀:《移动阅读与图书馆的未来》,《大学图书馆学报》2004年第1期。
[⑪] 楼向英、高春玲:《Mobile 2.0背景下的手机阅读》,《图书馆杂志》2009年第10期。
[⑫] 余训培:《网络阅读指导研究》,《图书情报知识》2005年第4期。

年人数字化阅读对策研究。

  本研究将在实地调查中国未成年人数字化阅读的特征基础上，通过眼动（Eye Movements）技术、行为观察及准实验研究等实证方法，探索未成年人数字化阅读的特征与倾向，揭示数字化阅读对未成年人社会发展与认知发展的影响，建构未成年人数字化阅读的引导策略与服务策略，为全民阅读及图书馆阅读服务创新提供基于证据的政策建议。

第二章
未成年人数字化阅读的特征与倾向

作为数字时代的原住民,未成年人对数字化阅读具有天然的亲近感和接纳度。从现实来看,数字化阅读已经对传统阅读产生了一种"破坏性创新",并对传统阅读形成了巨大的挤压效应。本章采用抽样调查,分析新媒体时代未成年人数字化阅读的特征、认知与倾向,重点分析数字化阅读的工具与载体、内容与目的、行为与动机、认知与采纳等现状与倾向,为未成年人数字化阅读服务创新提供实证依据。

第一节 调查研究设计

一 研究目的

分析我国未成年人数字化阅读的倾向与特征。以7—18岁年龄段的未成年人作为研究样本,选择三种类型指标对未成年人的数字化阅读倾向与特征进行比较研究,包括人口统计指标(如年龄等)、数字化阅读表现性指标(如数字化阅读接触率等)和数字化阅读发展性指标(如数字化阅读行为等)。以表现性和发展性指标为重点,归纳出未成年人数字化阅读的主要倾向与特征。本调查中涉及的两个关键词解释如下:

(一)未成年人

未成年人一般是指未满18周岁的公民。具体的调查对象主要是小学到高中的在校学生。本次调查的对象是7—18岁的在校学生。

(二)数字化阅读

指的是借助各种数字化平台或移动终端,以数字化形式获取信息或传递认知的过程。具体包括:电脑网络阅读、电子阅读器阅读、手机移动阅读等类型。

二　研究流程

为了保证调查研究的效度与信度，本研究采取了预调查测试问卷、结合个案访谈的方法修订及确定问卷，同时考虑到调查对象的未成年人特征，本研究采用线上填写问卷与线下指导相结合的方法，确保问卷填写的规范性与有效性。在正式调研阶段，根据全国不同省份网民比例、普及率以及未成年人比例确定样本规模，考虑到未成年人的生活场所，本调查全部在学校实施调查，有效确保了调查的合规性。在数据统计阶段，主要采用网络调查系统的自动统计、交叉统计功能，借鉴多学科相关理论与方法，客观、系统地对调查数据进行分析和阐述，以保证研究结果能够解释我国未成年人数字化阅读的基本特征与倾向，并为后续实证研究提供支撑。具体调查研究流程如表2—1所示。

表2—1　　　　　　　　　　本课题调查研究流程

阶段	内容	方法	成果输出
准备阶段	分析国内有关数字化阅读的调研项目及其研究工具、设计预调查问卷	文献研究	问卷草案
预调研阶段	进行问卷测试	调查法、评估法	预调查问卷（附录二）
问卷设计阶段	修订预调查问卷，形成正式调查问卷	讨论法、预测法	正式调查问卷（附录三）
抽样阶段	确定抽样的依据，形成样本的分布	定性与定量分析	样本库
调查委托阶段	确定调查方法与实施途径		调查员
正式调查阶段	调查实施		调查数据
数据分析阶段	对调查数据进行分析研究，根据分析结果进行比较和阐述	定量分析	调查结果
报告撰写阶段	根据研究目的撰写调查报告	定量与定性分析	调查报告

三 问卷设计

（一）问卷结构与内容

《我国未成年人数字化阅读现状调查问卷》包括三个部分，第一部分是样本基本情况，第二部分是未成年人数字化阅读现状情况，第三部分是开放性提问，对数字化阅读的期望与建议。

问卷内容如下：

第一部分：样本基本情况，此部分共有 5 道题，分别为性别、省份、区域、年龄段以及年级段。问卷全部采用匿名回答。

第二部分：问卷主体部分，此部分设置了 42 道题。分别从数字化阅读的特征、认知与倾向三个维度设计文件，重点调查我国未成年人数字化阅读的行为与倾向。本部分题目的结构与分布，如表 2—2 所示。

表 2—2　　　　本课题调查问卷主体部分的结构与分布

维度	题目	题号
数字化阅读的特征	基于数字化阅读主体的特征分析	6，8，10，11
	基于数字化阅读媒介的特征分析	7，9，44
	基于数字化阅读方式的特征分析	12，13，14，26，27，28，29，30，45
	基于数字化阅读内容的特征分析	23，24，33，41
数字化阅读的认知	对数字化阅读特点的认知	20，21，34，43
	对数字化阅读动机的认知	37，38
	对数字化阅读效果的认知	22，31，32，35，36
	对数字化阅读预期的认知	42，47
数字化阅读的倾向	数字化阅读的场景取向	15，25，39，40
	数字化阅读的态度取向	16，17
	数字化阅读的消费取向	18，19，46

第三部分：开放性问题，此部分设置了 1 道开放性问答题："用一句话表达你关于数字化阅读的期望与建议"，主要用于收集被调查者对于数字化阅读的主观看法，以补充客观问题。

（二） 问卷使用

考虑到本次调查的范围涉及全国各个省份，而且样本数与数据量非常大，本研究采用网络调研结合专人实施进行。网络调研平台采用了问卷星的专业版，根据研究需求对问卷进行了个性化设置，包括问卷名称、问卷说明、提示语、答题提示。专业版具有交叉统计的功能，方便后续数据分析。为避免网络问卷调查的随意性和可能出现的多次填写，本次调查结合线下专人实施。防止上述问题的主要措施有：第一，不同区域划分不同的调查时间，由专人组织样本进行填写调查，并网络反馈给文件收集者同步收集数据；第二，每份问卷在同一时间内完成，不允许出现多次填写。这样有助于提高样本的回收率、降低样本重复率，有效提升了调查问卷的广泛性和覆盖面。

四　采样方法

（一） 调查对象

本次调查对象确定为7—18岁的未成年人，考虑到数字化阅读的经历，结合年龄段分布，本次调查样本源确定为在校学生，年级分布为小学三年级到高中三年级。确定这个样本源完全能够满足本研究的基本目的，同时有利于大范围、大规模问卷调查的有效组织与实施。尽管从数字化阅读的经历来看，有少数拥有数字化阅读的个体可能不属于在校生，但从目前我国义务教育普及率超过99.7%的实情来看，[1] 该群体基本可以忽略不计。同时考虑到本研究主要探索未成年人数字化阅读的特征与倾向，由于教育信息化的快速普及，所有样本均有电脑网络阅读的基本经验，因此，并未限定数字化阅读经历的具体年限。

（二） 调查区域

本次研究定位为全国未成年人，样本区域分布为全国31个省（自治区、直辖市）。各个不同区域根据其网民数分配不同比例的样本数，这样基本上能够显示不同区域经济、文化与信息化发展水平对未成年人数字化阅读的影响，样本具有较好的代表性。

---

[1]　据新华社北京9月26日电：国务院新闻办公室26日发表的《2009年中国人权事业的进展》白皮书说，中国公民受教育权得到保障，到2009年年底，全国普及九年义务教育人口覆盖率达99.7%。

（三）抽样过程

考虑到研究样本的全国范围以及研究费用的限制，本研究采用区域性随机抽样，即确定样本基数，然后根据不同区域的网民数量（互联网普及率）分配样本数，再随机选取该区域的样本群进行调查。我国幅员辽阔，经济社会和信息化发展水平存在较大差异，这样进行全国性随机抽样的代价和难度较大，且无必要。本研究主要关注未成年人网民的数字化阅读情况，因此，根据区域网民比例进行样本数量确定，具有一定的科学性和代表性。

按照中国互联网信息中心发布的《2011—2012年中国内地各省网民规模和互联网普及率》中相关数据，再根据未成年人占总人口24%的比例，按照此比例分配各省的样本数，总样本数为13536，如表2—3所示。

表2—3　　　　　　　　本调查的实际样本数

省份	网民数（万人）	互联网普及率（%）	样本数
北京	1458	72.20	350
上海	1606	68.40	385
广东	6627	63.10	1590
福建	2280	61.30	547
浙江	3221	59.00	773
天津	793	58.50	190
辽宁	2199	50.20	528
江苏	3952	50.00	948
山西	1589	44.20	381
海南	384	43.70	92
新疆	962	43.60	231
青海	238	41.90	57
河北	3008	41.50	722
陕西	1551	41.50	372
重庆	1195	40.90	287
宁夏	258	40.30	62
山东	3866	40.10	928
湖北	2309	40.10	554
内蒙古	965	38.90	232
吉林	1062	38.60	255

续表

省份	网民数（万人）	互联网普及率（%）	样本数
黑龙江	1329	34.70	319
广西	1586	34.20	381
湖南	2200	33.30	528
西藏	101	33.30	24
四川	2562	31.80	615
安徽	1869	31.30	449
甘肃	795	31.00	191
河南	2856	30.40	685
贵州	991	28.60	238
云南	1321	28.50	317
江西	1267	28.50	304
总样本数			13536

（四）样本审核

本次调查组织严密，首先全部未成年人均属学生群体，由课题负责人委托各个省份教研员根据样本数，分配该省不同地区、不同学段的样本，再选择相关班级群体进行分层抽样，最后在相关教师指导下，在同一时间内完成网络问卷调查。问卷调查按照省份错时进行，以方便进行审核和补充。最终获得了13536份样本问卷，通过对问卷答题结果的审核，剔除了年龄低于7岁的学前儿童（本调查均为小学学段以上）等误答样卷，最终获得了13237个有效样本。

（五）样本结构

受调查者13237个样本的背景资料如表2—4所示。

表2—4　　　　　　　有效样本的人口统计学特征

样本属性		人数（人）	比例（%）
性别	男	6848	51.73
	女	6389	48.27
年龄段	0—8岁	158	1.2
	9—11岁	2565	19.38

续表

样本属性		人数（人）	比例（%）
年龄段	12—14 岁	5670	42.83
	15—17 岁	4843	36.59
年级段	小学	4716	35.63
	初中	4644	35.08
	高中	3877	29.29
所处区域	省会城市（含直辖市）	5757	43.49
	地级市	2997	22.64
	县级市（含县城）	2897	21.89
	乡镇	866	6.54
	农村	720	5.44

五 调查实施

本次调查共分四个阶段进行。

第一阶段：预调查。目的在于评估问卷设计题项及答项的科学性，测试受调查者对问卷题目的理解以及填写问卷所消耗的时间。预调查在温州的三个不同发展区域的三所学校进行，选定了 225 个样本进行预测，预测工具为本研究所用《我国未成年人数字化阅读现状调查问卷》。

第二阶段：修正问卷。通过预调查，受调查者反馈对数字化阅读的类型、部分专业性表达的理解存在差异，填写时间相差较大（15—30 分钟）。后续修正中吸收了对网络问卷集中发放和填写由信息技术教师课前统一组织的建议。

第三阶段：实施调查。经过修订后的问卷于 2013 年 3 月 7 日正式发布，来自我国 31 个省（自治区、直辖市）的在校学生参与了本次调查。课题组将问卷内容输入到问卷调查网站（问卷星），调查对象通过网络链接访问问卷，并在电脑上进行作答，数据通过问卷调查网站进行回收和处理。由于组织的有序性，调查从 2013 年 3 月 7 日持续到 2013 年 5 月 10 日全部完成。实际回收 13536 份问卷，经审核有效问卷为 13237 份，有效率为 97.8%。

第四阶段：数据分析。有效问卷整理后，从 2013 年 6 月 5 日开始进行数据分析,全部分析工作在 2013 年 8 月 20 日完成。数据分析基于 13237 份有效分卷,通过问卷星专业版提供的分析功能进行统计,主要通过人口统计学特征分析,描述受调查者的基本情况,包括性别、年龄、来源、学段等;通过不同层面的数据统计与比较分析,描述未成年人数字化阅读的特征与倾向。

第二节 未成年人数字化阅读的基本特征

数字化阅读是一种基于数字介质的阅读行为,本研究重点分析未成年人数字化阅读的行为特征及倾向,在调查中将按照基于数字化阅读主体的特征、基于数字化阅读媒介的特征、基于数字化阅读方式的特征、基于数字化阅读内容的特征四个方面进行研究,以期对未成年人的数字化阅读的具体行为特征进行系统性的量化研究和统计学特征描述。

一 基于数字化阅读主体的特征分析

主要是基于对未成年人自身数字化阅读方式与行为的调查。研究中分别从数字化阅读的接触时间、课外阅读方式、数字化阅读经验和行为的自我定位进行了分析。

1. 未成年人首次数字化阅读接触呈现低龄化趋势

如表 2—5 所示,小学阶段是未成年人接触数字化阅读的主要时期,48.41% 的受调查者在 8—12 岁第一次接触数字化阅读;27.79% 的受调查者在 4—7 岁便有了第一次数字化阅读的经历,甚至有 5.82% 的受调查者在 3 岁以下便开始了数字化阅读,这也反映出数字化阅读呈现低龄化的重要趋势。

表 2—5　　　　你第一次进行数字化阅读的时候是多少岁

年龄段	0—3 岁	4—7 岁	8—12 岁	13—15 岁	16—18 岁
人数	770	3680	6408	2048	332
比例（%）	5.82	27.79	48.41	15.47	2.51

2. 数字化阅读仍为纸质阅读的补充形式

尽管数字化阅读成为纸质阅读的"破坏者",但是否就意味着数字化阅读成为未成年人的唯一主流阅读方式呢？研究中调查了最近半年未成年人最主要的两种课外阅读方式，结果如表2—6所示，在13237个样本中，77.36%的未成年人的课外阅读方式仍为纸质阅读，但也有超过半数（51.37%）的课外阅读方式为手机等移动阅读，这个现象应该引起家长、学校及社会的关注；居于第三、第四位的分别是电脑网络阅读（40.95%）、平板阅读（30.3%），这与不同数字化阅读媒介的携带便利性与普及性有关系。

表2—6　　　最近半年你最主要的两种课外阅读方式

选项	人数	比例（%）
纸质阅读	10241	77.36
手机等移动阅读	6801	51.37
MP4、平板电脑（如iPad）、电子书阅读器等手持设备阅读	4011	30.3
电脑网络阅读	5420	40.95
本题有效填写人数	13237	

3. 未成年人数字化阅读经验方面处于入门与熟练阶段

研究者根据数字化阅读经验的丰富程度区分为期待者、入门者、熟练者以及专家级四个层次。尽管绝大多数未成年人接触数字化阅读比较早，但在数字化阅读经验的自我评估方面，如表2—7所示，不到半数（42.38%）的未成年人对自己评估为熟练者（能够熟练使用各种设备进行数字化阅读），仍有41.05%的受调查者认为自己开始接触各种数字化阅读，属于入门者；这两类占据了全部样本的83.43%，属于主要群体；占据两端的，8.42%的受调查者属于期待者，8.15%的受调查者属于专家级。从数字时代阅读的推广与普及来看，在数字化阅读经验应该期待熟练者与专家级占主流，否则势必影响数字时代未成年人从数字化材料获取知识和信息的能力。

表2—7　　　在数字化阅读经验方面，你觉得自己是属于哪一种类型

选项	人数	比例（%）
期待者：偶尔进行过数字化阅读，很期待	1114	8.42
入门者：开始接触各种数字化阅读	5434	41.05

续表

选项	人数	比例（%）
熟练者：能够熟练使用各种设备进行数字化阅读	5610	42.38
专家级：在同伴中我觉得我的数字化阅读经验最多	1079	8.15
本题有效填写人数	13237	

4. 未成年人数字化阅读行为方面比较积极正向

研究中根据进行数字化阅读行为的心理感受区分为易读者、爱读者、压抑者和想读者四个层次，用以主观评估自己对数字化阅读行为的感知。调查结果如表2—8所示。41.32%属于非常喜欢数字化阅读的爱读者，39.55%属于能够自由进行数字化阅读的易读者，此两类共占超过80%的比例，说明大部分未成年人在数字化阅读行为上具有明显的偏向，具有积极正向的感知；但也发现，11.52%的受调查者认为自己由于学习或者被要求，不能进行数字化阅读，属于压抑者，另有7.62%的未成年人属于缺乏数字化阅读的条件或者环境，成为想读而不能读的个体，这两部分群体的需求和条件值得进一步关注。

表2—8　在数字化阅读行为方面，你觉得自己属于哪一种类型

选项	人数	比例（%）
易读者：能够自由进行数字化阅读	5235	39.55
爱读者：非常喜欢进行数字化阅读	5469	41.32
压抑者：进行过数字化阅读，但由于学习或者父母、老师的要求不能进行数字化阅读	1525	11.52
想读者：可以进行数字化阅读，但常常缺乏数字化阅读的条件	1008	7.62
本题有效填写人数	13237	

二　基于数字化阅读媒介的特征分析

随着数字技术的发展与普及，数字化阅读媒介日益丰富，如电脑、手机、电子阅读器等，不同的媒介支持的阅读功能不一样，以电脑阅读为例，其阅读界面主要以网页为主，电子阅读器阅读更加接近真实的阅读体验，而手机阅读更多地支持社交化阅读。基于数字化阅读媒介的特征分析可以从载体视角分析未成年人的阅读特征。

1. 电脑和手机是未成年人进行数字化阅读的两种主要载体

调查中发现，70.89%的未成年人使用电脑网络作为数字化阅读工具，其次是手机，占64.61%。电脑对于未成年人而言，是不同场合都能够接触到的媒介，而手机具有显著的方便性和可移动性，也受到未成年人的喜爱。其他的阅读工具作为数字化阅读的补充媒介，包括平板电脑（26.69%）、电子阅读器（21.42%）、MP4（12.31%）等。电脑和手机是两种主要的数字化阅读设备，平板电脑成为快速增长的数字化阅读设备，由于普及率的原因，电子阅读器的比例略低。调查中还从未成年人自己拥有的数字化阅读设备角度进行了调查，进一步支持了上述结论，如表2—9所示。

表2—9　未成年人使用的数字化阅读媒介和拥有的数字化阅读媒介　　单位:%

比较项目	电脑网络	手机	平板电脑	MP4	电子阅读器	其他
使用的数字化阅读媒介	70.89	64.61	26.69	12.31	21.42	5.94
拥有的数字化阅读媒介	69.84	72.52	28.02	22.05	20.99	5.62

2. 手机阅读和电脑阅读对于未成年人具有最佳阅读体验

在上述多样化的数字化阅读工具中，未成年人都有不同的使用体验，调查显示，从个体主观经验来看，数字化阅读的最佳载体为智能手机（35.25%），而个人电脑的比例也不相上下（33.53%）。而具有较强纸质阅读体验感的电子阅读器并无优势，比例仅为14.5%，甚至不如平板电脑（16.71%）。这一排序也与阅读者的学习者身份相关，普及率较高的电脑并没有优势；相反，从数字化阅读的方便性来看，手机和平板电脑等移动设备往往得到阅读者的认可。但从阅读体验及技术环境的角度看，普及专用电子阅读器实为未成年人开展数字化阅读的合适选择。可以看出，对于阅读这种个人化很强的行为，便利性和可及性仍然是非常重要的因素，而且加之阅读的社交化，使得电脑和手机更受未成年人欢迎。

三 基于数字化阅读方式的特征分析

不同于线性的纸质阅读,数字化阅读实际上是一种数字化行为。数字化阅读往往综合了信息获取、信息链接、观点评论、知识分享等多种社交行为,这对于未成年人而言,纸质阅读与数字化阅读在行为方式上具有很多差异。

1. 在阅读时长分布上,数字化阅读与传统阅读已经持平

本次调查中对未成年人每天的纸质阅读和数字化阅读时长进行了对比分析,结果如图2—1所示,表明未成年人在两种阅读方式的时间分布上比较理性和平衡。总体上看,数字化阅读在较长时长段上的样本分布与纸质阅读基本持平;仅在0—30分钟时长段,数字化阅读的样本比例(35.48%)超过纸质阅读(23.25%),在其他几个时长段中,纸质阅读的样本比例均略高于数字化阅读,但两者分别仅相差了约3%、1%和0.1%;而在120分钟以上时段上,纸质阅读几乎是数字化阅读的两倍,说明对于长时段的阅读,未成年人的主要阅读形式仍然是纸质阅读,数字化阅读作为一种轻阅读、快餐阅读,总体上仍然是一种补充型阅读方式。

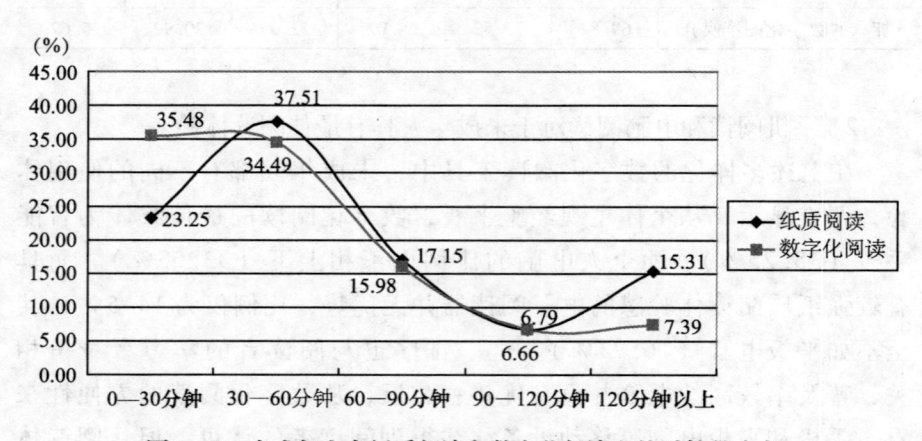

图2—1 未成年人在纸质阅读和数字化阅读上的时长段分布

2. 随着年龄的增加,纸质阅读和数字化阅读的时长段分布呈反向趋势

图2—2进一步比较了不同年龄段在不同时长段的分布情况。结果发

现，随着年龄的增加，纸质阅读和数字化阅读的时长段分布呈反向趋势。82%的小学生、80%的初中生每天纸质阅读的时间为1.5小时以内，高中生这一比例降至51%；而每天纸质阅读1.5小时以上的样本中，小学生占18%、初中生占20%、高中生占49%，也即每天长时段纸质阅读的样本比例逐步增加；在数字化阅读方面，90%的小学生、94%的初中生、85%的高中生每天数字化阅读的时间为1.5小时以内，且每个时长段数字化阅读的样本比例与年龄段基本上呈反向关系。

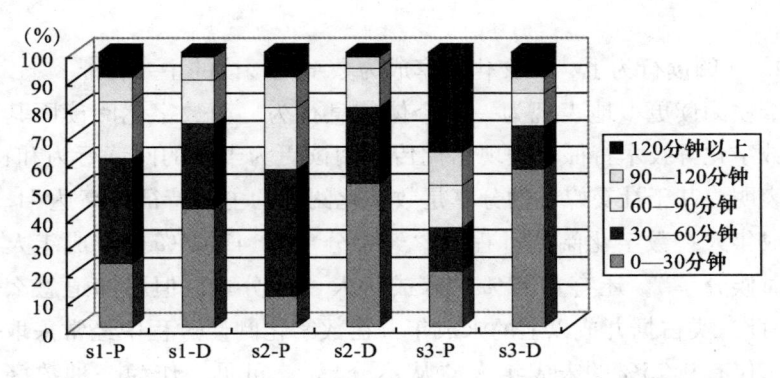

图2—2 不同年龄层次样本在纸质阅读和数字化阅读上的时间对比

（P代表纸质阅读，D代表数字化阅读，s1、s2、s3分别代表小学生、初中生和高中生）

3. 在个人阅读时间感知上，数字化阅读并未影响纸质阅读

传统的观念或者研究都将数字化阅读视为挤压纸质阅读的重要原因。尽管在时间量一定的前提下，数字化阅读必然与纸质阅读产生时间上的竞争关系，但实际上从个人时间感知上结果如何呢？调查表明，从绝对量上来看，整体上，未成年人每次在数字化阅读上持续的时间少于1小时，49.35%的被调查者每次数字化阅读持续时间为30—60分钟；34.63%的被调查者持续时间为半小时以下，而长时间（1小时以上）持续阅读的被调查者占26.02%。这表明，作为一种碎片化阅读，从时间上并未对传统纸质阅读产生有影响的冲击。进一步的调查表明，从未成年人主观认知来看，数字化阅读挤占纸质阅读的时间是个伪命题。如表2—10所示。

表2—10　你觉得自从有了数字化阅读之后，你读纸质书的时间是多了还是少了？

选项	人数	比例（%）
比以往增加了	2484	18.77
比以往减少了	3903	29.49
完全没有影响	5574	42.11
不确定	1276	9.64
本题有效填写人数	13237	

4. 在阅读行为上，社交化分享成为数字化阅读的主要特征

纸质阅读更多地表现为一种个体信息行为，而数字化阅读因其网络化、数字化等技术特征，表现出比传统阅读更为丰富的阅读行为和特征。调查表明，基于社交媒体的分享是数字化阅读的主要特征，高达41.39%的未成年人在数字化阅读过程中"经常分享"，42.44%的未成年人"方便的时候分享"，还有6.42%的未成年人"想分享、但不知道怎么去分享"，此三类占据九成以上的未成年人在数字化阅读过程中经常采取分享行为；仅有9.75%的未成年人"从不分享"，可见，作为一种数字化行为，分享是未成年人数字化阅读的重要诉求。

从具体的分享操作来看，QQ、微信、微博、人人网等社交媒体支持的分享行为是主要的分享方式，占53.21%，通过手机、短信等进行分享的占37.31%，通过电子邮件进行分享的占16.39%，上述三类基本上是借助数字媒体进行内容分享，比例多少与未成年人各种媒介接触率相关。值得注意的是，仍有51.45%的未成年人乐于通过口耳相传方式分享数字化阅读中感兴趣的内容，这对于处于学习阶段的未成年人是一种非常重要的口语交际媒介。

5. 在阅读资源的获取上，未成年人具备良好的信息素养

数字化阅读往往依赖于巨大的知识网和信息库，这对未成年人的信息素养是一个挑战，如果不能迅速而准确地找到阅读资源，数字化阅读必然陷入低效的境地。调查表明，高达96.48%的未成年人"能够"在数字化阅读过程中快速而准确地找到自己所需要的信息和资源，其中52.79%的未成年人属于"专家级"，经常能够又快又准地找到信息资源，仅仅3.52%的未成年人"常常不能"找到所需要的信息资源。这应该是一个

不错的结果，主要与目前我国在中小学开展和普及中小学信息技术课程有关，大大提升了未成年人的信息素养。

6. 在阅读习惯上，未成年人数字化阅读并非跳跃性阅读

数字化阅读备受诟病之处在于其"跳跃性、浏览式"阅读，尤其是微信等移动阅读的"刷屏式"阅读，这也是众多观点认为数字化阅读属于"浅阅读"的"有力证据"，事实如何呢？调查显示，在阅读习惯上，未成年人数字化阅读并非如一般看法，在行为习惯上与纸质阅读一样，数字化阅读包含各种不同的阅读方式和习惯。如表2—11所示，41.34%的未成年人认为在数字化阅读过程中"仔细读完全部内容"，31.17%的未成年人在数字化阅读过程中"选择性地读"，还有9.33%的未成年人有"边读边记录有用的信息"的良好数字化阅读习惯，仅有18.16%是属于"跳跃浏览"式阅读。数据有力批驳了将视数字化阅读为"浅阅读、浏览、刷屏"等主观看法。

表2—11　　　在进行数字化阅读时，你的阅读习惯是什么？

选项	人数	比例（%）
仔细读完全部内容	5472	41.34
跳跃浏览	2404	18.16
选择性地读	4126	31.17
边读边记录有用的信息	1235	9.33
本题有效填写人数	13237	

7. 在阅读方式的选择上，纸质阅读仍是未成年人的第一选择

尽管很多研究者担忧数字化阅读对于传统阅读的影响，但实际上，处于学习和发展关键时期的未成年人，并未盲目追随数字大潮，义无反顾地投入到数字化阅读的怀抱。许多家长和学校担心数字化阅读以其内容丰富、交互性强、携带方便等特点，在一定程度上挤占了未成年人的纸质阅读时间[1]，那么到底在这种新型阅读冲击下，学生的阅读倾向是否有改变呢？调查中设置了"平时想阅读时，你心里的第一选择是哪种阅读方式？"的单选题，结果发现，未成年人的选择比较理性，57.17%的未成

---

[1] 寇蕊：《未成年人网络阅读之我见》，《江苏图书馆学刊》2009年第3期。

年人第一选择为纸质阅读，42.83%的未成年人选择数字化阅读，数据很有意思，一方面，仍保持了纸质阅读在未成年人心中的首要位置；另一方面，确实由于数字化媒体的冲击，纸质阅读的没落，尤其是未成年人学习过程中越来越多的数字化资源的使用，数字化阅读已经渐渐占据未成年人的阅读空间，这或许是一种不可逆转的趋势，只是时间的问题。

四 基于数字化阅读内容的特征分析

阅读内容最能够体现未成年人选择数字化阅读的诉求与取向。相对于传统阅读的知识传播、经典传送、学习发展等，数字化阅读作为一种数字化生活方式，表现出更多的功能取向，也反映出未成年人数字化阅读的一些特征。

1. 从阅读目的上看，未成年人数字化阅读主要为休闲阅读

到底数字化阅读与传统阅读是否有不同的动机取向？本研究对未成年人进行数字化阅读的目的分布进行了研究，如图2—3所示，结果表明，数字化阅读与传统阅读在目的上确有较大差异，且阅读目的呈分化趋势。高达60.92%的受调查者进行数字化阅读是以"娱乐放松"为目的，而"学习知识技能"仅占44.5%，因"学习任务需要"的数字化阅读占24.41%；其他主要还包括资讯目的——"获取新闻时事资讯""开阔眼界"，社交目的——"和同学朋友共同话题阅读""聊天交友"，休闲目的——"打发时间"以及随机目的——"习惯性阅读"等。这些目的的分布与数字化阅读的网络化、社交化相关，同时也说明目前未成年人的数字化阅读还呈现一种自发的状态，缺乏与个体发展相关的阅读引导。

2. 从阅读内容类型上看，未成年人数字化阅读主要偏重于轻阅读

在未成年人数字化阅读内容的方面，数字化阅读的类型重点集中在小说类（59.99%）、科幻类（51.16%）、科普类（38.74%）、人文类（35.33%）；而哲学类（25.65%）、新闻类（24.29%）也是未成年人的兴趣内容，其他还包括外语类（15.46%）、经济类（13.3%）等。如图2—4所示。可以看出，上述类型偏重于休闲娱乐类，尤其是满足未成年人心理诉求的一些小说、科幻等内容比较突出，但与未成年人认知学习与素质发展相关的科普类、人文类、哲学类等也不占少数，所以传统的观点认为数字化阅读属于休闲阅读也不攻自破。当然，为了给未成年人的个体发展营造健康的阅读环境，学校、家庭和社会应该重视针对未成年人数字化阅读的引导和内容建设。

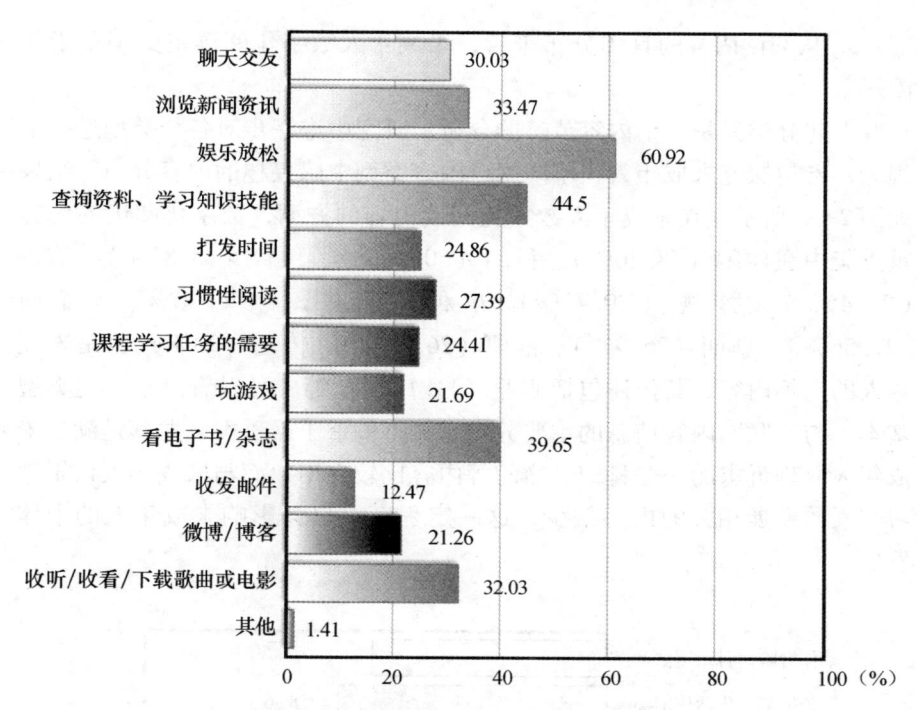

第二章 未成年人数字化阅读的特征与倾向 91

类别	百分比
聊天交友	30.03
浏览新闻资讯	33.47
娱乐放松	60.92
查询资料、学习知识技能	44.5
打发时间	24.86
习惯性阅读	27.39
课程学习任务的需要	24.41
玩游戏	21.69
看电子书/杂志	39.65
收发邮件	12.47
微博/博客	21.26
收听/收看/下载歌曲或电影	32.03
其他	1.41

图2—3 未成年人数字化阅读上的目的分布

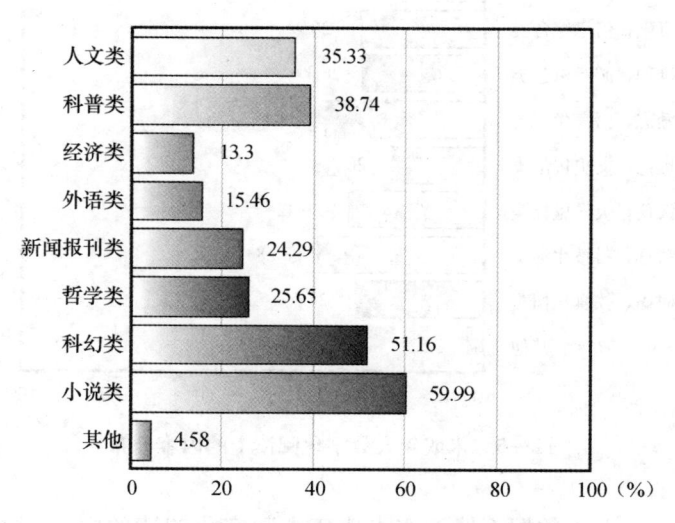

类别	百分比
人文类	35.33
科普类	38.74
经济类	13.3
外语类	15.46
新闻报刊类	24.29
哲学类	25.65
科幻类	51.16
小说类	59.99
其他	4.58

图2—4 未成年人数字化阅读上的类型分布

3. 从阅读内容的具体分布来看，未成年人数字化阅读主要偏重于休闲娱乐

上述分类只是一个内容范畴的分析，研究中进一步对各个类型进行了细分，希望探究未成年人在不同阅读内容类型中感兴趣的内容分布。结果如图2—5所示。在未成年人数字化阅读内容的方面，数字化阅读的内容重点集中在休闲（58.36%）、科幻（50.66%）、科普（35.83%）、语言（34.45%）、影视（30.71%）五种，而魔幻（29.42%）、时尚（27.56%）、新闻（26.9%）、推理（26.39%）、传记（20%）也是未成年人的兴趣内容，其他还包括职业（11.16%）等。可以看出，上述类型基本上与互联网内容信息的主要分布有关，偏重于娱乐类，尤其是满足未成年人心理诉求的一些科幻、魔幻等内容比较突出，而与未成年人认知学习与素质发展相关的内容偏少，这一定程度上也会影响未成年人的个体发展。

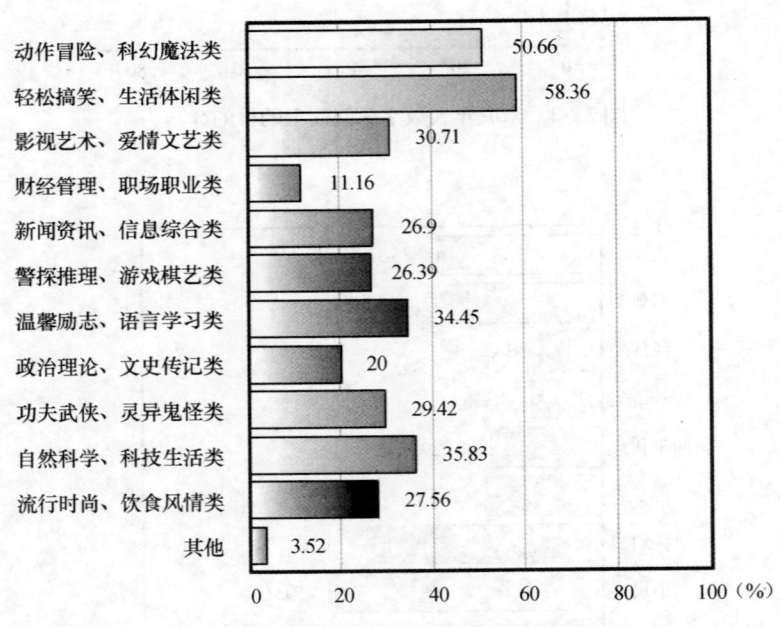

类别	百分比
动作冒险、科幻魔法类	50.66
轻松搞笑、生活休闲类	58.36
影视艺术、爱情文艺类	30.71
财经管理、职场职业类	11.16
新闻资讯、信息综合类	26.9
警探推理、游戏棋艺类	26.39
温馨励志、语言学习类	34.45
政治理论、文史传记类	20
功夫武侠、灵异鬼怪类	29.42
自然科学、科技生活类	35.83
流行时尚、饮食风情类	27.56
其他	3.52

图2—5 未成年人数字化阅读上的内容分布

实际上，上述数据不但说明未成年人数字化阅读的内容、类型繁多，而且也预示着未成年人可能接触大量良莠不齐的内容。研究中进一步调查了数字化阅读过程中，未成年人对不良信息的接触情况，发现有 35.23% 的未成年人在数字化阅读过程中"有意或者无意接触和浏览过不良信息"，这对于处在身心发展关键时期的未成年人，可谓影响巨大，值得重视，仅有 37.56% 的受调查者没有接触到不良信息，还有 27.2% 的未成年人未注意到此类信息。

第三节 未成年人数字化阅读的基本认知

在心理学上，认知是指人认识外界事物的过程。作为一种新型的阅读方式，用户对数字化阅读的认知影响到对数字化阅读的接纳及采用，影响到数字化阅读的效果。一个成熟的数字化阅读者，必须对这一新型阅读方式具有充分的、理性的认知。本研究重点调查未成年人对数字化阅读的特点、动机、效果和预期四个层面的认知情况。

一 对数字化阅读特点的认知

不管是主动还是被动进行数字化阅读，理性的用户需要充分认识到这一新型阅读方式的优缺点。从调查结果来看，未成年人基本上能够理性认识数字化阅读的相关特点。

1. 丰富、便捷、快速、廉价是数字化阅读的四大优势

调查显示了未成年人对纸质阅读和数字化阅读的理性判断。对比数字化阅读，大部分学生认识到了纸质阅读的主要优点是"保护眼睛"（65.22%）、"方便做笔记"（58.93%）、"随时翻阅"（57.95%）、"有收藏价值"（52%）等，其他优点还包括"适合阅读习惯"（30.29%）、"更容易集中精神"（29.23%）等，如表 2—12 所示。

表 2—12　　　　你认为纸质阅读有哪些优点？

选　项	人数	比例（%）
保护眼睛	8634	65.22
方便做笔记	7801	58.93
随时翻阅	7671	57.95

续表

选项	人数	比例（%）
有收藏价值	7079	53.47
更适合多数人的读书习惯	4010	30.29
更容易集中精神，印象深刻	3870	29.23
其他	207	1.57
本题有效填写人次	13237	

而数字化阅读的四大优势分别是：携带方便（67%）、内容丰富（60.77%）、更新及时（55.82%）、省时省钱（51.68%），其他优势还包括界面漂亮（36.95%）、互动性强（34.75%）、形式丰富（33.59%）等，如表2—13所示。

表2—13　　　　　你认为数字化阅读有哪些优点？

选项	人数	比例（%）
界面漂亮生动	4891	36.95
阅读携带方便	8870	67.00
阅读中可以与同伴交流、交互性强	4600	34.75
省时省钱，价格便宜	6842	51.68
内容非常丰富	8045	60.77
方便快捷，及时更新	7390	55.82
形式多而且有趣，带来全方位的视听享受	4446	33.59
其他	347	2.63
本题有效填写人次	13237	

2. 广告、辐射、混杂、沉溺是数字化阅读的四大劣势

而对于数字化阅读的不足，未成年人对此也有充分的认识，当然，这些数据除了自己的主观感受外，也似乎与媒体宣传和专家观点有关。数据表明，最主要的缺点在于四个方面："广告太多、商业化倾向"（54.86%）、"有辐射、伤害眼睛"（53.51%）、"信息资源良莠不齐"（49.51%）、"多媒体吸引带来的难以自控"（48.07%）；另外，"依赖阅读环境的限制"（38.28%）、"内容权威性不够"（27.66%）、"不便于学

习记录"（26.13%）、"没有传统纸质阅读体验"（28.65%）、"阅读方式不习惯"（13.67%）、"价格太高"（14.14%）等也是数字化阅读的不足之处，如表2—14所示。

比较未成年人对于数字化阅读优缺点的认知，发现一个很有意思的现象，那就是：同一个特征可能同时被视为缺点和优点，如数字化阅读的内容丰富却带来了信息杂乱的不足，廉价的优点却带来了广告商业化倾向这一缺点，等等。还有一些特点由于不同载体的阅读功能不一样，也有不同的认知，比如对于借助专门的阅读软件来进行数字化阅读的用户，笔记功能显然是非常实用的，但对于许多借助浏览网页等非结构化阅读软件进行阅读的用户，笔记功能可能无法实现。出乎意料的是，"界面生动漂亮"（36.95%）在学生看来并不是最显著的优点，还有34.75%的学生注意到了数字化阅读的另一个重要的特点：交互性。

表2—14　　　　你认为数字化阅读有哪些缺点？

选项	人数	比例（%）
内容资源信息太多太杂，作品参差不齐，很多存在色情、暴力等	6554	49.51
太容易吸引人，很多青少年沉浸其中，难以自拔	6363	48.07
内容比较肤浅，内容权威性不够，不适合精读	3662	27.66
广告太多，内容存在市场商业目的，主要吸引关注，获得点击率	7262	54.86
数字化阅读对身体伤害很大，有辐射、伤害眼睛，容易视觉疲劳	7083	53.51
不便于记录、学习和收藏	3459	26.13
没有古香古色的触摸感觉	3793	28.65
价格太高	1872	14.14
不习惯这种数字化阅读方式	1809	13.67
对设备有要求，学校禁止使用网络或者手机，不能进行数字化阅读	5067	38.28
其他	377	2.86
本题有效填写人次	13237	

3. 减少广告、笔记功能、内容检索、阅读指导是数字化阅读的四大需求

在理性接受数字化阅读的优缺点以及正负面影响后，学生仍对这一新型阅读方式寄予期待。如表2—15所示，60.99%的学生希望数字化阅读过程中能够减少广告,同时"提供准确有效的查找指南"(54.74%)和"提供笔记功能"(56.3%),目前大部分的电子阅读器都增加了"批注"功能。此外,有41.92%的学生表示希望数字化阅读能够得到学校家长的认可并提供阅读指导,另有28.76%的未成年人希望能够评价阅读内容,实现社交化阅读。在主观题中,有相当一部分学生希望提高电子阅读出版物的技术水平,以减少对视力的影响,同时希望内容更丰富集中、资源更规范等。

表2—15　　　　　对数字化阅读,你希望有哪些功能?

选　　项	人数	比例(%)
提供笔记本功能,记录阅读到的重要信息	7453	56.30
能够评价阅读内容	3807	28.76
提供更便捷、准确的查找指南	7246	54.74
减少广告	8074	60.99
数字阅读能够得到老师家长的认可,并得到指导	5549	41.92
其他	284	2.15
本题有效填写人次	13237	

二　对数字化阅读动机的认知

动机,在心理学上一般被认为涉及行为的发端、方向、强度和持续性。不同的动机影响未成年人数字化阅读的功效。从调查结果来看,未成年人进行数字化阅读的动机分布较广,而影响未成年人采纳数字化阅读的因素主要为外部因素。

1. 信息获取方式的时代变迁是未成年人数字化阅读的主要动因

作为一种利弊共存的新型阅读方式,哪些因素让未成年人选择或者阻碍数字化阅读呢?在积极因素方面,53.14%的受调查者认为是数字时代新媒介的普及带来的生活学习方式的变化,交互功能丰富、体验感强大的个人数字媒介的普及,助推了数字化阅读这一新型阅读方式;39.38%的未成年人认为"收费很少,甚至不收费",33.75%的受调查者认为"网络上很多东西弥补了经典阅读中的不足,具有全新的体验和刺激",其他促进因素还包括"阅读中的人物、情节更符合我们的口味"(33.53%)、

"简单易读、快餐化"（30.27%）等也促进了数字化阅读形式的选择和接受；34.60%的学生是"受周围人的推荐影响"而进行数字化阅读。结果如表2—16所示。

表2—16　　　　　促使你进行数字化阅读主要是因为什么？

选项	人数	比例（%）
信息获取便利，信息数字时代的变化和影响	7035	53.14
收费很少，甚至不收费	5213	39.38
同伴、同学的推荐和影响	4581	34.60
网络上很多东西弥补了经典中的不足，带来新的体验、刺激	4468	33.75
数字化阅读中的人物、情节更符合自己的口味	4439	33.53
方便进行信息检索	4213	31.83
许多网络阅读简单易读，适合快餐时代	4007	30.27
阅读过程中可以与同伴共享、聊天	3466	26.18
方便复制和分享	3462	26.15
音画俱全、生动刺激	2776	20.97
其他	246	1.86
本题有效填写人次	13238	

2. 时间分配与设备环境是未成年人数字化阅读的主要障碍

在消极动机因素方面，如表2—17所示，"学习任务重"（71.83%）、"学校不让带手机"（52.66%）成为阻碍数字化阅读的两个重要因素，这也符合目前我国学校教育制度和学习安排，主观上没有时间、客观上没有设备确实影响了学生的数字化阅读机会，另有部分学生主观上排斥数字化阅读，认为自己"不喜欢数字化阅读"（15.80%）、"对数字化阅读的内容不感兴趣"（10.74%）等，虽然比例较少，但还需深入了解是什么原因导致这部分学生对数字化阅读有如此极端的态度，作为全民阅读的重要形式，学校也需要对这一新型数字化阅读方式进行积极引导和合理安排。

表2—17　　　　阻碍你进行数字化阅读主要是因为什么?

选项	人数	比例（%）
学习任务太重,没时间	9509	71.83
学校不让带手机,不让上网,无法数字化阅读	6971	52.66
不喜欢数字化阅读	2091	15.80
对数字化阅读的内容不感兴趣	1422	10.74
其他	686	5.19
本题有效填写人次	13237	

三　对数字化阅读效果的认知

数字化阅读的效果常常受到质疑[①]，因此往往引来数字化阅读与纸质阅读孰优孰劣的争论，甚至上升到"深阅读"与"浅阅读"之争。姑且暂时先不从理论上去争议两种阅读方式，可以先从用户的主观体验来分析。研究中从未成年人主观视角对数字化阅读效果进行了分析。

1. 纸质阅读仍被未成年人视为有效的阅读方式

实际上，数字化阅读的迅猛发展并没有影响学生的理性判断。调查显示，对于正处学习发展阶段的学习者来说，纸质阅读仍是最可靠、最值得信任的阅读方式。在题为"对于知识学习而言，对比数字化阅读和纸质阅读，你觉得哪种更有效？"中，高达57.98%的未成年人认为纸质阅读最有效，而不同数字化阅读方式的有效性分别是：手机阅读（19.08%）、电脑网络阅读（10.52%），其他如平板等手持终端阅读（12.43%）。这表明，对于学术性阅读，纸质阅读仍会是未成年人主要的阅读方式，而数字化阅读的空间仍在于休闲娱乐、新闻资讯等方面，因此，有关数字化阅读与纸质阅读的争议其实也可以换个视角来看待——两者互为补充和优化。

2. "浅阅读"并非数字化阅读的"专利"

数字化阅读备受争议的原因之一在于"浅阅读"，一般认为，相对于"深阅读"，浅阅读就是跳跃式的、没有深度思考的阅读，往往一目十行、浮光掠影、不求甚解，只为获得短暂的视觉快感和心理的愉悦。研究中也

[①] 梁涛:《青少年网络阅读的负效应及对策》,《中国青年研究》2007年第6期。

从未成年人视角对数字化阅读内容的印象如何进行了分析，结果发现，数字化阅读过程中对自己阅读过的内容有印象的占93.22%，其中印象深刻者占36.72%，而印象较差者占5.1%，基本没有印象者占1.68%，可以看出，这组数据虽然不能系统论证数字化阅读并非浅阅读，但至少可以说明，作为一种新型阅读方式，"浅阅读"并非数字化阅读的必然结果。

3. 视力影响和广告干扰是困扰数字化阅读效果的两大因素

在影响未成年人数字化阅读的诸多因素中，调查显示，视力影响和广告干扰是最主要的两大因素，分别占到了71.41%和61.64%，这两大因素在前述也作为数字化阅读的劣势进行了分析，数据基本一致。其他困扰数字化阅读效果的因素还包括：难以找到想要的信息（19.43%）、不便于记录信息（24.22%）等。这些因素应该通过技术层面、阅读服务层面加以解决，否则直接影响到数字化阅读的采纳与推广。

4. 数字化阅读对现有阅读生态形成了一定的冲击

数字化阅读不应该简单定位为一种新的阅读样式，而应该视为一种数字化生活方式，一种基于新媒介的数字化生存状态。这种状态对于未成年人来说是一种全新的体验，对个体的影响也是多维度、全方位的。调查中显示，数字化阅读给未成年人带来的变化显著，包括正反两个方面，从积极方面来看，最大的变化在于阅读形式多样化，促使未成年人更加喜欢阅读（43.11%），还有加快阅读速度（42.25%）；而消极方面，最大的变化在于视力下降（46.53%），这还是与当前数字化阅读的技术发展与普及有关。其他影响包括对纸质阅读的冲击，比如减少了纸质阅读时间（34.98%）、减少了纸质图书的购买（20.86%）、影响学习（19.66%）、阅读效果下降（10.11%），如表2—18所示。

表2—18　　　　数字化阅读给你带来了哪些变化？

选项	人数	比例（%）
使视力下降	6160	46.53
阅读形式多样，更喜欢阅读	5707	43.11
加快阅读速度	5593	42.25
减少纸质阅读时间	4631	34.98

续表

选　项	人数	比例（%）
不再或者减少购买纸质图书	2761	20.86
影响学习	2603	19.66
降低阅读效果	1339	10.11
其他	314	2.38
本题有效填写人次	13237	

5. 数字化阅读的双刃剑效应初步显现

调查中发现，数字化阅读的双刃剑效应初步显现，积极的方面表现在："充实了日常生活，扩大了知识面和信息量"（64.55%）、"增加了知识学习的内容和载体，使得学习更加高效"（44.67%）、"数字化阅读方式互动性强，提高了阅读的兴趣和效果"（39.98%）。消极方面表现在："数字化阅读的方式不利于身心健康，影响了视力和体力"（34.62%）、"数字化阅读的内容纷繁复杂，使人容易沉迷"（24.69%）、"挤占了正常的学习和纸质阅读时间，影响了学习"（21.97%）；对于未成年人而言，数字化阅读的积极效应和消极效应如此显著，也预示着正确引导未成年人的数字化阅读是一项复杂而系统的工作。统计数据如表2—19所示。

表2—19　　数字化阅读对你的学习和生活有哪些影响？

选　项	人数	比例（%）
充实了日常生活，扩大了知识面和信息量	8545	64.55
增加了知识学习的内容和载体，使得学习更加高效	5914	44.67
数字化阅读方式互动性强，提高了阅读的兴趣和效果	5293	39.98
数字化阅读的方式不利于身心健康，影响了视力和体力	4535	34.26
数字化阅读的内容纷繁复杂，使人容易沉迷	3269	24.69
挤占了正常的学习和纸质阅读时间，影响了学习	2908	21.97
其他	323	2.45
本题有效填写人次	13237	

四 对数字化阅读预期的认知

对数字化阅读预期的认知可以反映出未成年人对未来阅读生态的判断。研究中从个体主观视角，对未成年人数字化阅读未来预期发展进行了分析。

1. 对未来数字化阅读的发展持乐观态度

关于对数字化阅读未来发展是否会取代传统纸质阅读的看法，多数受调查者（58.9%）持肯定态度，理由在于数字化阅读的"环保"（32.51%）、"方便"（13.03%）、"顺应科技发展"（13.36%）等特点将会对传统阅读造成巨大的冲击；持否定态度占41.1%，理由在于"纸质阅读体验感"（24.82%）、"纸质阅读仍然是学习的主要方式"（16.28%），如表2—20所示，可以看出，数字化阅读与纸质阅读将共同构筑未成年人的阅读空间。

表2—20 你认为长期看数字化阅读会取代传统纸质阅读吗？

选 项	人数	比例（%）
是，环保是最重要的优点	4303	32.51
是，给人们阅读带来的方便无可取代	1725	13.03
是，高科技产品是跟上时尚潮流的一种方式	1768	13.36
否，纸质书能带给读者无法取代的阅读感受	3286	24.82
否，纸质阅读仍然是学习的主要方式	2155	16.28
本题有效填写人次	13237	

2. 未成年人主观上希望数字化阅读主流化

虽然这一代未成年人毫无疑问属于"数字原住民"，但其生活和学习的空间却是数字化与实体化相互混合的，传统阅读和学习方式仍将长期与数字化方式共存与融合，从主观上未成年人如何选择阅读方式？调查显示，高达69.63%的未成年人希望数字化阅读成为一种主流的阅读方式，数据差不多是持否定意见（30.37%）的两倍，数据的严重分野也预示着数字化阅读的未来走向——虽然不会立即替代纸质阅读，但取而代之成为主流阅读方式应该是大势所趋，当然，随着技术的发展以及阅读习惯的变化，未来数字化阅读的方式与模式还会发生巨变，或许简单以数字化或者纸质化来区分阅读的方式，本身就是一种"临时话语体系"。但无论如何，承载这些特质的新型阅读一定会成为未来的主流阅读方式，也一定是属于"数字原住民"的主流阅读方式。

第四节　未成年人数字化阅读的基本倾向

数字化阅读倾向主要针对未成年人在采纳数字化阅读过程中的使用场景、使用态度和消费偏向。这几个特性也能够进一步挖掘未成年人数字化阅读过程中的一些"行为密码"，深入解读未成年人数字化阅读现象。

一　数字化阅读的场景取向

不同于纸质阅读，数字化阅读对条件和环境具有一定的要求，从中可以看出影响未成年人数字化阅读的因素。调查中对未成年人数字化阅读的空间、时间和场景进行了分析。

1. 家庭是未成年人进行数字化阅读的主要空间

总体情况如图2—6所示，未成年人数字化阅读的场景主要分布在：在家用电脑阅读（68.33%）、在家用手机阅读（56.97%）、在家用平板电脑阅读（32.39%）、在机房进行电脑网络阅读（21.23%）、在宿舍用手机阅读（14.58%），还有少量学生在课堂上使用手机阅读（8.22%）以及在宿舍进行平板或者电脑阅读（8.20%）。可以看出，家庭仍是未成年人进行数字化阅读的主要空间。

2. 不同年龄段的未成年人在数字化阅读空间上并无显著差异

不同年龄段的数字化阅读场景如图2—7所示，小学生依次是以家庭电脑网络阅读（89%）、家庭手机阅读（30%）、家庭平板电脑阅读（25%）、机房电脑网络阅读（18%）为主；初中生依次是家庭电脑网络阅读（88%）、家庭平板电脑阅读（47%）、机房电脑网络阅读（35%）、家庭手机阅读（33%）为主；高中生依次是家庭电脑网络阅读（80%）、家庭手机阅读（58%）、机房电脑网络阅读（45%）、宿舍手机阅读（25%）为主。值得注意的是，低年龄阶段使用手机、平板等数字化设备进行阅读的比例较高，甚至有部分学生在课堂上使用手机进行数字化阅读，如控制不好，这将会对学生个体发展和学业成绩产生消极影响。

第二章 未成年人数字化阅读的特征与倾向

阅读方式	百分比
课堂上用手机阅读	8.22
在机房进行电脑网络阅读	21.23
在家用电脑阅读	68.33
在家用手机阅读	56.97
在家用平板电脑（电子书）阅读	32.39
在宿舍用手机阅读	14.58
在宿舍用电脑阅读	4.56
在宿舍用平板电脑阅读	3.64
其他	3.58

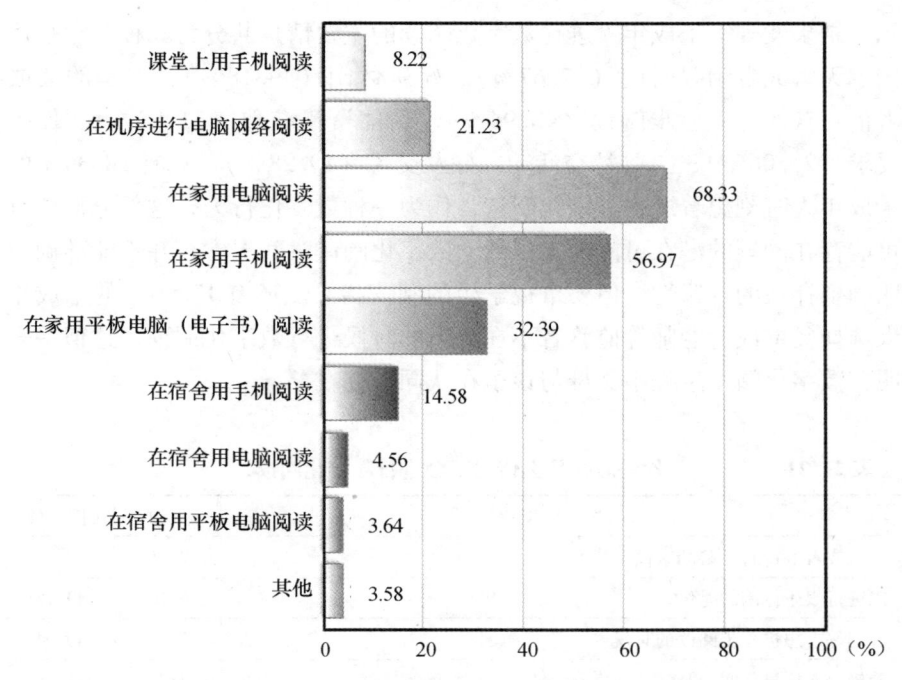

图 2—6　你主要在何时何地进行数字化阅读

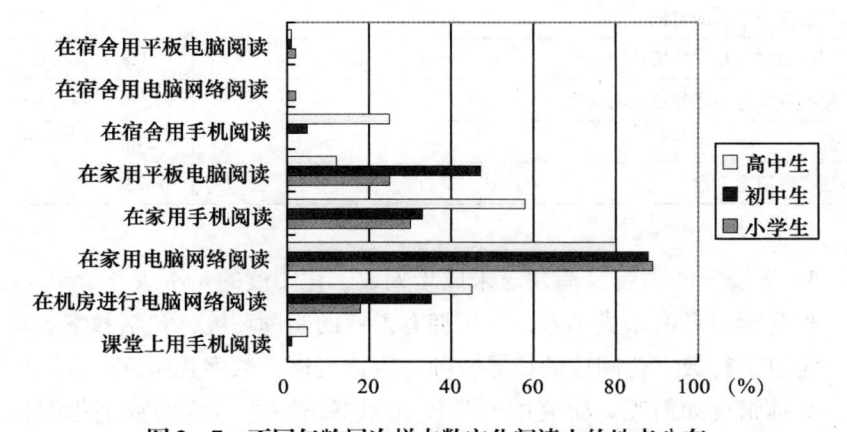

图 2—7　不同年龄层次样本数字化阅读上的地点分布

3. 休闲、资讯和社交是未成年人数字化阅读的三种主要情景

在拥有数字阅读空间和环境的前提下，未成年人何时会进行数字化阅读呢？这就涉及未成年人数字化阅读情景的问题。调查结果如表 2—21 所示,结果发现,未成年人进行数字化阅读的主要情景共分为三种:一是休闲:无聊或者闲置时间(57.67%)、娱乐休闲(49.18%);二是阅读或者信息获取:进一步阅读(40.94%)、新闻资讯获取(31.55%)、任务要求(21.06%);三是社交活动:好友交流(19.28%)。还有18.34%的未成年人时刻想着进行数字化阅读,作为一种数字化行为,这部分群体有可能存在网瘾的潜在可能性,虽然从数字化阅读时间上看,并不能准确说明网瘾存在的普遍性,但要重视学生的阅读指导。还有17.90%的未成年人选择父母或者老师等监管者不在身边的时候进行数字化阅读,这似乎表明,数字化阅读过程中父母与孩子在认同上存在差异。

表2—21　　　　你一般在什么情况下会进行数字化阅读?

选　项	人数	比例(%)
在家或者等待时无聊的时候	7635	57.67
想进行娱乐休闲的时候	6510	49.18
看到好书想进一步阅读的时候	5420	40.94
希望获取信息新闻的时候	4177	31.55
为了完成老师作业任务要求的时候	2788	21.06
和好朋友在一起的时候	2552	19.28
时刻都想进行数字化阅读	2428	18.34
老师或者父母不在身边的时候	2370	17.90
其他	246	1.87
本题有效填写人次	13237	

4. 学校(图书馆)尚缺乏未成年人数字化阅读的基本服务

作为学习者的未成年人,学校拥有天然的阅读环境,包括教室、图书馆,也有进行数字化阅读的指导教师,应该是进行数字化阅读最合适的环境。具体情况如何呢?研究中对学校(图书馆)所承载的数字化阅读服务进行了调查,发现结果并不尽如人意。仅有28.5%的受调查者认为图书馆有专门的数字化阅读空间,一半多(50.01%)的未成年人认为学校图书馆没有专门的数字化阅读空间;在阅读指导方面,也缺乏针对未成年人数字化阅读的系统指导,仅有20.94%的未成年人认为老师经常进行数字化阅读指导,33.5%的未成年人认为老师偶尔进行数字化阅读指导。

显然，对于数字化阅读这种融合数字行为的阅读方式，学校的服务与指导至关重要。事实上，在相关的调查中也发现，"非常希望"和"比较希望"学校、老师及图书馆开设数字化阅读方面的指导课的占81.46%，前者比例高达47.93%，仅有1.86%的未成年人不希望予以指导。这充分说明，在数字化阅读及其推广过程中，学校和老师的阅读引导非常重要而且紧迫。

二　数字化阅读的态度取向

在第二节、第三节的分析中，从不同角度分析了未成年人自身对数字化阅读的认知与态度，基本上对数字化阅读采取积极的、正向的态度，但未成年人本身是一个在父母、老师监管下的个体，环境对于未成年人进行数字化阅读的支持与否，直接影响到个体数字化阅读的开展。研究中分别对父母、教师对未成年人数字化阅读的态度进行了调查和对比，结果如表2—22所示。

表2—22　　　　父母与教师对未成年人数字化阅读的态度

选项	人数（父母）	比例（%，父母）	人数（教师）	比例（%，教师）
大力支持	3111	23.50	3371	25.47
极力反对	706	5.33	1460	11.03
随意	4604	34.78	4147	31.33
有时间限制	4366	32.98	3139	23.71
从不关心	450	3.40	1120	8.46
本题有效填写人次			13237	

从表中可以看出，相对于未成年人自身对数字化阅读的认同，监管者也持相对宽松的态度，无论父母还是教师，对孩子的数字化阅读没有严格管制的占多数，分别为34.78%和31.33%；而有限制性的时间管理方面，父母比教师显得更加严格，分别为32.98%和23.71%；大力支持孩子进行数字化阅读方面，父母和教师大致相同的比例，分别为23.5%和25.47%；而在极力反对方面，教师显然从学习和教学的要求出发，显得更加严厉，为11.03%，比父母的比例（5.33%）高出一倍多；而从不关心方面，显然教师显得更加宽松，有8.46%的教师对孩子的数字化阅读不甚关心，家长仅占3.4%，这也有可能是与数字化阅读发生的场景主要

在家庭环境有关系。更直观的图示可以参考图2—8。

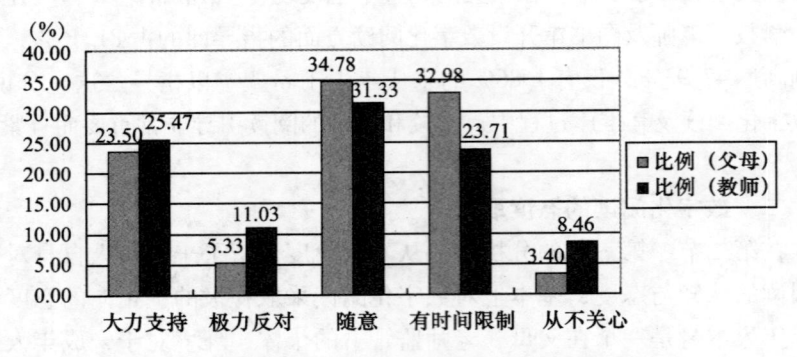

图2—8 父母与教师对未成年人数字化阅读的态度取向

三 数字化阅读的消费取向

数字化阅读对传统纸质阅读的冲击，不仅仅表现在时间上的挤压和内容上的替代，阅读消费上的选择也是一个表征。从阅读的购买与消费取向也可以看出未成年人数字化阅读的一些特征与倾向。第十二次全国国民阅读调查中显示，在接触过数字化阅读方式的国民中，有44.3%的受访者表示能够接受付费下载阅读，这一比例比上一年上升了5.6个百分点；能够接受一本电子书的平均价格为1.58元，价格接受程度比2013年的1.28元略有上升。① 这一事实说明，数字化阅读消费正成为一个重要的热点。本研究中调查了未成年人消费者购买纸质书与电子书的支出以及书籍购买取向，发现纸质书仍是消费者购买的主要类型。

调查中发现，相对于电子书购买，纸质书的购买力度还是相对较高。31.21%的受调查者在过去的半年里购买了11本以上的纸质书，14.01%的受调查者购买了7—10本纸质书，25.64%的受调查者购买了4—6本，购买1—3本的受调查者也占21.56%，仅有7.58%的受调查者未购买任何纸质书；相对于纸质书购买的支出，电子书的购买则显得非常少，甚至三成以上（33.13%）的受调查者过去半年里未购买过一本电子书，购买

---

① 中国新闻出版研究院：《第十二次全国国民阅读调查结果》，http://www.chuban.cc，2015年4月20日。

11本以上电子书的占13.21%，7—10本的占6.84%，4—6本的占15.83%，数据远落后于纸质书的购买，如表2—23所示。

表2—23　最近半年你或者你父母帮你购买过纸质书和电子书对比

选项	人数（纸质书）	比例（%，纸质书）	人数（电子书）	比例（%，电子书）
0	1003	7.58	4385	33.13
1—3本	2854	21.56	4103	31.00
4—6本	3394	25.64	2095	15.83
7—10本	1855	14.01	905	6.84
11本以上	4131	31.21	1749	13.21
本题有效填写人次	13237			

由图2—9进一步发现，未成年人在过去半年里的纸质书消费多于电子书，仅在购买1—3本这个区间达到31%，超过了纸质书。这说明三点，其一，纸质书仍是图书消费者的重要购买对象，尤其是对于处于学校学习阶段的未成年人，较多购买相对具有阅读体验感、学校学习内容相关性的纸质书；其二，由于电子书尚处于发展阶段，尤其是尚未解决电子书的版权之前，诸多学校使用的参考书、学习用书等无法购买到电子版；其三，目前绝大部分的电子书内容上偏重于轻阅读或者休闲阅读，以免费、广告宣传的形式进行推广，消费者主动购买的需求自然并不太高。

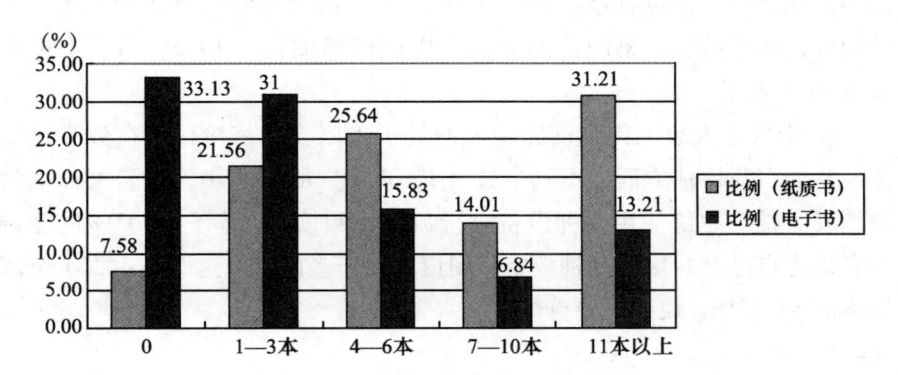

图2—9　最近半年你或者你父母帮你购买过纸质书和电子书对比

进一步的假设性问题也验证了上述观点,调查中提出了"若有一定的购书经费,你最想进行哪种购买方式?"的问题,高达 58.43% 的未成年人选择去书店购买纸质书,只有 17.93% 的受调查者会在平板电脑或者电子阅读器上直接购买电子书,12.26% 的受调查者会在手机上购买手机报,还有 9.86% 的会在互联网上购买网络书籍。

第五节　本章小结

作为数字原生代,未成年人是一个对数字化生存方式高度敏感和适应的群体,但也是一个心智与行为尚未成熟的群体,他们通过频繁接触数码产品和体验各种丰富的数字阅读环境获得认知与个体发展机会,从而塑造其行为与心理准则。[①] 因此,数字化阅读对于未成年人个体发展和社会适应具有更大的挑战性和不确定性。通过本次调查研究,得出如下结论:

(一) 基于数字化阅读主体的特征方面

1. 未成年人首次数字化阅读接触呈现低龄化趋势。小学阶段是未成年人首次接触数字化阅读的主要时期,48.41% 的受调查者在 8—12 岁第一次接触数字化阅读;27.79% 的受调查者在 4—7 岁便有了第一次数字化阅读的经历,甚至有 5.82% 的受调查者在 3 岁以下便开始了数字化阅读,这也反映出数字化阅读呈现低龄化的重要趋势。

2. 数字化阅读仍为纸本阅读的补充形式。研究中调查了最近半年未成年人最主要的两种课外阅读方式,77.36% 的未成年人的课外阅读方式仍为纸质阅读,但也有超过半数(51.37%)的课外阅读方式为手机等移动阅读,居于第三、第四位的分别是电脑网络阅读(40.95%)、平板阅读(30.3%)。

3. 未成年人数字化阅读经验方面处于入门与熟练阶段。在数字化阅读经验的自我评估方面,不到半数(42.38%)的未成年人对自己评估为熟练者(能够熟练使用各种设备进行数字化阅读),仍有 41.05% 的受调查者认为自己开始接触各种数字化阅读,属于入门者;这两类占据了全部样本的 83.43%,属于主要群体。

---

① 王佑镁:《国内外数字化阅读发展及阅读服务创新研究》,《中国信息界》2011 年第 12 期。

4. 未成年人数字化阅读行为方面比较积极正向。41.32%属于非常喜欢数字化阅读的爱读者，39.55%属于能够自由进行数字化阅读的易读者，此两类共占超过80%的比例，说明大部分未成年人在数字化阅读行为上具有明显的偏向，具有积极正向的感知。

（二）基于数字化阅读媒介的特征方面

1. 电脑和手机是未成年人进行数字化阅读的两种主要载体。70.89%的未成年人使用电脑作为数字化阅读工具，其次是手机，占64.61%。电脑对于未成年人而言，是不同场合都能够接触到的媒介，而手机具有显著的方便性和可移动性，也受到未成年人的喜爱。

2. 手机阅读和电脑阅读对于未成年人具有最佳阅读体验感。在多样化的数字化阅读工具中，未成年人都有不同的使用体验，从个体主观经验来看，数字化阅读的最佳载体为智能手机（35.25%），而个人电脑的比例也不相上下（33.53%）。

（三）基于数字化阅读方式的特征分析

1. 在阅读时长分布上，数字化阅读与传统阅读已经持平。未成年人在两种阅读方式的时间分布上比较理性和平衡。总体上看，数字化阅读在较长时长段上的样本分布与纸质阅读基本持平。

2. 随着年龄的增加，纸质阅读和数字化阅读的时长段分布呈反向趋势。随着年龄的增加，纸质阅读和数字化阅读的时长段分布呈反向趋势。82%的小学生、80%的初中生每天纸质阅读的时间为1.5小时以内，高中生这一比例降至51%；而每天纸质阅读1.5小时以上的，小学生占18%、初中生占20%、高中生占49%，也即每天长时段纸质阅读的样本比例逐步增加；在数字化阅读方面，90%的小学生、94%的初中生、85%的高中生每天数字化阅读的时间为1.5小时以内，且每个时长段数字化阅读的样本比例与年龄段基本上呈反向关系。

3. 在个人阅读时间感知上，数字化阅读并未影响纸质阅读。从绝对量上来看，未成年人每次在数字化阅读上持续的时间少于1小时，49.35%的被调查者每次数字化阅读持续时间为30—60分钟；34.63%的被调查者阅读持续时间为半小时以下，而长时间（1小时以上）持续阅读的被调查者占26.02%。这表明，作为一种碎片化阅读，从时间上并未对传统纸质阅读产生有影响的冲击。

4. 在阅读行为上，基于社交媒体的分享是数字化阅读的主要特征。

高达41.39%的未成年人在数字化阅读过程中"经常分享",42.44%的未成年人"方便的时候分享",还有6.42%的未成年人"想分享、但不知道怎么去分享",此三类占据九成以上的未成年人在数字化阅读过程中经常采取分享行为。

5. 在阅读资源的获取上,未成年人具备良好的信息素养。高达96.48%的未成年人"能够"在数字化阅读过程中快速而准确找到自己所需要的信息和资源,其中52.79%的未成年人属于"专家级"。

6. 在阅读习惯上,未成年人数字化阅读并非跳跃性阅读。数字化阅读包含各种不同的阅读方式和习惯。41.34%的未成年人认为在数字化阅读过程中"仔细读完全部内容",31.17%的未成年人在数字化阅读过程中"选择性地读",还有9.33%的未成年人有"边读边记录有用的信息"的良好数字化阅读习惯,仅有18.16%是属于"跳跃浏览"式阅读。

7. 在阅读方式的选择上,纸质阅读仍是未成年人的第一选择。57.17%的未成年人第一选择为纸质阅读,42.83%的未成年人选择数字化阅读。

(四)基于数字化阅读内容的特征方面

1. 从阅读目的上看,未成年人数字化阅读主要为休闲阅读。数字化阅读与传统阅读在目的上确有较大差异,且阅读目的呈分化趋势。高达60.92%的受调查者进行数字化阅读是以"娱乐放松"为目的。

2. 从阅读内容类型上看,未成年人数字化阅读主要偏重轻阅读。在未成年人数字化阅读内容的方面,学生数字化阅读的类型重点集中在小说类(59.99%)、科幻类(51.16%)、科普类(38.74%)、人文类(35.33%);而哲学类(25.65%)、新闻类(24.29%)也是未成年人的兴趣内容,其他还包括外语类(15.46%)、经济类(13.3%)等。可以看出,上述类型偏重于休闲娱乐类。

3. 从阅读内容的具体分布来看,未成年人数字化阅读主要偏重休闲娱乐。在未成年人数字化阅读内容的方面,学生数字化阅读的内容重点集中在休闲(58.36%)、科幻(50.66%)、科普(35.83%)、语言(34.45%)、影视(30.71%)等五种,而魔幻(29.42%)、时尚(27.56%)、新闻(26.9%)、推理(26.39%)、传记(20%)也是未成年人的兴趣内容,其他还包括职业(11.16%)等。

（五）对数字化阅读特点的认知方面

1. 丰富、便捷、快速、廉价是数字化阅读的四大优势。对比数字化阅读，大部分学生认识到了纸质阅读的主要优点是"保护眼睛"（65.22%）、"方便做笔记"（58.93%）、"随时翻阅"（57.95%）、"有收藏价值"（52%）等，其他优点还包括"适合阅读习惯"（30.29%）、"更容易集中精神"（29.23%）等。

2. 广告、辐射、混杂、沉溺是数字化阅读的四大劣势。最主要的缺点在于四个方面："广告太多、商业化倾向"（54.86%）、"有辐射、伤害眼睛"（53.51%）、"信息资源良莠不齐"（49.51%）、"多媒体吸引带来的难以自控"（48.07%）。

3. 减少广告、笔记功能、内容检索、阅读指导是数字化阅读的四大需求。60.99%的学生希望数字化阅读过程中能够减少广告，同时"提供准确有效的查找指南"（54.74%）和"提供笔记功能"（56.3%），有41.92%的学生表示希望数字化阅读能够得到学校家长的认可并提供阅读指导，另有28.76%的未成年人希望能够评价阅读内容，实现社交化阅读。

（六）对数字化阅读动机的认知方面

1. 信息获取方式的时代变迁是未成年人选择数字化阅读的主要动因。53.14%的受调查者认为是数字时代新媒介的普及带来的生活学习方式的变化，交互功能丰富、体验感强大的个人数字媒介的普及助推数字化阅读这一新型阅读方式。

2. 时间分配与设备环境是未成年人数字化阅读的主要障碍。"学习任务重"（71.83%）、"学校不让带手机"（52.66%）成为阻碍数字化阅读的两个重要因素。

（七）对数字化阅读效果的认知方面

1. 纸质阅读仍被未成年人视为有效的阅读方式。对于正处学习发展阶段的学习者来说，纸质阅读仍是最可靠、最值得信任的阅读方式。高达57.98%的未成年人认为纸质阅读最有效。

2. "浅阅读"并非数字化阅读的"专利"。数字化阅读过程中对自己阅读过的内容有印象的占93.22%，其中印象深刻者占36.72%，而印象较差者占5.1%，基本没有印象者占1.68%。

3. 视力影响和广告干扰是困扰数字化阅读效果的两大因素。在影响未成年人数字化阅读的诸多因素中，视力影响和广告干扰是最主要的两大因素，分别占到了 71.41% 和 61.64%。

4. 数字化阅读对现有阅读生态形成了一定的冲击。数字化阅读给未成年人带来的变化显著，包括正反两个方面，从积极方面来看，最大的变化在于阅读形式多样化，促使未成年人更加喜欢阅读（43.11%），还有加快阅读效率（42.25%）；而消极方面，最大的变化在于视力下降（46.53%），这还是与当前数字化阅读的技术发展与普及有关。其他影响包括对纸质阅读的冲击，比如减少了纸质阅读时间（34.98%）、减少了纸质图书的购买（20.86%）、影响学习（19.66%）、阅读效果下降（10.11%）。

5. 数字化阅读的"双刃剑"效应初步显现。积极方面表现在："充实了日常生活，扩大了知识面和信息量"（64.55%）、"增加了知识学习的内容和载体，使得学习更加高效"（44.67%）、"数字化阅读方式互动性强，提高了阅读的兴趣和效果"（39.98%）。消极方面表现在："数字化阅读的方式不利于身心健康，影响了视力和体力"（34.62%）、"数字化阅读的内容纷繁复杂，使人容易沉迷"（24.69%）、"挤占了正常的学习和纸质阅读时间，影响了学习"（21.97%）。

（八）对数字化阅读预期的认知方面

1. 对未来数字化阅读的发展持乐观态度。关于对数字化阅读未来发展是否会取代传统纸质阅读的看法，多数受调查者（58.9%）持肯定态度，理由在于数字化阅读的"环保"（32.51%）、"方便"（13.03%）、"顺应科技发展"（13.36%）等特点将会对传统阅读造成巨大的冲击。

2. 未成年人主观上希望数字化阅读主流化。高达 69.63% 的未成年人希望数字化阅读成为一种主流的阅读方式。

（九）数字化阅读的场景取向方面

1. 家庭是未成年人进行数字化阅读的主要空间。未成年人数字化阅读的场景主要分布在：在家用电脑阅读（68.33%）、在家用手机阅读（56.97%）、在家用平板电脑阅读（32.39%）。

2. 不同年龄段的未成年人在数字化阅读空间上并无显著差异。小学生依次是以家庭电脑网络阅读（89%）、家庭手机阅读（30%）、家庭平板电脑阅读（25%）、机房电脑网络阅读（18%）为主；初中生依次是家庭电脑网络阅读（88%）、家庭平板电脑阅读（47%）、机房电脑网络阅读（35%）、家庭手机阅读（33%）为主；高中生依次是家庭电脑网络阅读（80%）、家庭手机阅读（58%）、机房电脑网络阅读（45%）、宿舍手机阅读（25%）为主。值得注意的是，低年龄阶段使用手机、平板等数字化设备进行阅读的比例较高。

3. 休闲、资讯和社交是未成年人数字化阅读的三种主要情景。一是休闲：无聊或者闲置时间（57.67%）、娱乐休闲（49.18%）；二是阅读或者信息获取：进一步阅读（40.94%）、新闻资讯获取（31.55%）、任务要求（21.06%）；三是社交活动：好友交流（19.28%）。

4. 学校（图书馆）尚缺乏未成年人数字化阅读的基本服务。仅有28.5%的受调查者认为图书馆有专门的数字化阅读空间，一半多（50.01%）的未成年人认为学校图书馆没有专门的数字化阅读空间；在阅读指导方面，也缺乏针对未成年人数字化阅读的系统指导，仅有20.94%的未成年人认为老师经常进行数字化阅读指导，33.5%的未成年人认为老师偶尔进行数字化阅读指导。

（十）数字化阅读的态度取向方面

相对于未成年人自身对数字化阅读的认同，监管者也持相对宽松的态度，无论父母还是教师，对孩子的数字化阅读没有严格管制的占多数，分别为34.78%和31.33%。

（十一）数字化阅读的消费取向方面

纸质书仍是消费者购买的主要类型。31.21%的受调查者在过去的半年里购买了11本以上的纸质书，14.01%的受调查者购买了7—10本纸质书，25.64%的受调查者购买了4—6本，购买1—3本的受调查者也占21.56%，仅有7.58%的受调查者未购买任何纸质书；相对于纸质书购买的支出，电子书的购买则显得非常少，甚至三成以上（33.13%）的受调查者过去半年里未购买过一本电子书，购买11本以上电子书的占13.21%，7—10本的占6.84%，4—6本的占15.83%，数据远落后于纸质书的购买。

第 三 章
未成年人数字化阅读的眼动分析

从未成年人数字化阅读的大规模调查可以看出，数字化阅读已经逐渐成为未成年人阅读的主要途径和方式，接触数字化阅读越来越呈低龄化，数字化阅读时间和情境呈现碎片化和多样化，数字化阅读偏重于娱乐化，但未成年人对于数字化阅读，从动机到认知都呈现正向积极的偏向，而且随着电子书籍、电子课本等数字化资源的进一步普及和推广，数字化阅读势必以加速的态势进入未成年人的视野。对于一个心智尚待成熟的群体，数字化阅读层次与水平直接影响到未成年人个体发展。学界普遍认同数字化阅读是把"双刃剑"：对青少年的积极影响在于能够真正实现多媒体阅读和个性化阅读，但同时存在稳定性较差、权威性不够、浅层化、网络迷航的特点。综合文献显示，数字化阅读对未成年人影响的研究多囿于经验描述，本章将采用认知心理学中的眼动追踪技术，从认知行为层次来分析未成年人数字化阅读的眼动行为。

第一节　眼动研究设计

一　眼动分析概述

眼动仪作为一种认知分析技术，很早就被心理学家使用，主要用来观察眼球运动从而直接对心理过程进行研究，眼动参数逐渐被用来作为反映认知加工过程的重要指标。最近20年，眼动分析技术本身得到快速发展和普及，进一步被拓展为认知科学、学习科学研究的重要分析技术，用于分析学习与阅读过程中眼动与知觉及其认知之间的关系。

随着生物科学、认知科学的飞速发展以及各种研究技术与方法的不断完善，尤其是诸如眼动仪（EM）、功能磁共振（fMRI）、脑磁图

(MEG)等各种神经影像技术的发展,神经科学研究取得了丰硕的成果,对人类大脑的运行规律与学生学习机制的研究有了突飞猛进的发展。许多研究者对学习与记忆的神经机制以及个体发展过程中大脑的发育和变化进行了大量的研究,脑与认知科学的研究已经成为学习研究的核心,[1] 同时也产生了一个新学科——学习科学或称教育神经学,[2] 该学科主要把学习和教育过程看作是发生在脑中获取和感知信息、存储、重新提取信息、然后影响行为的过程,以此揭示学习发生过程的机制。[3] 学习科学或者教育神经学领域希望通过自然的、现场的方法,在有关不同情境中的学习的基础性方面有所发现——具体包括学习的广泛情境,从细胞水平上的学习过程,到脑功能区层次的复杂过程,到个人层次的学习行为、课堂互动、非正式场景中的学习、以及技术层面的由计算机算法所执行的学习等,从而为改善人类学习绩效提出具体的支持性方案。[4]

二 眼动研究方案

着眼于探究未成年人数字化阅读的心理与认知行为分析,本研究从对比数字化阅读与纸质阅读的视角,采用眼动分析技术,[5] 研究未成年人数字化阅读中的眼动行为,挖掘这种新型阅读方式对未成年人的深层次影响。研究中沿着不同阅读方式对比→不同数字化阅读区块对比→不同图式对比的渐进方式进行实验设计,具体实验方案如表3—1 所示。

---

[1] 周加仙:《教育神经科学的领域建构》,《华东师范大学学报》(教育科学版)2009 年第9 期。

[2] 关于这个学科名称,国际国内还没有统一。国内主要有两种表述:教育神经学(神经教育学)和学习科学,尽管二者有所偏向,但绝大部分文献均视为同义。中国工程院院士、东南大学韦钰教授第一次在国内用神经教育学这个名称;目前北京师范大学、华东师范大学心理与认知科学学院、中央教科所均成立了相关的教育神经科学研究机构,东南大学、华东师范大学课程所等则成立了学习科学研究机构。

[3] 韦钰:《从神经教育学的兴起看学科会聚的新趋势》,浙江大学学术报告,2005 年11 月。

[4] 高文:《学习科学关键词》,华东师范大学出版社2009 年版,第41—43 页。

[5] 本研究使用眼动仪器为瑞典 Tobii1750 眼动仪。

表 3—1　　　　未成年人数字化阅读眼动实验设计

实验序号	研究内容与目的	研究材料	实验设计	实验对象
研究一：数字化阅读与纸质阅读的眼动行为比较	基于梅耶的多媒体学习的认知理论，以未成年人不同阅读介质接触为例，通过实验来探索传统课本与电子课本阅读过程中的眼动行为，定量描述两种课本的学习过程和效果的差异	电子课本 纸质课本	被试内设计，所有被试都要完成进行一组传统课本和电子课本的阅读，以及一份测验题和一份问卷调查	随机挑选 45 名小学四、五年级学生，均属未成年人，其中男生 28 名，女生 17 名
实验二：数字化阅读中不同版面要素的眼动研究	依据用户阅读电子课本的注视点、注视时长、注视点个数等生理反应数据，分析电子课本中的文字、解释、图像、链接及按钮等版面要素等因素对用户的影响	电子课本	实验采用被试内设计，各选择一组 10 个页面的电子课本，分析被试阅读电子课本文字、解释、图像、链接和按钮等的眼动行为	被试为按照学业表现均匀抽取 20 名在校初中学生，十男十女，年龄在 14 岁左右
实验三：不同图式对数字化阅读影响的眼动研究	探讨语言图式与内容图式对未成年人数字化阅读过程中眼动行为和阅读成绩的影响	电子课本	准实验研究，按照图式分组。自变量为图式水平，因变量主要为眼动指标和测试成绩	小学的 45 名学生，其中四年级学生 22 名，五年级学生 23 名

第二节　数字化阅读与纸质阅读的眼动行为比较

一　实验背景

随着手机移动阅读、网络阅读以及电子阅读的迅猛增长，数字化阅读已经成为未成年人的社会发展与认知发展的一种重要途径,传统的纸质媒体与数字化媒体已经成为学习者获取学习资源的两种重要载体。相对于传统阅读,数字化阅读不仅仅是阅读载体的变化,更重要的是阅读文本、阅读模式、认识方式以及阅读空间的变革,是数字文化语境下从符号中获得意义的一种社会实践活动和心理过程。① 数字化阅读给人们的信息结构、阅读习惯所带来的变化,不可避免地渗透到教育领域。

电子课本是数字化阅读与学习范式变革在教育领域中应用的产物。早在 2010 年,全球知名研究机构新媒体联盟就指出,电子书技术将在 2012 年左右发展成熟,电子课本作为一种特殊的教育专用电子书将逐渐进入出版行业和教育领域。② 目前,电子课本已经引起了各国政府的高度重视,成为国家层面推动教育信息化发展和数字媒体内容平台建设的重要内容之一。从传统课本到电子课本这一质的飞跃承载着人们对于技术增强学习、技术促进学习、技术赋能学习的殷切期望,③ 作为教育资源的新形态、新载体和新的学习环境,人们期望电子课本不仅为教学内容的呈现提供丰富的选择,同时也能为教学活动的支持和教育方式的变革提供丰富的支持,但电子课本却存在着"应用先行、研究滞后、标准缺失"的现状特点,④ 人们对电子课本的认识不统一,形式各异的电子课本不断出现在市场上或者学生手中,有些电子课本被业内批评为"书本翻版""教材搬家",仅仅能够最大限度发挥数字化阅读的媒体展示特性,而不足以体现数字化学习的优势。⑤

电子课本如何促进学习?这个问题涉及电子课本使用者(如未成年人)的学习习惯、电子课本的内容与媒介设计、教师对新技术赋能学习的能动性、特定的社会情境等各种因素。本研究试图从梅耶的多媒体学习理论的视角,采用认知心理学领域的眼动方法,以电子课本和传统课本两种不同阅读介质接触为例,对未成年人阅读过程中的眼动行为进行量化研究,明确未成年人数字化阅读的具体行为特征和倾向性,揭示电子课本对

---

① 王素芳:《网络阅读的发展现状和前景探析》,《图书与情报》2004 年第 3 期。
② 2010 Horizon Report [EB/OL]. http://wp.nmc.org/horizon2010/.
③ 傅伟:《电子课本模型构建与技术验证》,博士学位论文,华东师范大学,2013 年。
④ 顾小清、许哲:《电子课本何以支持教学方式变革》,《现代远距离教育》2013 年第 2 期。
⑤ 潘英伟:《电子课本解读》,《出版广角》2007 年第 8 期。

学习效果产生的影响，从而为电子课本的内容设计与媒体设计提供借鉴，为提高未成年人数字化阅读素养提供相应的参考策略。

二 相关研究回顾

理查德·梅耶的多媒体学习的认知理论为数字化阅读提供了坚实的理论基础，为数字化阅读过程中的各种学习行为、活动过程及内部心理机制提供了解释性框架。[1] 这个解释框架由三个假设构成，即：双重通道假设、容量有限假设、主动加工假设。[2] 此外，梅耶在多媒体学习的认知理论模型（Mayer, 2005）中提出感觉记忆、工作记忆和长时记忆三大记忆存储单元，也为电子课本阅读中信息的加工、存储和整合提供了理论支持。

著名心理语言学家 Goodman 曾对阅读过程有过最经典的描述："阅读是语言心理学的猜谜游戏。"可见，阅读不是一种机械被动地获取、诵读信息的活动，而是积极主动地认识、理解信息的活动。数字化阅读要求读者利用所掌握的阅读技能，领会作者通过图文声像表达的意图，使这些信息符号意义化，其效果和效率取决于学习者与多媒体表征方式的相互作用，[3] 其阅读过程和效果与传统阅读并不相同。研究表明，电子课本能够提高阅读障碍儿童的阅读流利性。[4] 在协作学习环境中，学生在电子课本阅读中所运用的认知和元认知策略要显著多于纸质课本环境，预览和进度监控等策略的使用更加频繁。[5] 数字化阅读中的标注系统通过自主调节机

---

[1] 王建中、曾娜、郑旭东：《理查德·梅耶多媒体学习的理论基础》，《现代远程教育研究》2013 年第 2 期。

[2] 三个假设的具体解释如下：一是双重通道假设，即对于视觉表征的材料和听觉表征的材料，人拥有两个独立的信息加工通道；二是容量有限假设，即在同一时间内每一个通道所能处理的信息容量是有限的；三是主动加工假设，即人能积极地参与认知加工过程，以自己的经验构建连贯的心理表征。

[3] 刘儒德、赵妍、柴松针、徐娟：《多媒体学习的影响因素》，《中国电化教育》2007 年第 10 期。

[4] Kelli J. Esteves, Elizabeth Whitten, *Assisted reading with digital audiobooks for students with reading disabilities*. Reading Horizons, 2011, 51 (1): 22–40.

[5] Dennis S. Davis, Carin Neitzel, *Collaborative sense-making in print and digital text environments*. Read Write, 2012, (25): 831–856.

制,显著提高非英语国家学生的英语阅读能力。[1] 相对于正规的学术内容,课外内容的数字化阅读材料的数量对阅读成绩更有帮助。[2] 尽管学者们对于电子课本的积极作用给予了肯定,但是也有研究表明电子课本的接受度并不乐观,[3] 与纸质课本相比,并没有引起持久的、显著的学生成绩的提升。[4]

目前,眼动技术被广泛地应用于多媒体学习和数字化阅读的研究中,使用眼动跟踪技术来记录视觉信息处理时的眼动轨迹特征,利用眼动参数来反映阅读行为和认知加工过程,解释双重或多重表征情境下的学习过程与结果,使得我们可以从心理和生理层面上来比较纸质课本与电子课本阅读过程的差异。王玉琴等人研究发现,两通道的媒体组合中学习者所承受的认知负荷较低,眼动模式更稳定;学习者通过延长注视持续时间,从而减少注视次数和眼跳来进行信息加工。[5] 郑俊等人通过眼动技术探讨了教师角色在多媒体视频学习中的作用,发现动态的教师形象区较易吸引学习者的注意力,教师形象的注视与学习效果之间呈正相关,并运用社会代理理论和多媒体学习理论中的双通道原则进行了解释。[6] 段朝辉等人运用眼动方法解释了多媒体学习中动画呈现速度对学习效果的影响,发现动画呈现速度影响学习的理解效果,但是独立于学习者的注意转换。[7] Hsueh-Hua Chuang 等人在研究中将多媒体形式呈现的多页学习材料与同样信息

---

[1] Chen C. -M, Wang J. -Y. & Chen Y. -C., *Facilitating english-language reading performance by a digital reading annotation system with self-Regulated learning mechanisms*. Educational Technology & Society,2014,17(1):102-114.

[2] Victoria C. Coyle, The predictive value of reading frequencies in digital and print formats and on eight grade english language arts outcomes. University at Albany/SUNY.

[3] Brunet D. P., Bates M. L., Gallo Ⅲ J. R. & Strother E. A., *Incoming dental students' expectations and acceptance of an electronic textbook program*. Journal of Dental Education,2011,75(5):646-652.

[4] Maynard S. & Cheyne E., *Can electronic textbooks help children to learn*. Electronic Library,2005,23(1):103-115.

[5] 王玉琴、王成伟:《媒体组合与学习步调对多媒体学习影响的眼动实验研究》,《电化教育研究》2007年第11期。

[6] 郑俊、陈欢欢、颜志强、王福兴、马征、张红萍:《多媒体视频学习中的教师角色》,《心理研究》2012年第5期。

[7] 段朝辉、颜志强、王福兴、周宗奎:《动画呈现速度对多媒体学习效果影响的眼动研究》,《心理发展与教育》2013年第1期。

量的单页学习材料对比,发现尽管多媒体材料有更高的认知负荷,但是学生在多媒体画面中的注视次数、观察时长和瞳孔直径都是显著高于后者,两份材料中的信息处理模式和策略不同。[1] Florian Schmidt-Weigand 等人以大学生为被试研究了多媒体学习中分裂视觉情景下的注意力分配情况,发现文本是视觉注意的主导因素,在听力材料中对图片关注会更多一些。[2] 上述研究所探讨的多媒体学习过程中的眼动行为,为本研究提供了参考和借鉴。

三 实验设计

1. 实验目的。本研究以目前未成年人学习过程中接触最多的两种教材——传统课本和电子课本为介质,通过眼动行为比较未成年人传统阅读和数字化阅读的眼动特征、阅读效果以及行为表现和倾向性,进而探讨不同形式的课本其阅读的信息加工、认知负荷和学习效果,为数字化阅读的引导和推广提供参考和借鉴。

2. 实验对象。本研究被试来自某市区的中心小学,随机挑选了 45 名四、五年级学生,均属未成年人,其中男生 28 名,女生 17 名。实验为被试内设计,所有被试都要完成进行一组传统课本和电子课本的阅读,以及一份测验题和一份问卷调查。

3. 实验材料。人民教育出版社电子课本和纸质课本的内容完全相同,其主要差异是两种课本中内容的呈现形式不同,电子课本通过鼠标点击超链接,具有课文同步伴读、情景动画以及操作演练等功能。

实验材料选自人教版英语教材五年级上册第一课(My New Teachers)和第三课(What's Your Favorite Food),从每课中分别截取一份纸质材料和一份数字化阅读材料,第一课和第三课交叉组合,形成两组实验材料。为了便于统计眼动数据,电子课本中以超链接和弹出式窗口形式播放的情景动画,单独放置在页面的右侧。为保证研究数据和结论的客观性、科学

---

[1] Hsueh-Hua Chuang, Han-Chin Liu, *Effects of different multimedia presentations on viewers' Information-processing activities measured by eye-tracking technology*. Journal of Science Education and Technology,2012,(4):276 – 286.

[2] Florian Schmidt-Weigand, Alfred Kohnert, Ulrich Glowalla, *A closer look at split visual attention in system-and self-paced instruction in multimedia learning*. Learning and Instruction,2010,(20):100 – 110.

性，实验在前测过程中，尽量排除了内容选择、排版布局、文字大小、认知难度等因素对阅读效果造成的影响。

传统课本（如图3—1）界面划分为三个兴趣区（Area of Interest），分别为正文、图片和题目兴趣区，以下简称为 AOI1、AOI2 和 AOI3；电子课本（如图 3—2）界面划分为了四个兴趣区，分别为正文、图片、题目和动画，以下简称为 AOI1、AOI2、AOI3 和 AOI4。

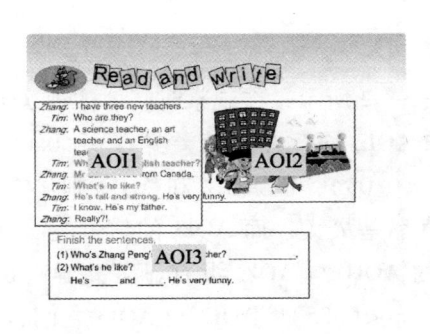

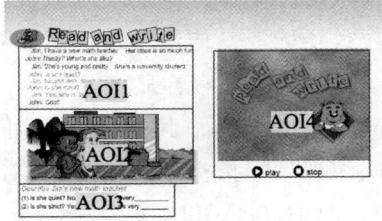

图 3—1　传统课本范例　　　　图 3—2　电子课本范例

4. 实验过程。在眼动仪上完成眼球定位以后，向每个被试随机呈现一组实验材料，包括一份传统课本和一份电子课本，为了降低顺序效应对阅读效果的影响，两份课本的呈现顺序也是随机的。每份材料的阅读时间为 2 分钟，共计 4 分钟。被试在阅读过程中的眼动行为由眼动仪记录和统计。

阅读完成后，每个被试要进行成绩测验并回答一份调查问卷。成绩测验为记忆保持测试，试题均为选择题，每篇课文均包括 8 个题目，题目为任课教师拟定，与课文内容紧密相关，以了解其阅读效果。调查问卷采用半结构型问卷，以了解被试的阅读行为以及对两种课本的态度。

5. 眼动指标。主要关注以下四个方面的眼动数据：观察时间（observation length），被试在某个兴趣区上观察的时间长度，当学习材料较难或非常吸引人的情况下，观察时间通常会较长；注视次数（fixation count），阅读或视觉搜索过程中两次眼跳之间的相对静止状态称为注视，注视点个数越多，则表明被试对材料关注程度越高或认知负荷越大；回视次数

(observation count)，回视是指被试的注视点返回到先前的兴趣区，对已经阅读过的内容再次进行加工的眼动情况，如果在阅读过程中需要对信息进行再次确认以促进整合加工，则回视次数会较多。首次注视时间（time to first fixation），兴趣区内第一个注视点的发生时间，数值越小，则注视的行为发生得越早，该指标体现了被试对内容的敏感性。

四 实验结果及分析

1. 传统课本阅读的眼动行为分析

通过配对样本 T 检验，结果如表 3—2 所示，在观察时间、注视次数、回视次数指标上，传统课本 AOI1 和 AOI2 均存在显著差异（$p<0.05$），AOI1 和 AOI3 同样存在显著差异（$p<0.05$），而 AOI2 和 AOI3 则没有显著差异（$p>0.05$），其中 AOI1 的值都是最大，而 AOI3 的值都是最小。在首次注视时间指标上，传统课本的 AOI1 与 AOI2 没有显著差异（$p>0.05$），AOI1 与 AOI2 存在显著差异（$p<0.05$），AOI2 与 AOI3 之间也存在显著差异（$p<0.05$），其中 AOI3 的值最大即首次注视时间最晚。

表3—2 传统课本的观察时间、注视次数、回视次数和首次注视时间的 T 检验

		观察时间		注视次数		回视次数		首次注视时间	
		均值（秒）	Sig.（双侧）	均值（个）	Sig.（双侧）	均值（个）	Sig.（双侧）	均值（秒）	Sig.（双侧）
组 1	传统·正文 AOI1	70.60	0.000	127.20	0.000	24.47	0.000	1.87	0.563
	传统·图片 AOI2	14.82		33.60		15.58		3.04	
组 2	传统·正文 AOI1	70.60	0.000	127.20	0.000	24.47	0.035	1.87	0.000
	传统·题目 AOI3	14.18		28.93		11.84		13.56	
组 3	传统·图片 AOI2	14.82	0.805	33.60	0.345	15.58	0.587	3.04	0.006
	传统·题目 AOI3	14.18		28.93		11.84		13.56	

以上分析说明，在阅读传统课本的过程中，无论在观察时间、注视次数，还是在回视次数上，被试对正文内容关注的都明显多于其他内容，出现这种情况可能有以下方面的原因：一是正文是认知信息的主要来源，被试会给予更多的注意力；二是正文内容较其他内容认知加工难度较大，被试需要给予更多的时间和精力。此外，相对于题目，被试较早的注意了正文和图片。这与 Björn 等人的研究结论类似，[①] 学习者在对多媒体学习过程中，对文字材料的加工时间明显多于图片材料，阅读过程中常用文字来定位，用图片来验证，用文字来建构意义，用图片来验证以及加强联结，以更好地进行图文整合，建构完整的心理模型。

2. 电子课本阅读的眼动行为分析

通过配对样本 T 检验，结果如表 3—3 所示。在观察时间上，电子课本的任何两个 AOI 之间都存在显著差异（$p<0.05$），其中 AOI2 的观察时间最少。在注视次数上，除了 AOI3 和 AOI4 没有显著差异（$p>0.05$）以外，而其他 AOI 之间存在显著差异（$p<0.05$），其中 AOI2 的注视次数最少。在回视次数上，任何两个 AOI 之间都没有显著差异（$p>0.05$）。在首次注视时间上，AOI1 和 AOI2 没有显著差异（$p>0.05$），AOI1 和 AOI4 没有显著差异（$p>0.05$），其他 AOI 之间都存在显著差异（$p<0.05$），其中 AOI3 的值最大即首次注视时间最晚。

表3—3 电子课本的观察时间、注视次数、回视次数和首次注视时间的 T 检验

		观察时间		注视次数		回视次数		首次注视时间	
		均值（秒）	Sig.（双侧）	均值（个）	Sig.（双侧）	均值（个）	Sig.（双侧）	均值（秒）	Sig.（双侧）
组1	电子·正文 AOI1	52.06	0.000	88.42	0.000	19.56	0.162	2.87	0.060
	电子·图片 AOI2	7.91		19.67		12.71		0.50	

[①] Björn B. de Koning, Huib K. Tabbers, Remy M. J. P. Rikers, Fred Paas, *Attention guidance in learning from a complex animation：Seeing is understanding？*. Learning and Instruction, 2010, 20(2)：111 - 122.

续表

		观察时间		注视次数		回视次数		首次注视时间	
		均值（秒）	Sig.（双侧）	均值（个）	Sig.（双侧）	均值（个）	Sig.（双侧）	均值（秒）	Sig.（双侧）
组2	电子·正文 AOI1	52.06	0.000	88.42	0.000	19.56	0.077	2.87	0.002
	电子·题目 AOI3	17.32		37.18		11.29		16.96	
组3	电子·正文 AOI1	52.06	0.000	88.42	0.001	19.56	0.873	2.87	0.203
	电子·动画 AOI4	26.90		52.29		14.53		5.31	
组4	电子·图片 AOI2	7.91	0.004	19.67	0.015	12.71	0.421	0.50	0.000
	电子·题目 AOI3	17.32		37.18		11.29		16.96	
组5	电子·图片 AOI2	7.91	0.000	19.67	0.000	12.71	0.121	0.50	0.001
	电子·动画 AOI4	26.90		52.29		14.53		5.31	
组6	电子·题目 AOI3	17.32	0.049	37.18	0.118	11.29	0.567	16.96	0.010
	电子·动画 AOI4	26.90		52.29		14.53		5.31	

通过上述分析我们发现，从观察时间和注视次数来看，在电子课本的阅读过程中占主导地位的内容是正文，其次是动画，图片则最少。产生这种情况可能有以下几种原因：文本语言形式的内容是阅读教学的本质诉求，根据主动加工理论的假设，学生对正文给予最多的关注是合乎情理的；情景动画取代了图片在阅读中的作用；以"智能教学代理"的身份，通过社会角色的模拟更加全面地再现了阅读内容的情境；正文、动画和题目均能进行互动操作，比静态的图片内容更加吸引学生的注意力。

从回视次数来看，电子课本中各区域之间均不显著，意味着被试没有对某个区域给予特别多的回视。产生这种情况可能有以下原因：

时间有限的情况下，被试没有充足的时间对每个区域的内容进行反复的深入加工或信息的组织整合，这也符合数字化阅读中"碎片化学习"的特征；另外一种原因可能是声音、文字、图片、动画等多种媒体的信息耦合，降低了被试在阅读过程中的内在认知负荷，使得学习内容相对较容易理解，不需要反复回视来整合内容之间的意义以建立更加全面的心理表征。

从首次注视时间来看，电子课本中最先引起读者注意的内容是图片，然后依次是正文、动画和题目。根据双重通道的假设，作为图像信息的图片是一种非线性的信息来源，进入感觉记忆的速度会明显快于以顺序形式呈现的问题、声音以及动画，所以被试倾向于在第一时间通过图片来感知信息内容。以时间序列线性呈现的动画，难以在第一时间带给用户非常全面的整体感知，在这一点上甚至还不如文字。

3. 传统课本与电子课本阅读的眼动行为比较

传统课本与电子课本的正文、图片和题目兴趣区的形式是相同的。通过配对样本 T 检验，结果如表3—4 所示。在观察时间指标上，两种课本的 AOI1、AOI2 之间存在显著差异（$p<0.05$），而 AOI3 之间差异不显著（$p>0.05$）；在回视次数指标上，两种课本的 AOI1、AOI2 之间存在显著差异（$p<0.05$），而 AOI3 之间差异不显著（$p>0.05$）；在回视次数指标上，两种课本的 AOI1 之间存在显著差异（$p<0.05$），而 AOI2、AOI3 之间差异不显著（$p>0.05$）；在首次注视时间指标上，两种课本的 AOI1、AOI2、AOI3 之间差异均不显著（$p>0.05$）。

表3—4　传统课本与电子课本的观察时间、注视次数、回视次数和首次注视时间的 T 检验

		观察时间		注视次数		回视次数		首次注视时间	
		均值（秒）	Sig.（双侧）	均值（个）	Sig.（双侧）	均值（个）	Sig.（双侧）	均值（秒）	Sig.（双侧）
组1	传统·正文 AOI1	70.59	0.000	127.20	0.000	24.47	0.006	1.87	0.510
	电子·正文 AOI1	52.06		88.42		19.56		2.88	

续表

		观察时间		注视次数		回视次数		首次注视时间	
		均值（秒）	Sig.（双侧）	均值（个）	Sig.（双侧）	均值（个）	Sig.（双侧）	均值（秒）	Sig.（双侧）
组2	传统·图片 AOI2	14.2	0.000	33.60	0.001	15.58	0.095	3.04	0.312
	电子·图片 AOI2	7.91		19.67		12.71		0.50	
组3	传统·题目 AOI3	14.18	0.332	28.93	0.209	11.84	0.700	13.56	0.516
	电子·题目 AOI3	17.32		37.18		11.29		16.96	

通过以上分析，电子课本在正文、图片上的观察时间和注视次数都少于传统课本，而题目上的观察时间和注视次数却多于传统课本；单位时间内，传统课本的注视次数为1.8个/秒，电子课本的注视次数为1.7个/秒。产生这种差异可能有以下几种原因：时间有限的情况下，电子课本中因为声音、动画等媒体的参与，阅读的信息量要大于传统课本，使得分配在正文、图片上的时间相对较少；电子课本相对较容易理解，通过多个通道来进行的学习存在"多快好省"的情况，所以无需对正文和图片给予更多的关注；从单位时间内注视次数来推断，电子课本的正文内在认知负荷相对较小，与正文阅读过程中伴有同步朗读有一定的关系；电子阅读中题目的观察时间和注视次数较多，与题目区域的互动操作有一定关系，操作行为意味着更加积极的主动加工。

电子课本正文的回视次数明显少于传统课本的，除了前面提到的时间分配的原因以外，最大的可能就是电子课本中正文内容的外在认知负荷较小，信息通过言语和图像两种方式进行获取和加工，学习效率更高，不需要过多的回视来建构连贯一致的心理表征。在首次注视时间指标上，传统课本和电子课本的正文、图片和题目没有显著差别，说明电子课本和传统课本的阅读过程是非常相似的，遵循从上向下、从主要信息向次要信息过渡的习惯。

4. 阅读传统课本与电子课本的测验成绩分析

根据配对样本T检验结果，如表3—5所示，被试在传统课本和电子课本的测验成绩存在显著差异（$p<0.05$），电子课本测验成绩高于传统

课本的测验成绩。从标准差来看，电子课本阅读成绩的离散程度比较大。

表 3—5　　　　　传统课本与电子课本的测验成绩 T 检验

	均值（分）	标准差	df	sig（双侧）
传统·成绩	21.9444	12.25775	44	0.029
电子·成绩	27.5000	16.12275		

根据梅耶的工作记忆模型推论其原因，以多通道形式传递的信息，如声音、图片、动画等，对学习者的多感官进行综合刺激，在情节缓冲器（Baddeley，2000）中进行暂时存储与整合，拓展了工作记忆的容量，有利于信息的记忆、保持和整合，更加容易与长时记忆中的图式进行同化或顺应。此外，情景动画中的社会线索利于学习者将人机交互理解为人与人之间的会话，增强了交互性体验，使得电子课本中的阅读更加积极，沉浸度更高，这种主动认知加工促进了有意义的学习结果的出现，改善了学习的质量。

测验成绩与眼动数据之间是否存在一定的相关性呢？Pearson 相关性分析结果如表 3—6 所示，被试阅读传统课本的测验成绩与各眼动指标之间相关性不显著（$p>0.05$），阅读电子课本的测验成绩与文本兴趣区的观察时间和注视次数存在显著相关（$p<0.05$）。

表 3—6　　　测验成绩与各兴趣区眼动数据的 Pearson 相关性分析

相关指标　　兴趣区	传统·文本	传统·图片	传统·题目	电子·文本	电子·图片	电子·题目	电子·动画
测验成绩—观察时间	0.100	-0.099	0.016	0.478**	-0.084	-0.282	-0.079
测验成绩—注视次数	0.247	0.009	0.016	0.455**	-0.254	-0.249	-0.073
测验成绩—回视次数	0.100	0.136	-0.066	0.143	-0.187	-0.218	0.060

** 在 0.01 水平上（双侧）显著相关。

通过以上分析，发现传统课本的阅读中测验成绩与眼动指标均不相关，即无论多看少看，成绩没有受到太大影响。结合调查问卷等分析，有些学生认为阅读传统课本的过程比较枯燥，互动性不强，这可能是导致测验成绩与观察时间等眼动行为不相关的部分原因，即便进行了阅读行为，但是态度不投入，理解不深入。

在电子课本中，测验成绩与正文的观察时间和注视次数显著相关，即在正文区域投入的时间和精力影响到了测验成绩。除了测验成绩与动画区域的回视次数呈现一定的正向相关性，测验成绩与图片、题目和动画中的大部分眼动指标均出现了负相关性。产生这种情况，有以下几种原因：在数字化阅读中，对于刚刚进入形式运算阶段的未成年人，文本语言形式的内容已经成为阅读的本质诉求；图片、声音、动画等多媒体信息对学习的促进作用不一定体现在测验成绩上，相对于文本形式的内容与外显记忆之间的关联，这些多媒体信息则与内隐记忆的关联性更大，其作用在于创设情境、激发学习兴趣、促进对文本内容的理解和吸收，使得学生在阅读文本过程更加投入，对知识进行了更好的整合与组织，巩固和完善了已建立的心理模型表征。在电子课本的阅读过程中，丰富的多媒体信息和互动操作也存在弊端，容易分散被试的注意力，还有可能会导致信息迷航、浅阅读等问题，所以测验成绩与图片、题目以及动画内容的关注程度相关性不显著，甚至出现负相关。

五 实验结论

电子课本是一种典型的数字化阅读介质。电子课本与传统课本的阅读过程中，眼动行为既有相同点也有不同点，无论哪种学习材料，学习者都在正文内容上给予了最多的注意力，只是电子课本的阅读中注意力会更加分散，对正文的关注度相对较少。电子课本中，情景动画仅次于正文，得到了较多的关注。相比文字单调的呈现方式，情景动画则承担了"教学代理"的角色，其内容中的社会线索激活了学习者的社会回应，激发了学习者的兴趣和动机，促使学习者进行主动的认知加工。

电子课本阅读过程中，"通道效应"促进了学习效果，虽然电子课本阅读中学习者对正文关注的时间较少，但是成绩却更高一些，说明课文的同步朗读以及情景动画起到了更加积极的作用，即通过语词通道和图像通道同时进行学习，促进了学习者对信息的选择、组织以及加工，学习结果能够更好地保持和迁移。

电子课本降低了学习者的内在认知负荷，却增加了外在认知负荷。丰富的多媒体信息更有利于学习者建构全面而连贯的心理表征，但是丰富的界面和复杂的交互，使得完成学习任务的认知资源也比较分散，某种程度上分散了学习者的注意力,甚至造成信息迷航,从而增加了外在认知负荷。问卷的调查结果中 49% 的学生表示不习惯使用电脑和电子课本来学习,80% 的学生认为看传统书籍学习注意力更加集中,这也很好地印证了数字化阅读过程中的外在认知负荷的干扰作用。

电子课本的阅读中主动加工的成分更多。问卷调查的结果显示,86% 的学生认为电子课本的优点之一是可以进行互动操作。根据电子课本阅读过程中的鼠标操作情况来看,在所有兴趣区中,具有交互功能的动画内容,其点击次数和人数都是最多的;即便是传统课本中关注度最低的题目区域,在电子课本中也得到了更多的关注和参与。鼠标行为不仅意味着信息的选择,更是通过"操作流"体现积极主动的认知加工。正如 Schnotz 所分析的那样,交互式图形有效地克服知觉和认知上的挑战,促进学习者产生积极的学习行为与建构性的学习过程。[①]

本研究使用眼动实验从"注意"层面解释了学习者的学习行为,并通过行为结果来推断"注意"和"记忆"之间的复杂认知关系。对电子课本设计人员而言,应该兼顾学习者的注意广度与注意深度,实现各种多媒体学习内容的优势互补,以促进学习内容的理解与吸收,促进学习者从外源性注意向内源性注意转变,便于在工作记忆中进行加工、整合,从而保持为长时记忆。此外,小学生在媒体丰富、交互层次较多的电子课本中,难以把握学习重点,容易出现信息迷航,家长和教师应该了解数字化阅读的特点,适当引导电子课本的使用,以提高小学生的数字化阅读素养,尤其是快速高效的获取信息、辨别信息、分析信息、利用信息以及整合信息的能力,养成良好的数字化阅读习惯,从而更有效的利用电子课本促进多媒体学习。

第三节 数字化阅读中不同版面要素的眼动研究

一 实验背景

智能终端在教育领域的应用成为推动学习变革的重要技术力量,国际新媒体联盟(New Media Consortium)在其推出的极具影响力的《地平线

[①] Schnotz W. & Bannert M. Construction and Interference in Learning from Multimedia Representation. Learning and Instruction, 2013, 13 (2): 141-156.

报告》中，自 2011 年起连续三年把移动应用和平板电脑视为对教育发展其重要影响的新技术。[①] 电子课本（e-Textbook）则是移动智能终端支持学习的重要资源形态，代表了电子书的教育应用方向。但是，作为一个新鲜事物，电子课本的发展相对混乱，无论从技术设计上还是教育设计上，都缺乏相对统一的标准和教学开发思路，大部分电子课本仍然是电子教材或者电子书，无法满足用户对数字化阅读和数字化学习的双重需求。[②] 加拿大媒介学者麦克卢汉（Marshall Mcluhan）认为，媒介就是信息，深刻指出在媒介代际发展中，媒介的重要效果来自于它的形式，而非信息本身的内容。对于电子课本而言，不同的版面设计方式会影响阅读者对于信息的接收与理解，也会对使用者的印象产生不同的影响。[③] 因此，在以学科学习为目的的电子课本中，如何有效地安排不同的版面要素，将教学信息传递到使用者的手中，对电子课本开发者及使用者来说都是一个重要的问题。

二 相关研究回顾

作为一种特殊的教学材料，电子课本的发展经历了电子教材、电子书和电子课本三个主要发展阶段。尽管目前这三种形式仍同时存在于教育领域，但电子课本已经逐步成为电子书包的核心应用。电子教材一般指的是纸质教材的电子化，从技术上看是将纸质内容通过扫描、输入等方式"复制"到电子介质上，以方便共享和传播，在版面及内容设计上与纸质完全一致。电子书一般有两种含义，一指 e-book，一指专门阅读电子书的掌上阅读器，电子书也是完全基于纸质内容，但在阅读的形式和方式上大大加以改善，提供了翻页、标注、记忆、评注等阅读策略，这也是目前数字化阅读的主要载体，越来越受到人们的爱戴，尤其是受到年轻人的喜爱。

电子课本虽然目前尚无统一标准和定义，但一般强调内容重组及学习交互。以人民教育出版社电子课本为例，电子课本对教材内容及知识点进

---

① New Media Consortium. NMC Horizon Report 2013 K‑12 Edition. http：//www.nmc.org/publications/2013‑horizon‑report‑k12，2013‑04‑30.

② 祝智庭、郁晓华：《电子书包系统及其功能建模》，《电化教育研究》2011 年第 4 期。

③ Barthelson M.，*Reading behaviour in online news reading*. Lund University：Department of Cognitive Science，2002，p. 310.

行深度挖掘和加工，以科学直观的多媒体等方式，实现了教材内容的数字化、交互功能的智能化，方便学生理解和掌握教材知识。从用户体验的角度来看，电子课本大多采用两种形式，一种是完全模拟纸质教材的外观，如人民教育出版社电子课本，如图 3—3 所示；另外一种完全抛弃纸质形式，采用全新的界面设计和内容编排，目前各种电子书包中嵌入的电子课本多采用此形式，如图 3—4 所示。考虑到电子课本开发的版权问题及技术研发周期，目前第一种电子课本传播及应用较广，也是本研究的主要对象。

图 3—3　传统形态的电子课本　　图 3—4　独立形态的电子课本

　　通过综合分析和比较不同的电子课本发现，相对于纸质课本，电子课本在纸质课本的基础上做了合理的电子化及数字化处理，主要特点可以归纳为，①富媒体特性，即包含丰富的媒体互动要素，兼具与终端互动和与平台互动的功能；②交互特性，即学习者可通过虚拟学具展开多维多向互动；③关联特性，即可针对教学目标进行内容关联及知识结构重组；④开放特性，即可实现内容的知识扩展补充以及与学具和服务的沟通。[①] 在版面构成上，主要由文字、解释、视频、图像、链接及控制按钮等要素构成。文字是知识传播的主要形式，表现为知识点信息的描述，是构成电子课本的主要要素；解释在电子课本中常常以提示、说明等弹出式窗口形式出现，常常用来对某个知识点的具体阐释和交互，包括分析、解答、举例、质疑等；图像指的是以多媒体形式表现一个重点或者难点，帮助学习者理解和内化知识体系；链接常常作为信息补充或者知识拓展；按钮是为

[①] 顾小清、傅伟、齐贵超：《连接阅读与学习：电子课本的信息模型设计》，《华东师范大学学报（自然科学版）》2012 年第 3 期。

电子课本总体布局及跳转而设计，方便学习者使用，并且具有传统阅读的体验感。由于具备上述特点及要素，电子课本已经完全不同于传统的纸质课本，具备了强大的信息呈现及学习交互功能，同时具备了传统课本的用户体验感，能够满足学习者的数字化阅读及学习诉求，也渐渐成为电子课本发展的一种重要趋向。

事实上，相对于传统纸质课本，由于增加了多种媒体要素，学习者的学习体验到底如何仍然是个值得探究的问题，这一问题的探索有利于推动和改善电子课本的设计开发路径。研究指出，版面配置的差异在电子媒体上有直接影响信息传播的效果；[①] 版面的编排方式会影响使用者的视觉焦点与阅读视线。[②] 而人类的阅读习惯与经验也会影响视线的移动方向，进而造成版面上各区域所受到的注意力有所不同。[③] 因此，本研究试图通过眼动实验，分析电子课本不同的版面配置，探讨使用者在电子课本阅读时的视线轨迹分布情况以及对内容的注意程度，并进一步了解电子课本不同版面配置对用户注意力分布的影响。

三 实验设计

1. 研究内容和目的

眼动实验是指人们借助某些仪器，对被试在进行操作时的眼睛活动情况进行记录，借此分析大脑的思维过程。目前眼动技术广泛地应用在阅读研究中，用来探测阅读活动中的即时加工过程，通过对眼球运动的观察，从而直接对心理过程进行研究。[④] 本研究是通过眼动仪获得电子课本不同版面要素在首次注视点、首次注视时间、注视时间长度、首次注视持续时长、注视点个数等方面的数据，将有效数据导入 SPSS13.0 数据处理软件中进行处理，求出平均数、标准差，利用

[①] Radach R., Lemmer S., Vorstius C., Heller D. & Radach K., Eye Movements in the Processing of Print Advertisements. The Mind's Eye: Cognitive and applied aspects of eye movement research. Amsterdam: Elsevier, 2003, pp. 609 – 632.

[②] Holmqvist K., Holsanova J., Barthelson M. & Lundqvist D., Reading or Scanning? A Study of Newspaper and Net Paper Reading. The Mind's Eye: Cognitive and applied aspects of eye movement research. Amsterdam: Elsevier, 2003, pp. 657 – 670.

[③] Nelson R. P., The Design of Advertising. Dubuque William c. Brown Company, 1977, p. 296.

[④] 王佑镁：《眼动分析技术在学习与阅读研究中的应用述评——基于主题词的共词聚类分析》，《远程教育杂志》2005 年第 5 期。

重复测量数据方差得到 p 值，最后比较差异性，从而获得用户使用电子课本学习的相关特征。

2. 研究变量

本研究选取了四个影响学生（均为未成年人）进行电子课本阅读的外源性因素为研究变量，分别为文字、解释、图像、链接和按钮等。在电子课本中，文字以文本形式出现，解析一般为弹出式对话框，链接表现为蓝色的链接文字，图形是在电子课本中出现的图形图像区块，按钮是学生通过控制阅读操作的符号，包括总控按钮、交互按钮等，上述四种要素在每个电子课本页面中均可以显著识别。

3. 实验材料及组织

为研究版面不同要素对用户眼动行为的影响，考虑到图像在个体信息加工中的特殊性，图像的存在一般认为会对学习者注意力分布产生影响，本研究经过认真筛选，采用了两种类型的电子课本，形态种类为图 3—5 所示。材料一为包括上述四种版面要素和多种媒体形式的学科电子课本（物理），材料二为不含图像模块的学科电子课本（语文）。同时这两类也代表中学典型的学科门类。实验采用被试内设计，各选择一组 10 个页面的电子课本，电子课本选自人民教育出版社（http://www.gopep.cn），此网站包含基础教育领域的所有科目的电子课本，可以在联网情况下进行相关操作。被试为按照学业表现均匀抽取 20 名在校初中学生，十男十女，年龄在 14 岁左右；裸眼视力或矫正视力均在 1.0 以上，无色盲或色弱等眼疾患者。实验中要求被试在规定的时间内进行任务式浏览完一个完整的知识点单元，学习者之前均未学习过本实验电子课本内容。本研究使用的仪器为瑞典 Tobii1750 眼动仪。

四 实验结果与分析

本研究从首次注视点、首次注视时间、注视时间长度、首次注视持续时长、注视点个数五个方面分析电子课本不同版面要素对阅读者眼动行为的影响及其差异。

1. 首次注视点

在眼动分析中，首次注视点是指在对象测量区域范围内，被试首次注视到材料上产生的第一个点。首次注视点的内容和位置表明了使用者对材料中信息单元关注的兴趣点次序。结果发现，如图 3—5 所示，对于媒体形态较多的电子课本，首次注视点分布均匀；而对于没有可视化图像的电子课本来说，文字区为首次注视点居多；同时也发现电子课本下方的控制按钮没有成为任何一个被试的首次注视点。这与一般认为使用者首先会关注页面中多媒体要素的常规假设不一致，这说明学习者对不同学科的学习方式诉求具有一定的定势，同时也表明电子课本的总体要素设计较为合理。

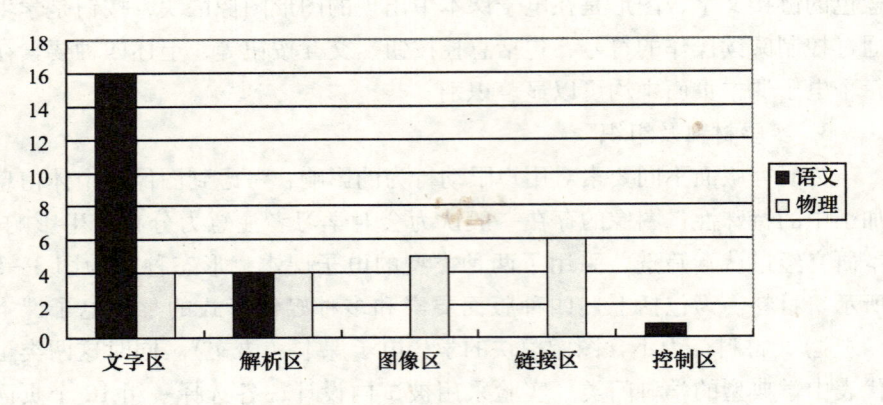

图3—5 两类电子课本页面首次注视点分布（单位：次）

2. 首次注视时间

首次注视时间用来表示从实验开始到第一个注视点进入兴趣区所用的时间。首次注释时间主要反映被试对于材料的初始加工能力。如表3—7所示，对于材料一，在电子课本主要版面要素中，首次注释时间最短的是图像区（0.586s），最长的是按钮区（10.718s），在进一步的差异性检验中发现，$p=0.010<0.05$，表明不同区域的版面要素的首次注视时间存在显著性差异；对于材料二，$p=0.086>0.05$，表明在没有图像干扰的情况下，不同区域的版面要素的首次注视时间没有显著差异。

表3—7　首次注视时间的平均值（M）和标准差（SD）　　　单位：秒

兴趣区	M（N=20）		SD（N=20）	
	物理	语文	物理	语文
文字区	0.949	0.032	2.746	0.102
解析区	0.902	2.994	0.762	3.893

续表

兴趣区	M（N=20） 物理	M（N=20） 语文	SD（N=20） 物理	SD（N=20） 语文
图像区	0.586	/	0.871	/
链接区	3.460	2.870	2.138	6.056
控制区	10.718	8.226	11.785	11.339
Sig.	0.010	0.086	/	/

3. 注视时间长度

注视时间长度显示被试在兴趣区内所有注视点的注视时间之和。这一变量说明每个版面要素对学习者注意力保持的持续性。结果如表3—8所示，两种材料中结果相似，文字区的注视时间最长，控制按钮的注视时间最短，但都没有显著性差异（$p<0.05$）；这表明，无论电子课本版面是否有显著吸引力的要素，都没有影响到学习者对电子课本中的注意力分布。

表3—8　　注视时间长度的平均值（M）和标准差（SD）　　　单位：秒

兴趣区	M（N=20） 物理	M（N=20） 语文	SD（N=20） 物理	SD（N=20） 语文
文字区	12.553	12.851	6.905	5.838
解析区	5.241	8.075	2.637	4.130
图像区	2.475	/	1.512	/
链接区	0.964	3.551	0.702	1.744
控制区	0.452	0.413	0.516	0.776
Sig.	0.002	0.001	/	/

4. 首次注视持续时长

首次注视持续时长是指被试首次注视目标的持续时间。这一指标表明第一个兴趣点对学习者注意力的保持。如表3—9所示，两种材料基本上反映了同一趋势。首次注视的解释区时间最长，从学习过程来看，解释区是在文字信息基础上的深度解读和理解，需要经历一个信息加工过程；而对于一些可视化的要素或者直白的文字，比较直观，在时长上显示较短。同时也发现，不同区域作为首次注视的时长并无显著性差异（$p > 0.05$）。

表3—9　　　首次注视持续时长的平均值（M）和标准差（SD）　　　单位：秒

兴趣区	M（N=20） 物理	M（N=20） 语文	SD（N=20） 物理	SD（N=20） 语文
文字区	0.184	0.178	0.086	0.099
解析区	0.441	0.435	0.600	0.331
图像区	0.273	/	0.180	/
链接区	0.269	0.367	0.108	0.186
控制区	0.330	0.104	0.394	0.131
Sig.	0.098	0.115	/	/

5. 注视点个数

注视点个数显示了各个区域内注视点的个数。在眼动观察中，眼球的运动不是连续的，而是跳跃式的。连词跳跃之间有一个相对静止的状态，被称为注视。当注视的内容加工结束时，出现眼跳，开始下一次注视。注视的多少，即注视的次数。注视的次数可以反映被测试者的信息加工熟练程度、加工策略以及材料的难易程度。从知识组块来理解，注视点其实表现为信息块，信息块越多，学习者需要关注的机会越多。结果如表3—10所示，无论是材料一还是材料二，文字作为信息的主要载体，信息容量和组块最多，注视点个数大大多于其他区域，显著性差异检验表明，不同区域的注视点个数存在显著差异。这表明，无论是文科性还是理科性的电子课本设计，文字仍然是承载知识组块的重要介质，相对于图像图形来说，文字对于个体信息加工尤其是深度加工仍具有不可替代的作用。

表3—10　　　注视点个数的平均值（M）和标准差（SD）　　　单位：个

兴趣区	M（N=20） 物理	M（N=20） 语文	SD（N=20） 物理	SD（N=20） 语文
文字区	38.900	40.100	18.442	15.695
解析区	10.800	15.000	6.233	5.831

续表

兴趣区	M（N=20）		SD（N=20）	
	物理	语文	物理	语文
图像区	7.700	/	4.572	/
链接区	3.500	10.100	2.273	3.813
控制区	1.000	1.300	0.816	1.829
Sig.	0.001	0.000	/	/

五　实验结论

通过本实验，可以发现：

（1）多媒体要素并没有成为干扰用户首次注视的因素，不同的学科属性与学习习惯影响着用户的优先注视。因此，传统纸质教材的"数字化升级"有利于学习者兼顾传统学习习惯及数字化交互操作。

（2）多媒体要素仍然是最为容易注意和加工的要素。对于电子课本设计者来说，在学习的初始阶段要吸引学习者的注意力，使学生快速进入学习状态，多媒体要素仍然需要合理设置在电子课本的重要位置。

（3）文字区的注视时间最长，对于电子课本设计者来说，进行教材的电子化和多媒体化不能忽略文字文本设计，对于学习这一信息加工过程而言，学习者还是习惯采用文字来掌握复杂知识的学习。

（4）解释区在首次注视持续时长占优，对于电子课本设计者来说，合理设置解释模块将有助于学习者的信息加工。

（5）文字区注视点个数大大多于其他区域，因此，无论是文科性还是理科性的电子课本设计，文字仍然是承载知识组块的重要介质，相对于图像图形来说，文字对于个体信息加工尤其是深度加工仍具有不可替代的作用。

第四节　语言图式和内容图式对数字化阅读影响的眼动研究

一　实验背景

著名教育家苏霍姆林斯基指出：教育的全部问题都可以归结为阅读问

题。数字媒介变革颠覆了人们的信息结构、阅读与学习习惯,从甲骨文、纸草、石碑、书刊到各种数字终端,改变的不仅是阅读载体,更是移动阅读、泛在阅读和社会化阅读等阅读习惯和信息接收方式的改变,从而形成了数字化阅读这一新型阅读方式,罗伯特·达恩顿将这次变革称之为人类历史上继文字符号、手抄本书籍以及活字印刷术之后的第四次变革。[1] 从这个意义上说,数字化阅读不仅是一种以数字化媒介为信息载体的阅读方式,更是一种数字化行为,是数字文化语境下从符号中获得意义的一种社会实践活动和心理过程。[2] 作为一种新型的阅读样式,数字化阅读活动既是一种视觉活动,也是一种思维活动。

在心理语言学看来,阅读是语言心理学的猜谜游戏,[3] 是一个读者所具备的背景知识和阅读材料相互作用的过程,这种相互作用模式指的是来自书面文字的视觉处理与来自大脑中已有知识的非视觉处理有机结合的过程;读者对于阅读材料、语言乃至背景知识了解越多,对阅读内容的语义确认所需的视觉信息则越少,对阅读材料中的信息进行加工、联想、预测的速度也就越快,理解的正确率就越高;[4] 另外,在阅读过程中视觉系统通过眼睛所能处理的信息量是有限的,眼睛与大脑间存在某种"瓶颈机制",过多的视觉信息会造成认知负荷,从而干扰阅读效果。那么在数字化阅读过程中,视觉信息与非视觉信息是如何作用的?本研究以未成年人电子课本为例,考量数字化阅读过程中视觉信息的选择与加工,探究数字化阅读过程视觉信息与非视觉信息的相互作用,研究数字化阅读过程中的行为倾向和认知规律,这对于数字化阅读资源的设计开发以及数字化阅读指导具有重要的意义。

二 相关研究回顾

在语言心理学领域,鲁梅尔哈特(D. Rumelhart)系统提出使用图式理论(Schema Theory)来解释阅读过程,后续研究者发现,在阅读理解

---

[1] 顾小清、傅伟、齐贵超:《连接阅读与学习:电子课本的信息模型设计》,《华东师范大学学报》(自然科学版)2012 年第 3 期。

[2] 王佑镁:《数字化阅读对未成年人认知发展的影响研究》,《中国电化教育》2013 年第 11 期。

[3] K. S. Goodman, *Reading: A Psycholinguistic Guessing Game*. Journal of the Reading Specialist, 1976, (3): 18 – 23.

[4] D. Rumelhart, Schemata: The Building Blocks of Cognition. Theoretical Issues In Reading Comprehension. N J Hillsdale: Erlbaum, 1980.

过程中语言图式（linguistic schema）和内容图式（content schema）起着十分重要的作用。① 语言图式指读者对阅读材料的掌握程度，在一定程度上反映着读者的阅读能力；内容图式是指文章内容的背景知识，反映读者对阅读材料主题的理解程度，一般情况下体现为丰富的背景知识，帮助读者预测、选择信息和消除歧义，在一定程度上弥补了语言图式的不足，加深读者对内容的理解程度。鲁梅尔哈特认为，阅读理解涉及同时对几个概括层次上的信息处理，在推断文章所要表达的意义时，读者须求助于已建立在他们大脑中的各种图式。②

关于学习者认知图式对阅读效果的影响，有研究表明，图式的利用可以减轻学习者的工作记忆负荷，相对促进新知识的学习，如整合视觉和听觉两种信息呈现方式的阅读，能够有效减少先前知识经验低的学习者的视觉搜索，从而促进学习。③ 对于文本和图形的组合，先前知识经验少的学习者从这种整合中获得较大的学习效果，他们不能够理解单独的图形呈现，相反，先前知识经验多的学习者可以从单独呈现的文本或图形中获益。④ 然而，也有研究表明，对于先前知识经验高的学习者，视觉和听觉信息的整合效果不仅消失了，而且当他们集中注意听觉信息时，学习反而受到阻碍，即出现了专业知识逆转效应。⑤

此外，使用经验对阅读行为是有影响的。如网络使用经验可掩盖认知风格的效应。⑥ 短时间内，有经验被试电脑屏幕短篇素材的阅读成绩略优于纸质阅读成绩，认知风格与电脑屏幕阅读成绩显著相关。⑦ 不同年

---

① 斯琴、李满亮：《从图式理论的视角看阅读理解的心理过程》，《内蒙古师范大学学报》（社会科学版）2007 年第 1 期。

② 蔡旭东：《非视觉信息在阅读教学中的作用和应用》，《东南大学学报》（哲学社会科学版）2002 年第 7 期。

③ Jeung H., Chandler P. & Sweller J., *The Role of Visual Indicators in Dual Sensory Mode Instruction*. Educational Psychology, 1997, (17): 329 - 343.

④ 刘儒德、赵妍、柴松针、徐娟：《多媒体学习的影响因素》，《中国电化教育》2007 年第 10 期。

⑤ 肖玉琴、丁道群：《专业知识逆转效应及其给多媒体学习的启示》，《心理研究》2008 年第 6 期。

⑥ 张智君、江程铭、朱伟：《信息呈现方式、时间压力和认知风格对网上学习的影响》，《浙江大学学报》（理学版）2004 年第 1 期。

⑦ 曹东云、邱婷、谢云、杨南昌：《文本呈现方式、认知风格、自我感受对大学生电脑屏幕阅读成绩的影响研究》，《电化教育研究》2013 年第 1 期。

级学生阅读同一难度课文，其表现出来的阅读理解指标和眼动指标，一般都具有明显的年龄发展特征。[1] 给儿童提供一些阅读指导，其数字化阅读效果会明显好于无指导的数字化阅读小组和有指导传统的纸质阅读效果，[2] 证明了认知图式对阅读效果的影响。在使用眼动仪定量描述阅读过程中视觉搜索的研究中，有研究表明个体的经验、状态和能力等会影响视觉搜索，推理和空间等认知能力高的人具有更好的眼跳控制能力。[3] 也有研究通过中文与英文的注视时程、辨认跨度等眼动指标的对比发现，整段理解阅读信息处理能力决定于神经系统高级阅读中枢的解码速率。[4]

三 实验设计

（一）研究问题

上述分析可知，学习者的学习水平和学习经验对阅读效果是有影响的。本研究拟从语言心理学中图式理论的视角，采用认知心理学领域的眼动方法，探讨如下三个问题：语言图式如何影响数字阅读的眼动行为和测试成绩？内容图式如何影响数字化阅读的眼动行为和测试成绩？语言图式和内容图式是否存在交互作用？

（二）变量确定

自变量主要为学习者的认知图式。（1）语言图式，将被试按照平时英语成绩分为高中低三组，高成绩组为语言图式 A 组，中等程度组为语言图式 B 组，低成绩组为语言图式 C 组；（2）内容图式，五年级学生了解这篇课文，具备该课程内容的背景知识，所以被设定为内容图式 A 组，而四年级学生设定为内容图式 B 组。通过自变量的设定，考量学习者的学习水平和学习经验对数字阅读效果产生的影响。

---

[1] 陶云：《不同年级学生阅读有或无配图课文的眼动实验研究》，硕士学位论文，天津师范大学，2001 年。

[2] Segal-Drori O., Korat O., Shamir A. & Klein P. S., *Reading Electronic and Printed Books with and Without Adult Instruction: Effects on Emergent Reading*. Reading and Writing, 2010, (8): 913 – 930.

[3] 丁锦红、李杨、胡荣荣、严艳梅：《视觉搜索中空间不对称性的眼动研究》，《心理科学》2007 年第 30 期。

[4] 孙复川、L. Stark：《视觉信息处理阅读：中文和英文时眼动模式的对比研究》，《生物物理学报》1988 年第 4 期。

因变量主要为眼动指标和测试成绩。（1）观察时间（observation length），被试在某个兴趣区上观察的时间长度；（2）回视次数（observation count），回视是指被试的注视点返回到先前的兴趣区，对已经阅读过的内容再次进行加工的眼动情况；（3）测试成绩，测试题目主要为文本形式的选择题，考察被试工作记忆的效果。

（三）被试选择

本研究随机挑选了来自某小学的 45 名学生，其中四年级学生 22 名，五年级学生 23 名，该发展阶段学生已经具备一定的元认知能力，是未成年人阅读群体的典型被试，其裸视或矫正视力正常，均具有数字设备的使用经验，但是未使用过电子课本。

（四）实验材料

数字化阅读材料改编自人教版电子课本五年级上册第一课（My New Teachers）和第三课（What's Your Favourite Food），为了便于统计眼动数据，将原版电子课本中的内容以新窗口形式呈现的情景动画单独放置在页面的右侧，如图 3—6 所示。两份学习材料任选其一随机呈现在屏幕上，时间为两分钟，被试可以通过滑动或点击鼠标的操作，进行聆听课文同步伴读、观看情景动画、填写练习题目等活动。电子课本界面划分为 4 个兴趣区（Area of Interest），分别为正文、图片、题目和动画，以下简称为 AOI1、AOI2、AOI3 和 AOI4。

图 3—6　电子课本及兴趣区示意图

四 实验结果与分析

（一）语言图式对数字化阅读中眼动指标和测试成绩的影响

语言图式是图式理论的基础，指学习者所掌握的语言知识，即词汇、语法等知识。根据被试平时的英语测验成绩将其分为语言图式 A 组、B 组和 C 组，T 检验结果显示，三组被试的平时成绩之间具有显著性差异（$p<0.05$）。

在数字化阅读过程中，语言图式 A、B、C 三组的眼动行为统计如表 3—11 所示，不同语言图式的被试在观察时间呈现了相同的规律，在各兴趣区给予关注的时间按照从多到少的顺序分别是：AOI1、AOI4、AOI3、AOI2，即被试关注最多的内容为正文文本，而关注最少的内容则为图片。在回视次数指标上，不同语言图式的被试在 AOI1 的回视次数最多，而其他兴趣区则没有明确的规律，C 组被试与 A、B 两组有明显不同的是，在 AOI2 的回视次数上相对较多。

表 3—11　　　　语言图式 A、B、C 三组眼动指标的平均值

	观察时间（秒）				回视次数（次）			
	AOI1	AOI2	AOI3	AOI4	AOI1	AOI2	AOI3	AOI4
A 组	49.16	7.87	19.12	30.30	18.60	11.13	11.93	14.40
B 组	58.44	6.20	15.72	24.06	21.67	12.20	11.93	15.27
C 组	48.56	9.66	17.11	26.36	18.40	14.80	10.00	13.93

将语言图式 A、B、C 三组的眼动指标进行差异检验，如表 3—12 所示，在 AOI1、AOI2、AOI3 和 AOI4 的观察时间和回视次数指标上均没有显著差异，说明不同语言图式的被试在电子课本同一兴趣区中的注意力分配和视觉搜索没有显著的差异。

表 3—12　　语言图式 A、B、C 三组眼动指标的差异比较

	观察时间（显著性）				回视次数（显著性）			
	AOI1	AOI2	AOI3	AOI4	AOI1	AOI2	AOI3	AOI4
A 组 – B 组	0.564	0.701	0.876	0.679	0.597	0.833	1.000	0.942
B 组 – C 组	0.524	0.229	0.978	0.948	0.558	0.346	0.850	0.869
A 组 – C 组	0.998	0.667	0.955	0.856	0.998	0.171	0.850	0.983

经过单因素方差分析，发现语言图式 A 组与 B 组的测试成绩存在显著差异（p=0.016），语言图式 A 组与 C 组的测试成绩也存在显著差异（p=0.004），而语言图式 B 组与 C 组的测试成绩不存在显著差异（p=0.880）。可见，通过电子课本的学习，各组之间的成绩差异被缩小，尤其 C 组的测试成绩有明显提升。

被试的注意分配和视觉搜索与测试成绩之间是否存在一些关系呢？经过相关性分析，如表 3—13 所示，语言图式 A 组的测试成绩与 AOI4 的回视次数显著相关（p<0.01）；语言图式 B 组的测试成绩与 AOI1 的观察时间显著相关（p<0.01），而与 AOI4 的观察时间和回视次数均显著负相关（p<0.05）；语言图式 C 组的测试成绩与 AOI1 的观察时间显著相关（p<0.05），而与 AOI3 的观察时间和回视次数显著负相关（p<0.01）。可见，语言图式较丰富的被试能从动画媒体中获益，而语言图式中等和较低的被试需要从正文文本和同步朗读中获益，相反时间有限的情况，在动画或其他互动操作区域给予过多的精力反而不利于阅读效果提升。

表 3—13　语言图式 A、B、C 三组的眼动指标与测试成绩的相关性

	观察时间（相关系数）				回视次数（相关系数）			
	AOI1	AOI2	AOI3	AOI4	AOI1	AOI2	AOI3	AOI4
A 组成绩	0.355	-0.145	-0.062	0.055	0.501	-0.086	0.149	0.706**
B 组成绩	0.725**	-0.203	-0.284	-0.599*	0.316	-0.261	-0.349	-0.526*
C 组成绩	0.615*	0.059	-0.652**	0.247	-0.292	0.081	-0.714**	0.098

*．在 0.05 水平（双侧）上显著相关。

**．在 0.01 水平（双侧）上显著相关。

（二）内容图式对数字化阅读中眼动指标和测试成绩的影响

内容图式指使用经验、背景知识及读者通过语言图式对语言材料的熟悉程度。根据被试对学习材料背景知识的了解程度，将被试分为内容图式 A、B 两组。T 检验结果显示，两组被试平时成绩之间没有显著性差异（p=0.480），即两组学生学习水平相当，但是对阅读材料的了解程度不同。

在数字化阅读过程中，内容图式 A、B 两组的眼动指标统计如表 3—14 所示，不同内容图式的被试在观察时间上呈现了相同的规律，在各兴趣区

给予关注的时间按照从多到少的顺序分别是：AOI1、AOI4、AOI3、AOI2，其中关注最多的内容为正文文本，而关注最少的内容则为图片。在回视次数指标上，两组被试的视觉搜索也呈现相同规律，在各兴趣区上的回视次数按照从多到少的顺序分别是：AOI1、AOI4、AOI2、AOI3。值得注意的是AOI2和AOI3两个兴趣区，虽然AOI2的观察时间比AOI3少，但是回视次数却比AOI3多，说明被试阅读过程中对图片内容进行反复的关注。

表3—14　　　　　内容图式A、B两组眼动指标的平均值

	观察时间（秒）				回视次数（次）			
	AOI1	AOI2	AOI3	AOI4	AOI1	AOI2	AOI3	AOI4
A组	57.07	6.13	14.79	28.98	21.26	11.48	11.04	15.57
B组	46.81	9.78	19.96	24.73	17.77	14.00	11.54	13.45

将内容图式A、B两组的眼动指标进行差异检验，结果如表3—15所示，两组被试在AOI2的观察时间指标上有显著差异（$p=0.032$），内容图式少的被试更倾向于在图片区域给予更多的时间来促进对课文背景知识的了解。

表3—15　　　　内容图式A、B两组眼动指标之间的差异比较

	观察时间（显著性）				回视次数（显著性）			
	AOI1	AOI2	AOI3	AOI4	AOI1	AOI2	AOI3	AOI4
A组-B组	0.170	0.032	0.355	0.481	0.175	0.103	0.863	0.323

经过单因素方差分析，发现内容图式A组与B组的测试成绩存在显著差异（$p=0.004$），而两组被试的平时成绩没有显著差异，这说明，在语言水平相同的情况下，内容图式对电子课本的学习效果产生了影响，内容图式丰富的被试会取得更好的成绩。

经过相关性分析，结果如表3—16所示，内容图式A组的测试成绩与各兴趣区的观察时间和回视次数均不显著相关，而内容图式B组的测试成绩与AOI1的观察时间显著相关（$p<0.01$），与AOI3的观察时间和回视次数显著负相关（$p<0.05$）。这说明A组被试可以依据存储在长时

记忆中丰富的内容图式来促进对内容的理解；而 B 组被试因为课文使用经验和背景知识的缺乏，测试成绩很大程度依赖于对课文细节内容的精加工，在题目区域给予了过多的关注，甚至影响到了最终的测试成绩。

表 3—16　内容图式 A、B 两组的眼动指标与测试成绩的相关性

	观察时间（相关系数）				回视次数（相关系数）			
	AOI1	AOI2	AOI3	AOI4	AOI1	AOI2	AOI3	AOI4
A 组成绩	−0.001	−0.127	0.228	−0.023	0.019	−0.257	0.137	0.185
B 组成绩	0.683**	0.151	−0.526*	−0.255	0.116	0.077	−0.524*	−0.110

*. 在 0.05 水平（双侧）上显著相关。
**. 在 0.01 水平（双侧）上显著相关。

（三）语言图式和内容图式的交互作用

事实上，被试在数字化阅读过程中是受到两种图式的共同影响。为了考察在一个自变量的不同水平上，另一个自变量的不同水平对因变量的影响是否显著，以电子课本中两个最重要的兴趣区 AOI1、AOI4 中观察时间为例，对可能存在的交互作用进行进一步的效应检验。结果如图 3—7 所示，在 AOI1 的观察时间指标上，语言图式和内容图式存在交互作用，语言图式 A 组受内容图式的影响最明显，说明语言水平高的被试在正文的注视时间受背景知识的影响较大，背景知识越多在正文的观察时间上就越少；在 AOI4 的观察时间上，交互作用非常复杂，不同语言水平的被试在动画的阅读过程中，其观察时间都受到了背景知识的影响，采取了完全不同的阅读策略，说明每种认知图式对情景动画的需求不同，如"复习巩固""激发兴趣"或"丰富情境知识"等，反过来说，情景动画可以弥补各种图式的欠缺和不足。

语言图式和内容图式在测试成绩指标的交互作用不显著。如图 3—8 所示，整体上两个自变量相对独立影响了测试成绩，内容图式丰富的被试整体测试成绩偏高，语言水平之间的差异仍然存在，但是语言图式 C 组的成绩在数字化阅读中得到了明显的提升，甚至赶上了语言图式 B 组的测试成绩；而且通过平时成绩与测试成绩的对比，更容易看语言图式 C 组的进步。总之，语言水平低的被试能从背景知识丰富、支持交互的数字

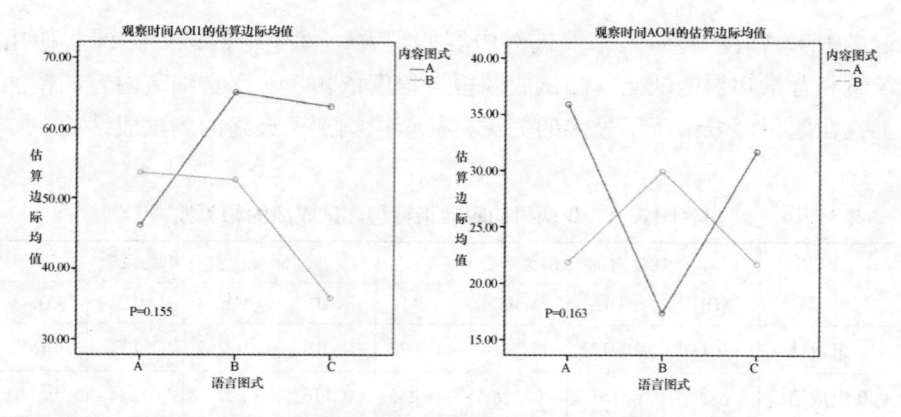

图3—7　语言图式和内容图式在 AOI1、AOI4 上的交互作用

化阅读中受益，这与其他研究的结论类似，[①] 即多媒体信息能够帮助语言能力低的学生理解和掌握学习内容，对于学习能力强的学习者，借助于文本已经能够通过联想自行产生心理表征，图形反而起到阻碍作用。

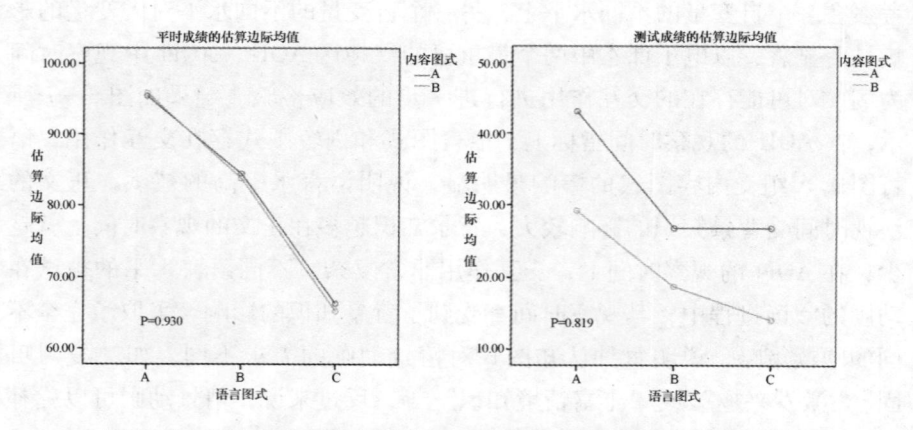

图3—8　语言图式和形式图式在平时成绩、测试成绩上的交互作用

五　实验结论

通过实验研究发现，在语言图式和内容图式的双重因素作用下，被试在数字化阅读过程中，其注意力和视觉搜索总体上呈现相同的规律，尤其

[①] 刘儒德、赵妍、柴松针、徐娟：《多媒体学习的影响因素》，《中国电化教育》2007年第10期。

是以电子课本促进学习为主要目的阅读活动中，正文文本是描述性表征，通过语义加工而形成命题表征以及心理模型，仍然是学习者的主要诉求；其次，情景动画是直观性表征，通过背景以及角色的互动表演而促进心理模型的形成，成为数字化阅读吸引学生的重要内容之一；相对而言，对题目和关注的程度相对较低。

语言图式 A 组的被试拥有丰富的词汇、语法等语言知识，对动画内容的精加工有助于建立更加完整的心理表征；而 B 组、C 组的被试，语言知识基础相对较弱，阅读过程中内在认知负荷较多，对正文文本内容的精加工有助于测试成绩的提升，把过多的精力用于阅读情景动画，虽然有助于建立完整的心理表征，却无法弥补语言图式的匮乏。语言图式 C 组，即语言水平相对较低的被试能从电子课本的阅读过程收益更多。

内容图式 A 组的被试，背景知识丰富，其测试成绩也显著高于 B 组，然而其测试成绩与所有兴趣区的观察时间和注视次数均不显著相关，即电子课本中获得的视觉信息，对其学习成绩没有产生显著的影响；相反，内容图式 B 组，其成绩与电子课本中正文文本的观察时间显著相关，对电子课本中图片的关注也显著高于内容图式 A 组。分析其原因，对于内容图式 A 组，电子课本可能提供了多余的学习信息，与已有头脑中已经建构的图式发生重叠，从而浪费了认知资源，造成了外部认知负荷的出现，发生了专业知识逆转效应。[1] 而内容图式较少的被试，在阅读过程中用文字来建构意义，用图片来验证以及加强联结，更好地进行图文整合，以建构完整的心理模型。

在测试成绩上，语言图式与内容图式之间的交互作用并不明显，而在观察时间和回视次数眼动指标上，两个自变量之间存在着一定的交互作用，尤其是情景动画的阅读和精加工过程中，具备同样内容图式的被试，其语言图式不同，对动画内容的观察时间和回视次数差异很大。这种复杂的相互作用，与动画媒体的性质有关，情景动画集图像、语音、字幕以及动态的视觉表达于一体，虽然有利于建立图文声像俱全的立体表征，然而对于元认知策略并不健全的未成年人，从动画中提取有效学习信息的需求和能力也各不相同，所以对情景动画选择呈现了多元化的特征。

---

[1] Kalyuga S., Ayres P., Chandler P. & Sweller J., *The Expertise Reversal Effect*. Educational Psychologist, 2003, (38): 23–31.

根据本实验的发现和结论，未成年人的认知图式影响着数字化阅读过程中的注意力分配和视觉搜索，从而影响其阅读效果。在数字化学习中，语言图式丰富的学习者，拥有丰富的元认知策略，能够很好地控制学习的步调以及结果；语言图式相对匮乏的学习者，在数字化阅读中是最大的受益者，丰富的情景动画、课文同步朗读降低了内在认知负荷，促进了工作记忆中认知资源的整合与储存，然而多媒体信息有助于情节记忆而非语义记忆，所以在一定程度上难以促进语言图式的进一步生成和构建。

　　此外，内容图式丰富学习者的测试成绩与眼动行为不相关，而与头脑中的"先行组织者"有关，依赖这些先行的经验，对知识进行了更有效率和深度的精加工；内容图式匮乏的学习者，利用图片、动画等多媒体信息弥补了这种不足，但是也影响了注意资源在备选项目中的优先分配策略，从而间接影响了语义信息在头脑中加工和整合。所以丰富的多媒体信息，对于内容图式不够丰富的学习者，更容易造成信息迷航、浅阅读等问题。因此，提高未成年人的数字化阅读素养，应先从学习者已有的学习基础和学习准备出发，不同认知基础的学习者在数字化阅读中的受益也不同，需要教师和家长对未成年人在阅读中的元认知策略进行积极引导，从而促进认知加工能力的提高，促进图式构建和自动化，最终提升数字化学习的效果。

第五节　本章小结

　　通过针对未成年人数字化阅读的眼动研究，得出以下结论：

　　1. 相对于纸质阅读，数字化阅读在注意力分配、积极交互、测试成绩上均具有显著的优势

　　作为一种全新形态的数字化学习资源，电子课本因其数字化、交互化和智能化等特征，正得到快速普及和推广，但是也因信息迷航、碎片化阅读、跳跃式选择阅读所造成的浅阅读等问题而受到诟病。实验一基于梅耶的多媒体学习的认知理论，以未成年人不同阅读介质接触为例，通过实验来探索传统课本与电子课本阅读过程中的眼动行为，定量描述两种课本的学习过程和效果的差异。实验结果表明：未成年人阅读传统课本和电子课本的注意力分配有差异；电子课本阅读促进了更积极的交互，情景动画起到了教学代理的作用；电子课本的测试成绩显著高于传统课本，正文的观

察时间和注视次数与测试成绩显著相关。最后，在实验结论的基础上探讨了多媒体学习的特点，并提出了促进未成年人提高数字化阅读素养的相关策略。

2. 数字化阅读中多媒体要素并非干扰因素而是积极注意的信息区块，文字是信息加工深度最好的区块

作为一种数字教育产品，电子课本的版面要素直接影响其教育功效。应用眼动分析技术，依据用户阅读电子课本的注视点、注视时长、注视点个数等生理反应数据，分析电子课本中的文字、解释、图像、链接及按钮等版面要素等因素对用户的影响。实验二结果表明，多媒体要素是电子课本中最容易引起注意和加工的信息区块，但多媒体要素并没有成为干扰用户首次注视的因素，不同的学科属性与学习习惯影响着用户的优先注视；文字区的注视时间最长，文字区的注视点个数大大多于其他区域，相对于图像来说，文字对于个体信息加工尤其是深度加工仍具有不可替代的作用；解释区在首次注视持续时长占优，电子课本中合理设置解释模块将有助于学习者的信息加工。研究可为电子课本的编辑出版提供认知依据。

3. 不同图式变量影响具体的眼动行为，但不影响阅读测试成绩

数字化阅读本质上是一个视觉信息与非视觉信息相互作用、有机结合的过程。实验三基于心理语言学领域的图式理论，采用双因素实验和眼动分析，探讨语言图式与内容图式对未成年人数字化阅读过程中眼动行为和阅读成绩的影响。研究表明：语言图式丰富者阅读成绩与动画区域的回视次数显著相关；内容图式与图片区域的观察时间存在显著相关；两种图式在文本和动画区域的观察时间、回视次数指标上存在着一定的交互作用，在测试成绩指标上的交互作用不显著。结果对于电子课本资源的设计开发以及阅读指导具有指导意义。

第四章
未成年人数字化阅读的行为分析

如果眼动分析探究的是一种内部认知机制的话，那么行为分析就是关注数字化阅读的外在表现。不同于传统纸质阅读，数字化阅读本身表现为一种信息使用行为。而随着数字移动终端的快速普及，数字化阅读已经成为未成年人社会发展与认知发展的一种重要途径。移动终端在数字化阅读中逐渐采纳，但因触控屏幕所带来的问题并非所有使用者都能克服，特别是个体经验的差异性存在于阅读使用者之间，因此，通过行为观察来探究未成年人数字化阅读过程中的表现与操作，对于面向未成年人的数字化阅读服务显得非常重要。

第一节 行为研究设计

一 行为观察概述

观察法是指根据一定的研究目的，在研究提纲或观察表的指引下，研究者用自己的感官和辅助工具去直接观察被研究对象，从而获得资料的一种方法。观察的方式，一般利用眼睛、耳朵等感觉器官去感知观察对象。由于不同课题的研究对象和目标不一样，加之人的感觉器官的局限性，当前的行为观察研究一般都要借助各种现代化的仪器和手段，包括各种数字技术，如照相机、录音笔、数字摄像机等来辅助观察。行为观察法是研究者根据预定的观察内容提纲或行为指标，有计划、有目的地直接观察并记录被评对象的语言、心理、行为等外部表现。

1. 行为观察法的步骤

行为观察法一般分为四个步骤：首先，确定待观察行为的指标。根据研究目标和要求，确定并细化观察指标，每项指标应该有明确的界限，同时注意便于观察和记录；其次，制定具体的行为观察记录方法，准备好观察的仪器及记录的表格等,要用恰当方式准确记录,定性的指标要按定性的方式描述,定量的指标要按定量的方式记录;再次,实施行为观察,个体行为往往表现为即时性,稍纵即逝,因此,在行为观察前一定要做好预判和足够准备,如填好记录表格的常规部分,选好最便于观察的位置以提高效率,并应对特殊情况的出现有提前准备;最后,对观察行为资料的整理分析,对照研究目标要求,对资料进行分类整理。

2. 行为观察法的类别

根据不同的研究设计,研究者可以选用不同的行为观察法。根据对个体的控制与否,行为观察可以分为自然观察法和控制观察法两种。

自然观察法即在自然情景下进行的观察。如研究者随堂听课,观察学生的课堂表现等。控制观察法需要对被试进行一定程度的环境控制,设定好一些规定变量,在实验室中通过各种仪器对被观察者进行观察。本研究采用控制观察法。根据研究者介入的程度,控制观察法又分为参与观察法和非参与观察法,前者指的是研究者直接参与观察,后者指的是研究者委托他人进行观察。

3. 行为观察法的运用

一般而言,研究中每次只观察一种或者一类行为,不宜一次观察记录多种类型的行为。事先必须确定方便记录的行为特征表格,以便随时记下观察到的具体事实。在技术辅助方面,需要尽量利用现代数字记录工具,以便获得更客观的资料。在观察时机上,建议采用时间抽样(time sampling)的方式,从不同时间中抽取特定的数个时段进行观察,使得结果将具有较大代表性。

二 行为研究方案

通过行为观察法,结合准实验研究,探究未成年人数字化阅读的外在行为表现。本研究主要从两个维度展开研究,包括使用经验对未成年人数字化阅读的影响、用户经验对未成年人数字化阅读行为的影响,分析未成年人数字化阅读行为的表现及影响因素。具体实验方案设计如表4—1所示。

表 4—1　　　　　未成年人数字化阅读的行为分析实验设计

实验序号	研究内容与目的	研究材料	实验设计	实验对象
实验一：使用经验对未成年人数字化阅读的影响	一是不同数字化技术使用经验对未成年人数字化阅读行为有何影响？二是对未成年人数字化阅读效果有何影响	初中二年级语文阅读材料电子版。平板电脑搭配"静读天下"阅读软件	研究分四组，语文成绩高——使用经验高；语文成绩高——使用经验低；语文成绩低——使用经验高；语文成绩低——使用经验低	以未成年人学生（初二）为实验对象，共36人
实验二：用户经验与未成年人数字化阅读行为的关系研究	揭示不同使用者经验在操作行为等方面的差异，描述挖掘数字化阅读的特征，探索未成年人数字化阅读的倾向、规律与模式	初中二年级语文阅读材料电子版。平板电脑搭配"静读天下"阅读软件	根据被试者的语文期末成绩平行分为A组、B组；根据用户的数字使用经验调查问卷分为高低经验组，最终分四组：HA组、LA组、HB组、LB组	以未成年人学生（初二）为实验对象，共36人

第二节　使用经验对未成年人数字化阅读的影响研究

一　实验背景

作为获取信息和知识获取的重要途径，阅读对于未成年人的身心发展至关重要。随着数字媒体及移动终端的快速普及，阅读载体越来越多样化、智能化和移动化，阅读方式发生了巨大的变化。中国互联网络信息中心（CNNIC）发布的《第33次中国互联网络发展状况统计报告》（2014）数据显示，10—19岁的网民构成了我国互联网第二大的用户群体，比例达到24.1%。① 数字化阅读已经成为未成年人阅读的主要形式。从行为过程来看,数字化阅读既是一种阅读行为,更是一种信息行为。不同于传统纸质阅读的操作简便,数字化阅读对个体自身数字化技术的使用经验具有一定的要求,也就是说,个体使用经验对数字化阅读的行为与成效具有一定的影响。但个体使用经验到底如何影响数字化阅读行为与成效,相关研究甚少。本研究采用实验研究法,以未成年人数字化阅读为研究焦点,讨论两个问题,一是不同数字化技术使用经验对未成年人数字化阅读行为有何影响?二是对未成年人数字化阅读效果有何影响?这对于数字化背景下提升未成年人阅读成效及服务创新具有一定的现实意义。

二 相关研究回顾

国内外对数字化阅读的研究较多,表述也不一样,国外如数字化阅读(digital reading, e-reading)、电子书阅读(e-book reading)、屏幕阅读(screen reading)、网页阅读(web reading)、在线阅读(online reading)等,数字阅读、电子阅读、网络阅读则是中文世界里面比较通用的词汇,其他还包括超文本阅读、电脑屏幕阅读、超阅读、电脑阅读、虚拟阅读之说。对数字化阅读的研究始于电子书,1971年开始的古登堡工程(Gutenberg Project),其初衷在于提供最简单方便的图书传播方式,让地球上任何人都能够通过网络和计算机得到想要的图书。1987年,第一部真正的商业电子书——《下午》通过5寸的软盘发行。② 数字化阅读这一新型的阅读方式开始登上历史舞台。

随着数字移动终端的快速普及,数字化阅读成为国民阅读的重要方式。国内外相关阅读调查显示,数字化阅读正逐渐成为未成年人阅读的主流方式,成为影响未成年人发展的重要方式。实际上,国际阅读素养进展研究(PIRLS)项目中,已经开始在国际学生评价项目(PISA)中加入了数字化阅读测试,用以评价学生的数字化阅读素养和表现。③

---

① CNNIC:《第33次中国互联网络发展状况统计报告》,http://www.cnnic.net.cn/hlwfzyj/hlwxzbg/hlwtjbg/201403/t20140305_46240.htm,2015-10-06。
② 陈中原:《数字化阅读:一场静悄悄的阅读革命》,《中国教育报》2009年8月18日。
③ 郑彩华:《PISA视野下的电子阅读素养测评及其启示》,《基础教育》2012年第9期。

对于未成年人来说，数字化阅读可谓"爱恨交织"，源于其优劣并存的属性。一方面，数字化阅读具有交互性、廉价性、海量性的特点,[1] 阅读的信息符号从单纯的文字和图案阅读扩展到多媒体，具有强烈的视听震撼力，激发读者的兴趣，给读者极大的视觉享受等优势；可以说，数字化阅读调动了读者的阅读感官，丰富了大众读者的阅读体验，并获得更多的阅读愉悦。[2] 另一方面，曹远认为普通高中生数字化课外阅读存在学生阅读动机功利化、阅读习惯快餐化、阅读态度娱乐化、网络道德弱化的问题，[3] 通过培养学生分辨良莠的能力、阅读能力、教授学生阅读方法可积极消除数字鸿沟。很多研究者关注数字化阅读与传统阅读对照研究，多数观点认为数字与传统阅读两者各有优势，可互补互促的。传统阅读注重纵深化系统化，使所获知识更加扎实；数字化阅读注重拓展性互动性，有利于扩大读者相关领域知识面，[4] 两者并非水火不相容，不管是传统阅读还是数字化阅读，都是阅读形式多样的表现，阅读的本质并没有改变。[5]

数字化阅读对未成年人的影响是一个复杂的过程，其中一个非常重要的变量就是用户自身的使用经验，因为数字化阅读不但具有阅读属性，还具有数字化使用属性，这依赖于个体的经验。相关的研究尚不多见。不少研究关注了数字化阅读推广、行为的影响因素，比如，有学者通过创新推广理论和问卷调查，实证分析数字化阅读内容、电子阅读器、学生本身以及外界四个因素，认为影响青少年选择数字化阅读的重要因素在于数字化阅读强大的检索功能以及比较低的费用。[6] 还有研究者从外部、内部、个人、行为意向四个方面探究影响个体数字化阅读，也是发现数字化阅读存在的问题并提出相应的对策建议。[7] 这些研究为本项目提供了很好的参照。

---

[1] 朱咫渝、史雯：《新媒体时代数字化阅读的审视》，《现代情报》2011年第2期。
[2] 张文青：《论数字化阅读的优越性》，《科技情报开发与经济》2010年第16期。
[3] 曹远：《普通高中生数字化课外阅读研究》，硕士学位论文，扬州大学，2011年。
[4] 刘鸿娟：《浅议青少年网络阅读与纸质阅读的选择》，《图书馆工作与研究》2012年第10期。
[5] 赵宣：《数字化阅读与传统阅读比较研究——兼谈阅读经典文献的有效介质》，《新世纪图书馆》2012年第2期。
[6] 王雪侠：《青少年数字化阅读推广的影响因素分析》，硕士学位论文，山东师范大学，2013年。
[7] 辛晓磊：《首都大学生数字化阅读行为研究》，硕士学位论文，北京印刷学院，2013年。

三 实验设计

1. 概念界定

（1）阅读行为。结合邓小昭在《网络用户信息行为研究》一书中对用户信息行为界定为：用户为了满足信息需求而从事的信息活动，是用户信息需求的外在化与延伸化。[①] 李新祥从此界定出发，把阅读行为理解为阅读主体获取媒介所承载的作品信息的意义所表现出的外部活动。[②] 更为直观的一个界定是：阅读行为是指读者为了满足阅读需求，利用各种途径、渠道和工具进行的一种有目的的行为方式。[③]

（2）阅读效果。阅读效果是阅读能力十分重要的组成部分，是指由许多外部和内部因素对阅读所产生的结果。例如阅读者本身的词汇量和阅读理解水平不同，也就制约着阅读效果的不同。同时，阅读目标与阅读理解水平息息相关，阅读目标决定阅读态度，而阅读态度影响阅读效果。阅读效果是直接从阅读结果区分析阅读者的相关能力的。本研究将阅读效果分为时间、测试成绩、阅读满意度三个维度进行描述。

2. 研究内容

通过阅读行为观察表记录被测对象的阅读行为，以及测试成绩来探讨使用经验对未成年人数字化阅读的影响。具体有如下三个子问题：

（1）未成年人数字化阅读使用经验基本情况，包括阅读器的熟悉度、接触电子产品时间、阅读频率、持续时间等。

（2）未成年人使用经验高低对数字化阅读的影响，包括阅读效果、阅读行为等。

（3）使用经验之外，未成年人客观情况、主观因素、客观因素对数字化阅读的影响：包括性别、媒介、阅读动机、倾向、家庭环境、教师态度等。

3. 研究对象

本研究的被试是来自某初中的八年级两个平行班的部分学生，学生的数字化阅读能力较强，满足被试具备数字化阅读实验的条件。实验前对被

[①] 邓小昭：《网络用户信息行为研究》，科学出版社 2010 年版，第 12 页。
[②] 李新祥：《数字时代国民阅读行为嬗变研究》，中国社会科学出版社 2014 年版，第 59 页。
[③] 辛晓磊：《首都大学生数字化阅读行为研究》，硕士学位论文，北京印刷学院，2013 年。

试进行了测试,以上一学期期末语文阅读成绩为参考依据,两个班级学生成绩均值不存在显著差异。后续检查数据记录准确性,剔除了 3 名记录不准确被试的数据。所以有效的实验被试为 32 人。

4. 研究工具

本实验中数字化阅读环境下的阅读材料是依靠"静读天下"阅读器来实施的。"静读天下"是一款设计简洁、高效易用、功能强大的电子书阅读器,同时是在 Android Market 上的电子阅读器类别中获得最高排名的阅读器。经尝试发现,"静读天下"阅读器具备报刊自动提取章节目录、文字选择功能齐全、阅读统计等功能,满足阅读者的各种阅读行为。实验环境提供 Wi-Fi。

5. 实验材料

实验材料主要分为两部分,第一部分为学习材料,测试者通过对材料的阅读进行学习,材料制作成 txt 文档格式。阅读文章选自人教课标本八年级下册第三单元第 14 课《大雁归来》,为新课内容。实验材料的第二部分就是实验测试材料,包含两大块,一是关于《大雁归来》这篇文章的同步练习,包括基础部分的掌握字词外,还有对这篇文章的主旨理解和字词句的理解,题型主要为填空题和简答题;二是附加题,题型为填空题,考核学生课外知识包括作者信息和作品信息。

6. 问卷设计

(1) 问卷变量的测量指标

在大量调研和参考各个文献研究量表的基础上,结合数字化阅读特点,设计了测量本研究各个变量的问题。各个变量的测量问题及问卷题目如表 4—2 所示。

表 4—2   问卷变量的测量指标

变量		题目
使用经验因素	阅读器的熟悉度	1. 您有使用过以下哪些阅读软件(可多选)
	接触电子产品时间	2. 您接触这些数字化电子设备多长时间了?
	阅读频率	3. 您数字化阅读频率
	持续时间	4. 您每次数字化阅读持续的时间
	阅读使用行为	5. 以下哪个更符合您的数字化阅读行为?

续表

变量		题目
客观情况	性别	6. 性别
	有无数字化阅读经验	7. 您是否开展过数字化阅读？
	阅读媒介	8. 您数字化阅读时主要依托的设备是
	阅读内容及类型	9. 您数字化阅读时最喜欢的内容 10. 您数字化阅读的主要类型
	阅读地点	11. 您一般在什么地方进行数字化阅读？
主观因素	选择数字化阅读原因	12. 您选择数字化阅读的原因是什么
	阅读内在动机	13. 您进行数字化阅读的目的
	阅读外在动机	14. 您之所以进行数字化阅读有一部分是因为
	行为意向	15. 您将来对数字化阅读的意向是？
	阅读倾向	16. 你平时多用哪种阅读 17. 你更喜欢用哪种阅读
	阅读态度	18. 数字化阅读对您来说
	接受终端能力	19. 您认为数字化阅读终端容易使用么
客观因素	家庭环境	20. 父母对你数字化阅读的态度
	教师态度	21. 老师对你数字化阅读的态度
	学校课业	22. 学校有开展有关数字化阅读的活动么？比如利用平板阅读新闻、开展小组课外活动等

（2）数字化阅读——行为测量指标

实验中观察测试对象的数字化阅读行为主要从阅读行为：基本阅读操作、笔记操作、评价交流、内容管理、功能设置及无关阅读操作等方面构成，如表4—3所示。

表4—3 　　　　数字化阅读行为测量指标

阅读行为											
基本阅读操作		笔记操作				扩展评价交流				无关阅读操作	
翻页	全文跳转	拷贝	书签	高亮	标注	词典	全文搜索	翻译	维基百科	google	分享	浏览无关信息	功能设置	眼睛不看屏幕

（3）数字化阅读——效果测量指标

测试中阅读效果主要由阅读速度、内容理解度、阅读满意度三部分组成，如表4—4所示。

表4—4　　　　　　　　　数字化阅读效果测量指标

阅读速度	内容理解度	阅读满意度
计时	书面答案	自我评分或实验后问卷调查

书面答案正确率指标：整张试卷分为两大部分，第一部分是基础知识及课文理解，共10分：其中三道选择题，每个2分；第二大题是一道简答题，一题4分；第二部分是课外拓展，一题共4分，为填空题，考察测试者对文章及作者课外知识积累。整个测试材料共计14分。整个测试时间共计10分钟。

问卷见附录四。

4. 实验过程

（1）前测分组。首先根据实验组八年级（9）班和（10）班上学期语文成绩分为语文成绩高低两组；接着在每组内进行问卷调查，根据问卷中使用经验测量指标进行数值转换运算，分出在高低语文成绩组中使用经验高低组，因此，本次试验共为四组，分别是第一组语文成绩高—使用经验高；第二组语文成绩高—使用经验低；第三组语文成绩低—使用经验高；第四组语文成绩低—使用经验低。实验中变量分析如表4—5所示。

表4—5　　　　　　　　　　实验的变量关系

	自变量	人数	因变量	干扰变量
语文成绩高	使用经验高	8	测试成绩、测试时观察阅读行为	被测试者的主客观因素
	使用经验低	8		
语文成绩低	使用经验高	8		
	使用经验低	8		

通过独立样本T检验，判断两两组别之间是否符合语文高低组间对比条件和组内使用经验高低平行条件。sig（双侧）为0.00，明显小于0.05，说明不同语文阅读能力组之间语文水平有着显著差异。另外，在语文阅读

水平高组内，sig（双侧）是0.12，大于0.05，说明了使用经验高低的学生之间语文水平没有显著差异，可以作为平行组进行对比。在语文阅读水平低组内，sig（双侧）为0.812，大于0.05，故使用经验高低的学生之间语文水平没有显著差异，也可以作为平行组进行对比。

（2）准备性实验。在正式实验之前，被测对象进行一个简单的准备性实验。主试对实验程序进行检测，一方面对实验的测试卷难度、时间需求等情况作一个大致的了解；另一方面让被测对象能熟悉平板中阅读软件的使用以及答题顺序，预计可能发生的意外情况以及相应的解决方法。准备性实验能够确保正式试验的顺利进行，准备性实验的数据不纳入正式的实验数据当中。

（3）正式实验。正式实验基本过程及流程如下：①被测对象进入机房后，找到相对应的位置，听实验助手对实验的相关要求及有关规范作简单的说明。②在学生正式作答前，由实验人员对被测对象进行一个"静读天下"阅读软件的培训。并有几分钟熟悉软件操作和练习的过程。③每位被测对象拿到平板后按要求打开指定阅读软件，进行阅读测试。④在被测对象答题时，实验助手利用阅读行为观察表每隔2分钟观察3—4位被测对象的阅读行为并记录下来。⑤答题结束后被测对象完成一份简单的自我评分。

四 实验结果与分析

1. 使用经验对数字化阅读行为的影响差异分析

为了更好研究使用经验不同对数字化阅读行为的影响，在实验测试时，利用阅读行为观察表将被测对象阅读行为记录下来，为了确保实验的准确性，在0—2分钟，2—4分钟，4—6分钟，6—8分钟，8—10分钟5个时间段里进行间隔记录，最终得到实验数据，如表4—6所示。

表4—6　　　　　　　　数字化阅读行为观察表

使用经验	基本操作			笔记操作				扩展评价交流						无关阅读操作		
	翻页	全文跳转	拷贝	书签	高亮	标注	词典	全文搜索	翻译	维基百科	google	分享	浏览无关信息	功能设置	眼睛不看屏幕
高	16	2	4	4	5	5	14	2	6	5	15	3	5	4	2
低	15	0	1	2	3	2	8	3	2	2	10	3	2	5	3

（1）使用经验高的学生阅读行为更加丰富

可以看出，在基本操作上，使用经验高的学生全部使用了翻页的操作，两位被试还使用了全文跳转，而使用经验低的学生有没有使用翻页操作，且没有被试尝试全文跳转。在笔记操作和扩展评价交流方面，使用经验高的学生的对文本的操作显然都比使用经验低的学生多，后续访谈发现，使用经验高的学生基本使用过一款及以上的阅读软件，大部分阅读软件都具备类似功能，比如翻页、拷贝、字典等，同时使用经验高的学生通过技能迁移，因此在测试中表现更加突出。

（2）不论使用经验高低，大多学生未有数字化阅读时笔记操作习惯

随着数字技术的不断改进，数字化阅读媒介功能不断改进和完善，许多阅读器都带有书签、高亮、标注等功能，并可以复制粘贴文本信息。读者阅读信息后，通过对信息的理解与记忆，可以内化成自己的知识。从实验看出，使用经验高的学生在笔记操作方面普遍多于使用经验低的学生，但差距不大。然而从总体数据上相比，使用笔记操作的学生仅是小部分，拷贝、书签、高亮、标注的使用率分别为 15%、18%、25%、21%，说明在数字化阅读时，学生还未养成利用数字化阅读媒介带有的笔记功能对信息进行理解和记忆的习惯。

（3）使用经验对数字化阅读行为中搜索、检索影响不大

数字化阅读具有便捷性、迅速性、海量性等特点，在数字化阅读过程中，关键信息的检索十分重要。读者可以通过关键词检索查询到所需信息，实现完整意义上的"聚合阅读"和"延伸阅读"。使用经验是否会对数字化阅读查阅、搜索等阅读行为产生影响呢？研究中就字典、翻译、维基百科、google 这四个操作展开分析，结果如表 4—7 所示。

表 4—7　　　　　不同使用经验对象的操作的描述性统计

操作	使用经验	统计量	数据	极小值	极大值	均值	标准差
字典	高	16	14	0	1	0.88	0.342
字典	低	16	8	0	1	0.50	0.516
翻译	高	16	6	0	1	0.37	0.500
翻译	低	16	3	0	1	0.19	0.403

续表

操作	使用经验	统计量	数据	极小值	极大值	均值	标准差
维基百科	高	16	5	0	1	0.31	0.479
	低	16	2	0	1	0.13	0.342
google	高	16	15	0	1	0.94	0.250
	低	16	10	0	1	0.63	0.500

由表看出，在字典、翻译、维基百科、google 等使用操作中，使用经验高的学生对信息搜索、检索能力比使用经验低的学生高。那是不是使用经验对阅读行为中信息搜索能力产生显著影响呢？针对这几项操作进行了独立样本 T 检验进行验证，结果如表 4—8 所示。

表 4—8　　不同使用经验对象的操作的独立样本 T 检验

操作	使用经验	F	sig.	t	df	Sig（双侧）
字典	高	19.286	0.000	2.423	30	0.022
	低			2.423	26.016	0.023
翻译	高	5.444	0.027	1.168	30	0.252
	低			1.168	28.708	0.253
维基百科	高	7.275	0.011	1.275	30	0.212
	低			1.275	27.129	0.213
google	高	31.154	0.000	2.236	30	0.033
	低			2.236	22.059	0.036

从独立样本 T 检验结果来看，字典、翻译、维基百科及 google 的 Sig （双侧）的值分别为 0.023、0.253、0.213、0.036，均大于 0.05，也就是说不论是字典、翻译、维基百科还是 google，使用经验都对数字化阅读行为中搜索、检索影响不大。

（4）在一定阅读目的下，使用经验高低对数字化阅读走神、分心方面影响不大

数字化阅读是一种快餐式、碎片式、浏览式的阅读，未成年人作为认知结构、能力尚处于发展成熟关键期的群体，他们长期处于这种快餐式的阅读快感、功利化阅读之下，是否会对他们阅读行为产生影响？是否使得

他们在阅读时更容易分心、难以进入到深阅读中呢？研究中以无关阅读行为数据进行分析，结果如表 4—9 所示。

表 4—9　　　不同使用经验对象的无关操作的独立样本 T 检验

操作	使用经验	数据	F	sig.	t	df	Sig（双侧）
浏览无关信息	高	5	7.275	0.011	1.275	30	0.212
	低	2			1.275	27.129	0.213
功能设置	高	4	0.582	0.452	−0.382	30	0.705
	低	5			−0.382	29.862	0.705
眼睛不看屏幕	高	2	0.915	0.346	−0.473	30	0.640
	低	3			−0.473	29.213	0.640

数据表明，使用经验高的学生在数字化阅读时并没有产生容易分心、走神以及难以进入阅读中的现象。这并不能表明数字化阅读的快餐式、碎片化阅读对学生并没有产生影响，因为本次实验前，被测试者就已经被告知此次阅读不是漫无目的地阅读，是要做一份与阅读文章的内容理解的考卷的。也就是说，本实验指定了被试阅读的内容，即被试不是在平板上无目的地浏览，而是有特定目的地阅读。故使用经验高的学生虽然经常进行的是碎片式、浏览式的阅读，但在有强烈阅读目的的情况下，并没有太大影响。

2. 使用经验对数字化阅读效果的影响差异分析

测试中阅读效果主要由阅读速度、内容理解度、阅读满意度三部分组成。

（1）使用经验不同对数字化阅读效果中阅读速度的差异分析

研究中对不同语文成绩组和使用经验阅读速度进行了描述性统计分析，结果见表 4—10、表 4—11 所示。

表 4—10　　　四个不同小组每位被测对象的阅读速度　　　单位：字/分

语文阅读水平	使用经验							
高	高	1058	567	734	265	345	678	345	675
	低	1002	753	324	563	234	674	354	675
低	高	786	1002	564	576	786	675	355	634
	低	888	637	896	345	486	543	378	564

表4—11　　不同语文成绩及使用经验阅读时间的描述性统计　　　单位：字/分

语文阅读水平	使用经验	统计量	极小值	极大值	均值	标准差
高	高	8	265	1058	583.38	262.020
	低	8	234	1002	572.38	256.912
低	高	8	355	1002	672.25	191.876
	低	8	345	896	592.13	208.149

从表中看出两两之间均值很接近，为了进一步考察被试使用经验不同对阅读时间究竟存不存在差异，对两两组之间阅读时间进行独立样本T检验分析，结果见表4—12所示。

表4—12　　不同语文成绩及使用经验阅读时间的两两T检验结果

语文阅读能力	使用经验	F	sig.	t	df	Sig（双侧）
高	高	0.000	0.992	0.085	14	0.934
	低			0.085	13.995	0.934
低	高	0.128	0.726	0.801	14	0.437
	低			0.801	13.908	0.437

从上表格可看出，不论是语文成绩高组还是语文成绩低组，使用经验对阅读时间都不存在显著的差异。也可以说，使用经验对数字化阅读中阅读速度影响不大。

（2）使用经验不同对数字化阅读效果中内容理解度（测试成绩）的差异分析

研究中对不同语文成绩组中使用经验对内容理解度即测试成绩，包括基础阅读和课外拓展两部分，进行了描述性统计分析，结果如表4—13所示。

表4—13　　使用经验不同对语文测试成绩的描述性统计（1）

测试种类	使用经验	统计量	极小值	极大值	均值	标准差
基础阅读	高	16	4	9	6.50	1.014
	低	16	3	7	5.25	1.125
课外拓展	高	16	2	4	3.19	0.834
	低	16	0	4	1.94	1.692

研究中发现使用经验高的学生两项成绩均高于使用经验不足的学生，并且标准差更小，更加稳定。先假设使用经验对两项测试成绩存在显著性差异影响，笔者进行独立样本 T 检验进行验证，如表 4—14 所示。

表 4—14　使用经验不同对语文测试成绩的独立样本 T 检验结果

测试种类	使用经验	F	sig.	t	df	Sig（双侧）
基础阅读	高	0.909	0.348	2.766	30	0.010
	低			2.766	28.561	0.010
课外拓展	高	11.493	0.002	2.651	30	0.013
	低			2.651	21.886	0.015

从表中看出不论是基础阅读还是课外拓展，使用经验高低两组的测试成绩都存在显著差异（小于 0.05），因此之前的假设成立，即使用经验对语文测试成绩两部分都有着显著影响。

但是这个结果对语文不同水平的学生的影响是否一样呢？语文作为一门稳定性强的科目，其成绩的波动不易受影响，为了更具体科学的研究使用经验是对语文阅读水平较高的影响大还是对语文阅读水平较低的影响大，故针对两组的语文阅读水平高低展开分析：

① 语文阅读水平高组中，使用经验对测试中基础阅读、课外拓展成绩影响。结果如表 4—15、表 4—16 所示。

表 4—15　使用经验不同对语文测试成绩的描述性统计（2）

语文阅读水平	测试分数	使用经验	统计量	均值	标准差
高	基础阅读	高	8	6.38	1.598
		低	8	5.75	0.707
	课外拓展	高	8	3.13	0.991
		低	8	2.75	1.389

表 4—16　使用经验不同对语文测试成绩的两两 T 检验结果（1）

语文阅读水平	测试分数	使用经验	F	sig.	t	df	Sig（双侧）
高	基础阅读	高	3.465	0.084	1.012	14	0.329
		低			1.012	9.640	0.336
	课外拓展	高	0.377	0.549	0.622	14	0.544
		低			0.622	12.661	0.545

上述表格中可以看出语文成绩高组中，不论是基础阅读（大于0.05）还是课外拓展（大于0.05），使用经验的高低都不对测试分数产生显著影响，两者之间不存在显著差异。

② 语文阅读水平低组中，使用经验对测试中基础阅读、课外拓展成绩影响。结果如表4—17、表4—18所示。

表4—17　使用经验不同对语文测试成绩的描述性统计（3）

语文阅读水平	测试分数	使用经验	统计量	均值	标准差
低	基础阅读	高	8	6.63	1.302
		低	8	4.75	1.282
	课外拓展	高	8	3.25	0.707
		低	8	1.13	1.642

表4—18　使用经验不同对语文测试成绩的两两T检验结果（2）

语文阅读水平	测试分数	使用经验	F	sig.	t	df	Sig（双侧）
低	基础阅读	高	0.009	0.924	2.902	14	0.012
		低			2.902	13.996	0.012
	课外拓展	高	9.909	0.007	3.362	14	0.005
		低			3.362	9.510	0.008

从表格中看出在阅读水平较低的组中，使用经验的高低对基础阅读（小于0.05）和课外拓展（小于0.05）都产生了显著影响。换句话说，使用经验高低是对语文阅读水平较低的同学产生了显著的影响。

综上可以得出以下几点：首先，使用经验对数字化阅读在内容理解度和课外知识拓展产生了显著的影响。使用经验越高，能对文章字词辨析、文章主旨把握和课外知识拓展等方面能力有所促进。其次，使用经验并不是都对所有学生的内容理解度产生影响，主要产生影响的群体为语文阅读水平较低的学生，对语文阅读水平较高的学生影响不大。

（3）使用经验不同对数字化阅读效果中阅读满意度（自我评分）的差异分析

根据测试后被测者填写的"阅读满意度"问卷的数据进行统计和分析，使用经验高低人群对阅读的满意度，结果如图4—1所示。

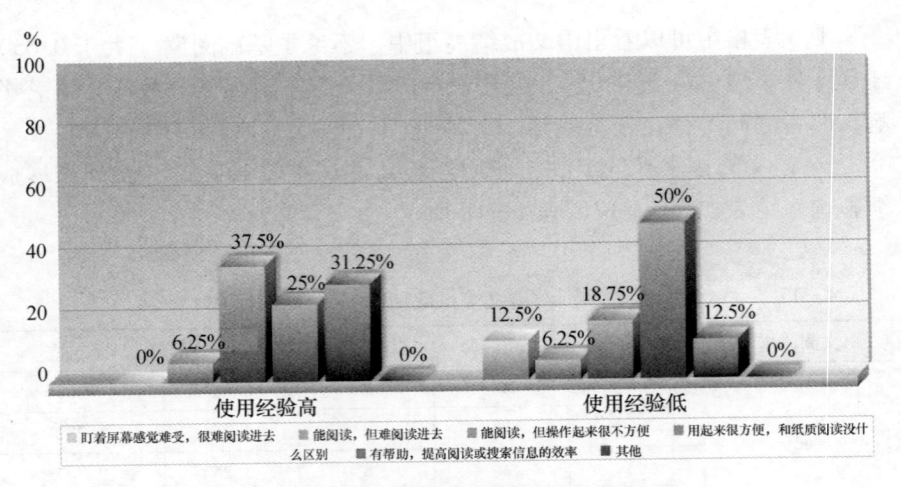

图 4—1　被测者使用数字化阅读的满意度

图中看出使用经验高的学生阅读时大多自我感觉为"能阅读但操作不方便""和纸质阅读没区别用起来方便"以及"有帮助,提高阅读或搜索信息的效率"这三点;而使用经验低的学生有一半感觉用起来方便,部分学生自我感觉阅读操作不方便、难阅读进去甚至个别觉得盯着屏幕感觉难受。那是不是使用经验对阅读者的阅读满意度产生了显著影响了呢?笔者就以上使用经验高低的阅读满意度进行了独立样本 T 检验,结果如表 4—19 所示。

表 4—19　使用经验不同时阅读满意度的独立样本 T 检验

	使用经验	F	sig.	t	df	Sig（双侧）
阅读满意度	高	0.043	0.838	1.034	30	0.309
	低			1.034	29.589	0.309

综上分析,使用经验高组和使用经验低组之间的阅读满意度不存在显著差异（大于 0.05）,即使用经验对阅读满意度不产生显著影响。

五　实验结论

本实验对于研究未成年人数字化阅读影响因素是一次较有意义的尝试,具有较强的实践参考价值。研究认为,使用经验会对未成年人数字化阅读中的阅读行为和阅读效果产生不同程度上的影响，增加使用经验会对未成年人的数字化阅读的提高有所帮助。研究发现：

1. 使用经验对数字化阅读行为影响：①使用经验高的学生阅读方向更加丰富。同样面对陌生不熟悉的阅读软件，使用经验高的学生，其阅读行为，包括基本操作、笔记操作、扩展评价交流这几个方面，要比使用经验低的学生阅读方向丰富的多。②不论使用经验高低，大多数学生未有数字化阅读时笔记操作习惯。虽然数字化阅读媒介越来越完善，都自带书签、高亮、标注等功能，但试验中学生还未养成利用数字化阅读媒介带有的笔记功能对信息进行理解和记忆的习惯。③使用经验对学生数字化阅读行为中搜索、检索影响不大。④在一定阅读目的下，使用经验高低对学生数字化阅读的走神、分心方面影响不大。数字化阅读过程中，使用经验高的学生虽然经常进行的是碎片式、浏览式的阅读，但在有强烈阅读目的的情况下，对阅读行为并没有太大影响。

2. 使用经验对数字化阅读效果影响：①使用经验对数字化阅读中阅读速度影响不大。②使用经验对阅读满意度影响不大。③使用经验对不同语文阅读水平的学生的数字化阅读在内容理解度和课外知识拓展产生了不同的影响。对于语文阅读水平较高的学生，虽然一定程度上也提高了对文章字词辨析、文章主旨把握和课外知识拓展等方面能力，但差异未达到显著差异，因此可以认为对语文阅读水平较高学生没有显著影响。而对于语文阅读水平较低的学生，使用经验高些的学生明显在测试成绩中高于使用经验低的学生，即使用经验对语文阅读水平较低的学生产生了显著影响。

未成年人作为数字化阅读的重要群体、未来社会的建设者，如何充分利用他们在生活中对数字化阅读的经验去提高数字化阅读质量是个值得研究的方向。为此，提出如下建议及策略。

（1）提高未成年人数字化阅读素养与体验。未成年人数字化阅读问卷结果表明，使用经验丰富的学生基本接触过至少一款以上的阅读软件，可见对阅读软件的熟悉度在一定程度上影响了学生数字化阅读体验。

（2）加强未成年人数字化阅读指导。未成年人在进行数字化阅读时，学校、教师和家长的引导十分重要，直接或间接地影响学生的阅读动机、阅读态度等，否则的话使用经验越是丰富越可能造成学生阅读能力的下降。

（3）优化数字化阅读内容。考虑未成年人年龄特征，他们对数字化阅读内容的好坏辨别能力及自制力还不够强,需要大力优化数字化阅读内容,使未成年人群体在进行数字化阅读时更健康、有效。

第三节 用户经验与未成年人数字化阅读行为的关系研究

一 实验背景

不同于传统纸质阅读,数字化阅读依赖于个体的数字使用经验,这成为影响数字化阅读效果的重要因素。近年来阅读终端的发展显示出移动化、智能化和集成化的趋势,数字化阅读的新样式——移动阅读随之出现。移动阅读所提供的便利性、立即性与多元的功能,让原本只能被动接收信息的用户也能够主动寻找到所需的数据,立即获取所需的信息,不再受限于空间与时间。移动阅读是通过手指触控进行操作,在操作过程中与个体手部疲劳(如使用者的手可能会遮蔽屏幕,并且会造成手部疲劳)、屏幕尺寸(如大部分触摸屏的尺寸较小,会影响阅读时的效率或造成眼睛的疲劳)等个体经验因素相关。换句话说,移动阅读与使用者不同的个体经验差异相关。一个直观的体验就是,在网络导航上,用户有更多的系统经验比起较少经验的使用者能浏览更多的网页,并且能够了解更多内容。但到底哪些要素及如何影响个体数字化阅读行为还不得而知。本研究将以未成人移动阅读为例,探讨不同经验的用户如何使用平板进行阅读,这将为面向未成年人的数字化阅读系统设计及图书馆数字阅读服务创新提供参考。

二 相关研究回顾

近年来移动阅读终端的发展有许多突破,其发展与进步开启了许多新的可能性。而在这些移动终端中,最流行的移动终端为平板电脑(Tablet PC),功能多样的特点使平板电脑不只是一个单纯提供阅读的工具,而是能够在其中进行很多有意义活动的载体,这提供学生一个更有弹性的学习机会,让学习者可以不再受到时间与空间的限制,同时能够让学习者可以通过系统与实际环境与对象进行互动,这就是一种泛在学习——无所不在的学习,相关研究综合如表4—20所示。

表 4—20　　　　基于移动终端的学习研究相关成果统计表格

研究者	研究成果
Huang, Wu, Chen, Yang and Huang (2012)	在移动终端上设计了以生活经验为基础的数学游戏,其研究结果显示,此方式不仅能培养学生解决问题的能力、降低对数学的恐惧,并提高学生们的学习动机,还能有效提高数学的学习成效①
C. C. Chen and Huang (2012)	在移动终端上设计了一个能在博物馆中学习的系统,系统会针对学生的学习情况给予合适的学习目标引导学生学习。其结果显示,数字化行动结合适当的学习活动能有效提高学生的学习动机,学生的学习成效也有显著的提升②
C. M. Chen and Li (2010)	开发一套英语学习的系统应用于移动终端上,能提供情境相关的单词,让学习者能够将词汇与真实对象结合起来,加强其记忆能力。其研究结果表明,这样的学习方式能有效提升学习者的学习动机,且多数的学生希望在未来的英文课程中可以继续通过移动终端来进行学习③
Tarng, Tsai, Lin, Lee and Liou (2012)	利用移动终端让学习者能通过实际的操作了解荷叶效应为纳米科技中的基本概念,其研究结果显示,利用此系统学习的学生,其学习成效高于通过视频学习的学生,且大部分的学生认为利用此系统学习可以提高本身的学习动机与兴趣,并且能让学习者更易于了解荷叶的模型与结构④

由上述的研究可知,因为移动终端所提供的便利性、即时性与多元化的功能,让原本只能被动接收信息的用户也能够主动寻找到所需的数据,立即获取所需的信息,不再受限于空间与时间。此外,移动终端只能通过手指触控来进行操作,虽然较容易学习,但在操作的过程中仍有一些不足,如,手部疲劳:使用者的手可能会遮蔽屏幕,并且会造成手部疲劳;屏幕尺寸:大部分触摸屏的尺寸较小,会影响阅读时的效率或造成眼睛的

---

① Ghinea G. & Chen S. Y., *The impact of cognitive styles on perceptual distributed multimedia quality*. British Journal of Educational Technology, 2003, 34, pp. 393 – 406.

② Lee C. C., Cheng H. K. & Cheng H. – H., An empirical study of mobile commerce in insurance industry: Task-technology fit and individual differences. Decision Support Systems, 2007, 43 (1), pp. 95 – 110.

③ Ford N. & Chen S. Y., *Matching/mismatching revisited: an empirical study of learning an ateaching styles*. British Journal of Educational Technology, 2001, 32, pp. 5 – 22.

④ Tarng W., Tsai S. H., Lin C. M., Lee C. Y. & Liou H. – H., *Design of Physical Games for Learning the Lotus Effect*. International Journal of Computer Science, 2012, p. 4.

疲劳。换句话说，移动终端并非完美无缺，不是所有的使用者都能克服前述的问题。使用者拥有不同的差异性，许多的研究证明，使用者的个体差异性具有影响性的因素。而在许多的个体差异性中，使用者经验最为重要。

关于用户经验与数字化阅读行为的关系，研究者发现，新手与专家在利用网络寻找信息时的不同，专家比新手能显著更快与更好地利用搜索引擎找寻所需的数据。[1] 更进一步的研究表明，新手若缺乏视觉的回馈会影响其使用键盘打字的速度，但专家若缺乏视觉的回馈则不会影响其打字的速度。[2] 通过数据挖掘技术发现用户不同的计算机使用经验会显著影响其对搜索引擎使用的偏好，比如，高经验者需较少的图示数量，而低经验者需求较多。在搜索结果上，高经验者认为其结果是需要排列的，相反地，低经验者则认为是不需要的。[3] 研究表明，在网络导航上，用户有更多的系统经验比起较少经验的使用者来说能浏览更多的网页，并且能够了解更多内容。以上研究显示用户经验因素在数字化阅读中扮演了举足轻重的角色。相关研究如表4—21所示。

表4—21　　　　　用户经验与移动阅读相关研究成果统计表

研究者	研究成果
Lazonder（2000）	研究新手与专家在利用网络寻找信息时的不同，发现专家比新手能显著更快与更好地利用搜索引擎找寻所需的数据[4]
Lyons, Starner and Gane（2006）	研究发现新手若缺乏视觉的回馈会影响其使用键盘打字的速度，但专家若缺乏视觉的回馈则不会影响其打字的速度[5]

---

[1] Lazonder A. W., Exploring novice users' training needs in searching information on the www. Journal of Computer Assisted Learning, 2000, 16, pp. 326 – 335.

[2] Lyons K., Starner T. & Gane B., Experimental evaluations of the twiddler one-handed chording mobile keyboard. Human-Computer Interaction, 2006, 21, pp. 343 – 392.

[3] Chrysostomou K., Chen S. Y. & Liu X. H., Identifying user preferences with Wrapper-based Decision Trees. Expert Systems with Applications, 2011, 38, pp. 3294 – 3303.

[4] Lazonder A. W., Exploring novice users' training needs in searching information on the WWW. Journal of Computer Assisted Learning, 2000, 16, pp. 326 – 335.

[5] Lyons K., Starner T. & Gane B., *Experimental evaluations of the twiddler one-handed chording mobile keyboard*. Human-Computer Interaction, 2006, 21, pp. 343 – 392.

续表

研究者	研究成果
Chrysostomou, Chen and Liu（2011）	通过数据探勘技术发现用户的不同计算机的使用经验会显著影响其对搜索引擎设计的偏好，包括了图示的数量、搜索结果的排列与错误信息的呈现。更明确的来说，高经验者需较少的图示数量，而低经验者需求较多。在错误信息上，高经验者认为错误信息是不重要的，相反地，低经验者则更需要错误信息的辅助。在搜索结果上，高经验者认为其结果是需要排列的，相反地，低经验者则认为是不需要的[①]
Inglis and Alcock （2012）	利用眼动仪探讨大学生与数学专家之间的不同，结果显示，大学生比数学专家花费更多的时间专注在表面的特征上（surface features），这表示他们较少处理逻辑化的结构。然而数学专家则更倾向于来回转移注意力在呈现的每一行论证上，这表示他们花费更多的时间在推敲其中所表示的意义[②]

以上研究显示，使用者的经验是一个重要的影响因素，值得进一步探讨，但目前少有研究探讨不同经验使用者如何使用平板进行阅读的行为与反应。

三 实验设计

1. 研究内容

本研究通过访谈和观察进行内容分析，主要分析不同用户经验的未成年人在使用平板计算机进行阅读的行为表现，以及获得知识和信息的正确性和使用态度。研究主题包括：

① 操作行为：包含平板电脑系统的操作方式、操作过程与其相关之行为；

② 解题策略：受测者在进行任务完成过程中所使用的查询方式；

③ 肢体语言：包含受测者在整个实验过程中所展现出与研究目的相关的肢体行为与情绪等；

[①] Chrysostomou K., Chen S. Y. & Liu X. H., *Identifying user preferences with Wrapper-based Decision Trees*. Expert Systems with Applications, 2011, 38, pp. 3294–3303.

[②] Inglis M. & Alcock L., *Expert and Novice Approaches to Reading Mathematical Proofs*. Journal for Research in Mathematics Education, 2012, 43, pp. 358–390.

④ 完成时间：受测者在每一个任务所花费的时间；
⑤ 信息正确性：受测者回答任务信息的正确性；
⑥ 操作满意度：受测者对于移动阅读系统的满意程度。

2. 研究对象

考虑到年龄、经历等对研究结果的影响，本研究以未成年人学生（初二）为实验对象，共 36 人。每人分配一台平板电脑（Android 系统、系统统一设置）搭配"静读天下"阅读软件（具有自动提取、文字选择、搜索、翻译、词典、分享、统计和标注等阅读功能）和浏览器。在任务过程中研究对象被限定只能使用上述软件进行任务。所有受测者均具有基本的计算机操作与信息查询技能。阅读内容为语文阅读测试，因此根据被试者的语文期末成绩平行（语文成绩均值不存在显著差异）分为 A 组、B 组；再根据用户的数字使用经验调查问卷分为高低经验组：HA 组、LA 组、HB 组、LB 组。

3. 研究过程

通过问卷调查受测者平板计算机相关使用经验和个人背景，之后受测者开始使用平板电脑进行阅读任务，研究者在旁观察记录受测者在任务进行中与平板电脑阅读使用所产生的相关行为。将所记录的观察行为整理成访谈大纲，在行为观察结束后，对受测者进行个别化的访谈。访谈分为访谈大纲和观察访谈两部分，前者用来了解受测者的使用观感，后者用来澄清受测者的行为反应。访谈大纲是依据研究问题所发展出的内容，观察访谈是根据受测者在实验进行所产生的行为，例如受测者的口语/非口语信息和肢体动作等，进行进一步访谈以了解行为背后的原因。

四 实验结果与分析

1. 移动阅读操作行为

（1）移动阅读界面方向选择

本研究包括了高经验使用者与低经验使用者，由观察得知，受试者的操作行为主要分为三种类型，包括直式、横式与不断切换直式与横式。接下来根据这三种类型的操作行为，来比较高低经验用户在操作平板电脑进行阅读的差异性。研究如表 4—22 所示，受试者操作平板电脑的阅读行为主要分为两大类别，包括直式与横式。受试者以直式时可以看见较多的数据，但文字较小；而横式时则能看见的数据较少，但与一般计算机接近。

表4—22　　　　　　　　移动阅读操作行为统计

高经验组（16人）	A. 直式	B. 横式	C. 不断切换直式与横式
人数	1	12	3
比例（%）	6.3	75.0	18.8
低经验组（16人）	A. 直式	B. 横式	C. 不断切换直式与横式
人数	9	4	3
比例（%）	56.2	25.0	18.8

从测后访谈中发现，如表4—23所示，高经验受试者都偏好以横式的操作方式，其原因为目前多数的计算机显示器都是采用宽屏幕的设计，高经验学习者经常使用计算机，如果以横式操作平板电脑时，可利用已有的计算机经验转移至平板电脑上，所以较为流畅操控。

低经验受试者在培训前普遍选择直式的方式操作平板电脑，直式与横式的最大差别在于直式的方式所看见的字体较小但却能看见较多的内容，意味着低经验受试者倾向用宏观到微观的阅读方式，也即先用直式浏览所有的内容，再用横式或放大的功能细部研读。

表4—23　　　　　　　　操作行为访谈

	Q1：你是什么方式操作平板电脑的？原因？
直式	我都用直立的，就当手机用。一只手也可以进行操作的（LA2） 虽然桌面是横式的，但是我不知道怎么把阅读的这个应用横过来使用（LB3） 可以看到更多的内容，比较方便做题不需要翻来翻去。（可是字体会很小怎么办？）那就把字再放大就好了（HB4）
横式	因为我觉得平板电脑就是横着用，我的观念里都是横着用的。可能是计算机也是横的吧（HA4） 我不会选择用直的方式去操作。我比较想要看见大的字，竖着用所有的字都堆在一起看起来画面很满，不舒服（HA8）
不断切换直式与横式	我主要是用直的方式，因为我觉得查数据时用横的能看到的资料太少，要一直用滚动条滑动，所以我会选择用直的方式来看整个画面。当我要仔细看资料时才用横的，因为有些画面会被切掉。所以我会一直不断地切换直的与横的（HA1）

根据Grigorenko and Sternberg（1997）的文献，他们将学习者的思考

层次定义为全球型（global）与地方型（local），前者表示学习者较喜欢处理大而广的问题和抽象概念；后者较偏好处理细节和具体的问题。因此，可推测上述的低经验受试者其思考层次可能为全球型；而高经验的受试者则可能为地方型层次的思考模式。因此不同的思考层次受试者会采取以不同的方式查找数据。①

（2）移动阅读输入操作策略

不同于传统纸质阅读的固定操作，数字化阅读者可以根据自身偏好进行输入操作，调整阅读内容的显示方式等。观察发现，不同经验使用者在输入操作策略上有不同的表现。根据观察测试者对字体进行的显示调整行为，高经验组和低经验组在字体调整方面的行为差别不大，仅21.88%的被测者进行了字体的调整，如表4—24所示。

表4—24　　　　　　　　　输入操作策略

	大小调整		输入方式		输入过程	
		人数	百分比	人数	百分比	人数	百分比

	大小调整	人数	百分比	输入方式	人数	百分比	输入过程	人数	百分比
高经验组	1. 合适	4	25.0	1. 单手输入	5	31.3	1. 输入顺利	11	68.8
	2. 不进行调整	12	75.0	2. 双手输入	11	68.8	2. 输入不顺，易输入错误	5	31.3
低经验组	1. 合适	2	11.7	1. 单手输入	10	62.5	1. 输入顺利	5	31.3
	2. 不进行调整	14	87.5	2. 双手输入	6	37.5	2. 输入不顺，易输入错误	11	68.8

关于为什么被测者不进行字体的调整呢？从访谈中获知当平板的屏幕小且当内容信息量大时，易造成阅读的困难并容易迷失阅读焦点。如表4—25所示。然而，不同经验的受测者对于平板的设置操作不同，被测者未进行字体调整的原因主要有：

① 不知道：未使用过平板电脑或使用经验低。打开应用软件，低经

---

① Grigorenko E. L. & Sternberg R. J., *Styles of thinking, abilities, and academic performance.* Exceptional Children, 1997, 63, pp. 295–312.

验受测者选择靠近屏幕来进行阅读。

② 没必要：在可以进行基本阅读的情况下，不主动进行字体的调整。观察中还发现进行字体调整的被测者基本都是以"横式"进行操作，该类测试者习惯于将电子阅读材料调成书本样式，符合往常的阅读习惯，且根据自身使用经验判断出方法进行设置。

表 4—25　　　　　　　输入操作策略访谈

Q2：为什么不调整字体呢？
因为打开了阅读应用看到字体虽然小，但是看得清楚就懒得修改大小了。反正还是看得清楚（HB2）
看着不舒服，但是不知道还可以进行设置（LA3）
这个和我以前用的平板不一样，我尝试用手指放大，但是没成功。我怕来不及做测试，就先做题了（LB5）

在输入方式方面，高经验组高达68.8%的被测者使用双手进行输入，以便于进行所需信息的查询。低经验组不熟悉平板电脑的使用，在操作虚拟键盘时，低经验组出现了用力敲击屏幕、叹气、喃喃自语等肢体动作，反映出了测试者在测试中的焦躁情绪。

（3）移动阅读应用切换方式

在测试过程中，不同使用经验的用户会使用不同的应用程序来进行辅助做题，最大化利用平板电脑的功能应用。观察学生是否能正确的退出、进入、切换应用程序。结果如表4—26所示。

表 4—26　　　　　　　应用切换方式统计

高经验组（16人）	A. 退出后再进入	B. 使用程序切换快捷键	C. 不能进行切换
人数	12	4	0
比例（%）	75.0	25.0	0
低经验组（16人）	A. 退出后再进入	B. 使用程序切换快捷键	C. 不能进行切换
人数	10	2	4
比例（%）	62.5	12.5	25.0

实验过程中，有68.75%的学生使用平板电脑上的Home键返回到主

页界面，再选择自己所需要的应用程序。部分测试者使用程序切换快捷键进行程序的快速操作。低经验组则出现了无法切换应用程序的测试者，长时间停留在初始的阅读程序文本页面，不能使用平板电脑辅助解题。

（4）移动阅读中的清除策略

在清除策略部分，低经验者与高经验者展现不同的策略。低经验者以单一策略来清除信息，而高经验者则会考虑不同情况，而使用重开新查询页面和不断点击"清除键"的清除策略。如表4—27所示。

表4—27　　　　　　　　　清除策略统计

高经验组（16人）	A. 一直点击清除键	B. 直接按删除数据	C. 重开新页面输入数据
人数	1	12	3
比例（%）	6.2	75.0	18.8
低经验组（16人）	A. 一直点击清除键	B. 直接按删除数据	C. 重开新页面输入数据
人数	9	4	3
比例（%）	56.2	25.0	18.8

由以上结果可以发现，使用者的经验影响使用者的操作行为。高经验者能够运用本身的经验，依据不同情况灵活运用不同的操作方式和清除策略，因此他们顺利完成任务且满意操作过程。然而，低经验者因不熟悉系统操作与清除策略，因此产生错误操作行为和单一的切换应用策略应用，导致他们对于系统和操作过程都感到不满意。

2. 移动阅读解题策略

实验中，不同使用经验的测试者会根据试题的难易程度来进行解题，从而产生不同的解题策略。从该项目指标观测，不同经验使用经验者解题策略具有差异性。结果如表4—28所示。

表4—28　　　　　　　　　解题策略统计

高经验组（16人）	A. 顺序作答	B. 跳题作答
人数	14	2
比例（%）	73.7	10.5
低经验组（16人）	A. 顺序作答	B. 跳题作答
人数	14	2
比例（%）	87.5	12.5

在答题策略上，高经验者都以顺序作答的方式作答，而低经验者大多以跳题的方式作答。根据访谈的结果，如表4—29所示，低经验者以跳题的方式作答，是因为不确定某些题意的内容，由以上的行为观察和访谈结果可以了解，除了手机的使用经验外，用户对于作答任务的专业知识和题意的理解程度也会影响解题策略。

表4—29　　　　　　　　阅读解决策略访谈记录

Q3：你都是用什么样的方式完成任务的？
不知道怎么退出这个阅读界面，没法上网查，所以我只好直接看文章进行作答了（LB8）
选择题根据阅读软件中的文章进行思考解题，解答题则直接上网查询（HA3）
选择题选项内容太多了，不好查，但是填空题里面的内容可以直接网上搜索。很多都可以直接找到原题，我就直接把答案写下来了（HB4）

Lazonder（2000）在研究新手与专家在利用网络寻找信息时的不同时，其发现专家比新手能显著更快与更好地利用搜索引擎找寻所需的数据。[①] 也就是说，当使用者开始跳题查询时，意味着使用者对于当前的题项感到困惑。因此，将来在发展个人化的系统时，可以经由跳题行为判断学生是否需要相关的协助。

3. 移动阅读中的肢体语言

在肢体语言上，高经验者除了查询行为外，没有太多的肢体动作和情绪反应发生，而低经验者则表现出许多肢体动作与情绪反应。观察记录如表4—30所示。

表4—30　　　　　　　　肢体语言观察记录及访谈表

高经验组	低经验组
对应平板电脑信息和纸本信息 皱眉头	对应平板电脑信息和纸本信息 抓头，摸脸，左右晃头叹气，喃喃自语 用力滑手机，看天花板，手支撑脸，转笔

---

① Lazonder A. W., *Exploring novice users' training needs in searching information on the WWW*. Journal of Computer Assisted Learning, 2000, 16, pp. 326 – 335.

续表

高经验组	低经验组
	使用过程中一直在自言自语："这个字怎么放大。""怎么退出阅读软件。"下意识希望可以寻求到帮助（LA1）
一开始是觉得虽然不会用，使用起来很困惑，试卷的题目也觉得很难，但是还是尽量完成，但是做到后面，时间也不够用了，网速也慢就不想写了（LB5）
拿手撑头，摇头是因为对于任务的信息感到困惑，被卡住，要写很久，时间长了就觉得焦虑。
培训后还是不熟悉操作（LB6）

根据访谈的结果，低经验者的肢体动作与情绪反应，是因不熟系统操作或是对题意不理解所造成。由以上的行为观察和访谈结果可以了解，题意的理解程度和用户经验影响肢体语言和用户负面情绪和焦虑。因此，在开发个人化学习系统时，可依据用户经验和先备知识判断是否给予系统导引和学习的相关协助。

4. 移动阅读中的笔记操作及扩展评价交流

"静读天下"阅读器提供了大量的辅助功能，如笔记操作（标注、高亮、书签、拷贝），拓展评价交流（分享、google、维基百科、翻译、全文搜索、词典）。测试者可以直接长按调出辅助功能进行阅读文章的字词查询，标注测试题中的有效信息，从而提高阅读效率。

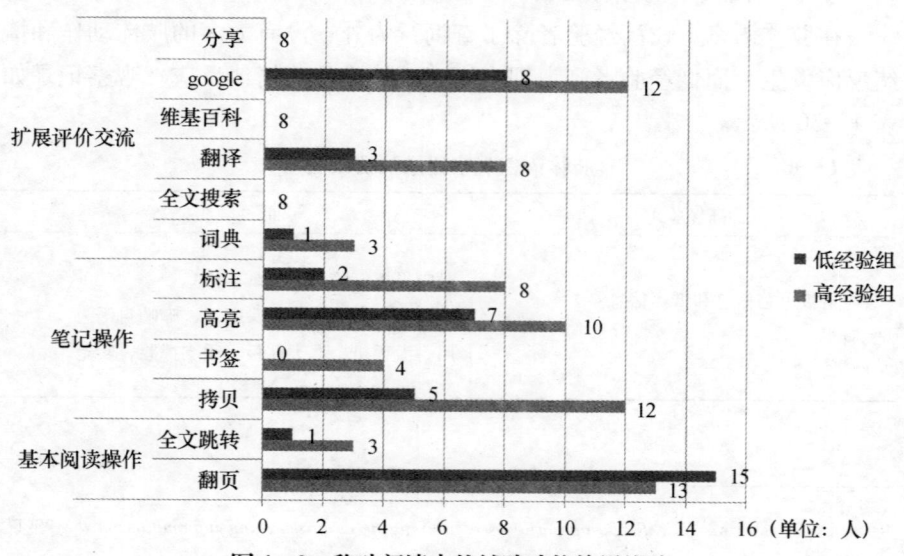

图4—2 移动阅读中的辅助功能使用统计

如图4—2所示，高经验组可以根据试卷任务进行多种设置操作（如调整界面字体，搜索方法），以便于进行资料的查询。此外，本研究也发现，高经验者偏好自行理解阅读内容，而低经验者偏好重点提示。

5. 移动阅读任务的完成时间

除了观察用户的行为外，本研究也记录用户在测试问题上所花费的时间和总花费时间。结果如图4—3所示，经验组总花费时间平均为8.8125分，高经验组总花费时间平均为6.25分，相较于低经验者，高经验组的作答时间将近低经验组作答时间的2/3，低经验者多花费了近一倍的时间在信息查询上，这样的结果说明使用系统的经验和熟悉度影响他们经由操作系统获得信息。

不同经验组在5题上所花费的时间

第1题（选择题：拼音） 1.2
第2题（选择题：错别字） 0.95
第3题（选择题：阅读理解） 1.93
第4题（解答题） 1.63
第5题（填空） 1.9

■ 高经验组
■ 低经验组

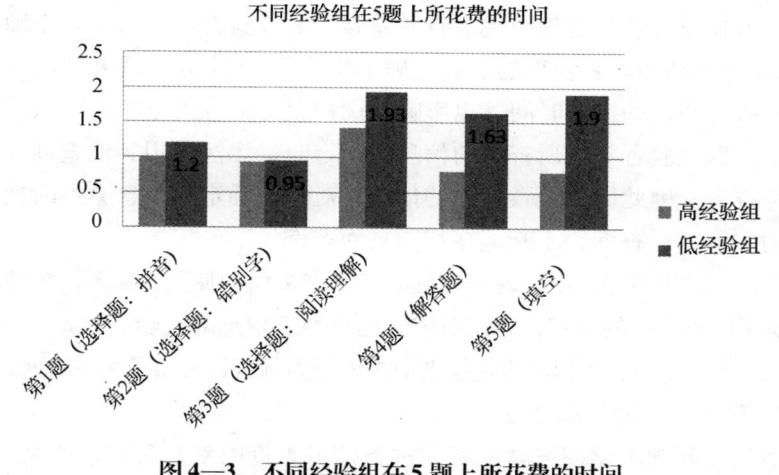

图4—3　不同经验组在5题上所花费的时间

在每一个任务的时间花费部分，高经验组在解答题上花费时间最少，在选择题部分，低经验组花费的时间和高经验组差不多，但在解答题部分可发现高经验组的做题效率远高于低经验组，由此可知，平板电脑的熟悉程度影响了他们搜寻信息的花费时间。从测试中可以得知，复杂的信息查询，对于不同经验使用者，都有着一定的难度。因此未来在建构个人化系统时，可以由使用者在单一题项所花费时间作为判断是否需要提供相关协助。访谈结果如表4—31所示。

表4—31　　　　　　　　阅读任务完成访谈记录

Q5：使用平板电脑后，你的解题时间是增加还是减少？可能的原因？

我可以在网上很快找到我所需要的答案，但是打开网页后我总是不自觉地被其他内容吸引。信息太多了，很难专注答题。我经常一走神就玩游戏看新闻就耽误了写作业的时间（HB3）

这个平板电脑不好用，读起来很费力气，搜索也不方便（LA7）

当然是题目越做越快了。很多不知道的内容（互联）网上都有。语文题中的拼音错别字可以使用平板电脑中的输入键盘来判断，其的题目内容"百度"一下都能找得到（HB2）

6. 移动阅读的信息正确性

信息正确性是阅读效果的一种体现，根据测试分数来判断测试者的信息正确度，并与其使用经验和操作行为进行联系比较，观察其三者之间的相关性。在用户进行任务作业上，虽然大部分完成任务，但可以发现，不同经验者在获得信息的正确性上有所差异。低经验者获得的信息正确平均为5.75分，高经验者获得的信息正确平均为7.0625分。结果显示用户经验不仅影响用户的操作时间，也影响了用户获得信息的正确性。从行为观察得知，低经验者对于所查询的信息不确定时，无法应用其他查询策略进行信息查询，因此无法获致其他的信息。对于不确定的信息会不断地输入相同的关键词作查询，不断地在相同页面查询。

由以上结果可知，使用者经验影响了查询策略的使用，而不同的查询策略影响了用户信息的获得，进而影响了用户对于信息的判断。因此，在开发个人化学习系统时，可以经由使用者的查询行为判断是否给予相关协助。[①]

7. 移动阅读操作满意度

通过该问题主要调查测试者在进行信息查询时对计算机、平板电脑、智能手机的（都在联网状态下）选择倾向性。结果如表4—32所示。

表4—32　　　　　　　　信息查询设备的选择倾向性

高经验组（16人）	A. 计算机	B. 平板电脑	C. 智能手机
人数	5	9	2
比例（%）	31.25	56.25	12.5

---

① 丁小燕、孔克勤、王新法：《英文快速阅读的眼动特点与阅读成绩的关系》，《心理科学》2007年第3期。

续表

低经验组（16人）	A. 计算机	B. 平板电脑	C. 智能手机
人数	9	4	3
比例（%）	56.2	25.0	18.8

访谈结果显示，在日常的学习工作生活中，高经验组更倾向于使用平板电脑，因为电脑开机时间较长，手机的界面字体又不易于阅读，所以平板电脑方便，快捷，阅读效果好。低经验组超过半数的人选择计算机进行查询，大部分人表示倾向于电脑搜寻信息是因为熟悉电脑的操作，不熟悉使用平板电脑和手机的虚拟键盘。由此可见，测试者对不同电子产品的使用经验会影响他们数码工具的选择。研究中设计了问题：对于知识学习而言，对比数字化阅读和纸质阅读，你觉得哪种更有效？主要调查测试者对于数字化阅读和纸质阅读的有效性判别，反映了测试者在阅读时的倾向性。结果如表4—33所示。

表4—33　　　数字化阅读和纸质阅读倾向性数据统计

高经验组（16人）	A. 数字化阅读	B. 纸质阅读
人数	13	3
比例（%）	81.25	18.75
低经验组（16人）	A. 数字化阅读	B. 纸质阅读
人数	6	10
比例（%）	37.5	62.5

从数据中可以发现高经验用户倾向使用数字化阅读，低经验用户则认为纸质阅读能够使自己更好地阅读文章内容，数字化阅读会让他们分心去进行操作设置，从而影响了阅读效果。

在操作满意度上，如图4—4所示。高经验者的系统满意度高于低经验者，显示用户经验影响用户对系统操作满意度。而此结果呼应了先前操作行为和肢体语言的访谈结果，低经验者虽然对于系统操作不熟悉，但在开始使用时抱有尝试接受的心态，然而不断在操作中遇到困难，开始累积对系统操作的负面情绪，最后表现出低的系统满意度。因此，未来在开发个人化系统时，可以由使用者的使用历程判断是否需要协助，以减少使用

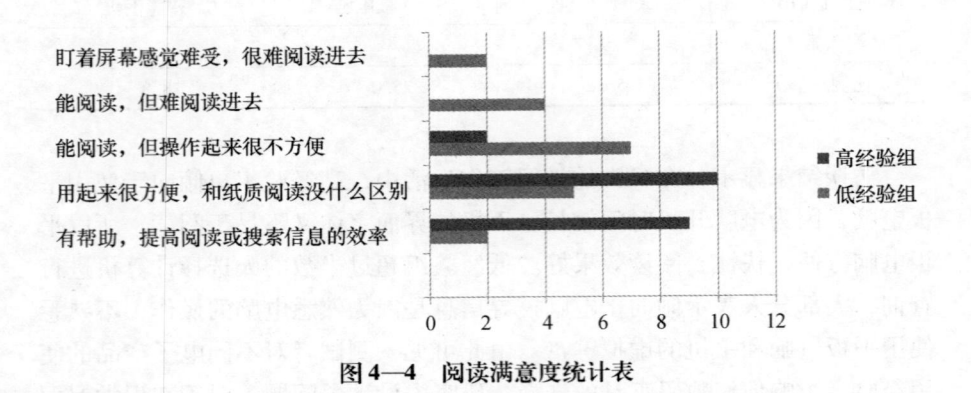

者在操作历程的挫折感，提升用户对系统的接受度与满意度。

	高经验组	低经验组
盯着屏幕感觉难受，很难阅读进去		
能阅读，但难阅读进去		
能阅读，但操作起来很不方便		
用起来很方便，和纸质阅读没什么区别		
有帮助，提高阅读或搜索信息的效率		

图4—4 阅读满意度统计表

五 实验结论

通过本研究，在用户经验与数字化阅读行为的关系方面，可以发现：

第一，用户经验影响数字化阅读效果。用户经验只有对于平板电脑的基本操作有帮助，对于进行任务没有明显的帮助，因为他的经验可能是使用平板电脑来开发程序或娱乐，因此这些经验都与任务所需不相关。部分高经验者认为拥有较多的经验，只有在平板电脑的基本操作上有帮助，对于任务上是没有帮助的。另外，用户操作手机的经验可以迁移至平板电脑上，其差异只存在于两者间的屏幕大小。以上结果可以发现，使用者经验影响使用者的平板电脑操作行为。高经验者能够运用本身的经验，依据不同情况灵活运用不同的操作方式和清除策略，让他们顺利完成任务且满意操作的过程。然而，低经验者因不熟悉系统操作与清除策略，因此产生错误操作行为和单一的策略应用，导致他们对于系统和操作过程都感到不满意。

第二，不同数字化设备间的经验迁移。HA1认为其经验只有对于平板电脑的基本操作有帮助，对于进行任务没有明显的帮助，因为他的经验都是使用平板电脑来开发程序或娱乐，因此，虽然有较多的经验，但这些经验都与任务所需不相关。HB3认为拥有较多的经验，只有在平板电脑的基本操作上有帮助，对于任务上是没有帮助的。另外值得一提的是，他认为操作手机的经验可以迁移至平板电脑上，并认为其差异只有在于两者间的屏幕大小。LB4认为手机的使用经验无法迁移至平板电脑上。除此之外，他认为自身缺乏操作平板电脑的经验，所以造成他在任务分数上无法获得高分，因此虽然作答时间最短，但其分数却最低。由上述讨论可以发现高经验受试者认为其使用智能型手机的经验是可以转移至平板电脑上的，但低经验受试者则有不同的看法。不论高低经验受试者皆认为使用平板电脑来进行较复杂的任务是困难的，并且认为同样的任务在计算机上进行会比较容易。

对于开发者来说，建议：

第一，提供更多新手训练。让原本只能被动接收信息的用户也能够主动寻找到所需的数据，立即获取所需的信息，不再受限于空间与时间。由上述的研究结果发现，低经验者由于不熟悉平板电脑的查询系统，对于信息查询的过程感到不顺利。由于不熟悉系统操作，在操作策略和解题策略上也无法灵活运用。如此一来，不仅影响了用户在查询信息的时间，也影响了其解题正确性。另外，在长时间的信息查询加上对于获得信息的不确定性的影响下，造成用户对使用系统的焦虑感和排斥性，因此对于系统的满意度明显低于高经验者。操作行为可以提高学习者的阅读效率，从而促进学生进行学习。因此，未来在开发个人化移动学习系统时，可以提供低经验者较多的新手训练以提升其经验，并提供实时辅助来解决使用者在操作过程上所遇到的问题，并将其不同偏好纳入考虑，则可使系统更贴近用户需求。[①]

第二，电子化设备功能引导阅读。学生接触数字化阅读，体验其带来的完全不同于纸质阅读的感官冲击力，但同样饱受数字化带来的苦恼，比如，"无法既快又准确地找到需要的信息""网络信息缺乏规范性""上网不知道该做什么"等现象都普遍存在。需要通过技术手段引导未成年人数字化阅读，充分利用网络笔记功能或结合纸质笔记，避免"浅阅读"现象。

第三，注重个人特性。未来在数字化产品上开发个人化查询系统时，须将用户经验、个人特性纳入考虑。当用户在系统使用上出现低经验者可能出现的操作行为时，系统可以判断并提供相关协助，以辅助用户快速熟悉系统操作，进而辅助其使用成效。

---

① 李晓娟、赵薇：《眼动研究对阅读困难内在机制探讨的贡献与不足》，《中国特殊教育》2007年第7期。

第四，注重题目的有效程度。在测试过程中，完成最快的学生部分未理解题意，所以教师在未来的教学中，测试题应该注重学生的思考，更具有开放性。单纯的客观题学生可能直接搜寻出答案，却不能有效地进行记忆和学习。其次，当使用者开始跳题查询时，意味着使用者对于当前的题项感到困惑。因此，将来在开发个人化的系统时，可以经由跳题行为判断学生是否需要相关的协助。

对于使用者来说，建议：

第一，明确阅读目的，制订阅读计划。阅读目的是筛选阅读内容的前提，阅读计划是形成良好阅读习惯的重要举措，在任何数字化阅读过程中都需要强化目的意识和计划工作，以避免电子化阅读的盲目性和随意性。

第二，培养数字化阅读的鉴别、思维、自控能力。提高自身的网络信息分析鉴别能力；培养网络阅读思维能力，提高数字化阅读过程中的自控和自制能力，引导学生适度、适时地进行阅读等都是当务之急。

第三，建构专业性较强的阅读资源。家长和教师注重阅读信息和资源的推荐与建设工作，为未成年人推荐可靠的阅读站点；强化阅读过程中的阅读习惯，采用纸质的、网络的工具进行阅读记录、分享与交流，以提高认知、想象和创造能力；多组织健康有益的活动，减轻其对网络的依赖；必要时进行适当的心理干预与心理引导，以增强其心理自控力，以正确的态度对待数字化阅读。

第四节　本章小结

通过针对未成年人数字化阅读的行为分析，得出以下结论：

第一，使用经验高的学生阅读方向更加丰富，使用经验对不同阅读水平学生的内容理解度和课外知识拓展具有影响。

采用实验研究法探究个体使用经验对未成年人数字化阅读行为及效果的具体影响。结果表明：（1）使用经验对数字化阅读行为影响：使用经验高的学生阅读方向更加丰富；不论使用经验高低，大多数学生没有数字化阅读时记录笔记的习惯；使用经验对学生数字化阅读行为中搜索、检索影响不大；在一定阅读目的下，使用经验高低对学生数字化阅读走神、分心方面影响不大。（2）使用经验对数字化阅读效果影响：使用经验对数字化阅读中阅读速度影响不大；使用经验对阅读满意度影响不大；使用经验对不同语文阅读水平的学生的数字化阅读在内容理解度和课外知识拓展产生了不同的影响。(3) 据此提出了对策性建议：加强学生对阅读软件各项功能使用，提高他们数字化阅读体验。加强学校支持、教师和家长指导。优化数字化阅读内容，考虑未成年人年龄特征。

第二，使用者经验影响使用者的平板电脑阅读操作行为，高经验受试者移动阅读经验可以进行顺利迁移。

从用户经验角度切入，通过现场观察与个案访谈方法，分析不同使用者经验在操作行为等方面的差异，揭示数字化阅读对未成年人认知发展的影响以及用户经验与数字化操作行为的关系。结果发现，使用者经验影响使用者的平板电脑操作行为。高经验者能够运用本身的经验，依据不同情况灵活运用不同的操作方式和清除策略，让他们顺利的完成任务且满意操作的过程。高经验受试者认为其使用智能型手机的经验是可以转移至平板电脑上，但低经验受试者则有不同的看法。低经验者因不熟悉系统操作与清除策略，因此产生错误操作行为和单一的策略应用，导致他们对于系统和操作过程都感到不满意。不论高低经验受试者皆认为使用平板电脑来进行较复杂的任务是困难的，并且认为同样的任务在计算机上进行会比较容易。

第五章
数字化阅读对未成年人发展的影响

  传统阅读作为学习的一个基本过程，对于未成年人的影响不存在争议；而作为一种数字化行为方式的数字化阅读，对于未成年人的影响始终存在不同甚至相反的观点。积极者看到了数字化阅读的多媒体化、强交互性，能够激发读者的兴趣，调动读者的阅读感官，给读者极大的视觉满足和审美愉悦等优势，这些看起来美妙的东西实际上影响如何呢？斯坦福大学的克利福德·纳斯曾对数字技术对人的影响做过分析，他选择两组个体作为研究样本，一组每天切换于黑莓手机、推特和电视之间阅读新闻；另一组很少进行多任务处理，结果发现，追随多媒体越多，选择性记忆越差，导致总结能力下降，乃至工作能力明显下降，[①] 结果令人不安。而大行其道的数字化阅读，面对心智尚处发展关键时期的未成年人来说，到底影响几何呢？本章将采用基于量表的实证调查，分析数字化阅读对未成年人认知发展和社会发展的影响。

第一节　量表研究设计

一　研究方法概述

  主要采用基于李克特量表（Likert scale）的调查法展开研究。李克特量表是美国社会心理学家李克特在原有的总加量表基础上经过改进而成的。量表一般由一组赋值不同的陈述组成，比如，态度类的定性陈述有"非常同意""同意""不一定""不同意""非常不同意"5种回答，这些陈述在后期统计中可以分别赋值5、4、3、2、1，每个被调查者可以根

---

① 屈一平：《微博：碎片阅读之忧》，http://news.sohu.com/20120514/n343112971.shtml，2015-10-04。

据自己的体验，通过勾选不同的陈述等级表明自己的态度或者观点的强弱。

李克特量表的优点在于：(1)设计简洁，简单易用；(2)使用广泛，包括某些多维度的复杂概念或态度；(3)李克特量表比同样长度的量表具有更高的信度；(4)回答清晰，五种等级的选项使回答者快捷方便地做出响应。

其不足也非常明显，主要在于：主观性偏强，即使相同态度也难以用简单的数字直接表达和区分，尤其是总分上，抹杀了不同态度方面的个体差异，因此，李克特量表一方面只能大致上区分个体间谁的态度高、谁的态度低；另一方面要通过每个子项目去进一步描述他们的态度结构差异。

在本研究中，结合全国大样本调研，从调查对象中选取数字化阅读"熟练者"（占总样本13237的42.83%）作为本研究的分析对象。通过受调查者数字化阅读主观体验，进行数据收集。收集工具采用李克特量表式问卷，包含"非常同意""同意""没意见""不同意""非常不同意"5个选项，统计时分别计为5分、4分、3分、2分、1分。每个选项代表受调查者对题项陈述意见的表达。问卷采用不记名答题。为了准确收集有效数据，在问卷中设置了正向和反向两类题项。同时经过前侧进行问卷信度和效度分析，改进信度较低的题项，最终形成本研究工具。

二 研究方案设计

通过基于李克特量表的调查研究，探究数字化阅读对未成年人的影响，包括认知发展和社会性发展两个方面，本研究分为两个子项目，分别使用两套工具完成上述研究任务。工具开发中，先确定认知发展和社会性发展的五个变量，再根据各自的变量收集大量（不少于50个）与测量的概念相关的陈述语句，选择部分未成年人对全部项目进行预测，要求受测者指出每个项目是有利的或不利的，并在下面的方向—强度描述语中进行选择，即采用所谓"五点"量表。具体研究方案设计如表5—1所示。

表 5—1　　未成年人数字化阅读的影响研究设计

实验序号	研究内容与目的	研究工具	实验设计	实验对象
研究一：数字化阅读对未成年人认知发展的影响	采用李克特量表，以数字化阅读经历丰富者为研究样本，从注意、感知、记忆、思维与问题解决、言语与想象这五个层面实证分析数字化阅读对未成年人认知发展的积极和消极影响	《数字化阅读对未成年人认知发展的影响》问卷	选取数字化阅读"熟练者"（占总样本13237的42.83%）作为分析对象，对该部分对象采用随机—分层抽样，获得样本进行调查	具有数字化阅读经验的326位未成年人
研究二：数字化阅读对未成年人社会性发展的影响	以数字化阅读经历丰富者为研究样本，从社会化情绪、社会化关系、道德标准、自我意识、同伴关系五个层面实证分析数字化阅读对未成年人社会性发展的影响	《数字化阅读对未成年人社会性发展的影响》问卷	选取数字化阅读"熟练者"（占总样本13237的42.83%）作为分析对象，对该部分调查对象采用随机—分层抽样，获得样本进行调查	具有数字化阅读经验的241位未成年人

第二节　数字化阅读对未成年人认知发展的影响

一　本研究背景

作为个体获取信息和建构知识的重要方式，阅读是从书面材料中提取意义并影响其非智力因素的过程[1]，传统阅读强调的是物理环境中基于纸质书面材料和文字图片符号的信息理解与知识建构；而数字化阅读是指使用电脑、网络、MP3、MP4、手机、平板电脑、iPad、电子阅读器等进行

---

[1] 张必隐：《阅读心理学》，北京师范大学出版社1992年版，第1—3页。

阅读，阅读内容以文字为主，辅以图片、音视频和动画等；相对于传统纸质阅读，数字化阅读不仅仅是阅读载体的变化，更重要的是阅读文本、阅读模式、认知方式以及阅读空间的变革，是数字文化语境下从符号中获得意义的一种社会实践活动和心理过程。实际上，数字化阅读已经不是一种单纯的阅读方式，更是一种数字化行为。惯于对数字化网络化带来的弊端，数字化阅读一直饱受责难和争议，却反而在阅读生态系统中占据越来越大的空间，那么，数字化阅读到底对未成年人认知发展是洪水猛兽还是成长机遇？本研究将通过实证方法予以探究，以厘清现象臆断和主观推测，并引导未成年人开展有效的数字化阅读。

二 相关研究回顾

国内对数字化阅读与认知关系的相关研究始于网络阅读。翁国华提出网络阅读对青少年认知发展的影响包含四个方面：认知途径依赖、认知符号的多元化、认知选择性凸显、认知鸿沟的加剧；[1] 孙静认为网络阅读对青少年的发展有促进其认知过程的发展、扩展其认知结构以及改变处理信息方式的正面影响；[2] 朱原谅认为网络阅读也是一种认知过程，元认知对于阅读能力的影响非常巨大，通过元认知来研究网络阅读，有助于帮助读者提高网络阅读水平；[3] 张蓬认为数字化阅读在给予青少年强烈的感官刺激，实现个性化阅读的同时，文本的知识性和教育性严重缺乏；[4] 吴慧华等人认为，大学生在能客观认识网络阅读正负面影响的前提下，阅读目的的多样与结构不合理并存，自律与失范并存；[5] 段一等人也指出，数字化阅读使知识趋于平面、零散化，更易出现多余的不良信息；[6] 郭健强提出超文本设计符合人类联想思维的特征，使读者能自由选择阅读顺序、灵活组

---

[1] 翁国华：《从传播学视角论网络对青少年认知发展的影响》，《中国青年研究》2003年第12期。

[2] 孙静、王慧萍：《关于网络对青少年心理发展正面影响的研究》，《烟台教育学院学报》2004年第12期。

[3] 朱原谅：《基于元认知的网络阅读》，《图书情报工作》2010年第2期。

[4] 张蓬：《青少年网络阅读问题探析》，《理论界》2009年第12期。

[5] 吴慧华、金友忠、毛汉玉：《大学生网络阅读的现状及其教育策略》，《上饶师范学院学报》2010年第3期。

[6] 段一、胡耀华：《数字阅读：变革与反思》，《新闻知识》2010年第11期。

织信息和快速检索所需资料。① 上述观点认同数字化阅读把人们带入了"浅阅读"时代,针对网络阅读等数字化阅读对个体认知影响的研究涉及诸如注意、记忆等因素,尽管发现了有意义的问题,但总体上比较分散,并且多采用描述性方法进行主观阐述。

在实证方面,相关研究采用实验法等探究超媒体、超文本阅读、网上在线阅读、电子教材等与传统阅读效果以及知识建构的影响。刘儒德等通过小样本焦点访谈,发现大学生在线阅读和纸面阅读在目的、内容、感知和策略上各具差异②;李洁③、姜丽红④、曹东云⑤等分别比较了不同变量对电脑屏幕阅读绩效的影响,这些研究由于针对特定的对象和特定的变量,部分实验简单移植了传统多媒体教学实验方案,仅从效果论上分析不同变量对数字化阅读的影响,结果难以相互支撑且无法推广;贺平、余胜泉等人开展了针对未成年人的准实验研究,探索1∶1数字化学习对小学生阅读理解水平的影响,结果发现数字班学生在阅读理解水平上整体表现强于常规班,⑥ 这是一种针对任务导向的学习阅读任务的测试,具有一定的参考价值;Ora Segal-Drori 曾做过一项实验,在成人的指导下,让儿童分别阅读电子书与纸质书籍得到测量结果,发现儿童阅读电子书对他们的读字识字效果更好。⑦ 这个实验从电子书入手,调查分析了对幼儿的理解、记忆等认知方面的影响,得出数字化阅读对儿童认知发展的积极方面;马特·李克特认为,当人们让大脑持续地忙于接受数字信息时,也就使大脑丧失了宕机时间,而这宕机时间能让人们更好地学习及记忆信息或思考出

---

① 郭健强、龚杰民:《超文本中的迷路问题》,《西安电子科技大学学报》1997 年第 1 期。

② 刘儒德、程铁刚、周蕾:《网上阅读与纸面阅读行为的对比调查》,《电化教育研究》2004 年第 5 期。

③ 李洁:《不同呈现方式对大学生电脑屏幕阅读成绩的影响研究》,硕士学位论文,上海师范大学,2009 年。

④ 姜丽红:《电脑屏幕与纸面呈现载体对大学生阅读效果的影响研究》,硕士学位论文,苏州大学,2008 年。

⑤ 曹东云等:《文本呈现方式、认知风格、自我感受对大学生电脑屏幕阅读成绩的影响研究》,《电化教育研究》2013 年第 1 期。

⑥ 贺平、余胜泉:《1∶1 数字化学习对小学生阅读理解水平的影响研究》,《中国电化教育》2013 年第 5 期。

⑦ Ora Segal-Drori, Ofra Korat, Adina Shamir, *Reading electronic and printed books with and without adult instruction: effect on emergent reading.* Reading and Writing, 2010, (8): 913-930.

新的想法;① 网页可用性设计大师 Jakob Nielsen，通过眼动实验技术进行网页可用性测试研究，对网络用户如何进行网络阅读进行了深入的研究，提出浏览式阅读及其 F 模式。② 上述研究针对阅读或者学习过程中的某类变量，采用对比实验法进行实证研究，其目的在于改进教学或者软件及界面设计，具有一定的价值，但由于没有区分任务式阅读和闲暇式阅读的不同目的，得出的结论自然无法推及数字化阅读对个体的整体影响效果。

从认知心理学角度看，阅读作为个体信息获取和知识建构过程，依赖于人的一系列心理活动，如知觉、注意、记忆、学习、思维、决策、解决问题、理解和产生语言等，这些心理活动的总称便是认知（Cognition）。奈塞尔指出："认知是指感觉输入受到转换、简约、加工、储存、提取和使用的全部过程。"③ 而数字化阅读具有内容丰富、获取方便、互动性好、共享性高、时效性强等优势，同时，也存在稳定性较差、权威性不够、浅层化、网络迷航的特点④，这对心智尚待成熟的未成年人的认知发展将产生重要影响。

上述可知，当前的研究大多集中在主观描述、任务导向型的阅读微观对比实证，样本多针对大学生等成人，而数字化阅读对未成年人认知发展到底有何影响，还尚缺乏系统的研究。

三 本研究设计

1. 研究内容

认知发展是个体发展的重要方面，是直接依赖于主体认识世界的本能的发展。认知是指个体经由意识活动对事物认识与理解的心理历程，是个体获得知识的过程⑤，包括感觉、知觉、注意、记忆、思维和言语等活动。⑥ 本研究针对未成年人中的数字化阅读"熟练者"，采用研究量表的方式，探

---

① Matt Richtel, *Digital Devices Deprive Brain of Needed Downtime*. The New York Times, 25 August 2010, pp. 1 – 7.
② Jakob Nielsen, F-Shaped Pattern For Reading Web Content. http：//www.useit.com/alertbox/reading_pattern.html, 2013 – 08 – 20.
③ 彭聃龄、张必隐：《认知心理学》，浙江教育出版社 2004 年版，第 20 页。
④ 王佑镁：《国内外数字化阅读发展及阅读服务创新研究》，《中国信息界》2011 年第 12 期。
⑤ 张春兴：《张氏心理学辞典》，上海辞书出版社 1992 年版，第 123 页。
⑥ 姚本先：《心理学》，高等教育出版社 2009 年版，第 81 页。

索于数字化阅读对未成年人认知发展的积极和消极影响,并提出针对未成年人的数字化阅读引导策略,帮助未成年人正确开展数字化阅读。

2. 研究工具

本次研究采用李克特量表式问卷来收集研究数据。问卷设计五大类题型,共 37 个问题。问卷从人类认知过程的五个基本领域:注意、感知、记忆、思维与问题解决、言语与想象等进行设计。问卷题项使用心理学研究中常被使用的李克特量表(Likert scale)供受调查者勾选,也就是包含"非常同意""同意""没意见""不同意""非常不同意"五个选项,统计时分别计为 5 分、4 分、3 分、2 分、1 分。每个选项代表受调查者对题项陈述意见的表达。问卷采用不记名答题。为了准确收集有效数据,在问卷中设置了正向和反向两类题项。同时经过前侧进行问卷信度和效度分析,改进信度较低的题项,最终形成本研究工具。研究问卷见附录六。

3. 研究实施

本次研究结合国家社科基金项目"我国未成年人数字化阅读实证研究"全国大样本调研进行,从调查对象中选取数字化阅读"熟练者"(占总样本 13237 的 42.83%)作为本研究的分析对象,同时对该部分调查对象选择采用随机—分层抽样的方法,以学校为单元,随机抽取初、高中学校各一所,初中在三个年级段中随机抽取两个班级,高一随机抽取一个班级作为调查对象,本次研究总共发出问卷 340 份,共收回问卷 326 份,问卷回收率为 95.88%,其中有效的问卷有 320 份,占回收问卷的 98.16%,其中六年级 86 人,七年级 95 人,八年级 93 人,高一年级为 46 人,年龄跨度为 11—17 岁,均属未成年人。

四 数据统计与结果分析

1. 量表信度和效度分析

问卷调查法是教育研究中广泛采用的一种调查方法,根据调查目的设计的调查问卷是问卷调查法获取信息的工具,其质量高低对调查结果的真实性、适用性等具有决定性的作用。[1] 因采用自行设计问卷,在调查之前要对问卷的信度和效度进行分析。[2] 信度分析是一种测度综合评价体系是

---

[1] 风笑天:《社会调查中的问卷设计》,天津人民出版社 2002 年版,第 38 页。
[2] 柯惠新等:《调查研究中的统计分析法》,北京广播学院出版社 1996 年版,第 371 页。

否具有一定稳定性和可靠性的有效分析方法。本研究量表的信度研究采用内在一致性可信度，使用克朗巴哈（Cronbach）α 信度系数进行信度评价。一般而言，Cronbach α 系数大于 0.7 表示内部一致性较好，而低于 0.7 表示内部一致性较差。利用 SPSS 19.0 对注意、感知、记忆、思维与问题解决、言语与想象 5 个维度题项分别进行信度分析，系数分别为 0.987、0.981、0.968、0.980 和 0.985，问卷信度均高于 0.70，表明整体信度是可以被接受的。效度分析是衡量综合评价体系是否能够准确反映评价目的和要求的一种分析方法。本研究对问卷进行结构效度分析，所采用的因素抽取法为主成分分析法，并采用正交因素转轴，以因素的特征值大于 1 为取决。根据因素分析结果的因素负荷量，除了第 9 项负荷量为 0.588 外，其他各项的因素负荷量处在 0.609—0.858 之间。研究指出，问卷题目的标准化因素负荷量最好大于 0.6，因此对第 9 项进行修订后，本量表具有较高的结构效度。

2. 结果分析

本研究通过数字化阅读对认知发展影响的注意、感知、记忆、思维与问题解决、言语与想象 5 个方面来分析，统计各项的平均值、标准差、众数的一般特征分析，探究数字化阅读对未成年人认知发展的影响情况。具体分析如下：

（1）注意

注意是心理活动对一定对象的指向和集中，是心理过程的动力特征之一。调查结果如表 5—2 所示。

表 5—2　　　　　　　　数字化阅读对注意的影响

注　意	平均值	标准差	方差	众数
1. 数字化阅读过程中，页面内容太多使我分不清该注意哪里	2.72	1.110	1.232	2
2. 数字化阅读中我需要清晰的导航	3.74	1.124	1.263	4
3. 数字化阅读中我能长时间的关注在阅读内容上	3.81	1.047	1.097	4
4. 数字化阅读使我不容易转移注意力	3.53	1.114	1.241	4
5. 数字化阅读有助于培养我寻找有用信息的意识	3.95	0.915	0.838	4
6. 数字化阅读过程中我容易受到其他内容（如广告等）的影响而偏离原来的阅读目的	2.58	1.262	1.593	2

续表

注　　意	平均值	标准差	方差	众数
7. 数字化阅读的内容常常让我沉迷其中，忘记了时间	2.59	1.160	1.346	2
8. 网上页面链接太多，使我在搜寻所需资料时常常迷航	2.79	1.196	1.431	2
9. 数字化阅读过程中常常感觉眼睛比较累，视力会下降	3.74	1.064	1.132	4

总体上看，未成年人认为数字化阅读对注意的保持和发展具有积极的作用，通过数字化阅读材料在一定程度上可以使注意更集中，更加具有选择性，但程度不是很高。第2、3、4、5、9题的众数为4，这表明未成年人在数字化阅读中，页面内容非线性的呈现，页面通过导航排列内容，有助于未成年人注意的保持，同时有效地寻找到有用信息。其余题项的众数为2，平均值偏低且标准差偏高，表明大部分未成年人认为数字化阅读虽然夹带广告、内容更为丰富，但不会过分影响他们对主要阅读内容的注意控制。可以看出，虽然数字化阅读具有互动、链接、信息过载等技术特征，之前的研究预测，注意力会因为受到数字化阅读过程中的其他诱因而偏离原本目标，但结果表明其对个体注意力的分散作用不明显，仅27%的调查样本认为页面的原因导致注意力分散；而对于注意力的保持得到调查样本的认同，但对于清晰的导航有着较高的需求，同时也发现，电子阅读方式确实带来比较高的疲劳感，影响视力。

(2) 感知

感知包括感觉与知觉，感觉是指人脑对直接作用于感觉器官的客观事物的个别属性的反映；知觉在感觉的基础上产生，是人脑对直接作用于感觉器官的客观事物整体属性的反映。结果如表5—3所示，总体上看，大多数项目的众数都是4，表明未成年人在数字化阅读过程中对感知的作用结果还是比较积极的。大部分的未成年人认为在数字化阅读过程中可以多方面地调动起自己的感知，对感知的发展有所帮助。第15题从反向进行测试，发现数字化阅读的多媒体表现形式并没有成为一种感知干扰因素，但也有29%的调查对象认为有些网页的色彩与音效让人无法接受，因此，数字化阅读内容的设计与制作应该针对阅读者的体验和需求进行合理的多媒体设计。

表 5—3　　　　　　　　数字化阅读对感知的影响

感　　知	平均值	标准差	方差	众数
10. 数字化阅读内容丰富，能同时调动多种感官，接收信息更全面	3.91	0.898	0.806	4
11. 包含文本、图片、声音、动画等多种形式的学习资源更有助于我理解学习内容	4.11	0.816	0.666	4
12. 数字化阅读内容排版清晰、有条理，能让我很快地把握到重点	3.81	0.961	0.924	4
13. 利用网络地图等电子地图有利于培养我的空间知觉	3.83	0.944	0.891	4
14. 网页页面内容的多彩、声音的刺激可以提高我的感官敏锐度	3.35	1.102	1.213	3
15. 网页内容色彩太多常让我眼花缭乱，网页音效让我觉得刺耳	2.88	1.147	1.135	3

（3）记忆

记忆是在头脑中积累和保存个体经验的心理过程。结果如表 5—4 所示，表明数字化阅读得益于便利的工具和多种呈现方式的内容，有利于促进记忆和回忆；浅阅读现象也存在，但不是这种新型阅读方式的必然结果，部分调查对象认为纸质阅读的笔记习惯效果好于数字化阅读。相对于回忆，即内容的回顾与再现，如第 16 项，63.75% 的未成年人对网络工具帮助记忆的功能持肯定态度。第 19 项的众数为 3，有 49.06% 的未成年人明确表示，大量的进行数字化阅读会使记忆客体的保持性降低，类似一目十行的信息阅读方式会导致浅阅读现象的产生。第 20 项的众数虽为 3，但只有 13.125% 的参与调查者否定数字化阅读内容的多感官刺激能够提高记忆效果。第 21 项的平均数较低而标准差偏高，表明对于传统识记方式与数字识记方式，都受到部分未成年人的偏好，但他们还是比较青睐于用传统的识记方式进行记忆的储存。

表 5—4　　　　　　　　　数字化阅读对记忆的影响

记　　忆	平均值	标准差	方差	众数
16. 我通过网络工具的备忘、提醒功能，能方便地做笔记，回忆内容	3.79	0.945	0.893	4
17. 通过数字化阅读了解的内容（如日常知识、历史事件等）更能让我印象深刻	3.81	0.901	0.811	4
18. 数字化阅读的内容更直观、有趣，让我回忆起来更轻松	3.84	0.878	0.772	4
19. 我经常通过电子设备看小说，但看的小说多了，以前看的故事情节就淡忘了	3.39	1.020	1.041	4
20. 数字化阅读的过程中，我可以通过多种感官参与，提高记忆效果	3.59	0.909	0.826	3
21. 我通过网络、手机等移动设备记单词时，效果没有通过使用书本一边写一边记的好	3.23	1.141	1.302	3

（4）思维与问题解决

思维是人脑对客观事物的本质属性与内在联系的概括，属于间接的反应；问题解决是指从问题的初始状态到达目标状态而采取的一系列具有目标指向性的认知操作过程。结果如表 5—5 所示，表明在数字化阅读过程中，借助丰富的信息策略和信息情境，有助于提高未成年人的思维与问题解决能力；在遇到问题时，未成年人有通过数字设备、网络等途径寻求帮助的意识与倾向，他们可以在没有对策时通过网络、通过手机通信与人交流，分享经历与经验。数字化阅读中集众之所想，未成年人可以听到各个方向的声音，有助于他们辩证思维的培养。第 24 项的众数为 1，表明大多数的未成年人具备独立的思维判断力，不会盲目的相信一些网上的信息。第 29 项众数为 2，表明在未成年人看来，数字化阅读并非浅阅读，并非纯粹的娱乐，数字化阅读对学习具有一定的积极影响。

表 5—5　　　　　　　数字化阅读对思维与问题解决的影响

思维与问题解决	平均值	标准差	方差	众数
22. 遇到问题，我习惯于去网上搜寻相关对策	3.84	1.062	1.127	4
23. 网上交流可以接触各种意见，培养我多角度看待问题的态度	3.99	0.976	0.953	4
24. 对于网上的中奖或转发有奖等信息，我会抱着试一试的想法	2.11	1.330	1.768	1
25. 利用网络学习平台，我可以通过和老师同学交流，解决难题、分享学习经验	3.87	0.983	0.967	4
26. 数字化阅读内容具有丰富的故事和情境，能启发我进行发散思维	3.75	0.977	0.955	4
27. 数字化阅读丰富了我的阅历，能够提供我生活中没遇到过的经历	3.90	0.911	0.830	4
28. 在网上看到偏激的帖子时，我不会盲目的加入到口水战中	3.74	1.166	1.360	4
29. 我觉得数字化阅读主要是浏览信息，对学习没有积极影响	2.70	1.096	1.201	2

（5）言语与想象

言语是指人们掌握和使用语言的活动过程，想象是一种特殊的思维形式，是人在头脑里对已储存的表象进行加工改造形成新形象的心理过程。如表 5—6 所示，表明在数字化阅读过程中，数字阅读对未成年人的言语与想象的发展具有一定的积极影响。数字化阅读的沟通工具、信息容量、多媒体表征形式等对于提高言语沟通能力、知识面、想象力具有正面效果。如第 30 项，由于 QQ、YY、MSN、微博等各种聊天工具的广泛运用，未成年人倾向于使用文字取代语言来向伙伴或亲人倾诉自己的心情等；第 36 项表明数字化阅读并没有影响日常语言的表达和沟通，但也有 20% 的学生表示数字化阅读使得他们在平常日常言语表达交流中遇到障碍；第 34 项表明还有部分学生不知道如何有效利用数字阅读，对数字阅读的理解停留在浏览信息的层面上。需要加大数字化阅读的指导，强化数字化阅读与学习过程的整合。

表 5—6　　　　　　　　数字化阅读对言语与想象的影响

言语与想象	平均值	标准差	方差	众数
30. 各种聊天工具使我更习惯于用文字来代替语言来抒发我的心情	3.63	1.073	1.150	4
31. 网上提供的阅读资料丰富，可以拓宽我的阅读视野和知识	3.97	0.969	0.939	4
32. 数字化阅读像是一个虚幻的空间，总让我产生不现实的幻想	2.65	1.218	1.483	2
33. 在数字化阅读中我总能从看到的内容中得到启发	3.70	0.918	0.843	4
34. 我觉得数字化阅读都是浏览信息，阅读和理解不够深刻	2.93	1.119	1.253	3
35. 我觉得数字化阅读对于课堂学习有很大帮助	3.40	1.025	1.050	3
36. 数字化阅读使我的日常语言表达和沟通有点困难	2.43	1.185	1.405	2
37. 多媒体化的数字化阅读提高了我的想象力	3.78	1.004	1.007	4

五　本研究结论

通过上述量表分析，发现数字化阅读对未成年人认知发展的影响包括积极和消极两个方面，具体归纳如下：

① 注意方面：数字化阅读对于未成年人的注意发展具有一定的积极作用，相比于传统阅读内容的线性排列方式，数字化阅读将内容用导航与链接组合起来，有利于帮助学生挑选信息，阅读更具针对性；但相对于纸质阅读而言，数字化阅读中夹带的广告或娱乐信息也容易分散学生的注意，干扰他们对阅读的专注。

② 感知方面：数字化阅读的丰富性与交互性，文本的通俗化、多元化、图文化、电子化极大地影响着人们的阅读方式与阅读习惯。在感知方面比传统阅读方式要更具灵活性，有助于在阅读过程中调动各种感官一同参与。但人们在屏幕阅读上还是存在不同程度的不适感，阅读的效率低。素材的不合适等因素，如过分强调花哨，背景音混乱刺耳也会造成反效果。

③ 记忆方面：对于在校的学生来说，传统的识记方式还是占了主要地位。但相对于回忆，即内容的回顾与再现，未成年人更倾向于在回忆时

使用电子设备进行。数字化阅读中存在浅阅读现象，但绝非数字化阅读的本质。信息的大量冲击使大脑一直处于接收状态，记忆的加工存储过程大大缩短，瞬间记忆与短时记忆无法有效地转换为长时记忆。相比之下，似乎纸质阅读更加符合人们对记忆方式的理解，其对信息的理解并不只对显性信息的本身。在纸质阅读过程中，更多的隐形信息会被挖掘出来。

④ 思维与问题解决方面：数字化阅读呈现的内容比传统阅读方式更具直观性，在一定程度上是有助于青少年对材料的理解，另外，数字化阅读的媒体呈现方式包含了过多的图片与影像，会间接地促成"浅阅读"现象的生成。传统阅读方式中，以书籍为代表的文字传播通过生动的描述，要求阅读者根据描述来发挥想象与思辨；其次，读者在传统阅读时有更多的自主与控制，从而获得更多的思考的可能。网络的开阔性给学生提供了解决问题的途径，促进了某些个体学习层面上的认知能力发展。青少年可以在互联网中接触到不同人对同一问题的看法，这可能会提高青少年的批判思维能力，但数字阅读也可能造成学生过分地依赖网络，导致思维的懈怠。

⑤ 言语与想象方面：许多未成年人已经习惯于屏幕沟通，少部分学生觉得数字化阅读的泛滥造成了他们现实中的语言障碍，因此未成年人应该正确的处理虚拟环境与现实情境；网络语言也可能会影响青少年认知发展或思维发展，网络语言有着独特的魅力与青少年蔑视传统、崇尚创新的心理相符合。此外，网络语言幽默风趣，有时能贴切地表达青少年的情绪。青少年不仅主动地使用网络语言，而且也在积极地创制网络语言。与此同时，数字化阅读内容的多元化，对于拓宽青少年的文化视野和知识涵盖面起到了积极的作用；数字化阅读中的信息情境有利于未成年人想象力的发展。

作为一种新型的阅读方式，不论是任务式阅读或者闲暇式阅读，数字化阅读已经不可避免地步入未成年人的学习与生活空间，并且对传统阅读形成了挤压效应。数字化阅读的引导与指导是一个系统工作，包括内容提供、阅读服务、设备制造、教育引导、个体素质提升等多个方面，为有效提升数字化阅读的效果，提出如下建议：

① 内容为王——注重数字化阅读的内容设计。无论是任务导向的学习阅读还是非任务导向的闲暇阅读，须内容简洁、导航清晰、链接适当，内容要趣味性与严谨性相结合，材料中最好保证主要阅读内容的主体性，

附加信息不能喧宾夺主。

②体验为本——加强数字化阅读体验设计。相对于纸质阅读，数字化阅读导致的质疑在于其传统阅读体验感的缺失，需要提升数字化阅读设备工艺和技术水平，增强数字化阅读设备的环保功能，如电子纸技术、电子墨水、触摸式无痕翻页技术、标注与互动技术等。

③深度取向——重视数字化阅读的交互设计。通过辅助性、社交性的阅读活动模块，引导学生在数字化阅读过程中强化认知发展；积极进行数字化阅读与课堂教学的整合，将数字化阅读纳入数字化学习体系，强调阅读的知识建构功能，避免学生进入浅阅读状态。

④素养提升——建设面向未成年的数字化阅读素养教育体系。将数字化阅读素养视为信息素养的重要构建，开展多样化的阅读活动、整合教学活动，培养未成年人的信息甄别能力、对信息的敏感度以及自控能力。帮助其培养问题处理的逻辑思维，及早发现与避免未成年人的网络依赖。

⑤阅读推广——将数字化阅读纳入全民阅读体系，筹划针对未成年人数字化阅读的分级体系，建立面向未成年人的经典阅读平台，统筹规划数字化阅读建设，创造良好的数字化阅读环境，积极推广数字化阅读，在全社会形成良好的数字化阅读氛围，促进未成年人健康协调发展。

第三节　数字化阅读对未成年人社会发展的影响

一　本研究背景

阅读是人类获取信息和知识建构的重要途径。我国自古以来讲究"耕读传家"，重视阅读与个体发展的关联，把阅读视作修身齐家的重要途径。然后，随着网络与信息技术的不断发展，传统的纸媒阅读方式正在遭受强大的冲击，一种新型的阅读方式——数字化阅读已经步入人们的视野，并且以其巨大的冲击力影响着传统纸质阅读，个体信息获取和知识建构的方式发生了巨大变革。从现实情况来看，数字化阅读已经超越纸质阅读，成为全民阅读的重要组成部分，数字化阅读在未成年人身上的发展势头最为显著，阅读方式的嬗变必将对尚处社会化过程之中的未成年人发展产生巨大影响。

社会性发展（Social Development）指的是在个体毕生发展过程中，个体在与他人关系中表现出来的观念、情感、态度和行为等随着年龄而发生的变化。[1] 作为影响未成年人社会化的重要因素，到底数字化阅读对未成年人社会性发展影响几何？学界则以主观推断与定性描述居多，结论往往难以相互支持，本研究将采用实证方法，探讨数字化阅读对未成年人社会性发展的影响，以厘清一些主观质疑，为未成年人进行有效的数字化阅读提供依据。

二 相关研究回顾

数字化阅读一般泛指相对传统纸质阅读的数字媒介为载体的新型阅读方式，具体包括网络在线阅读、手机阅读等方式。[2] 学界有关数字化阅读影响未成年人社会性发展的系统性研究还不多见。相关研究主要有两条线索，一是从数字化阅读的网络行为入手，采用实证方法探究网络使用对青少年社会性发展的影响，认为互联网对青少年的认知过程、学习和社会性发展等方面都有着非常重要的影响。[3] 如周涛发现，网络行为会对上网者的个性发展产生消极的影响。[4] Turkle 的研究也发现类似的结果，网络交往导致社会孤立和社交焦虑。[5] 陈赟文认为，网络成瘾使个体更加孤僻和喜欢独处。[6] Morahan 等则发现，个体焦虑时更多进行网络交往。[7] Kraut 等人指出，网络使用会显著降低个体心理幸福感，青少年过度使用互联网会导致他们以牺牲与周围朋友和家人的密切联系为代价而寻求与陌生人建立不稳固的联系。[8] 以上大多数都是网络对青少年社会性发展的影响的研

---

[1] 郑淮：《场域视野下的学生社会性发展研究》，硕士学位论文，西南大学，2003 年。

[2] 王佑镁：《Web 2.0 时代阅读方式的传承与嬗变》，《中国信息界》2011 年第 11 期。

[3] 崔丽娟、王小晔：《互联网对青少年心理发展影响研究综述》，《心理科学》2003 年第 3 期。

[4] 周涛：《大学生社交焦虑与网络成瘾的相关研究》，《湖南师范大学教育科学学报》2003 年第 3 期。

[5] Turkle S., *Virtuality and its discontents: Searching for community in cyberspace*. The American Prospect, 1996, (24): 50 – 57.

[6] 陈赟文：《新的心理疾病：网络成瘾症》，《社会》2000 年第 6 期。

[7] Morahan J., Schumacher P., *Incidence and correlates of pathological internet use amongst college students*. Computers In Human Behavior, 2000, (1): 13 – 29.

[8] Kraut R., Patterson M., Lundmark V., Kiesler S., Mukopadhyay T. and Scherlis W., *Internet Paradox: A Social Technology That Reduces Social Involvement and Psychological Well-Being?*. American Psychologist, 1998, (9): 1017 – 1031.

究调查，真正涉及网络阅读对青少年社会性发展的研究还很少。

二是从定性角度对数字化阅读影响个体社会性发展进行描述，并且注意到了数字化阅读对个体社会性发展的积极与消极影响。王素芳最早对数字化阅读的重要形态——网络阅读入手，认为网络阅读是一种由文本变化所带来的新的阅读方式，专指网络文化语境中的阅读活动，即借助计算机、网络技术来获取包括文本在内的多媒体合成信息和知识，完成意义构建的一种文本阅读行为，[①] 这一界定突出了阅读的介质和环境——计算机与网络技术，而基于新介质和载体的数字化阅读显然不同于传统的"手不释卷""织帘诵书"，而是一种带有阅读功能的数字化行为，具体涵盖了下列行为和活动：（1）浏览或阅读BBS、微博、博客、邮件等；（2）浏览或者阅读商业及公益性网站的网页内容；（3）阅读电子图书、期刊、论文等各类文档；（4）手机报、电子阅读器内容等信息的读取；（5）观看网络化和数字化的多媒体文件；（6）使用搜索引擎检索信息；（7）部分网络聊天和沟通行为。[②] 正是这一行为样式，研究者指出，相较于书面文本内容单一，交互性差等特点，数字化阅读具有开放互动、结构非线性、流动快速以及内容丰富等优势，数字化阅读的先天特质符合青少年追求时效化的个性，与青少年渴求多元信息的特点相吻合，可以满足青少年人际交往、自我实现等方面的需求，数字化阅读对青少年有着巨大的吸引力；同时，数字化阅读过程中存在信息泛滥、不合理使用以及阅读目的差异等带来的负面影响，尤其是"黑、灰、黄"负面信息的影响、想象力和理性思考的丧失以及信息迷航等方面，[③] 个体对外界和新鲜事物缺乏理性认识和足够的免疫力，容易使得青少年对网络形成依赖，[④] 未成年人尚处个体发展的低幼阶段，这一时期对其社会性发展至关重要，数字化阅读的高接触率对未成年人的社会性发展形成了巨大的挑战。

从阅读过程来看，数字化阅读已经不仅仅是一种单纯的阅读形式，更是一种新型的数字化信息行为，数字化和网络化技术为未成年人营造了一个虚拟空间，其阅读行为富有非线性、开放性、互动性等新型特质，这对

[①] 王素芳：《网络阅读的发展现状和前景探析》，《图书与情报》2004年第3期。
[②] 张岚：《网络阅读研究》，《沈阳工程学院学报》（社会科学版）2008年第3期。
[③] 梁涛：《青少年网络阅读的负效应及对策》，《中国青年研究》2007年第6期。
[④] 崔丽娟、赵鑫等：《网络成瘾对青少年的社会性发展影响研究》，《心理科学》2006年第1期。

于未成年人的认知发展尤其是社会性发展具有深刻的影响。惯习于对数字网络技术的负面影响，数字化阅读自从其产生之日起就在巨大的争议中不断"开疆拓土"，散见于信息媒介的一些判断多来自于主观臆想，这种"标签效应"无法正视数字化阅读这一新型阅读方式。上述可知，网络使用视角的实证研究缺乏阅读活动的针对性，定性分析研究多囿于经验描述，尚待深度的、系统的实证研究依据。

三 本研究设计

1. 研究内容

本研究针对未成年人中的数字化阅读"熟练者"，研究中界定的数字化阅读，区别于通常的网络使用或者上网活动，主要是指使用电脑、网络、手机、平板电脑、iPad、电子阅读器等进行的阅读活动，阅读内容以文字和图片为主，辅以音视频等多媒体内容。研究的主要内容是探究数字化阅读对未成年人社会性发展的影响，具体包括青少年在数字化媒体环境中的阅读活动对其社会化情绪、道德标准、社会化关系、同伴关系、自我意识等方面分别产生的积极和消极影响，为未成年人数字化阅读引导策略提供合适的依据，提高和改善未成年人数字化阅读的有效性。

2. 研究方法

本研究采用量表式问卷来收集研究数据，量表的编制主要参考陈会昌的儿童社会性发展量表，[①] 修订过程中结合未成年人数字化阅读的行为进行调整，主要包括了五个维度的题项，分别是社会化情绪、社会化关系、道德标准、自我意识、同伴关系等。为了准确收集有效数据，在问卷中设置了正向和反向两类题项。同时经过前侧进行问卷信度和效度分析，改进信度较低的题项，最终形成本研究工具。问卷题项采用经常被使用的李克特量表（Likert scale）供受调查的学生勾选，也就是包含"非常同意""同意""没意见""不同意""非常不同意"五个选项，分别为 5 分、4 分、3 分、2 分、1 分。每个选项代表受调查者对题项陈述意见的表达。问卷采用不记名答题。

研究问卷见附录七。

[①] 陈会昌：《儿童社会性发展量表的编制与常模制定》，《心理发展与教育》1994 年第 4 期。

3. 研究实施

本次研究结合国家社科基金项目"我国未成年人数字化阅读实证研究"全国大样本调研进行，从调查对象中选取数字化阅读"熟练者"（占总样本13237的42.83%）作为本研究的分析对象，同时对该部分调查对象选择采用随机—分层抽样的方法，以学校为单元，随机抽取初、高中学校各一所，初中在三个年级段中随机抽取两个班级，高一随机抽取一个班级作为调查对象。本研究总共发出问卷300份，共收回问卷256份，其中有效的问卷有241份，问卷回收有效率为80.3%，其中高中生为93人，初中生81人，小学生67人，年龄介于11—18岁之间，均属未成年人。

四 数据统计与结果分析

1. 量表信度和效度分析

由于量表经过自行修订，调查之前要对问卷的信度和效度进行分析。信度分析是一种测度综合评价体系是否具有一定稳定性和可靠性的有效分析方法。本研究量表的信度研究采用内在一致性可信度，使用克朗巴哈（Cronbach）α信度系数对其进行信度评价。一般而言，α大于0.7表示内部一致性较好，而低于0.7表示内部一致性较差。[1] 利用SPSS进行信度分析，上述五个维度的信度分别是0.845、0.837、0.614、0.833和0.710，整体信度除道德标准稍低于0.7外，其余都是可以被接受的，后续对道德维度题项进行了二次修订和信度分析，最终达到要求，说明本问卷项目均可信，最终各项目和总的量表整体信度都很高，即使剔除其中哪一个项目均不会引起克朗巴哈α系数发生显著变化。效度分析是衡量综合评价体系是否能够准确反映评价目的和要求的一种分析方法，[2] 本次研究重在内容和构念效度的分析。问卷先通过KMO及Barlett检测，得到问卷的五个因子的KMO值都在0.6以上，表示适合进行因素分析，对问卷进行结构效度分析，所采用的因素抽取法为主成分分析法，根据因素分析结果的因素负荷量均在0.603—0.771之间，可知本量表具有构念效度。

2. 结果分析

本研究从社会性发展的五个维度，分别是社会化情绪、社会化关系、

---

[1] 风笑天：《社会调查中的问卷设计》，天津人民出版社2002年版，第38页。
[2] 柯惠新等：《调查研究中的统计分析法》，北京广播学院出版社1996年版，第371页。

道德标准、自我意识与同伴关系等进行实证分析，统计各项的平均值、标准差、众数的一般特征分析，探究数字化阅读对未成年人认知发展的具体影响情况。具体分析如下：

（1）社会化情绪

社会化情绪是指数字化阅读过程中，个体与同伴以及父母交往时出现的一般情绪状态、对自身情绪的控制能力、消极情绪出现的频率以及移情特点等。数字化阅读发生在一个虚拟的空间，一般认为，长时间的虚拟空间活动会使个体产生社会孤僻和社交孤立。具体情况如表5—7所示，本维度以反向题项为主，结果表明数字化阅读对于未成年人的社会化情绪的影响并非消极，除题项9之外，其余题项的均值较低（3.0以下），众数均为1且人数相对较多，这表明大多数未成年人认为，数字化阅读对其在社会化情绪方面的消极影响较少；但是数据也显示，题项值的方差以及标准差较大，这说明受调查者的意见相对较为分散，表明存在部分未成年人对于数字化阅读在其社会性发展中的消极影响和情绪，甚至出现一些影响正常学习和生活的现象出现。由于数字化阅读的虚拟性，部分未成年人以此为乐，作为逃避现实、发泄情绪的空间，从而对网络空间中的数字化阅读产生依赖感，甚至数字化阅读成瘾，这些值得注意，因此，加强未成年人的数字化阅读引导和有效网络管理，防止数字化阅读沉迷也势在必行。

表5—7　　　　　　数字化阅读对社会化情绪的影响

社会化情绪	平均值	标准差	方差	众数
1. 父母禁止我进行数字化阅读容易让我产生反抗与厌学的情绪	1.8008	1.12997	1.277	1
2. 数字化阅读对我而言很重要，没它就活不下去	1.6183	0.95061	0.904	1
3. 我希望每天可以轻轻松松地在上网中度过	2.3776	1.24271	1.544	1
4. 我曾经因为想要数字化阅读，有过逃课的经历	1.0415	0.19984	0.040	1
5. 比起现实中与同伴交流，我觉得在网络里更自在些	2.1203	1.23745	1.531	1
6. 我只有不断增加数字化阅读的时间才能感到快乐，从而使得上网时间经常比预定的时间长	1.9295	1.07974	1.166	1
7. 如果不能进行数字化阅读，我会感到烦躁不安或者情绪低落	1.6473	0.97258	0.946	1
8. 数字化阅读是我解脱痛苦的一种重要方式	1.9295	1.16154	1.349	1
9. 进行数字化阅读可以让我解闷，放松心情	3.1162	1.29220	1.670	3

（2）社会化关系

社会化关系是指数字化阅读环境中同父母、同伴及朋友等的交往情况。结果如表 5—8 所示，表明调查对象对于数字化阅读在其社会化关系发展过程中的影响还是持理性和积极的态度。第 10、11、12、13、19 题是从正向设计的，说明数字化阅读在拓展视野、加强交流、增加乐趣、结交朋友、拓展学习方面的积极效应得到较大认同；第 15、16、17 题从反向设计题项，结果表明大部分受调查者能够理性看待数字化阅读行为在现实生活中的作用。第 14、18 题的结果不带倾向性，表明未成年人可以辨析网络空间与传统空间在信息交流和人际交往方面的差异，能够平衡虚拟和现实中交流的需求与行为，数字化空间中的阅读行为具备较好的交流与分享途径，即时、互动、同步、分享阅读行为等也改变了人与人之间的交流方式，同时具有虚拟性和隐蔽性，使得交流更加放松与开放，讨论的话题较为自由，减少了现实交流中的压力，较多数的学生也利用数字化阅读方式加强了与父母、朋友之间的交流。从数据的标准差大小，也可以明显发现有部分学生因为过度依赖和沉迷于数字化阅读，忽略了与朋友、家人之间的沟通，这需要家校协同参与到未成年人数字化阅读活动中，鼓励移植传统的"亲子阅读"到数字化环境中或许是一种较为便利可行的方法。

表 5—8　　数字化阅读对社会化关系的影响

社会化关系	平均值	标准差	方差	众数
10. 通过数字化阅读，我认识了很多朋友	2.6515	1.3825	1.911	1
11. 通过数字化阅读，我增强了与外界的联系，开拓了视野	3.5394	1.23470	1.524	4
12. 通过参与虚拟阅读社区，我享受了娱乐、交友、购物等乐趣	3.3071	1.32489	1.755	3
13. 数字化阅读加强了我对外交流交际能力	3.2075	1.32229	1.748	3
14. 比起报纸、书刊，我更喜欢通过网络浏览信息	2.7884	1.29133	1.668	2
15. 遇到困难，我宁可选择求助于网络也不愿请教别人	1.8755	1.10353	1.218	1
16. 对于网络上的资源我经常东拼西凑，不加思考	1.7593	1.04092	1.084	1
17. 在花更多时间在数字化阅读与和朋友外出之间，我选择数字化阅读	1.9378	1.12928	1.275	1
18. 我更愿意通过数字化阅读方式结交新朋友	2.0871	1.20963	1.463	1

续表

社会化关系	平均值	标准差	方差	众数
19. 数字化阅读拓宽了我的学习空间	3.2116	1.22849	1.509	3
20. 我很少有时间与父母进行面对面的交流，大多数都是通过手机与网络	1.5270	0.93112	0.867	1

（3）道德标准

道德标准是指未成年人在数字化阅读环境影响下的道德情况，能否做到诚实、公平、公正，具有同情心与怜悯心以及是否具有利用他人的心态等。如表5—9所示的结果表明，绝大多数的未成年人在进行数字化阅读的时候具有一定的道德标准，能够规避和抵制不健康阅读内容的意识和行为，具有健康阅读的观念。但也存在一定的问题，第22题调查结果表明，未成年人的内容甄别能力尚待提高；第24题调查结果平均值为3.2573，众数为3，标准差为1.21458，可看出有一部分受调查者在虚拟空间中由于没有物化的约束机制，尚无法做到诚实；这些问题的存在是现实的，对于未成年人的社会性发展是一种安全隐患，其实，受调查者自身也意识到这一点，第29、30题项结果表明，从技术上和策略上规范未成年人的数字化阅读行为不仅成为一种内在的需求，更应该成为一种外在的、主动的干预方略。

表5—9　　　　　数字化阅读对道德标准的影响

道德标准	平均值	标准差	方差	众数
21. 我觉得数字化阅读中的某些信息容易诱发青少年的犯罪倾向	3.3693	1.37558	1.892	5
22. 我不知道该如何鉴别数字化阅读中信息内容的真假	2.0747	1.24943	1.561	1
23. 数字化阅读后我会通过在线的方式参与一些社会问题的讨论	2.8506	1.30802	1.711	2
24. 在网络中，我可以做到与在现实中一样诚实	3.2573	1.21458	1.475	3
25. 我可以用公平、公正的心态来看待数字化阅读内容上的观点、事物	3.8631	3.22651	10.410	3
26. 我对数字化阅读上一些传闻与不健康内容感到很好奇	1.5726	0.85386	0.729	1
27. 我接触过数字化阅读中一些传播不良非法信息的站点	1.4149	0.86724	0.752	1

续表

道德标准	平均值	标准差	方差	众数
28. 如果接触到数字化阅读中的不良内容,我会转发给朋友,当作娱乐	1.3195	0.77028	0.593	1
29. 我觉得要用技术手段区分成年人与未成年人的数字化阅读内容	3.1743	1.47009	2.161	5
30. 我觉得相关部门应该开设更多的指导课,指引我们正确进行数字化阅读	3.8838	1.23617	1.528	5

(4) 自我意识

自我意识是指未成年人在进行数字化阅读时对自我形象、自我评价、自我认识、自尊心、自信心、自我归因以及对无意义行为的自我控制。结果如表5—10所示。该部分的项目都是从数字化阅读对未成年人的自我意识造成的消极影响方面而设计的,结果表明所有题项的均值都在2.2以下,众数都为1,且人数总比例均超过40%,说明未成年人在进行数字化阅读的时候具有较强的自我意识,并未丧失自己在现实空间中的身份,但第31、32、35题项结果也发现,数字化阅读确实对未成年人的生活习惯、时间分配以及阅读倾向产生了较大影响,有部分未成年人在进行数字化阅读的时候自我意识较为薄弱,有时候较难控制自己的行为,沉迷于虚拟的世界,通过虚拟的世界来获得一定的自我肯定与自我满足,具有一定的网络成瘾现象,值得关注。

表5—10　　　　　数字化阅读对自我意识的影响

自我意识	平均值	标准差	方差	众数
31. 数字化阅读已经影响了我原有的生活习惯	2.0207	1.18479	1.404	1
32. 曾不止一次,有人告诉我,我花了太久的时间在数字化阅读上	1.9834	1.17957	1.391	1
33. 我经常幻想生活在一个虚拟的网络世界	1.6556	1.02959	1.060	1
34. 我在网络中的形象与在现实中的形象相差较大	1.8880	1.08393	1.175	1
35. 比起在现实中,在进行数字化阅读时,我更容易获得满足感	2.1286	1.25335	1.571	1

续表

自我意识	平均值	标准差	方差	众数
36. 我无法控制自己想要数字化阅读的冲动	1.5975	0.94419	0.891	1
37. 数字化阅读已经占据了我的身心	1.3817	0.82381	0.679	1

(5) 同伴关系

同伴关系是指未成年人在数字化阅读影响下，与同伴交往的一般特点和一般技能，与同伴的竞争与合作、互惠与分享关系情况。结果如表5—11所示。从这6个题项中可看出，前两项均值较低，众数为1，且N值很大，表明数字化阅读对未成年人现实中同伴交往的影响甚小，相较于数字化阅读中的虚拟同伴关系，青少年更重视与现实同伴的关系。第40、41、43题均值都接近3.0，众数为3，表明未成年人数字化阅读的带入感还是不够深，阅读的互动及分享意识和能力不明显；总体上数字化阅读对未成年人的同伴关系影响不深，这可能与数字化阅读的目的性有关，往往数字化阅读发生在闲暇时间，以娱乐和信息为主，缺乏同伴关系形成的强制性内在要求，数字化阅读中的分享、互惠、互助意识较弱，这对于数字时代的未成年人的社会化发展存在一定的影响，对自身的数字化社交交际能力的提升也会有所限制。

表5—11　　　　　数字化阅读对同伴关系的影响

同伴关系	平均值	标准差	方差	众数
38. 比起与同伴玩耍，我觉得数字化阅读更刺激、更好玩	1.5726	0.92866	0.862	1
39. 我曾经因为数字化阅读的原因面临过失去朋友的情况	1.2448	0.64729	0.419	1
40. 通过与数字化阅读中朋友的交流，减轻了我在学习等方面的心理压力	2.5519	1.25433	1.573	3
41. 我会将数字化阅读中看到的趣事与网友一起分享	2.9876	1.40973	1.987	3
42. 在数字化阅读时，碰到与其他人不同的观点我会力争到底	2.1120	1.14742	1.317	1
43. 通过查阅相关资料，我会尽可能回答网友在数字化阅读中提出的问题	2.9419	1.41596	2.005	3

五　本研究结论

数字化网络化环境日益成为影响未成年人社会性发展的重要空间。互联网技术对人们的心理和行为的影响非常重大，一方面为人们提供了快捷、有效的信息交流与获取方式，同时也正改变着人类的人文环境、思维方式、交流方式及文化氛围。可以说，数字化阅读作为一种典型的数字化行为，已成为家庭、学校及同龄群体之外影响未成年人成长的重要因素。通过上述量表分析，发现数字化阅读对未成年人社会性发展的影响包括积极和消极两个方面，在积极方面：数字化阅读有利于促进未成年人积极的社会化情绪，数字化阅读的即时、互动、同步的阅读行为强化了个体之间的交流，个体在数字化阅读过程中能够规避和抵制不健康阅读内容，并具有理性的和积极的自我意识和自我评价，数字化阅读对未成年人现实中同伴交往的影响甚微，未成年人更加重视现实生活中的同伴交往；在消极方面，部分未成年人存在数字化阅读成瘾与沉迷现象，数字化阅读内容甄别能力较差、数字化阅读中缺乏分享、互惠的意识、在虚拟空间阅读过程中往往自我满足和自我迷失等。

个体的社会性发展与认知发展一样，是个体发展的核心内容，是个体社会化的重要过程。针对上述数字化阅读带来的消极影响，加强数字化阅读环境建设、内容建设与素养建设势在必行，以此积极引导未成年人进行健康的、有效的数字化阅读：

（1）数字化阅读环境建设。主要包括物理环境、工具环境、心理环境和制度环境。物理环境方面包括构建文明、绿色的电子阅读空间和场所，工具环境包括嵌入辅助性阅读工具如标注、互动和分享功能模块，心理环境指的是养成良好的数字化阅读心态，明确数字化阅读目标与心理预期。大量的研究显示，具有良好的阅读心态可以丰富阅读活动中读者的情感体验，并可以提高自身的满足感与效能感，具有明确的阅读目标与心理预期可以让青少年在阅读的过程中合理分配有限的注意力，避开一些无关信息的干扰，甚至于减少数字化阅读中可能出现的茫然与焦虑心理。制度环境主要是指加强数字化阅读的网站及网络安全管理建设。相关部门需采取一定的法律手段来维护网络安全，为未成年人创造一个绿色、安全、文明与健康的数字化阅读环境，对网络上流传的不良信息以及不良行为加大打击力度，重视数字化阅读文化的建设，让未成年人在一个良好的数字技术文化氛围中健康成长。

（2）数字化阅读内容建设。内容是阅读的载体，数字化阅读内容直接关系到个体社会性发展的质量与层次。随着数字化阅读对纸质阅读的挤压效应不断显现，应该从国家层面加大顶层设计力度，推进数字化阅读内容建设，主要包括：一是加大经典书籍的国家数字化资源库建设，通过免费、推广等方式抢占数字化阅读的制高点；二是建设一批专门面向未成年人阅读需求的数字化阅读站点；三是从管理上对网站综合站点的阅读模块进行约束，要求开辟专门模块满足未成年人的数字化阅读需求，并从监管、引导和服务上予以支持；四是强化阅读资源的多级优化整合机制，国家、省市区教育部门、图书文化服务部门、学校根据自身条件和资源，建立优质阅读资源的整合机制；五是强化学校的数字化内容开发，结合教育技术革新和教学改革推进，加强数字化阅读在数字化学习中的应用，推进数字技术与课程内容的整合，开发基于数字化阅读的数字化学习模式，建构一批适应现代学习模式的、融趣味性、教育性与知识性于一体的数字化阅读资源体系。

（3）数字化阅读素养建设。提升数字化阅读能力及素养是根本，一是开展形式多样的校园和社会阅读活动，让青少年了解数字化阅读可能带来的消极影响，使其自身形成基本的信息免疫力和信息评价能力；二是加大心理干预，培养未成年人数字化阅读的自我效能感，自我效能感可以提升个体在进行数字化阅读时自我控制能力的自信程度，对个体数字化阅读时的内容选择以及精神状态产生重要影响，同时对未成年人数字化阅读的行为与品质也会产生重要的影响；三是整合信息技术课程，在尊重未成年人数字化阅读的主体地位和选择权的同时，加大力度培养未成年人的网络信息素养和阅读素养，形成正确的阅读观和信息辨别、思维、控制能力；四是结合学科教学，加强数字化阅读指导，合理安排未成年人进行数字化阅读的时间和任务，进行合理的阅读技能和策略指导，使未成年人减轻对数字化技术的依赖程度，以正确、理性的态度来采纳数字化阅读，促进个体协调发展。

第四节　本章小结

通过采用基于李克特量表的实证方法，分析数字化阅读对未成年人的影响，得出以下结论：

1. 相对数字化阅读的"浅阅读、注意力分散、信息干扰、言语能力退化、阅读疲劳"等主观质疑，数字化阅读对未成年人的认知发展更具积极意义。

结果表明，相对数字化阅读的"浅阅读、注意力分散、信息干扰、言语能力退化、阅读疲劳"等主观质疑，数字化阅读对未成年人的认知发展更具积极意义，表现在：非线性内容结构有利于注意力的保持和发展，多媒体表征有利于个体多通道感知和记忆内容，丰富的信息情境和策略有利于提升未成年人的思维水平，多样化的阅读互动策略和虚实结合的阅读空间有利于提升个体的言语与想象能力。针对数字化阅读的消极影响，需要从内容提供、阅读服务、技术体验、教育引导、素质提升和阅读推广等多方面引导未成年人进行积极有效的数字化阅读。

2. 数字化阅读有利于促进未成年人积极的社会化情绪，具有理性的自我意识和自我评价，强化了个体之间的交流，但对未成年人现实中同伴交往影响甚微。

结果发现：数字化阅读有利于促进未成年人积极的社会化情绪；通过即时、互动、同步的阅读行为强化了个体之间的交流，个体在数字化阅读过程中能够规避和抵制不健康阅读内容；并具有理性的自我意识和自我评价；数字化阅读对未成年人现实中同伴交往的影响甚微；针对部分未成年的数字化阅读成瘾与沉迷、数字化阅读内容甄别能力较差、虚拟阅读中的自我满足以及阅读中的分享互惠意识较弱等消极影响，需要从数字化阅读环境建设、内容建设与素养建设三个方面进行有效引导，研究结果将为面向未成年人的数字化阅读内容生产及新型阅读服务体系建设提供实证依据。

第 六 章
未成年人数字化阅读的引导策略

数字化阅读是以各种数字化平台或移动终端为信息载体的一种阅读方式。本章通过三轮德尔菲法，建构未成年人数字化阅读的四类引导策略：教学性策略、技术性策略、养成性策略和管理性策略，并具体化为28条可执行的数字化阅读引导方法。主要目标在于为未成年人数字化阅读提供一种指导策略，以正确引导未成年人的数字化阅读。

第一节 德尔菲法研究设计

一 相关研究回顾

随着研究的深入，人们慢慢发现，数字化阅读对未成年人的学习和成长有积极作用，但网络环境的开放庞杂带来的困扰，需要社会各界积极引导、培育未成年人的数字阅读素养。著名科技作家尼古拉斯·卡尔曾指出，电子书将会颠覆出版行业的本来面貌，人们的阅读习惯也将会被彻底改变……从纸面转到屏幕，不仅改变了读者的阅读方式，还影响了读者投入阅读的专注程度，也影响了读者沉浸在阅读之中的深入程度。[1] 对未成年人来说，数字化阅读的"双刃剑"作用逐步为学界所接受，理性的观点在于"扬长避短"。

另一个现实在于，随着青少年数字阅读率的逐步上升，数字化阅读素养却不尽如人意，2013年12月PISA公布了参与各国青少年数字阅读的成绩排名，结果有些意外，在纸本阅读拔得头筹的上海，数字化阅读成绩却未占优势，仅排名第六，远不如新加坡、韩国和日本等国家。[2] 数字化

---

[1] ［美］尼古拉斯·卡尔：《浅薄：互联网如何毒化了我们的大脑》，刘纯毅译，中信出版社2010年版，第96—97页。
[2] 陈丽冰：《关于青少年数字阅读素养教育问题的思考》，《探求》2014年第6期。

阅读带来的阅读工具的变化、阅读行为的变化、阅读效率的变化都对青少年的阅读习惯产生了不同的影响。如何培养和提高青少年的数字化阅读素养、如何发挥数字化阅读的优势，引导青少年形成健康的阅读习惯，如何为青少年提供优质的数字资源，形成良好的数字化阅读环境都逐步成为近年来研究的热点。

不同学科领域的专家学者针对未成年人数字化阅读现状，提出了自己的观点。王思根等认为，数字化阅读要有广阔的发展前景，需政府引导、科技支持、教育参与等多种因素合力作用，① 强调图书馆在推进数字化阅读方面的功用，如及时调整管理和服务方式，加强对读者数字化阅读进行引导和服务，构建图书馆2.0服务体系等，更好地对读者数字化阅读进行指导和服务。② 针对具体的数字化阅读形式，如手机阅读，研究者认为应该多渠道投入，形成稳定的经费保障、加大手机阅读功能的开发、加强管理，使手机阅读良性化循环、构建手机数字图书馆、构建手机阅读服务系统等。③ 提出应该强化数字化阅读的调控与指导、优化信息资源整合④、加强网络道德教育以提升网络阅读技能⑤，以及强化图书馆数字化阅读延伸服务。⑥ 余训培系统提出了网络阅读指导的四种形式：意见领袖型、统计型网络阅读指导、把关人型网络指导和阅读社区型网络阅读指导等。⑦

上述研究从不同学科视野，提出了未成年人数字化阅读的相关指导策略，对于未成年人数字化阅读指导具有很强的参考价值。但也存在两个问题：一是大多研究和观点的提出是基于文献或者逻辑演绎或者归纳，尚缺乏一定的科学性与严谨性；二是由于学科来源不同，各自的指导策略方面仍具有重叠、缺失，还需要进一步改进。要弥补上述问题，提出对未成年人数字化阅读指导有科学性的策略，要借助各个领域不同专家的智慧，因此，采用基于专家咨询的德尔菲法便成为

---

① 王思根、员立亭：《数字化阅读的现状及其趋势》，《商洛学院学报》2011年第5期。
② 毕静：《图书馆Web 2.0背景下的数字阅读》，《农业图书情报学刊》2010年第12期。
③ 罗昌娴：《全民阅读背景下手机阅读的推广》，《理论前沿》2011年第2期。
④ 张正：《数字化阅读：图书馆的挑战与机遇》，《图书与情报》2009年第6期。
⑤ 吴志攀：《移动阅读与图书馆的未来》，《大学图书馆学报》2004年第1期。
⑥ 楼向英、高春玲：《Mobile 2.0背景下的手机阅读》，《图书馆杂志》2009年第10期。
⑦ 余训培：《网络阅读指导研究》，《图书情报知识》2005年第4期。

一种比较合理的选择。

二 德尔菲法概述

德尔菲法（Delphi method）起源于20世纪40年代的美国兰德公司，是一种匿名式的、轮番征询专家意见，最终得出预测结果的一种集体经验判断法。德尔菲法通常由有经验的专家或管理人员，依赖个人经验和判断力，对一些问题或某一领域的前景进行直觉判断和预测，也称"专家征询法"。[①]

德尔菲法不是一般的主观判断。表现在三个方面：首先，德尔菲法需要充分吸取和综合多位专家的意见，并不是依赖随机的某个个体或者专家的主观判断，而且这些专家都是某个领域内比较有经验或者判断力的，是一种集体经验、知识和智慧的汇集；其次，德尔菲法强调独立判断，而不采用可能相互影响的面对面的集体讨论，这样避免了意见相左而造成的面对面的尴尬，只有一个协调人从事收集、传递、归纳和反馈信息；最后，德尔菲法依赖多次征询过程，确保预测结论能够不断修正，逐步逼近真实可靠的意见，从而有较高的预测准确性。概括起来，德尔菲法有三个明显区别于其他专家预测方法的特点，即匿名性、多次反馈、小组的统计回答。

三 德尔菲法操作流程

在实际操作中，德尔菲法通常执行如下流程：首先由研究者拟定调查表，按照研究程序以邮件或者函件的方式分别向专家组成员进行意见征询；随后专家组成员以匿名的方式反馈并提交意见。研究者在每个阶段都对专家意见进行汇总，逐步修订原始调查表，经过多次征询，专家组意见逐步趋于集中，最后获得具有很高准确率的预测结果。

德尔菲法预测技术的操作方法主要是五个步骤：首先，根据研究目标与要求，确定预测目标，确定专家队伍；其次，将目标转化为咨询内容项目，写成若干条意义十分明确的问题，以征询表的形式组织这些内容和问题，寄送给专家；再次，专家依靠自己独立的判断，对每个问题的意见明

[①] 田军、张朋柱、王刊良、汪应洛：《基于德尔菲法的专家意见集成模型研究》，《系统工程理论和实践》2004年第1期。

确表态，或者肯定、否定，或者提出修订意见，全部意见以书面形式予以回答并反馈；复次，研究者回收专家意见函，并进行分类、归纳，同时将集体结果反馈给专家，并请每个专家根据归纳的结果重新予以考虑，再将修改的结果寄回，有异议的专家要陈述理由。最后，经过资料处理，可得出结果。一般德尔菲法经过三到四次征询和反馈，专家的意见将逐步趋于集中，如图6—1所示。

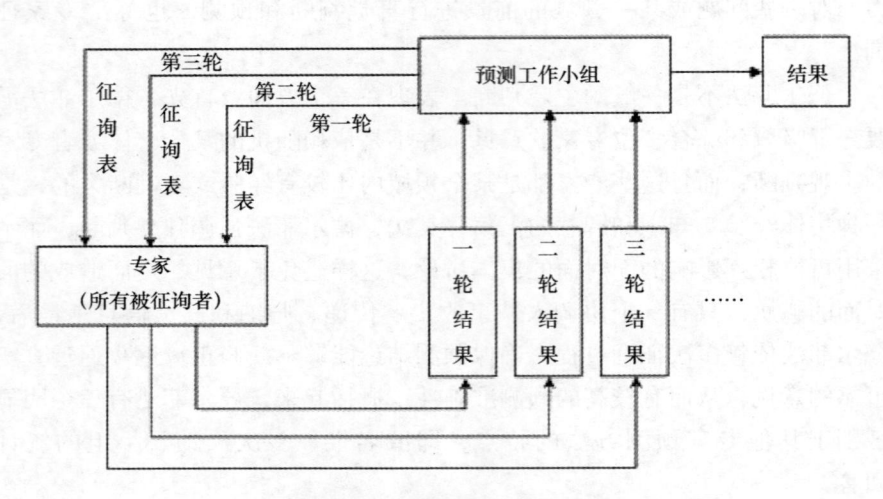

图6—1 德尔菲法一般流程

四 德尔菲法注意事项

德尔菲法具有匿名性、反馈性和趋同性等特点，但作为一种主观判断法，缺点在于一定的主观性且成本相对高。因此，在实施时候需要注意如下四点：

1. 专家的选择。挑选的专家应有一定的代表性、权威性；专家组成员数量方面，一般来说，大型研究不得少于30人，问卷返回率不得低于60%。

2. 问题表设计。问题表设计应该措辞准确，不能引起歧义，问题不宜太多，不要问与预测目的无关的问题，列入征询的问题不应相互包含。

3. 数据统计分析。应该区别对待不同的问题，对于不同专家的权威性应给予不同权重；只要求专家作出粗略的数字估计，而不要求十分精确。

4. 避免组合事件。防止出现诱导现象，避免专家意见向领导小组靠拢，以至得出专家迎合领导小组观点的预测结果。

第二节　德尔菲法研究过程

本研究力图构建一种我国未成年人数字化阅读引导的策略框架，通过文献综述法和德尔菲法，基于目前未成年人数字化阅读的现状，针对这些局限和读者的阅读需求，形成一系列的引导策略，从而推进我国未成年人数字化阅读的发展。

一　实施过程

结合本研究的内容与目的，研究程序如图 6—2 所示。

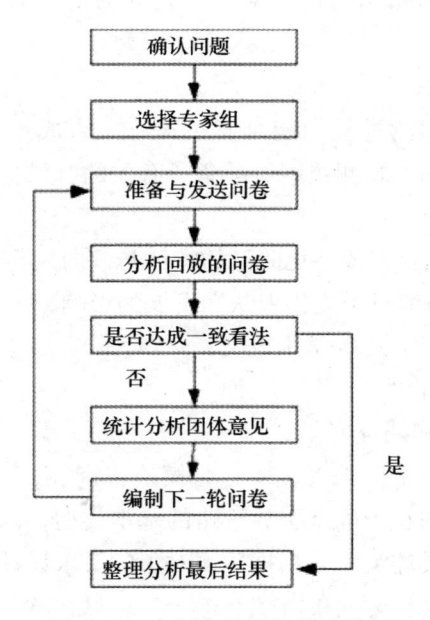

```
确认问题
   ↓
选择专家组
   ↓
准备与发送问卷 ←┐
   ↓            │
分析回放的问卷   │
   ↓            │
是否达成一致看法─┼─是→
   否↓          │
统计分析团体意见 │
   ↓            │
编制下一轮问卷 ─┘
   ↓
整理分析最后结果
```

图 6—2　本研究的德尔菲法流程

具体阐述如下：

1. 确定问题

根据《我国未成年人数字化阅读的特征与倾向》调查报告以及相关研究结果，根据实际需求和研究目的，确定未成年人数字化阅读的引导策略作为研究问题。

2. 确定专家组成员

按照德尔菲法要求，本次研究将选择 30 位相关领域专家对上述预设内容进行意见征询。选择专家是本研究的关键，实施过程中主要考虑广泛性——考虑到本研究的跨学科性，最终选取图书情报领域专家 10 位，数字化阅读领域研究专家 10 位，中小学一线教师 10 位；遵从所有专家都具自愿性，人数适度。

为保证调查的权威性和完整性，专家的选择标准来自权威学术研究分析，选择来自不同高校的教育学、心理学、教育技术学、图书馆学、传播学、课程与教学论专家。本研究的专家考虑地域分布及学科分布，他们是来自华南师范大学、江西师范大学、华东师范大学、浙江大学、浙江财经大学、温州大学、温州图书馆、温州少儿图书馆、温州高校学科专家等 30 位学科专家。

3. 准备背景材料

为了使专家在预测过程中能全面了解有关未成年人数字化阅读的现状，使预测更加准确，预测组织者准备了有关的背景材料，主要是本研究的前期成果，主要有：

（1）《我国未成年人数字化阅读的特征与倾向》调查报告；

（2）《数字化阅读对未成年人认知发展的影响》、《数字化阅读对未成年人社会性发展的影响》等学术论文；

（3）相关文献述评。

4. 设计咨询表和调查表

本研究采用了两个调查表，一个为模块咨询表，一个为内容调查表。模块咨询表主要目的在于确定引导策略的基本类型，内容调查表在于确定每种策略类型中的具体策略。根据预测对象的要求设计咨询表。因预测主题比较集中，咨询表较为简单。

5. 轮番征询阶段

第一轮：发给专家的第一版咨询表，依据研究目标调查表，提出预测问题，由专家对咨询表提出补充和修改意见；研究者对专家填写后寄回的调查表进行汇总整理,归并同类项目,排除次要项目,最后提出一个预测项目一览表作为第二版调查表发给每个专家。

第二轮:专家对第二版调查表所列的每个项目作出评价,并阐明理由;组织者对专家意见进行统计处理。

第三轮:根据第二轮统计资料,再一次进行专家征询,专家反馈意见并充分陈述理由。

第四轮:在第三轮统计结果的基础上,专家们再次进行预测。

一般来说,通过第三到四轮,专家们的意见基本上趋于一致。

本次专家调查使用电子邮件邀请,征询表通过网络文件系统完成并提交,同时,并提供 Word 文稿版文件,以满足不同专家的通讯习惯。

6. 结果最终处理阶段

该阶段最主要的工作是采用统计方法对专家意见作出归纳处理。本研究主要采用比重法,计算出专家对某个意见回答的人数比例,然后以比例最高者作为预测的结果。

本研究德尔菲法研究问卷见附录八。

二 数据收集与分析

1. 咨询表内容预设计

通过德尔菲法,将对图书情报、信息传播以及中小学教育教学其相关领域的专家进行相关意见征询,以确证、修正未成年人数字化阅读引导策略。

为探讨未成年人数字化阅读的引导策略,准确理解每项策略的要素或内涵,在文献研究的基础上构建了一个"未成年人数字化阅读引导策略框架",设计了供专家征询的具体内容。主要包括四个方面,如表 6—1 所示。

表 6—1 《未成年人数字化阅读的引导策略》专家咨询表

策略类型	内　涵
教学性策略	通过学校教育教学手段发展学生的数字化阅读策略、技巧与方法
技术性策略	通过改进数字化阅读材料和内容设计保障中小学生数字化阅读的成效

续表

策略类型	内涵
素养性策略	通过提升中小学生信息素养和阅读素养来确保数字化阅读的积极效果
管理性策略	通过提高学校、图书馆、家庭（父母）的阅读管理策略来引导中小学生正确进行数字化阅读

征询专家意见过程中，要求专家对各个构成要素的必要性进行打分，分为4非常重要、3重要、2一般、1不重要四个层次，专家也可以就各个构成要素的内涵进行评议，提出自己的意见和建议。

2. 第一轮调查结果分析

从表6—2中可以看出，未成年人数字化阅读引导策略的四个大框架的划分基本上达成了共识，根据专家老师提的建议，做了细微调整，将素养性策略改为养成性策略。

表6—2　　　第一轮各构成要素意见集中性情况

调查选项 策略类型及其内涵		各重要程度所占百分比				众数	平均数
		4 非常重要	3 重要	2 一般	1 不重要		
教学性策略	通过学校教育教学手段发展学生的数字化阅读策略、技巧与方法	(11) 55%	(4) 20%	(4) 20%	(1) 5%	4	3.25
技术性策略	通过改进数字化阅读材料和内容设计保障中小学生数字化阅读的成效	(9) 45%	(7) 35%	(4) 20%	(0) 0%	4	3.25
素养性策略	通过提升中小学生信息素养和阅读素养来确保数字化阅读的积极效果	(10) 50%	(9) 45%	(1) 5%	(0) 0%	4	3.45
管理性策略	通过提高学校、图书馆、家庭（父母）的阅读管理策略来引导中小学生正确进行数字化阅读	(11) 55%	(6) 30%	(2) 10%	(1) 5%	4	3.35

3. 第二轮内容模块的调查结果

对内容模块重要性的评判采用李克特四点量表法进行分析，将专家的评判进行答案数量化、分数化：非常重要为 4 分，重要为 3 分，一般为 2 分，不重要为 1 分。每个内容模块的众数（Mo）为主流意见，平均数（$\bar{X}$）就是该项的相对重要程度，本研究选择这两个变量探究意见集中性情况。第一轮内容模块集中性调查结果如表 6—3 所示。

表 6—3　　　　　第二轮各构成要素意见集中性情况

调查选项　构成要素及其内涵		4 非常重要	3 重要	2 一般	1 不重要	众数	平均数
教学性策略	1. 开设专门的数字化阅读指导校本课程	(3) 15%	(9) 45%	(4) 20%	(4) 20%	3	2.55
	2. 教师在教学中加强数字化阅读材料的使用与整合	(8) 40%	(9) 45%	(3) 15%	(0) 0%	3	3.25
	3. 在相关课程如语文、信息技术课程中讲授数字化阅读技巧	(5) 25%	(11) 55%	(3) 15%	(1) 5%	3	3
	4. 促进学生之间的交流，分享数字化阅读经验	(7) 35%	(9) 45%	(4) 20%	(0) 0%	3	3.15
	5. 强化教师的网络化、数字化教学能力，积极构建数字化学习环境	(6) 30%	(13) 65%	(1) 5%	(0) 0%	3	3.25
	6. 注重数字化阅读的导读和书目推荐，尤其注重经典推荐	(6) 30%	(9) 45%	(5) 25%	(0) 0%	3	3.05
	7. 引导学生形成数字化阅读与传统阅读相结合的阅读习惯	(10) 50%	(5) 25%	(5) 25%	(0) 0%	4	3.25
技术性策略	8. 减少数字化阅读页面内容里的无关信息	(4) 20%	(10) 50%	(5) 25%	(1) 5%	3	2.85

续表

调查选项 构成要素及其内涵		各重要程度所占百分比				众数	平均数
		4 非常重要	3 重要	2 一般	1 不重要		
技术性策略	9. 注重对数字化阅读材料"热点内容"的推荐和引导	(6) 30%	(12) 60%	(2) 10%	(0) 0%	3	3.2
	10. 阅读内容排版清晰、有条理,能让学生很快地把握到重点	(8) 40%	(10) 50%	(2) 10%	(0) 0%	3	3.3
	11. 阅读材料设计通过吸引多种感官参与,提高记忆效果	(7) 35%	(9) 45%	(2) 10%	(2) 10%	3	3.05
	12. 注重数字化阅读的延伸与引导,阅读前后提供清晰的导读书目	(7) 35%	(6) 30%	(6) 30%	(1) 5%	4	2.95
	13. 开发和使用阅读注释、评论和分享工具,让学生可以做笔记	(7) 35%	(8) 40%	(3) 15%	(2) 10%	3	3
	14. 开发和使用监控视觉疲劳的软件,在学生长时间阅读之后强制弹出放松眼睛	(6) 30%	(7) 35%	(6) 30%	(1) 5%	3	2.9
	15. 实行数字化阅读页面内容分级,从数字化阅读接触方面进行监控	(6) 30%	(8) 40%	(4) 20%	(2) 10%	3	2.9
	16. 构建中小学生数字化阅读档案袋,引导学生有效进行数字化阅读	(5) 25%	(8) 40%	(6) 30%	(1) 5%	3	2.85
	17. 构建网络书房平台,为数字化阅读提供健康绿色空间	(1) 5%	(15) 75%	(3) 15%	(1) 5%	3	2.8

续表

调查选项	构成要素及其内涵	各重要程度所占百分比				众数	平均数
		4 非常重要	3 重要	2 一般	1 不重要		
素养性策略	18. 引导中小学生批判性地看待数字化阅读的优缺点	(11) 55%	(5) 25%	(4) 20%	(0) 0%	4	3.35
	19. 强化阅读与思考相结合，发展学生认知、想象、创造能力；培养学生多个角度看待问题的态度	(11) 55%	(6) 30%	(2) 10%	(1) 5%	4	3.35
	20. 强化传统阅读素养的提升，注重经典阅读；确立正确的阅读目的，培养良好的阅读品质	(8) 40%	(10) 50%	(2) 10%	(0) 0%	3	3.3
	21. 培训学生数字化阅读设备、数字化阅读软件的使用	(1) 5%	(10) 50%	(6) 30%	(3) 15%	3	2.45
	22. 强化数字化阅读中的笔记习惯，积极进行自我反思	(6) 30%	(10) 50%	(2) 10%	(2) 10%	3	3
	23. 引导学生数字化阅读过程中的互动、分享与交流	(8) 40%	(9) 45%	(3) 15%	(0) 0%	3	3.25
	24. 进行信息道德教育和信息法律宣传，树立网络文明意识	(8) 40%	(7) 35%	(3) 15%	(2) 10%	4	3.05
	25. 加强信息素养培养，提高学生信息处理能力	(7) 35%	(10) 50%	(3) 15%	(0) 0%	3	3.2
	26. 强调数字化阅读的安全问题，以免学生上当受骗	(8) 40%	(6) 30%	(5) 25%	(1) 5%	4	3.05

续表

调查选项 构成要素及其内涵		各重要程度所占百分比				众数	平均数
		4 非常重要	3 重要	2 一般	1 不重要		
管理性策略	27. 建立数字化阅读导读制度，引导积极健康的数字化阅读习惯	(7) 35%	(8) 40%	(5) 25%	(0) 0%	3	3.1
	28. 建立数字化阅读规则制度，遵守网络使用规则	(2) 10%	(11) 55%	(6) 30%	(1) 5%	3	2.7
	29. 通过监控技术设置学生的阅读时限和权限	(8) 40%	(5) 25%	(5) 25%	(2) 10%	4	2.95
	30. 倡导数字化阅读中的亲子活动，提倡亲子数字化阅读	(6) 30%	(9) 45%	(5) 25%	(0) 0%	3	3.05
	31. 开展数字化阅读活动周，提倡科学的阅读方法和技巧	(4) 20%	(11) 55%	(4) 20%	(1) 5%	3	2.9
	32. 成立专门的中小学生数字化阅读指导队伍；针对不同的学生群体，按需提供个性化指导	(9) 45%	(6) 30%	(3) 15%	(2) 10%	4	3.1
	33. 举办各种数字化阅读推广活动，如网络读书会、读书辩论会等	(4) 20%	(9) 45%	(6) 30%	(1) 5%	3	2.8
	34. 有计划开展网络检索竞赛活动、信息资源应用技术的培训	(5) 25%	(10) 50%	(5) 25%	(0) 0%	3	3
	35. 对电子阅览室实施精细化管理，注重数字化人文环境的建设	(5) 25%	(11) 55%	(3) 15%	(1) 5%	3	3
	36. 加大数字化资源建设的投入和力度，加强数字化网络资源管理	(7) 35%	(10) 50%	(2) 10%	(1) 5%	3	3.1

续表

调查选项 构成要素及其内涵		各重要程度所占百分比				众数	平均数
		4 非常重要	3 重要	2 一般	1 不重要		
管理性策略	37. 结合全民阅读活动，重视数字化阅读的普及和推广工作	(1) 5%	(14) 70%	(4) 20%	(1) 5%	3	2.75
	38. 建议设立专门的数字化阅读节，提倡各级领导人使用数字化阅读	(4) 20%	(8) 40%	(5) 25%	(3) 15%	3	2.65
	39. 图书馆等加强 web 2.0 建设，创设积极的数字化阅读社区、空间与环境；做好数字化阅读的延伸服务	(5) 25%	(13) 65%	(1) 5%	(1) 5%	3	3.1
	40. 构建中小学生数字化阅读知识银行，形成良好的阅读习惯	(9) 45%	(8) 40%	(3) 15%	(0) 0%	4	3.3
	41. 探索数字化阅读分级制度，确保未成年数字化阅读的科学有效	(8) 40%	(6) 30%	(4) 20%	(2) 10%	4	3
	42. 发布我国青少年数字化阅读指数并纳入社会发展体系	(6) 30%	(9) 45%	(3) 15%	(2) 10%	3	2.95
	43. 建设公共数字阅读服务平台，推广经典名著的数字化阅读	(8) 40%	(6) 30%	(6) 30%	(0) 0%	4	3.1

为说明专家是否对每个内容模块的重要性意见是否达到一致，需要进行离散性检验分析，研究中使用单样本 T 检验方法，结果如表 6—4 所示。

表6—4　　　第二轮各构成要素意见集中性情况 T 检验

构成要素	调查选项及其内涵	Sig（双侧）(T=4,3,2) 4 非常重要	Sig（双侧）(T=4,3,2) 3 重要	Sig（双侧）(T=4,3,2) 2 一般	平均数	结果
教学性策略	1. 开设专门的数字化阅读指导校本课程	0.000	0.058	0.24	2.55	T=3 达成共识
教学性策略	2. 教师在教学中加强数字化阅读材料的使用与整合	0.000	0.135	0.000	3.25	T=3 达成共识
教学性策略	3. 在相关课程如语文、信息技术课程中讲授数字化阅读技巧	0.000	1.000	0.000	3	T=3 达成共识
教学性策略	4. 促进学生之间的交流，分享数字化阅读经验	0.000	0.379	0.000	3.15	T=3 达成共识
教学性策略	5. 强化教师的网络化、数字化教学能力，积极构建数字化学习环境	0.000	0.056	0.000	3.25	T=3 达成共识
教学性策略	6. 注重数字化阅读的导读和书目推荐，尤其注重经典推荐	0.000	0.772	0.000	3.05	T=3 达成共识
教学性策略	7. 引导学生形成数字化阅读与传统阅读相结合的阅读习惯	0.001	0.204	0.000	3.25	T=3 达成共识
技术性策略	8. 减少数字化阅读页面内容里的无关信息	0.000	0.419	0.000	2.85	T=3 达成共识
技术性策略	9. 注重对数字化阅读材料"热点内容"的推荐和引导	0.000	0.163	0.000	3.2	T=3 达成共识
技术性策略	10. 阅读内容排版清晰、有条理，能让学生很快地把握到重点	0.000	0.055	0.000	3.3	T=3 达成共识
技术性策略	11. 阅读材料设计通过吸引多种感官参与，提高记忆效果	0.000	0.297	0.000	3.05	T=3 达成共识
技术性策略	12. 注重数字化阅读的延伸与引导，阅读前后提供清晰的导读书目	0.000	0.815	0.000	2.95	T=3 达成共识
技术性策略	13. 开发和使用阅读注释、评论和分享工具，让学生可以做笔记	0.000	1.000	0.000	3	T=3 达成共识
技术性策略	14. 开发和使用监控视觉疲劳的软件，在学生长时间阅读之后强制弹出放松眼睛	0.000	0.629	0.000	2.9	T=3 达成共识

续表

调查选项 构成要素及其内涵		Sig（双侧） （T=4,3,2）			平均数	结果
		4 非常重要	3 重要	2 一般		
技术性策略	15. 实行数字化阅读页面内容分级，从数字化阅读接触方面进行监控	0.000	0.649	0.001	2.9	T=3 达成共识
	16. 构建中小学生数字化阅读档案袋，引导学生有效进行数字化阅读	0.000	0.453	0.000	2.85	T=3 达成共识
	17. 构建网络书房平台，为数字化阅读提供健康绿色空间	0.000	0.163	0.000	2.8	T=3 达成共识
素养性策略	18. 引导中小学生批判性地看待数字化阅读的优缺点	0.002	0.069	0.000	3.35	T=3 达成共识
	19. 强化阅读与思考相结合，发展学生认知、想象、创造能力；培养学生多个角度看待问题的态度	0.004	0.090	0.000	3.35	T=3 达成共识
	20. 强化传统阅读素养的提升，注重经典阅读；确立正确的阅读目的，培养良好的阅读品质	0.000	0.055	0.000	3.3	T=3 达成共识
	21. 培训学生数字化阅读设备、数字化阅读软件的使用	0.000	0.008	0.025*	2.45	未达成共识
	22. 强化数字化阅读中的笔记习惯，积极进行自我反思	0.000	1.000	0.000	3	T=3 达成共识
	23. 引导学生数字化阅读过程中的互动、分享与交流	0.000	0.135	0.000	3.25	T=3 达成共识
	24. 进行信息道德教育和信息法律宣传，树立网络文明意识	0.000	0.825	0.000	3.05	T=3 达成共识
	25. 加强信息素养培养，提高学生信息处理能力	0.000	0.214	0.000	3.2	T=3 达成共识
	26. 强调数字化阅读的安全问题，以免学生上当受骗	0.000	0.815	0.000	3.05	T=3 达成共识

续表

调查选项 构成要素及其内涵		Sig（双侧） （T=4,3,2）			平均数	结果
		4 非常重要	3 重要	2 一般		
管理性策略	27. 建立数字化阅读导读制度，引导积极健康的数字化阅读习惯	0.000	0.577	0.000	3.1	T=3 达成共识
	28. 建立数字化阅读规则制度，遵守网络使用规则	0.000	0.083	0.000	2.7	T=3 达成共识
	29. 通过监控技术设置学生的阅读时限和权限	0.000	0.834	0.001	2.95	T=3 达成共识
	30. 倡导数字化阅读中的亲子活动，提倡亲子数字化阅读	0.000	0.772	0.000	3.05	T=3 达成共识
	31. 开展数字化阅读活动周，提倡科学的阅读方法和技巧	0.000	0.577	0.000	2.9	T=3 达成共识
	32. 成立专门的中小学生数字化阅读指导队伍；针对不同的学生群体，按需提供个性化指导	0.001	0.666	0.000	3.1	T=3 达成共识
	33. 举办各种数字化阅读推广活动，如网络读书会、读书辩论会等	0.000	0.297	0.000	2.8	T=3 达成共识
	34. 有计划开展网络检索竞赛活动、信息资源应用技术的培训	0.000	1.000	0.000	3	T=3 达成共识
	35. 对电子阅览室实施精细化管理，注重数字化人文环境的建设	0.000	1.000	0.000	3	T=3 达成共识
	36. 加大数字化资源建设的投入和力度，加强数字化网络资源管理	0.000	0.419	0.000	3.1	T=3 达成共识
	37. 结合全民阅读活动，重视数字化阅读的普及和推广工作	0.000	0.096	0.000	2.75	T=3 达成共识
	38. 建议设立专门的数字化阅读节，提倡各级领导人使用数字化阅读	0.000	0.130	0.008	2.65	T=3 达成共识
	39. 图书馆等加强 Web 2.0 建设，创设积极的数字化阅读社区、空间与环境；做好数字化阅读的延伸服务	0.000	0.541	0.000	3.1	T=3 达成共识

续表

调查选项 构成要素及其内涵		Sig（双侧） （T=4, 3, 2）			平均数	结果
		4 非常重要	3 重要	2 一般		
管理性策略	40. 构建中小学生数字化阅读知识银行，形成良好的阅读习惯	0.000	0.083	0.000	3.3	T=3 达成共识
	41. 探索数字化阅读分级制度，确保未成年人数字化阅读的科学有效	0.000	1.000	0.000	3	T=3 达成共识
	42. 发布我国青少年数字化阅读指数并纳入社会发展体系	0.000	0.815	0.000	2.95	T=3 达成共识
	43. 建设公共数字阅读服务平台，推广经典名著的数字化阅读	0.000	0.606	0.000	3.1	T=3 达成共识

注：$p<0.05$ 为显著水平，*表示与该 T 值存在显著差异，即在该 T 值上未达成共识。

4. 第三轮征询内容生成稿

根据数据分析，结合专家给出的建议，去掉一些不必要策略，对各个策略的意义进行更完整的诠释，整合一些重复性问题，将模块内容定义中的素养性策略改为养成性策略，生成第三轮征询调查表。

表6—5　　　　　第三轮各构成要素意见集中性情况

调查选项 构成要素及其内涵		Sig（双侧） （T=4, 3, 2）			平均数	结果
		4 非常重要	3 重要	2 一般		
教学性策略	1. 教师在教学中加强数字化阅读材料的使用与整合	0.630	0.002	0.000	3.50	T=4 达成共识
	2. 在相关课程如语文、信息技术课程中讲授数字化阅读技巧	0.000	0.772	0.000	2.95	T=3 达成共识
	3. 促进学生之间的交流，分享数字化阅读经验	0.000	0.258	0.000	3.20	T=3 达成共识

续表

构成要素及其内涵	调查选项	Sig（双侧）(T=4,3,2)			平均数	结果
		4 非常重要	3 重要	2 一般		
教学性策略	4. 强化教师的网络化、数字化教学能力，积极构建数字化学习环境	0.054	0.001	0.000	3.55	T=4 达成共识
	5. 注重数字化阅读的导读（热点导读）和书目推荐，尤其注重经典推荐	0.000	0.428	0.000	3.10	T=3 达成共识
	6. 引导学生形成数字化阅读与传统阅读相结合的阅读习惯	0.055	0.000	0.000	3.55	T=4 达成共识
技术性策略	7. 阅读内容排版清晰、有条理，能让学生很快地把握到重点	0.000	0.055	0.000	3.30	T=3 达成共识
	8. 阅读材料设计注重吸引通过多种感官参与	0.000	0.379	0.000	3.15	T=3 达成共识
	9. 开发和使用阅读注释、评论和分享工具，让学生可以做笔记	0.000	0.055	0.000	3.30	T=3 达成共识
	10. 开发和使用监控视觉疲劳的软件，自由设置阅读时间，在时间到了的时候强制弹出放松眼睛	0.000	0.505	0.001	2.85	T=3 达成共识
养成性策略	11. 强化阅读与思考相结合，发展学生认知、想象、创造能力	0.002	0.009*	0.000	3.45	未达成共识
	12. 强化传统阅读素养的提升，注重经典阅读	0.000	1.000	0.000	3.00	T=3 达成共识
	13. 引导中小学生批判性地看待数字化阅读的优缺点	0.000	0.171	0.000	2.75	T=3 达成共识
	14. 进行信息道德教育和信息法律宣传，树立网络文明意识	0.000	0.379	0.000	3.15	T=3 达成共识
	15. 加强信息素养培养，提高学生信息处理能力	0.001	0.054	0.000	3.45	T=3 达成共识
	16. 强调数字化阅读的安全问题，以免学生上当受骗	0.001	0.505	0.000	3.15	T=3 达成共识

续表

调查选项	构成要素及其内涵	Sig（双侧）(T=4,3,2) 4 非常重要	3 重要	2 一般	平均数	结果
养成性策略	17. 建立数字化阅读导读制度，引导积极健康的数字化阅读习惯	0.000	0.061	0.000	3.35	T=3 达成共识
	18. 确立正确的阅读目的，培养良好的阅读品质	0.000	0.130	0.000	3.30	T=3 达成共识
管理性策略	19. 倡导数字化阅读中的亲子活动，提倡亲子数字化阅读	0.000	0.001	0.204	2.25	T=2 达成共识
	20. 结合全民阅读活动，重视数字化阅读的普及和推广工作，开展数字化阅读活动周，提倡科学的阅读方法和技巧	0.000	0.453	0.000	2.85	T=3 达成共识
	21. 成立专门的中小学生数字化阅读指导队伍；针对不同的学生群体，按需提供个性化指导	0.000	0.297	0.000	2.80	T=3 达成共识
	22. 举办各种数字化阅读推广活动，如网络读书会、读书辩论会等	0.000	0.379	0.000	2.85	T=3 达成共识
	23. 有计划开展网络检索竞赛活动、信息资源应用技术的培训	0.000	0.772	0.000	3.05	T=3 达成共识
	24. 对电子阅览室实施精细化管理，注重数字化人文环境的建设	0.000	0.494	0.000	3.10	T=3 达成共识
	25. 加大数字化资源建设的投入和力度，加强数字化网络资源管理	0.000	0.297	0.000	3.20	T=3 达成共识
	26. 图书馆等加强 Web 2.0 建设，创设积极的数字化阅读社区、空间与环境；做好数字化阅读的延伸服务	0.000	0.649	0.001	2.90	T=3 达成共识
	27. 构建中小学生数字化阅读知识银行，形成良好的阅读习惯	0.001	0.330	0.000	3.20	T=3 达成共识
	28. 探索数字化阅读分级制度，确保未成年数字化阅读的科学有效	0.104	0.016	0.000	3.45	T=4 达成共识

注：$p<0.05$ 为显著水平，＊表示与该 T 值存在显著差异，即在该 T 值上未达成共识。

5. 未成年人数字化阅读的引导策略确定

第一、二轮的修改之后，第三轮的问卷基本上都达成了共识，有几个在 T=4 非常重要上达成了共识，综合两次专家问卷的数据分析结果，中小学生数字化阅读引导策略可以在大框架上分为教学性策略、技术性策略、养成性策略、管理性策略四个大方面，在四个类别下共有 28 条引导中小学生进行数字化阅读的策略达成了共识。

第三节　本章小结

数字化阅读是一种新型的阅读方式，如何正确地引导未成年人进行数字化阅读就显得尤为重要，本次研究针对此问题，预设策略问卷，组织专家老师，运用德尔菲法，进行背靠背式问卷调查，最终得出了数字化阅读的 28 条引导性策略，旨在引导未成年人正确地进行数字化阅读。具体阐述如下：

1. 教学性策略

内涵：通过学校教育教学手段发展学生的数字化阅读策略、技巧与方法，主要策略有：

- 教师在教学中加强数字化阅读材料的使用与整合；
- 在相关课程如语文、信息技术课程中讲授数字化阅读技巧；
- 促进学生之间的交流，分享数字化阅读经验；
- 强化教师的网络化、数字化教学能力，积极构建数字化学习环境；
- 注重数字化阅读的导读（热点导读）和书目推荐，尤其注重经典推荐；
- 引导学生形成数字化阅读与传统阅读相结合的阅读习惯。

2. 技术性策略

内涵：通过改进数字化阅读材料和内容设计保障未成年人数字化阅读的成效，主要策略有：

- 阅读内容排版清晰、有条理，能让学生很快地把握到重点；
- 阅读材料设计注重吸引通过多种感官参与；
- 开发和使用阅读注释、评论和分享工具，让学生可以做笔记；
- 开发和使用监控视觉疲劳的软件，自由设置阅读时间，在时间到了的时候强制弹出放松眼睛。

3. 养成性策略

内涵：通过提升未成年人信息素养和阅读素养来确保数字化阅读的积极效果，主要策略有：

- 强化阅读与思考相结合，发展学生认知、想象、创造能力；
- 强化传统阅读素养的提升，注重经典阅读；
- 引导中小学生批判性地看待数字化阅读的优缺点；
- 进行信息道德教育和信息法律宣传，树立网络文明意识；
- 加强信息素养培养，提高学生信息处理能力；
- 强调数字化阅读的安全问题，以免学生上当受骗；
- 建立数字化阅读导读制度，引导积极健康的数字化阅读习惯；
- 确立正确的阅读目的，培养良好的阅读品质。

4. 管理性策略

内涵：通过提高学校、图书馆、家庭（父母）的阅读管理策略来引导未成年人正确进行数字化阅读，主要策略有：

- 倡导数字化阅读中的亲子活动，提倡亲子数字化阅读；
- 结合全民阅读活动，重视数字化阅读的普及和推广工作，开展数字化阅读活动周，提倡科学的阅读方法和技巧；
- 成立专门的中小学生数字化阅读指导队伍；针对不同的学生群体，按需提供个性化指导；
- 举办各种数字化阅读推广活动，如网络读书会、读书辩论会等；
- 有计划开展网络检索竞赛活动、信息资源应用技术的培训；
- 对电子阅览室实施精细化管理，注重数字化人文环境的建设；
- 加大数字化资源建设的投入和力度，加强数字化网络资源管理；
- 图书馆等加强 Web 2.0 建设，创设积极的数字化阅读社区、空间与环境，做好数字化阅读的延伸服务；
- 构建中小学生数字化阅读知识银行，形成良好的阅读习惯；
- 探索数字化阅读分级制度，确保未成年人数字化阅读的科学有效。

第七章
未成年人数字化阅读的服务创新

在媒体高度发达的时代，数字化阅读作为一种新的重要的阅读方式，已经成为全民阅读的重要途径和组成部分，正产生巨大的经济效益和社会效益，数字化阅读的快捷、方便、量大是其优势，但由于信息海量，缺乏筛选，常常带来选择上的困难，网络上的消息多于文化，容易出现快餐式、随意性、碎片化等特征。因此，良好的数字化阅读素养是实现有效阅读的重要前提，家庭和学校等相关机构应该承担此责任。数字化阅读政策构建需要从社会、学校、家庭、产业多个维度展开，以形成合力推动全民阅读的深入。构建多维协同的、生态化的数字化阅读活动平台，将能有效促进传统阅读和数字化阅读和谐共生，提升国民阅读能力和水平，促进全民素质提高。

第一节 发展未成年人的数字化阅读素养

阅读是一种典型的信息加工活动，是最基本的学习手段，对于未成年人个体发展及国民素质提升影响重大。国际阅读素养进展研究（PIRLS）认为，阅读素养是学生从小学开始就应该掌握的最重要的能力，阅读能力的掌握是个体学习其他知识的基础，是自信地融入社会、满足生活、工作甚至生存的需要、满足个人精神世界发展的需求。[1] 随着我国未成年人数字阅读率的逐步上升，数字化阅读素养却不尽如人意，2013 年 12 月 PISA 公布了参与各国青少年数字阅读的成绩排名，结果有些意外，在纸质阅读拔得头筹的上海，数字阅读成绩却未占优势，仅排名第六，远不如新加坡、韩国和日本等国家。[2] 进入数字时代，新媒体成为人们接受信息、建

---

[1] 温红博、辛涛：《阅读素养：孩子面向未来的基础能力》，《中国教育报》2011 年 3 月 17 日。
[2] 陈丽冰：《关于青少年数字阅读素养教育问题的思考》，《探求》2014 年第 6 期。

构知识、进行人际和社会交互的主要媒介，需要发展未成年人的数字化阅读素养来适应这种变化。

一 素养连续统：从信息素养到数字素养

数字技术尤其是社会性技术的日益发展并被各个阶层的人群所使用，极大改变了人们工作、学习、交流、获取信息及娱乐的方式。根据全球市场信息集团 TNS 对 16 个国家的 2.7 万名 18 岁至 55 岁网络用户进行的调查发现：全球 25 岁以下的受调查者平均每天花 36% 的休息时间上网，美国和英国低于平均水平，分别是 30% 和 28%，而在中国，年轻人却把 50% 的空余时间都泡在网上，只将其作为娱乐的主要手段，应用于学习、创新乃至创造生产力方面非常少，年轻人对数字化的使用步入了误区。[1] 数字技术使用并不能自动引导数字能力的发展或者提高，因此，世界各国都将国民的数字能力发展视为未来全球新经济竞争中的重要因素，把数字能力发展置于关乎国家经济发展命脉的战略高度，冀望通过教育教学系统变革，鼓励发展国民数字能力，以确保未来他们能够积极参与社会和经济发展之中。

显然，数字素养或者数字能力并不是一种单一的技能，而是一种关乎所有人的基本生活技能的、复合的、横跨的重要技能，这种技能能够促使个体获得其他的一些重要技能（比如语言、数学、学会学习、文化意识等），甚至标记为"数字时代的生存技能"[2]（Eshet-Alkalai，2004）或者"信息社会的重要资产"[3]（van Deursen，2009）。作为一个横跨多学科的概念，数字能力与其他相关概念常常在不同层面上混用。数字能力的面貌是如此多样化，以致目前为止还没有一个共同的概念或者广泛认同的定义存在，因为不同概念的研究和文献强调了人们需要的数字技能的不同方面，而这一事实也正说明了数字能力对个体生存发展的重要性。通过回顾相关文献，主要提取了媒介素养、ICT 素养、互联网素养、媒体素养、信

---

[1] 中新网：《调查称中国人休息时间多上网 网上交友的热情低》，http：//www.chinanews.com/gj/hwkzg/news/2009/01 - 02/1511727. shtml，2015 - 09 - 27.

[2] Eshet-Alkalai Y.，*Digital literacy*: *A conceptual framework for survival skills in the digital era*. Journal of Educational Multimedia and Hypermedia，2004，13（1）：93 - 106.

[3] van Deursen A. J. A. M. & van Dijk J. A. G. M.，*Using the Internet*: *Skill related problems in users' online behavior*. Interacting with Computers，2009，21（5/6）：393 - 402.

息素养和数字素养等概念,实际上,这些概念体系构成了一个素养连续统,这些概念在不同层面多种方式相互交叉。因此,试图关注一个包罗万象的定义是没有用的,不如聚焦面向当前和未来数字环境的、需要学习的必须技能。

　　数字素养正是在上述素养概念的基础上提出,是信息素养在数字时代的升华与拓展。其实,"素养"概念本身是一个不断发展和丰富的动态性的、开放式的概念,当一种生活行为或方式日益大众化并影响加深时,传统的素养内容的作用或价值日益边缘化,其教育效果逐步递减,客观上需要提出并倡导一种新的素养要求来与之相适应,[①] 可以说"数字素养"也是在其他各类素养概念的基础上提出的。为了更好地构建"数字素养"概念模型,现将五种主要的素养概念做一梳理。

　　(1) 信息素养(Information Literacy):早在1974年,美国信息产业协会主席保罗·泽考斯基(Paul Zurkowski)就提出了"信息素养",认为信息素养就是利用大量的信息工具及主要信息资源使问题得到解答的技术和技能。[②] 而后"信息素养"成为信息时代的一个热词,随着计算机技术的发展与普及,逐渐取代计算机素养。

　　(2) 媒介素养(Media Literacy):20世纪30年代,英国社会以广播和电影为首的大众传媒带来的流行文化给传统的社会生活以极大冲击,有专家学者便提出了"媒介素养"教育,其目的是为了保护传统文化和传统价值观。美国媒介素养研究中心则把媒介素养界定为一种媒介信息的选择、理解、质疑、评估的能力以及制作和生产媒介信息的能力。[③]

　　(3) 计算机素养(Computer Literacy、ICT Literacy):"计算机素养"一词源于"信息素养",出现在20世纪80年代。美国北肯塔基大学把计算机素养定义为:对于已获得知识和经验的大学生及教师在其学科领域内

[①] 陶侃:《略论读图时代的"游戏素养"及构建要素》,《现代远程教育研究》2009年第2期。

[②] Zurkowski P. G., *The Information Environment: Relationships and Priorities*, National Commission on Libraries and Information Science, Washington, 1974.

[③] Elizabeth Thoman, *Skills and Strategies for Media Education*. Educational Leadership, 1990, (2): 50 – 54.

必须具有熟练地和有效地利用计算机的能力。① 从"计算机素养"一词的字面意思可以看出，计算机素养是指掌握使用计算机及相关软件方面的能力。

（4）网络素养（Internet Literacy、Network Literacy）：信息及相关过程的网络属性有时指的是"互联网素养"或者"网络素养"。在意义广泛的"数字素养"文献中也使用网络/互联网素养。网络素养是指人们了解、分析、评估网络和利用网络获取、创造信息的能力。② 网络素养与信息素养二者之间存在着一种承接交融的关系，即：信息素养是网络素养的前身，网络素养是信息素养的发展。总之，网络素养是个体在网络社会利用互联网进行学习、工作、交流和发展的一种综合能力，是一个由信息技术、思想意识、文化积淀和心智能力有机结合的能力系统。

（5）数字素养（Digital Literacy、E-Literacy）："数字素养"由以色列学者阿尔卡来（Yoram Eshet-Alkalai）提出，③ 他系统提出了数字素养的概念框架，认为数字素养应该包括五个方面的内容：图片—图像素养、再创造素养、分支素养、信息素养、社会—情感素养，这个理论框架被认为是数字素养最全面的模式之一。

上述素养概念体系都是建立在媒体路径上的连续统一体（continuum），表现出素养这一基本文化概念在不同媒体时代的基本诉求。事实上，除了上述普遍性较强的素养概念体系，数字化阅读素养本身就是适应当前数字时代发展出现的面向专业领域的素养概念体系。④ 本研究认为，数字素养是一个综合性、动态的、开放的概念，是经过媒介素养、计算机素养、信息素养、网络素养的流变所形成的。通过对数字素养和相关概念之间关系的分析，抽取出一些共同的成分，这将作为后续建构数字能力概念模型的基本要素。

层出不穷的新词汇是否必须呢？联合国教科文组织曾建议，任何时候

---

① Gilster P.，Digital literacy. New York；Chichester：John Wiley，1997.

② Bawden D.，*Information and digital literacies：a review of concepts*. Journal of Documentation，2001，57（2）：218–259.

③ Eshet-Alkalai Y.，*Digital literacy：A conceptual framework for survival skills in the digital era*. Journal of Educational Multimedia and Hypermedia，2004，13（1）：93–106.

④ 王健、张立荣：《新媒介时代大学生数字化阅读素养的内涵与培养》，《现代远距离教育》2011年第6期。

一种新环境都需要一种新的信息素养。[1] 可以看出：数字素养是最广泛的概念，正如 Yoram Eshet-Alkalai 的定义，数字素养包括其他相关概念的主要方面，[2] 即：计算机素养和网络素养是作为数字素养的基础、核心成分存在的，而信息素养和媒介素养则是在数字化情境下的技能被包含在内，这也成为数字素养的基础。

二 数字化阅读素养的概念建构

1. 从数字素养到数字化阅读素养

从大阅读观的角度来看，数字时代人们使用数字设备进行的信息活动都可以称之为数字化阅读，这涵括了严格意义上用数字设备进行阅读的活动，也包括了眼角划过屏幕一秒所注意到广告这种行为。随着网络空间的进一步连接、开放与共享，未成年人能够快速密集接收到各种网络信息资源。传统纸质媒体的信息需要严格把关才能为读者所接触，而网络是一种开放空间、一种自媒体，任何人在任何时间任何地方都可能随心所欲的发布任何信息，这种信息传播格局的变革，给未成年人信息获取和阅读过程带来巨大的风险，内容迷航、选择困难、信息混杂等问题层出不穷，严重危害未成年人身心健康发展。这也说明在一个开放的网络世界中，学习者急需掌握对所需内容的获取定位方法，以及更多的批判性思考等一系列能力，归根结底，这种能力就是数字化阅读素养。

何为数字化阅读素养？目前尚无权威界定。作为一个新概念的建构，数字化阅读素养并不是对之前相关概念进行筛选和否定，进而提出一个统一性的概念，相反，是要通过对各个概念的重要元素进行分析和整合。在这一过程中，需要厘清数字化阅读素养与其他素养的边界和差异，需要注意数字化阅读素养与其他媒介所具有的共同特征，以及数字化阅读素养作为一种文化形式能与其他媒介区分开来的特征。

2. 数字化阅读素养的概念统整

可以看出，数字化阅读素养是一个综合性、动态性、开放性的概念，

---

[1] Catts R. & Lau J., Towards Information Literacy Indicators. Paris：UNESCO, 2008.

[2] Eshet-Alkalai Y., *Digital literacy*：*A conceptual framework for survival skills in the digital era*. Journal of Educational Multimedia and Hypermedia, 2004, 13 (1)：93 – 106.

是从信息素养、媒介素养、计算机素养、网络素养、到数字素养的一种流变统一体,同时也是面向阅读专业领域的一种素养概念体系。

(1) 阅读素养

在 PISA2009 中,阅读能力是学生为实现个人目标,发展知识和潜能以及参与社会活动,对书面文本理解、运用、反思并参与的能力;PIRLS2006 指出,阅读素养是理解和运用社会需要的或个人认为有价值的书面语言形式的能力;NEAP2009、NEAP2013 都认为阅读是一个动态的、复杂的认知过程,具体包括:理解书面文本,发展和解释意义,恰当地运用意义来满足不同的文本类型、阅读目的和阅读情境的需要。[①] 国内学者武永明则认为,阅读素养可根据青少年儿童不同年龄阶段的不同心理特征,确立一个有递进关系的纵向的主系结构,包括认读能力、理解能力、评价能力、创造能力。[②] 综合上述观点,阅读素养可理解为:为了实现个人目标、发展知识和潜能以及参与社会活动,对阅读文本进行认读、理解、评价、应用、思考以及创造的能力。需要注意的是,此处的阅读文本涵盖纸质材料和电子材料。

(2) 数字化阅读素养

在阅读素养概念研究的基础上,王健等人认为:数字化阅读素养是新媒介时代公民的一种必备素养,可将其概括为一种在数字化阅读中能通过合法方式快速高效的获取、辨别、分析、利用、开发信息等方面的素养。[③] 同时,他还提出数字化阅读素养包括数字化阅读意识、数字化阅读能力和数字化阅读道德三个方面。综合上述,数字化阅读素养是指为了实现个人目标、发展知识和潜能以及参与社会活动,对各种数字媒介呈现出的阅读文本进行获取定位、整合理解、评价反思、参与创造的能力,是新媒体时代公民的一种必备素养。

三 数字化阅读素养的内容结构

可以说,数字化阅读素养是数字素养与阅读素养的综合体,数字化阅

---

① NAEP:《Assessment Schedule 1969 – 2017》, http://nces.ed.gov/nationsreportcard/about/assessmentsched.asp, 2015 – 10 – 06.

② 武永明:《关于个性化阅读相关问题的思考》,《语文建设》2007 年第 7—8 期。

③ 王健、张立荣:《新媒介时代大学生数字化阅读素养的内涵与培养》,《现代远距离教育》2011 年第 6 期。

读素养的内容结构也需要从数字素养和阅读素养各自的内容结构中来汲取养分。图7—1体现了数字化阅读素养的内容结构概念体系。

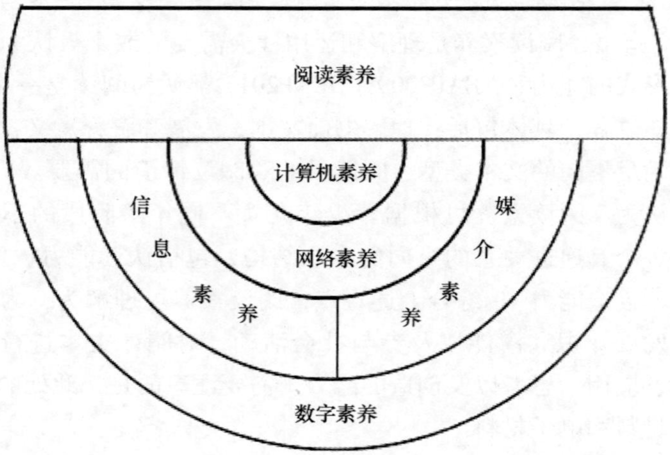

数字化阅读素养

图7—1 数字化阅读素养内容结构相关概念体系图

从上图可以明显看出：计算机素养的含义是最窄的，但也是构成数字化阅读素养内容结构最基础的成分，主要集中于技术知识以及计算机和软件应用；网络素养增加了在网络媒介环境中技术与工具的使用；信息素养、媒介素养则是在计算机素养和网络素养的基础上发展起来的、具有宽泛性的通用素养，并且与数字素养的内涵存在大部分的重叠，但又分别有各自的侧重点：信息素养更多的是发现、组织以及处理信息，而媒介素养更多的是关注个人利益，强调参与和解释以及使用并创造媒介作品的能力。数字化阅读在本质上是一种阅读，所以图中将阅读素养置于数字素养的上位，体现了阅读素养的认知与发展本质。需要注意的是：所有素养概念，都包括了正确的使用情感或者态度。

为了更加清晰的表明数字化阅读素养的内容结构要素，将对各相关概念的内容结构要素进行具体分析，如表7—1所示。

表 7—1　　　　　　　　各相关概念内容结构要素

内容结构要素					
计算机素养	计算机意识	计算机知识	计算机能力	计算机道德	
网络素养	了解网络	分析网络	评估网络	利用网络获取信息	利用网络创造信息
信息素养	信息意识	信息知识	信息能力	信息道德	
媒介素养	选择媒介能力	理解媒介能力	质疑媒介能力	评估媒介能力	创造媒介能力
数字素养	图片—图像素养	再创造素养	分支素养	信息素养	社会—情感素养
阅读素养	认读能力	理解能力	评价能力	创造能力	

将这些内容结构要素进行聚合，得到了如表7—2所示的数字化阅读素养内容结构要素：

表 7—2　　　　　　数字化阅读素养内容结构要素

类别	内容结构要素	所属概念	聚类关键词
1	计算机知识	计算机素养	操作类知识技能
	计算机能力	计算机素养	
	选择媒介能力	媒介素养	
2	信息知识	信息素养	网络相关类知识技能
	分支素养	数字素养	
	图片—图像素养	数字素养	
	利用网络获取信息	网络素养	
	了解网络	网络素养	
3	信息能力	信息素养	高级知识与技能
	认读能力	阅读素养	
	理解能力	阅读素养	
	评价能力	阅读素养	
	创造能力	阅读素养	
	再创造素养	数字素养	
	信息素养	数字素养	

续表

类别	内容结构要素	所属概念	聚类关键词
3	创造媒介能力	媒介素养	高级知识与技能
	评估媒介能力	媒介素养	
	质疑媒介能力	媒介素养	
	理解媒介能力	媒介素养	
	分析网络	网络素养	
	评估网络	网络素养	
	利用网络创造信息	网络素养	
4	社会—情感素养	数字素养	情感态度
	计算机意识	计算机素养	
	计算机道德	计算机素养	
	信息意识	信息素养	
	信息道德	信息素养	

另外，需要强调的一点——数字化阅读素养综合了数字素养和阅读素养两大分支，在以数字素养为基础的前提下，数字化阅读的载体、内容、形式必定会随着数字技术的发展有所不同。同时，数字化阅读素养内容结构的建构，一定要紧紧围绕阅读的本质。因此，参照武永明提出的具有递进层级关系的纵向阅读素养主系结构——认读能力、理解能力、评价能力和创造能力，结合数字化阅读素养内容结构相关概念体系，抽取数字化阅读的内容结构组成要素，进而构建数字化阅读素养的内容结构模型，如图7—2所示。

从图7—2可以看出，数字化阅读素养的内容结构由三大领域（工具性知识技能、高级知识技能、情感态度）、两种工具性知识技能（操作性知识技能、媒体相关类知识技能）、四种高级知识技能（获取定位、整合解释、反思评价、参与创造）、四种情感态度（批判性、创新性、自主性、责任感）构成。这也是数字化阅读素养教育的内容指南。

四　未成年人数字化阅读素养的发展策略

1. 基于超越保护主义的未成年人数字化阅读推广行动

作为信息时代个体的重要能力和素养，国际经合组织在其实施的国际

```
工具性知识技能  ⇒  高级知识技能  ⇔  情感态度

操作性知识技能        获取定位         批判性

                     整合解释         创新性

媒体相关类           反思评价         自主性
知识技能
                     参与创造         责任感
```

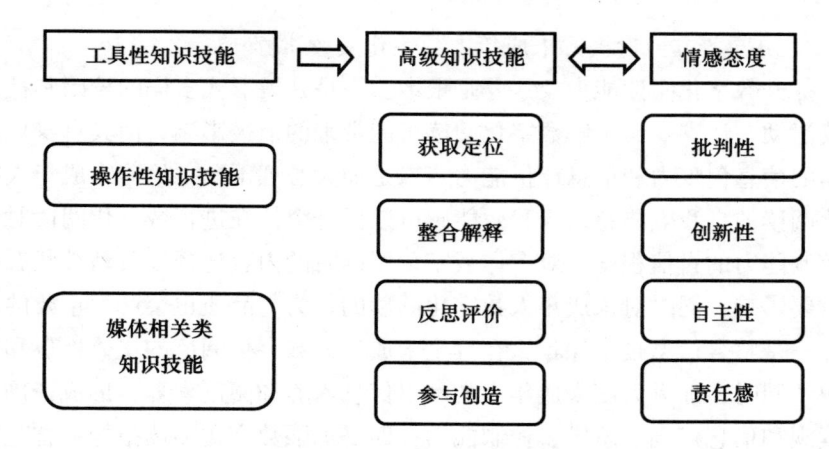

图7—2 数字化阅读素养内容结构模型

学生评价项目（简称 PISA）中开始加入数字化阅读测试，以评估学生的数字化阅读素养和表现。许多国家体认到数字化阅读对国家整体发展的重要性，纷纷开展阅读运动。美国将"阅读优先计划"（Reading First）作为政策主轴，并强调数字化阅读及素养的重要性；澳洲联邦与各州政府联合推动"国家读写与数学计划"（National Literacy and Numeracy Plan），同时将数字化阅读列为教育政策。英国教育及职业部自1998年推动全国阅读年（National Year of Reading），要求所有学校教师、地方教育行政当局、所有家长、社区团体、图书馆与媒体工作者共同参与此项活动，以促进青少年的阅读和写作能力，并以在线阅读网站（http://www.yearofreading.org.uk）推动各项阅读活动和提升学校教师在阅读和写作教学的教育训练。这些方案均显示数字化阅读在知识经济社会的价值，更是国民素质、国家知识文化力量提升的关键。2007年9月12日在上海举行的全球图书馆高峰论坛上，世界顶尖图书馆的馆长们不约而同地把目光聚焦在了数字化阅读上。澳大利亚国家图书馆馆长简·符乐顿在为观众展望了"21世纪如何阅读"的同时，透露出澳大利亚国家图书馆积极应对时代发展需求——正在广泛收集以数码形式存在的产品或图书，并对读者提供在线书籍及对藏品进行数字化工作，完成着将虚拟的世界逐渐改造成图书馆第二生命的概念。从现有反馈来看，上述项目实施途径和政策保障具有一定的实效性，但还需在我国文化背景和教育制度下进行细致考量。

2. 协同各方力量提升未成年人数字化阅读素养

提升数字化阅读能力及素养是根本。一是开展形式多样的校园和社会阅读活动，让青少年了解数字化阅读可能带来的消极影响，使其自身形成基本的信息免疫力和信息评价能力；二是加大心理干预，培养未成年人数字化阅读的自我效能感，自我效能感可以提升个体在进行数字化阅读时自我控制能力的自信程度，对个体数字化阅读时的内容选择以及精神状态产生重要影响，同时对未成年人数字化阅读的行为与品质也会产生重要的影响；三是整合信息技术课程，在尊重未成年人数字化阅读的主体地位和选择权的同时，加大力度未成年人的网络信息素养和阅读素养，形成正确的阅读观和信息辨别、思维、控制能力；四是加强数字化阅读指导，合理安排未成年人进行数字化阅读的时间和任务，进行合理的阅读技能和策略指导，使未成年人减轻对数字化技术的依赖程度，以正确、理性的态度来采纳数字化阅读。图书馆可以结合阅读推广活动开展相关未成年人数字化阅读素养提升活动，冯蕾总结了国内的儿童数字阅读推广项目，希望通过图书馆的力量来引导青少年，培养数字化阅读素养。[①]

3. 嵌入教育系统发展未成年人数字化阅读素养

从教育系统入手，嵌入学科教学，数字化阅读素养的发展途径主要有三种：一是通过信息技术教学整合来实现，信息技术与学科教学整合的主要目标是如何利用信息技术学好该学科，在利用信息技术学习该学科的时候，已经在无形之中进行了数字化阅读的过程；二是作为独立教学内容，这种模式的优点是有利于学生牢固的掌握数字化阅读的相关知识，缺点是如果教学方法不当，容易引起死读书，知识无法上升到能力的水平，学生面对实际问题时会感觉无从下手；三是大力开展面向未成年人的各种数字化阅读实践体验活动。

（1）促进学科教学整合

教育部颁布的《基础教育课程改革纲要（试行）》指出："大力推进信息技术在教学过程中的普遍应用，促进信息技术与学科课程的整合。"《纲要》的颁布也为如何发展数字化阅读素养提供了新的方向，即：通过信息技术教学整合来发展数字化阅读素养。

---

① 冯蕾：《数字阅读视野下未成年人阅读推广的分析与实践》，《河南图书馆学刊》2013年第5期。

在信息技术教学整合中发展数字化阅读素养，其出发点应当是数字化阅读素养，而不是信息技术。在具体教学中，把以计算机以及网络为核心的信息技术作为促进阅读者进行数字化阅读的认知工具、情感激励工具以及丰富的教学环境创设的工具，并将这些工具全面运用到数字化阅读的全过程中，经过各项数字化阅读活动的组合、重构，在整体优化的基础上产生聚集效应，从而促进读者数字化阅读素养的发展。

（2）建构数字化阅读课程体系

除了信息技术整合教学来实现提升未成年人数字化阅读素养这一路径，还可以通过建构独立的数字化阅读课程体系来发展未成年人数字化阅读素养。即：相关部门通过制定专门的政策，各级各类学校通过在学校教育中开设数字化阅读课，其他社会机构、团体组织通过组织类型多样的数字化阅读实践活动来发展数字化阅读素养。我国香港和台湾地区也分别启动了"电子阅读试验计划"和"儿童数位阅读计划"，并将数字化阅读能力纳入语文课程，培养良好的数字化阅读习惯，提升学生的数字化阅读能力。

第二节　支持未成年人数字化阅读的参与式学习框架

如前所述，与传统的纸质阅读相比，数字化阅读具有资源海量化、轻便化、开放性和多媒体化等优点，这使得未成年人有更多的时间和场所来进行阅读，多媒体内容表现形式也提高了未成年人的阅读兴趣。然而，数字化阅读过程中也存在内容碎片化、注意力分散化、思维浅层化等不足，影响了阅读的质量与效果。为了提升未成年人数字化阅读的效果与质量，参照亲子阅读的基本原理，基于参与式学习理论，本研究提出支持未成年人数字化阅读的参与式学习框架，在参与式学习活动中充分提升未成年人的阅读主动性、合作性和全面参与性，以提高未成年人数字化阅读的有效性，促进未成年人数字化阅读，作为未成年人数字化阅读服务创新的一个新举措。

一　参与式学习

在《现代汉语词典》中，"参与"的意思是"参加（事务的计划、讨论、处理），参与其事"。从字面的意思看，可以把"参与"看作是目的和手段，参与使活动的进行更加有效，也体现了活动过程中人们的沟通和交流，以及人与人之间平等互助自由的关系。[①] 参与式学习是一种与传统教学方式不同，注重学习者主动性，在实践中学习，强调合作交流、平等互助的一种学习方式。

1. 参与式学习的主动性

在参与式学习过程中，每个学习者都作为一个独立的个体存在，并对自己感兴趣的内容作出适合自己的学习计划。在学习知识的过程中，学习者对知识进行积极的意义构建，对阅读的内容进行同化或异构，充分吸收阅读内容。新课程标准强调以学习者为中心，参与式学习充分发挥了学生的自主性，而这种自主性将激发学生的学习潜能，他们将主动地、积极地计划和实施学习活动，体现了参与式学习的主动性。

2. 参与式学习的合作性

在参与式学习过程中，学习活动是学习的核心，是连接学习者与同伴的纽带。学习者之间通过相互协作、共同完成学习活动来进行知识的建构。在合作的过程中，学习者与同伴之间需要交流、沟通，这种沟通和交流不是仅限于 QQ 聊天或者邮件往来，他们是为完成任务而进行多层次全方位的协商和讨论。未成年人的学习同伴可以是同学、老师、父母或者其他长辈。在成年人引导未成年人进行学习的模式中，成年人可以充分发挥自己的才能和主导能力，引导未成年人高效的进行学习。而与同伴的交流可以实现学习活动过程中互帮互助、合作交流的氛围，同时也可以讨论在学习过程中遇到的问题，讨论改进的方式，取长补短，改善自己的学习方式，提高学习效率。

3. 参与式学习的全面性

在传统的学习活动中，很多学生没有真正地参与到学习活动中，他们作为边缘参与者，像一个旁观者一样看着他人进行学习。古人云："天之道，损有余而补不足；人之道则不然，损不足以奉有余。"这便是"马太效应"，在这样的学习模式下会导致成绩优秀的学生越来越优秀，成绩不理想的学生越来越差。要改变这一现象，参与式学习是一个很好的学习模式。在这样的模式下，每个学生都有自己的任务，在学习过程中，后进的

---

① 薛涛：《参与式网络课程的设计与开发》，硕士学位论文，河北大学，2008年。

学生可以得到优秀学生的帮助，学生之间可以相互讨论和交流。另外，如果未成年人是和成年人一起进行的参与式学习，那么未成年人可以得到成年人的指导和引导，能有效地提高学习效率。当学生成功的建构自己对知识的理解时，他们也能从活动中体会到成功的感觉和学习的乐趣，这种感觉能够激发他们的学习积极性，使他们更愿意参与到学习过程中。

二 参与式学习的理论基础

1. 经验学习

支持未成年人数字化阅读的参与式学习框架的教学法基础是 Kolb 的经验学习模型，如图 7—3 所示。这个模型强调经验是促进学习的主要力量，因为学习是知识通过经验转化而建立的过程。[1] 因此，学习是在情境中建构知识的过程。学习的发生是一个循环的过程，包括四个阶段：具体经验、观察和反思、抽象概念和归纳以及在新的情境中测试概念。[2]

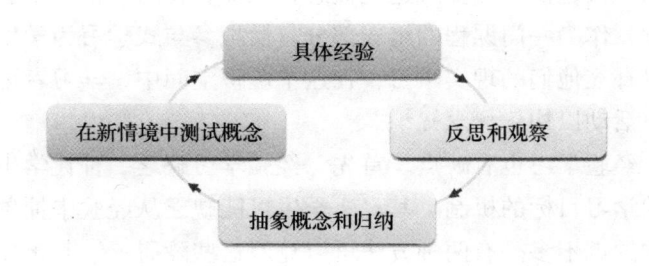

图 7—3 Kolb 的经验学习模型

此模型要求一种学习情境，在这个情境中可嵌入一系列不同的目标、活动和结果，整合到体验式教学设计中。一个有待解决的问题是将学习的过程从单一的系列过程抽离出来，转化为拥有更多选择的学习过程。这些不同学习方式更有可能促进学习者在学习过程中的积极参与。参与式学习模拟非常适合于体验式学习的移动技术，为学习者提供真实世界的知识领域模型，通过学习者的积极参与来增加知识的积累，并为学习者提供丰富

---

[1] Kolb D. A., Experiential learning: Experience as the source of learning and development. Englewood Cliffs, NJ: Prentice Hall, 1984.

[2] DeFreitas S. & Neumann T., *The use of "exploratory learning" for supporting immersive learning in virtual environments*. Computers & Education, 2009, 52: 343 – 352.

的资料，通过资料与移动设备的链接来充实用户对现实的体验。以下描述了经验学习模式的四个阶段：

（1）具体经验。通过使用数字模拟真实的问题解决的环境，学习者可以体验虚拟环境和真实生活，在数字模拟真实的问题解决环境中，学习者扮演了不同的角色跟拥有不同技能的实体交互。

（2）观察和反思。反思可能涉及重新审视学习活动。虽然反思可能出现在经验学习周期中的任何时刻，然而这些明确的虚拟任务可以确保学生参与到反思活动中。

（3）抽象概念和归纳。学习者通过将以往的观察、交互和反思整合进入逻辑概念中来增加知识，这个过程可以为学习者提供一个自觉创建对经验的理解结构。我们要重点关注什么类型的抽象可能是与学习者学习情境最相关，并着眼于特定的学习成果而使用经验学习模式。

（4）在新的情境中测试概念。在持续迭代循环的学习周期中，要求学习者可以积极地试验和实践这些概念，比如，在新的情境中进行后续的实践。因此，作为一门课程的组成部分，模拟参与式学习为学生提供一个虚拟空间以补充他们的现实学习，在这个虚拟空间中，学习者可以经验性的参与学习活动以构建概念知识。

然而，经验学习也有缺点。首先，经验学习缺乏一种让学生专注于学习情景中的学习目标的机制。其次，学生可能缺乏从经验中抽象概念的技巧，且关注的也不多。有两种方法可以克服这些障碍：①基于建构主义理论，在参与式模拟学习中使用目标导向方法；②使用学习支架。目标导向方法的一个重要方面是强调学习目标，这个学习目标会内在的激励学习者所扮演的角色。

采用角色扮演的方法是为了强化和探索难懂的概念，这些概念可以整合到面对面的教室中或者被应用于复杂的学习环境中。参与式模拟学习为学习者在一个经验学习过程中提供动态互动的角色扮演活动，让学习者从抽象的概念中进行体验、观察和反思，并在新的情境中测试题目的解决方案。参与式模拟学习中，"支架"的提供和逐渐撤出是另一个解决学习者从经验中学习抽象概念时缺乏技巧的重要方法，这一方法将在下面详细说明。

在数字化阅读过程中，未成年人会形成自己的理解，经过反思学习过程，再与他人进行沟通、交流和讨论后，进而对知识形成更高层次的理解，当未成年人将这些概念性知识或程序性知识应用到现实生活中的时候，就实现 Kolb 经验学习模型的最后一步，知识应用到了新的情境。

2. 有意义学习环境

建构主义学习理论认为，学习内容对每个孩子来说是不同的，因为没有任何两个孩子以往的人生经验是相同的。[1] 即使以相同的方式学习，但是因为学生的经验不同、学生的学习风格不同，学习效果也不同。根据学习者的不同认知与智力水平，乔纳森等建议要构建有意义学习环境，帮助学习者利用不同的技术来进行有意义学习，并根据建构主义原则定义了有意义学习环境的五个属性：主动性、建构性、合作性、真实性、意图性，这五个属性彼此关联、相互作用、相互依赖构成了对有意义学习的完整描述。[2] 课堂中技术化的学习和教学活动应该支撑包含这五种属性的学习综合体，这也是技术整合矩阵构建的目的所在。

"主动性"表明了学习者参与操控和观察在环境中学习的方法，在这种环境中学习者操纵环境中的变量，然后观察随后学习的结果，最重要的是，学习者并不是被动的吸收知识，而是积极地参与探索他们学习的世界。

"建构性"是指学习者能够回顾新知识并能够以某种方式清晰地表达出新知识时，有意义学习才可能发生。当学习者在反思新的经验与原有的经验存在差距时，他们就会想办法消除这些差距。消除差距的方法有两种：一是将新的学习吸收或合并到已有的认知图式中；二是当新的知识与原有的知识相冲突时就要修改或重写学习者原有的认知图式以适应新的学习。

"意图性"要求学习者通过目标建立的实现来实现的。学习者可以有意向地形成目标并追踪执行，可以通过网络、软件硬件、应用程序等技术工具管理和实现学习过程。

"真实性"强调学习者学会如何解决现实生活中的真实问题。乔纳森

---

[1] Jane L. Howland, David H. Jonassen, Rose M. Marra, *Meaningful Learning with Technology*. Boston：Allyn & Bacon Pearson, 2011, pp. 7 – 11.

[2] 乔纳森：《学会用技术解决问题：一个建构主义者的视角》，教育科学出版社 2007 年版，第 6—9 页。

认为，大部分课堂里要解决的问题是不自然的、人为的，① 这种学习的结果是，学习者会习惯于一些与真实世界几乎没有联系的问题，并且当他们面对真实世界的复杂问题时会变得不知所措。在真实世界的场景中学习让学生参与解决非良构的问题，因为非良构问题是复杂的，非良构问题往往反映的真实世界的情况。

"合作性"强调的是学习者参与合作性的活动时有意义学习就有可能发生。乔纳森认为，人们在与另外一个人或者在一个社区中一起寻求问题解决方法和对世界进行意义建构时往往会遵循自己的自然的想法和倾向。建构主义强调社会层面因素对有意义学习的促进。通过合作性的活动，学习者能够构建出知识共同体。

在乔纳森等人看来，有意义学习就是学习者如何在以往或当前对世界的经验架构的基础上与新的经验联系建构意义，有意义学习发生的条件在于这些属性之间存在着强关系，即各个属性之间关系紧密。

一般来说，阅读活动是相对孤立的，未成年人首先要对阅读材料有自己的理解和认识。有意义学习环境应用到数字化阅读活动后，改变了阅读的这种特性。在有意义学习环境下，数字化阅读活动中的未成年人应该主动探索阅读材料的知识，网络技术的应用为他们的信息搜索提供了便利，他们可以利用网络来查询和拓展所阅读的知识。同时也要求他们在阅读的过程中与自己原有的经验相联系，当阅读材料的知识与他们的现实经历相关时，未成年人对知识会形成共鸣，加深他们对知识的理解。未成年人可以通过数字化阅读软件来帮助自己确立目标，完成目标。如理解某一段话，可以通过做书签的方式来记录自己对文章的理解。这体现了未成年人对阅读活动的意图性。在阅读活动中的真实性可以体现为未成年人对阅读内容的自我代入，比如，未成年人代入到一篇记叙文中的人物，当自己成为了文中的人物时，会有怎么样的表现和对话。在阅读的过程中，未成年人会遇到一些问题或想法想与同伴、家长或者老师进行讨论和交流，通过合作解决认知上的问题，加深了未成年人对知识的理解。

3. 学习支架

"学习支架"一词中的"支架"原本是建筑行业的术语，也被称为

---

① Jonassen D., Howland J., Moore J. & Marra R., *Learning to solve problems with technology: A constructivist perspective*. Upper Saddle River, NJ: Merrill Prentice Hall, 2003, p. 126.

"脚手架",它是在建造房屋期间起着临时性支撑的作用,在房屋完成建造后,这种支撑便会被拆除。心理学家伍德、布鲁纳等人最先将学习支架描述为学习者在学习过程中接受的同伴、老师或更有成就的人所实施的有效帮助。[1] 将支架应用于教学中便是指:在教学过程中,学习者应该被帮助构建知识的概念框架,在学习者进一步理解知识时,这种概念会帮助学习者。因此,在教学开始之前,教师应该将复杂的问题进行分解,引导学习者的理解逐步深入。参与式学习环境能够有效促进学习者的协作学习和问题解决能力的培养。然而,在学习过程中,学习者能够获得的和想要获得的知识还存在认知的差距。这个差距可以通过学习支架来连接。学习支架一般由教师提供,已经被确认为支持学生学习的有效手段。在传统意义上,关于利用移动通信技术支持的数字化学习很少涉及学习支架。通过在学习者要学习时为他们提供帮助,并在他们发生有意义学习后便撤离帮助,学习支架能够帮助学习者发现自己潜在的能力。

来自苏联的著名心理学家维果斯基提出的最近发展区(ZPD),这一理论为学习支架在学习过程中的应用提供了指导和理论基础。最近发展区是指学习者已有的认知发展水平和潜在能达到的认知发展水平之间的差距区域。在这个区域中,学习者对知识的认知处于已知和未知之间、对任务的完成处于可胜任和不可胜任之间,跨域最近发展区需要教师为学习者提供学习支架。换言之,一个初学者需要一个知识比自己渊博的人的引领,学习发生在初学者的最近发展区中。"学习支架"在学习者的学习过程中扮演着辅助学习进行的角色,它的作用是帮助学习者顺利达到教学目标的认知水平而提供的经验性支持,促进学习者将已有的知识与新知识建立联系,并在这些联系的基础上完成对新知识、新领域问题的拓展、探索和解决。当学习者的能力逐渐提升时,学习支架会逐渐减弱,当学习者已经达到目标水平时,学习支架便消失了,此时,学习者已经获取了目标知识,并体验了学习过程,获得了自主学习的方式和解决问题的能力。

随着科技的发展,"支架工具"被专门制定于帮助学习者在复杂的学习环境中学习。不同的学习者在同样的学习环境中可能会有不同的最近发展区。然而,在很多情况下,这些支架工具对学习提供的支持相对一致,

---

[1] Winnips J. C. (2001). Scaffolding by design: A Model for WWW-Based Learner Support, Universiteit Twente, Doctoral thesis. http://purl.utwente.nl/publications/36146, 2015 – 10 – 06.

如对每个学习者所提供的支架在数量上和类别上都是一样的，对学习中不同的理解水平不能作出敏感的变化。为满足不同学生的认知发展需求，在学习支架工具设计中，考虑以下因素非常重要：(1)学习者多样的最近发展区；(2)设计支架退出的制度，在学习者不需要帮助时使工具移除；(3)教师对学习过程的编排和简易化使学习者可以更有效的使用学习支架工具和学习资源。

在 Kolb 的经验学习模型中提到，未成年人可能缺乏抽象经验，理解知识概念的能力。在阅读活动中，当未成年人遇到难以理解的知识点时，成人（包括教师或者家长）能够为未成年人提供学习支架，这个支架能帮助未成年人跨越知识理解与不理解的最近发展区，当未成年人理解知识后，成年人会逐渐撤离对未成年人的帮助和支持。

4. 合作学习

合作学习是一种由 2—6 人组成的异质合作小组一起进行学习活动、共同完成教师分配的学习任务、共同帮助、沟通和交流的一种学习形式。戴维森把合作学习定义为以下七个要点，包括(a)共同解决可能遇到的难题；(b)面对面的交流；(c)合作互助；(d)责任感；(e)混合编组；(f)直接教授合作技巧；(g)有组织的相互依赖。[1] 合作学习的学习形式是小组，在分组的时候应该注意的分组原则是：组间同质，组内异质。所谓组间同质，是指每个小组的水平相差不大，每个小组能够体现该班级的水平，这样能使小组之间公平竞争。组内异质是指小组成员之间的差距应该越大越好，使小组成员之间互补，让每个成员发挥自己的能力。

合作学习模式与数字化阅读活动相结合后，改变了数字化阅读活动的孤立状态。未成年人可以与同伴、教师或家长形成合作小组，一起参与到数字化阅读活动中。在活动中，每个组员都有自己的任务。如未成年人负责阅读材料，而成年人负责与未成年人交流讨论，为未成年人安排阅读任务，解决未成年人在阅读过程中遇到的问题。成年人与未成年人可以相互讨论沟通和交流的技巧。在这种形式下，组员之间的人际沟通得到最优化。

5. 亲子阅读与同伴阅读

阅读是一个意义建构的心理过程，是读者在接受读物的整体认知后，

---

[1] Davison N., *Cooperative learning in mathematics：A Handbook for teachers.* Cafornia：Addison-Wesley，1990，p. 278.

对内容进行信息加工并产生情感效应的一种精神活动。曾祥芹教授在 1992 年出版的《阅读学原理》中提出"三体"阅读理论框架,"三体"包括阅读主体、阅读客体和阅读本体。十年后,曾祥芹教授在原有的基础上对《阅读学原理》进行了发展和改善,出版了《阅读学新论》,从哲学方法论的角度对关于阅读的现象和理论进行了解释,将"三体"理论进行了结构层次的划分,"客体"包括汉字读物、汉字特点、文体差异、阅读环境、阅读时间,"主体"包含读者类别、阅读生理动力、阅读智力、阅读创造,"本体"属于阅读过程中的主干内容,从阅读原理、阅读技法、阅读教学三个维度进行论述。

关于亲子阅读。在 18 世纪的欧美的很多家庭里,有一个有趣的现象,晚上一家人坐在灯下,彼此朗诵一段文章给家人听。这个现象说明了当时的欧美家庭非常提倡和孩子们一起读书。这也是最早意义的亲子阅读活动的产生。到 20 世纪 60 年代,来自新西兰的教育学家赫达维(Holdaway)等对阅读的过程进行了系统的分析,对阅读的概念进行了发展和改善,首次提出了"亲子阅读法",创造出一种新的成人—儿童阅读法。他们认为,亲子阅读是要在一种轻松愉快的亲密情感体验的氛围下,成人与儿童进行一场游戏式的共同阅读活动。[①]"亲子阅读"出现后,在美国、英国和日本等国家得到了很好的发展,这些国家把"亲子阅读"作为国家教育项目来发展,政府为这个项目提供了很好的教育资源和公共服务来保证"亲子阅读"的进行。我国对亲子阅读的研究主要集中于对父母和儿童的价值以及亲子阅读的指导策略方面。"亲子阅读"能够促进儿童的智力、沟通等能力的发展;在亲子阅读过程中,可以通过朗读、对话、讲解、提问等策略进行。

同伴阅读是同伴合作学习在阅读活动中的应用。同伴阅读是指志趣相投的阅读者共同阅读文章,互相分享、讨论、沟通、质疑阅读的成果。读者之间相互讨论阅读思路和阅读方法,共同成长进步,扩大阅读面、加深对阅读材料的理解,提高阅读效率。读者个体在阅读的过程中形成独特的阅读体验,再与同伴共同分享讨论自己的阅读感受和心得,同伴之间相互的阅读感受相互融合、吸收,形成新的想法,阅读所得达到优化、全面化。具体过程就是读者在欣赏文学作品的时候,形成自我对作品的情感体验,在阅读结束后与他人进行交流讨论和分享,在这个过程中从同伴的阅

[①] Holdaway D., *Foundations of literacy*. Sydney: Ashton Scholastic, 1970.

读体验中进一步获取对阅读材料的理解，逐步理解阅读材料的内涵，随后能够根据自己的经验和文化背景对阅读材料作出评价，对作品中的情境、人物说出自己的体验，品味出阅读材料的文字。这对培养读者的文学素养和阅读技巧都有很大的帮助。

三 支持未成年人数字化阅读的参与式学习框架建构

Kolb 的经验学习模型介绍了学习者在学习过程中的知识内化过程：学习者拥有具体的学习经验、观察和反思自己的学习过程、根据已有的知识体系同化或异构获取的知识、并在新的情境中应用学到的知识。Kolb 的经验学习模型很生动地描述了学习者的知识内化过程。但是这只是从个人的角度分析了学习的过程，它的缺点在于缺乏让学习者专注于学习情境的目标机制，同时，学习者可能缺乏抽象概念的能力。因此，在未成年人数字化阅读活动中，为未成年人构建有意义的学习环境能够有效地弥补经验学习模型中存在的缺点。成年人为未成年人提供的学习支架能够帮助他们顺利的跨越对阅读材料理解的最近发展区。与同伴或成年人的合作学习能够促进他们之间的沟通和交流，亲子阅读、共享阅读和陪伴阅读等都是很好的合作阅读形式。

台湾学者刘晨钟（Chen-Chung Liu）为了帮助学生在学习社区中学会阅读，为儿童讲故事活动构建了一个参与式学习框架的亲子社区。[①] 在这个框架中强调了学生在学习社区中利用电子书阅读器的参与学习。图 7—4 阐释了怎么利用参与式阅读框架提高儿童的阅读经验。与成年人的参与式阅读活动不同，这个参与式阅读框架解决了亲子互动问题，因为儿童需要广泛的支持去应用有效的阅读策略。因此，框架的核心是基于一个故事，这个故事是在阅读活动中亲子之间协作阅读和讲述的。在协作的过程中，家长可以使用不同的对话技术如质疑、回忆、总结和远程指导儿童的阅读。此外，这个模型需要一个阅读共同体，在这个共同体中儿童和家长可以分享他们的经验和自己建构的想法。通过参与分享式活动，儿童更容易参与到参与式活动中并成为积极的读者。

这一模型旨在从个性化、协作性和社区的视角下利用电子书阅读器促

[①] Chen-Chung Liu, Kuo-Hung Tseng, Leon Yufeng Wu, *A Participatory Learning Framework For Enhancing Children's Reading Experience With Electronic Book Readers*. Research And Practice In Technology Enhanced Learning, Vol. 8, No. 1, 2013, pp. 129 – 151.

进阅读经验。具体内容如下：

● 个性化阅读：电子书阅读器可能会为儿童提供合适的平台进行个性化阅读或者与他们的父母一起阅读。

● 协作性阅读：家长和儿童利用电子书应用软件协作讲述书里的故事，在讲故事的过程中，儿童可能会表达他们对故事的理解，另外，家长也可以为儿童阅读提供帮助。

● 社区化阅读：儿童可以在一个阅读群或社区中分享他们所讲的故事，这样可以维持他们在阅读活动中的积极性。

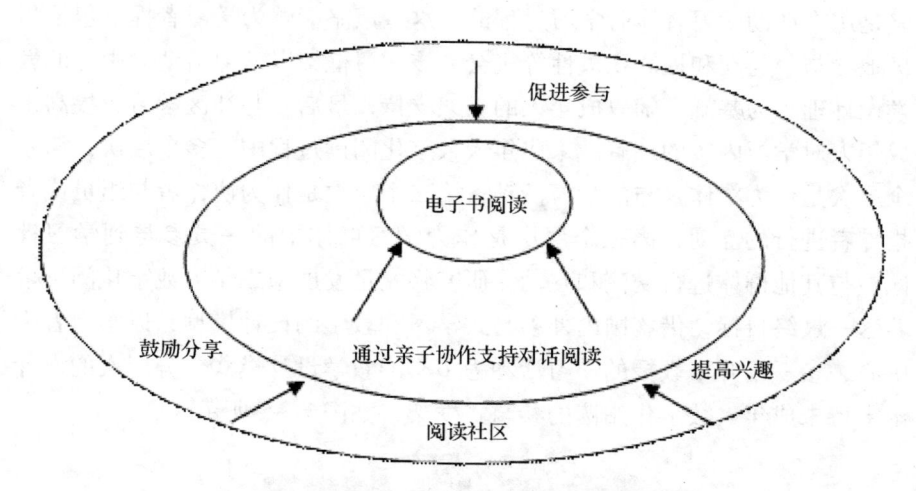

图7—4 基于参与式学习的儿童阅读理论框架

电子书阅读器在参与式阅读活动过程中对整合三个水平的阅读是有帮助的。更具体地说，电子书阅读器为儿童和家长提供了让他们一起阅读的平台，因为触摸屏的阅读器允许儿童和家长都能使用合作性多媒体故事平台。这样的支持能够让儿童和家长讲故事，以后让这个故事成为永久性的多媒体故事。无线通信设备能够让儿童和家长上传他们的多媒体故事到Web 2.0的社区中。因此，协作性阅读体验能够在网络上公开，能够让其他同龄人看到。这样一个社会设置是期望激励儿童参与阅读活动。

台湾学者所提出的儿童参与式阅读框架从亲子之间、社区之间的人际关系角度出发，介绍了儿童的阅读过程。分析了亲子之间沟通交流的技巧，父母对儿童的对话方式以及在社区活动中的分享对于儿童数字化阅读的促进作用。但是，这个亲子参与式阅读的框架缺乏从阅读者个体的角度对阅读过程的思维构建的研究。Kolb 的经验学习框架正好从学习者个人的角度介绍了学习者的知识建构的过程。因此，整合台湾学者的亲子参与式阅读框架与 Kolb 的经验学习框架，能够从个人知识构建和人际沟通交流的两个角度出发，全面的描述学习者在阅读过程中的知识构建过程。

在本研究中，基于参与式学习的理念，构建了一个促进未成年人数字化阅读的参与式学习框架。框架的构建是为了促进学习者不管是在复杂的学习环境或者面对面的学习课堂中的经验学习。学习支架的提供和撤离策略是用来帮助学习者体验学习过程的。这些策略能够为学习者提供包括积极地参与、互动和提高积极性等机会。该学习框架以学习活动为中心的教学设计理念为基础，辅以成年人的支架支持，最后参与社区学习，提高未成年人对学习内容的理解。未成年人数字化阅读过程中有多个层次，第一个层次是作为个体参与的学习活动；第二个层次是作为协作者与组员或者指导者进行的互动；第三个层次是作为学习群体中的一员参与到学习社区，与其他群体进行交流和互动。研究将立足发展未成年人数字化阅读素养这一最终目标，借鉴国内外参与式学习和教学的设计模型，以学习者为中心，参考杨开城教授的学习活动为中心的教学设计模式，分层次的设计出支持未成年人数字化阅读的参与式框架，如图 7—5 所示。

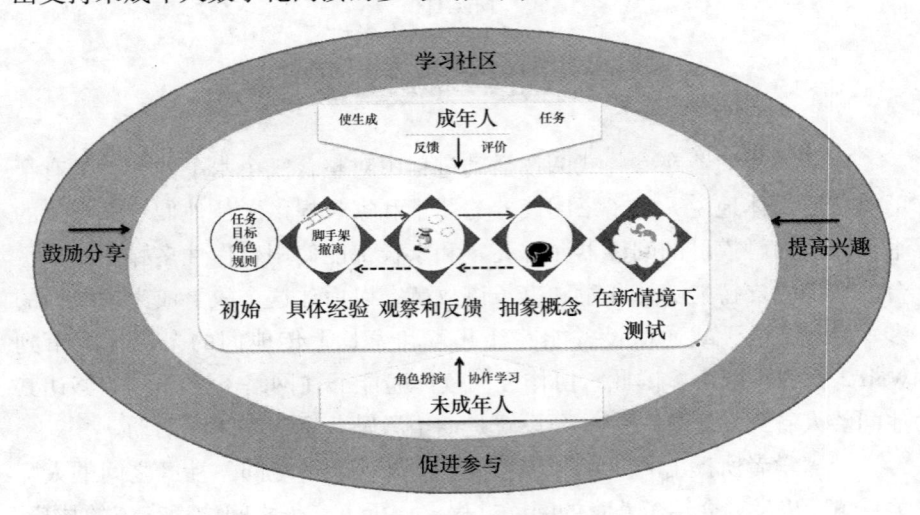

图 7—5　支持未成年人数字化阅读的参与式学习框架

四 支持未成年人数字化阅读的参与式学习框架实施流程

1. 初始过程

在进入学习活动之前，教师将会定义：(1) 活动的学习目标；(2) 模拟的任务；(3) 参与式学习环境中每个学习者的角色和活动规则。学习目标的设置是为了帮助学习者达到他们的认知目标，学习者将会被分组以帮助他们顺利完成任务。开始活动之前，教师将设置规则并进行分组。教师将为学习者解释课堂中所要学习概念的大体含义，并提供实例来指导他们。同时也会为学习者讲解活动目标，以及他们如何使用移动设备。

在参与式数字化阅读活动中，教师会首先引导未成年人使用移动设备的阅读软件，并利用移动设备的其他软件功能帮助他们进行阅读。其次，在阅读前会对阅读的目标、任务和规则进行讲解。如读完一份阅读材料后，学生应该完成一些习题，回答指定的问题。

2. 具体经验

具体的经验是在学习支架的提供和撤离过程中产生的。当学习者开始体验和执行学习活动时，教师会为学习者分配不同的学习任务，根据活动规则在学习情境中为学习者设置不同的角色。并在学习的过程中帮助学生指出错误、帮助改正和讨论等步骤，指导学生完成任务和扮演角色。这些指导就像桥梁一样使学生在课堂中掌握概念知识。

(1) 指出错误。教师会在学生的学习过程中指出他们的错误，如未成年人在数字化阅读过程中使用阅读软件时的操作错误，或者在阅读材料中出现字读错、写错等问题时，教师会帮助他们进行纠正。这能帮助学生有效、准确的完成任务。

(2) 帮助和改正。当学生不能解决一个问题时，教师会对学生进行提示、说明以及解决学生询问的问题。当学生在阅读时遇到不认识的字、词或成语时，教师会提示学生利用网络来查询。学生对阅读材料的理解出现偏差时，教师会通过提问或者重复对话等策略来引导学生正确的理解文章的内涵。教师也可以观察每个学生的参与状态以及他们在活动中所扮演的角色，以便回答学生的询问。

(3) 讨论。学生可以通过移动设备与同伴讨论。讨论是学生从其他同伴获取想法的源泉，使用有力的证据来支撑自己的观点，获得别人建议，组织语言向别人解释使他人理解自己的想法，这些过程是学生进行反思的重要工具，而反思也正是将具体的经验转化为有着良好结构和索引的记忆的必经之路。学生们将会通过讨论来合作性的建构学习目标。在拥有具体的参与体验后，他们将在参与讨论的过程中建构对概念知识的最初理解。在数字化阅读过程中，学生在对阅读材料有自己的看法后，可以与老师或同伴进行讨论和分享，在吸取他人的看法和感受后，重新构建自己对阅读材料的理解，更全面、深刻地理解文章。

通过移动设备与角色扮演后，学生们逐渐能够理解解决问题的方法和策略，并对概念知识更加有经验。在这个时候，学习支架开始慢慢撤出。学生开始练习独立处理问题。在数字化阅读活动中，学生与教师一起阅读完阅读材料后，开始独自完成教师所布置的任务，如做习题，回答问题等，教师在这个过程中逐渐减少对学生的帮助。

3. 观察和反思

在完成模拟参与角色的具体体验后，学生们开始实行讨论和反思。他们反思自己学到了什么，他们对知识的理解程度以及他们还想学习其他的什么知识。如果他们需要更多参与式学习环境的体验，他们可以重新开始学习活动。在数字化阅读过程中，读者可以利用阅读软件中的一些功能来记录阅读的过程。例如，通过做笔记的方式来记录阅读过程中的想法和感受，通过做书签的方法来记录感觉比较好的段落，通过标记的方式来记录精彩的语句。当读者阅读完成后，他们开始反思阅读过程中的收获，通过书签、笔记、注释等记录可以重新审视自己的阅读过程。在阅读活动结束后，读者对阅读材料有自己的认识和理解，此时，与同伴、家长或者老师的讨论就开始了，通过讨论，读者在自己对文章理解的基础上，吸取他人的看法和思考问题的方法和维度，与自己的想法相整合，对阅读材料形成新的理解。

4. 抽象概念

学生在参与式学习过程中的表现可以记录为视频文件，因此他们可以通过观看视频来回顾自己的学习过程。此步骤有助于转换他们的学习经验，并建构概念知识以达到他们的学习目标。在数字化阅读过程中，可以借助录屏软件和摄像设备，记录下读者的阅读操作过程、读者与他人的讨论过程，在阅读结束后，读者可以通过回放阅读的操作过程来回顾自己的学习过程和思考方式、角度。也可以通过回顾与他人的讨论的话语来思考自己与他人对阅读材料的感觉与想法。通过这个过程可以重新构建对原有知识的理解，加深对知识的记忆。

5. 情境应用

在概念化学生们所学的知识后，他们可以在现实生活中尝试使用概念加以深化对概念知识的理解。在数字化阅读活动中，读者根据已有的文化背景和现实经历，将阅读材料中的内容联系起来，使内心的想法与知识产生共鸣，从实践的层面上理解知识，加深了对知识的理解程度。比如，当读者经历过阅读材料中的内容时，会感觉非常亲切，对作者情感的理解也比其他读者要深刻。在陪伴阅读或亲子阅读活动中，家长或教师会向未成年人提这种问题：如果你是文章中的主人公，你会怎么处理这件事情？未成年人会根据自己的经验和理解作出回答，而在思考的过程，未成年人也就将阅读材料中的知识或情感与实际生活相联系，加深了对知识或情感的理解。

根据参与式学习的特性和数字化阅读的特点，本研究构建了支持未成年人数字化阅读的参与式学习框架。通过实践研究发现，参与式学习的方式能够有效地解决未成年人在数字化阅读过程中出现的娱乐化、操作单一化等缺点，成年人的指导不仅为未成年人提供了学习资源的获取方式，也使未成年人改善了学习方式。[①] 一方面，参与式学习方式提高了未成年人对数字化阅读的兴趣，增加了未成年人与他人之间的沟通和交流，提升了未成年人的阅读能力和数字化阅读技巧；另一方面，与成年人的对话过程也提高了未成年人沟通交流的技巧，增加与他人的亲密行为和情感体验。因此，参与式阅读能够有效地提升未成年人数字化阅读的效率，对于提升未成年人的数字化阅读效果、数字化阅读推广具有一定的价值。

第三节　建设面向未成年人的数字化阅读服务体系

可以预见，数字化阅读将与纸质阅读在很长一段时间内并存，并且互补优劣，共同建构良性的阅读生态系统。这就需要建设面向未成年人的数字化服务体系，构建 Web 2.0 的图书馆数字化服务模型，创新未成年人数字化阅读服务内容与方式；需要强化社区行动计划，建立整合学校、地

[①] 陈慧斌：《支持未成年人数字化阅读的参与式学习研究》，硕士学位论文，温州大学，2014 年。

方教育行政当局、家长、社区团体、图书馆与媒体工作者等社会力量形成数字化阅读服务创新社区，以有效推进未成年人数字化阅读；更重要的是要从全民阅读的整体观点出发，加强政府支持未成年人数字化阅读的政策议题。

一 基于 Web 2.0 的图书馆数字化阅读服务"双环"模型

未成年人数字化阅读不仅仅是一个单纯的阅读行为，而是明显带有社交化特质，是一种数字文化、分享文化与阅读文化的综合。这集中体现为 Web 2.0 的图书馆服务新理念。相对于 Web 1.0，Web 2.0 是一种新型网络技术与服务的统称。一般认为，Web 2.0 指的是由用户主导而生成的内容互联网产品模式，而传统 Web 1.0 是由网站雇员主导生成的内容，而被定义为第二代互联网。Web 2.0 可以用几个关键词来描述，即用户参与体验、社交化、开放共享、去中心化等，这些理念与技术与当代信息服务业的需求非常吻合，对于图书馆数字服务具有重要的参考价值，也催生了图书馆 2.0 这一新形态。

图书馆 2.0 的提出，是基于图书馆界的内部转变，这种转变将改变与转换向图书馆用户提供服务的方式。① 图书馆 2.0 实际上借用了 Web 2.0 的概念，两者有着同样的概念与概念基础。今天 Web 2.0 的技术已经逐步成熟，甚至强调智能语义的 Web 3.0 也在概念化之中，图书馆服务无需再次强调技术应用层面，而是聚焦 Web 2.0 环境下将转变图书馆向用户提供服务的方式。图书馆可以通过 Web 2.0 技术，如 Blog、Tag、SNS、RSS、Wiki 等社会化工具，重构信息服务体系，实现读者的深度体验与高度参与，加强读者的参与性与互动性，为未成年人提供去中心化、社交化、互动性强的数字化阅读服务体系。

对于图书馆而言，服务的议题可以考虑实施图书馆 Web 2.0 阅读服务创新、社区阅读服务推广以及泛在阅读服务环境构建。图书馆借助 Web 2.0 技术与服务架构，构建图书馆数字化阅读 2.0 服务模型，强化不同数字化介质的阅读增值服务，如微阅读、云阅读、移动阅读、Web 2.0 阅读等以应对日益增加的数字化阅读需求。强化社区行动计划推动服务创新，建立整合学校、地方教育行政当局、家长、社区团体、图书馆与媒体

---

① 倪凤霞：《以图书馆 2.0 为背景的高校图书馆服务》，《图书馆学刊》2011 年第 4 期。

工作者等社会力量形成数字化阅读服务创新社区，以有效推进数字化阅读。泛在阅读服务依靠情境感知技术、智能联网等技术实现无处不在的阅读空间，实现个体阅读的永久性（Permanency）、可获取性（Accessibility）、即时性（immediacy）、交互性（Interactivity）[1]，这是未来图书馆阅读服务和研究的重要方向。图7—6 表征了这样一种服务模型。

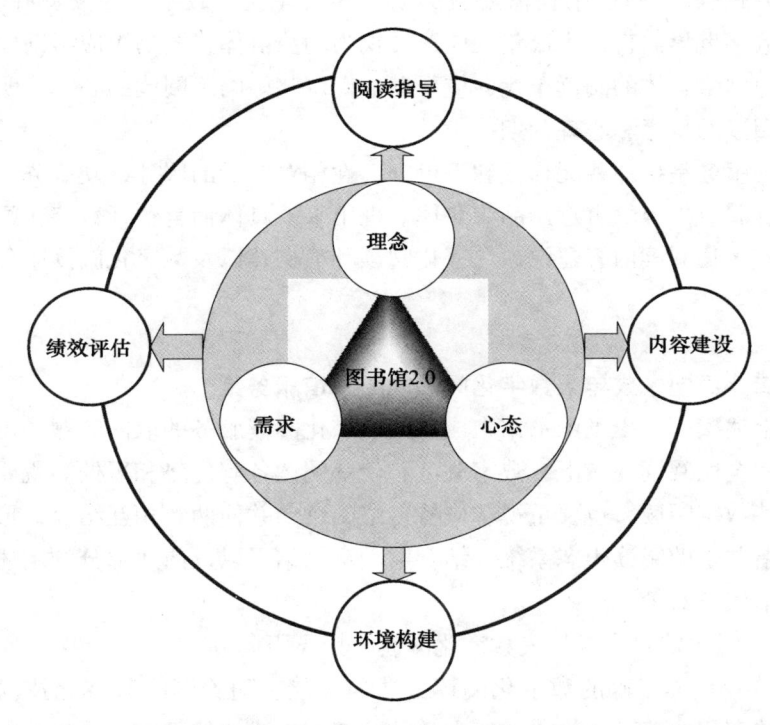

图7—6　面向未成年人数字化阅读的图书馆2.0服务"双环"模型

该模型强调了数字时代基于Web 2.0技术的图书馆服务模型。模型强调了面向未成年人数字化阅读的"双环"——软服务与硬服务。软服务包括面向未成年人数字化阅读的服务理念、需求与心态；硬服务包括针对未成年人的阅读指导、内容建设、环境构建和绩效评估。

软服务是指那些无形性和不可分离性较高的服务。由于数字化阅读过程、内容、方式均显著异于传统纸质阅读，对于未成年人数字化阅读而

---

[1] 尹中艳：《泛在知识环境下数字图书馆服务研究》，硕士学位论文，黑龙江大学，2012年。

言，图书馆软服务显得至关重要。具体内涵包括：（1）图书馆应该认识到，数字化阅读应在阅读资源提供以及阅读指导方面，把未成年人视为弱势群体作为服务重点，这不但事关个体社会和认知发展，还事关信息公平与阅读福利；（2）图书馆需要详细了解未成年人的数字化阅读需求，这是开展服务工作的前提和基础，具体包括数字化阅读的内容、介质、时间、指导方式等；（3）图书馆需要帮助未成年人建立好数字化阅读良好心态。对于数字世界而言，未成年人应该被视为弱势群体，图书馆应帮助弱势群体避免网络客体的阅读干扰，应帮助他们调整好网络阅读的心态，明确数字化阅读的目标和心理预期。

硬服务是指那些无形性和不可分离性相对较低的服务，硬服务一般都以包含服务内容的有形产品为载体表现出来。具体而言包括数字化阅读指导、数字化阅读内容建设、数字化阅读环境构建以及数字化阅读服务绩效评估。

二 面向未成年人数字化阅读的图书馆服务策略

上述模型提出了图书馆未成年人数字化阅读服务的取向问题，可以看出，在全民阅读视域下，数字阅读和传统阅读各有优势和短处。既要重视和支持数字阅读，也要重视和支持传统阅读，并使两者相互结合，形成一种和谐共生的阅读生态系统。结合第六章的结果以及前述部分的阐述，提出如下服务对策。

1. 强化针对未成年人数字化阅读的指导服务

（1）培养正确的数字化阅读方法与技能。随着网络数字化技术的发展，数字化阅读已成为未成年人的重要阅读方式。然而，未成年人自身信息免疫力较低，缺乏足够的社会认知和自我防护意识与能力，长期的不科学的数字化阅读方式也极易造成阅读的泛化。图书馆要充分发挥对未成年读者的教育功能，设置好信息导航员，引导和培养未成年人掌握鉴别信息精华与信息糟粕的标准与方法，培养未成年人掌握网络信息采集与分析、信息探究提炼等方面的知识和技能。

（2）引导未成年人进行数字化学习。图书馆可以针对不同年龄、年级的未成年人学习需求，重新整合资源体系和内容体系，引导未成年人通过数字化阅读相关资源来进行数字化学习，引导深度学习与阅读。如开发公共图书馆的移动图书馆，在主页可以设置相关学习资源栏目，同时关联电子图书、特色资源、推荐站点、免费资源、数据库导航等，让读者很方便地获取帮助，让学习者主动、积极使用数字化阅读资源进行学习，养成良好的数字化阅读心态与技能。

（3）整合馆内外力量成立社群开展数字化阅读指导。未成年人由于缺乏必要的指引和导向，往往习惯于搜索式阅读、标题式阅读、跳跃式阅读，这种阅读方式具有很大的盲目性和随意性，阅读质量和效果不高。图书馆要充分整合图书情报领域、中小学名师、高校专家、社会阅读推广者等馆内外力量，成立数字化阅读社群，共同关注数字阅读实践，协同指导未成年人数字化阅读。图书馆也可以借助社交网络平台，建立个性化编组的虚拟数字阅读社群，可以开展线上线下的混合式数字化阅读指导，实现无缝式、全天候的未成年人数字化阅读指导。

（4）基于 Web 2.0 的双向导读机制。对于未成年人数字化阅读，导读工作才是真正的"指导"。随着数字化阅读越来越呈现低龄化的趋势，数字化阅读的导入和导引工作显得非常重要。图书馆导读工作是"把糠和麦子分开"的工作，面对良莠不齐的数字化阅读内容，导读工作可以提高读者阅读效率和品位，引导读者有良好的阅读习惯。为了能在数字阅读时代把读者重新吸引到图书馆来，图书馆首先要做好导读工作，随时关注阅读方式的转变，客观地研究阅读行为。要借助各种数字技术如 Web 2.0 技术，建立与读者共同参与的双向导读机制，包括利用博客、微博向读者推荐信息并进行交流，建立图书馆书评数据库，可以推出"读者推荐榜"，让优秀的读者成为推荐图书的主体。

（5）强化虚实结合的数字化互动阅读。根据互动的平台，读者互动服务可以分为实体互动和虚拟互动两种形式。社交网络时代读者的行为和思维方式都发生了很大的变化，今天的读者更加强调阅读的开放性、参与性和互动性，图书馆可以利用读者的实体和虚拟双重身份，开展虚实结合的互动服务。如探索各种基于 Web 2.0 新技术的互动服务，开展馆员在线咨询，通过 QQ、微博，随时解答读者各种问题；借鉴豆瓣的模式把读者组织起来，创建读者社区。此外，在我国尚处于起步阶段的 Living, Library 活动也是一种全新的阅读和互动方式。

2. 加强针对未成年人数字化阅读的内容资源建设

（1）加强面向未成年人的馆藏数字阅读资源建设。数字时代的馆藏资源的类型结构发生了巨大的变化，出现了文献信息资源、电子信息资源和网络信息资源三者并存的局面。① 图书馆在日常管理工作中应加强馆藏数字资源建设，大力建设面向未成年人的馆藏特色数据库、数字化图书馆建设等，为未成年人提供综合性的网络阅读信息资源服务，尽可能满足不同层次读者的需求，多渠道、多方式地为读者提供丰富的知识资源和优质的服务。

（2）革新未成年人数字化阅读资源组织模式。新信息环境下构建读者积极参与的图书馆信息组织模式，需要在数字技术的支撑下，以满足读者需求为核心，多角度、多层次加强信息建设、分类、存储、发布，积极鼓励用户参与图书馆信息服务建设，最终实现服务质量和功能范围的提升。

（3）建设以未成年人为中心的数字阅读导航系统。针对未成年人数字化阅读，图书馆数字阅读资源建设应以未成年用户为中心，以用户需求为导向，应首先考虑满足特定读者群的需求，来创新数字阅读栏目建设。如在图书馆网站上建立类似网址中心的栏目，为未成年人提供集成化的检索界面、全新的阅读信息，同时提供评价信息及读者交流平台，还可以在图书馆网站上建立"图书评价、新书预览"等网络交流栏目，吸引和引导未成年人开展积极的、健康的、深度的、绿色的数字化阅读。

（4）建立多样化数字化阅读介质的内容体系。数字化阅读不同介质内容建设也不尽相同，要实现图书馆数字化阅读 2.0 服务，需要强化不同数字化介质的阅读内容增值服务，如微阅读、云阅读、移动阅读、Web 2.0 阅读等，以应对日益增加的数字化阅读需求。以手机阅读为例，在手机阅读服务内容的建设上，根据移动阅读的特征与需求，内容不宜太长、太深，应以"浅阅读"为主。

（5）加快图书馆数字资源的整合。要做好数字时代的图书馆服务未成年人的工作，必须在图书馆数字资源整合上做文章，以适应数字时代图书馆运营的新特点。馆藏多媒体化、管理手段计算机化、服务信息化和信息资源共享网络化已成为图书馆的发展新趋势。② 面对数字化阅读时代的到来，传统图书馆要提升服务质量，必须加快进行数字软硬件的建设，做

---

① 杨小凤：《高校图书馆数字阅读服务调查研究》，《现代情报》2012 年第 10 期。
② 赵荣：《浅谈图书馆服务工作如何应对数字化阅读的挑战》，《图书馆工作与研究》2011 年第 7 期。

好整合馆藏数字资源的工作，这是适应数字化阅读和改进图书馆服务工作的最基础的工作之一。

3. 重构面向未成年人数字化阅读环境

（1）建设面向未成年人数字化阅读体验阅览室。前述调查结果显示，未成年读者数字化阅读介质越来越呈多样化、移动化趋势。为引导未成年人开展积极、有效、有益的数字化阅读，重构图书馆阅读空间，建设面向未成年人数字化阅读体验阅览室非常关键。通过细致分析未成年人的数字化阅读诉求，图书馆有必要建设数字化阅读体验阅览室，配置无线网络和相关的数字化阅读设备，引导未成年人数字化阅读进行新型阅读体验；同时选拔数字化阅读能力较强的专业馆员来进行管理，为读者数字化阅读提供指导和培训。

（2）构建面向未成年人的综合数字阅读平台。除了上述物理的数字化阅读体验空间，图书馆还可以整合现有资源构建综合数字阅读平台，为数字化阅读用户提供一站式的数字阅读服务。综合数字阅读平台可整合多媒体等数字资源，支持电脑、电子书阅读器、平板电脑以及手机等各类移动设备，以尽可能方便快捷的"友好"界面，给用户最好的阅读体验，为用户打造一站式的阅读平台，满足用户对数字阅读的迫切需求。①

（3）引入面向未成年人发展的创客空间。随着数字化阅读和出版的转型与变革，图书馆的功能与定位也在不断发现变化，作为单纯的信息资源服务已经不能涵盖社会对图书馆这一知识场所的基本要求，图书馆在社会知识交流与传播方面可以发挥更加重要的作用，而这一作用的发挥，需要在场馆功能定位与环境构建上作出创新性的变革。研究者认为，随着无纸化社会的来临，UnLibrary 项目和创客空间为图书馆的改革与创新提供了思路，为未来图书馆范式发展提供了新思路和新启示。② 目前，国外很多图书馆已经开展了面向创新创业孵化的创客空间，使其成为一个融阅读、学习、创造、分享于一体的新型创新空间。"创客空间"在国外有很多表达，诸如 hackerspace、makerspace 等，一般指的是一种全新的组织形式和服务平台，通过向创客提供开放的物理空间和加工设备，组织创客聚会，开设创

---

① 刘景昌：《全媒体时代用户数字阅读服务创新》，《图书馆学刊》2014 年第 2 期。
② 王晔：《从 UnLibrary 项目与创客空间建设看图书馆的转型与超越》，《图书情报工作》2014 年第 4 期。

客技术工作坊，从而促进知识分享，跨界协作以及创意的实现以至产品化。① 美国《创客杂志》把"创客空间"界定为："一个真实存在的物理场所，一个具有加工车间，工作室功能的开放交流的实验室、工作室、机械加工室。"② 可以看出，创客空间是一个相对于线上虚拟社区而言的实体空间和开放式社会化平台，向创客提供激光切割机、3D 打印机、机械加工等设计制造设备，常嵌入到大学、社区中心、成人教育等机构或工厂、企业中，并组织创客聚会和各种级别的工作坊。③ 图书馆创客空间的建设，必将为新时期图书馆事业发展、数字化阅读服务转型提供巨大的契机。

4. 强化面向未成年人数字化阅读的图书馆绩效评估

未成年人是一个全社会关注的群体，未成年人数字化阅读是新时期国民阅读领域出现的一个重要问题。图书馆尤其是公共图书馆有使命、有义务为未成年人提供良好的服务。要实现面向未成年人数字化阅读的有效服务，必须强化面向未成年人数字化阅读的图书馆绩效评估，以此驱动图书馆主动采取服务策略，服务于未成年人。绩效评估方法最初运用于企业管理，是约束与激励企业发展的重要手段和有效方式。图书馆数字化阅读绩效评估是以图书馆面向未成年人数字化阅读服务整体运行状况和业务工作为主要内容，以图书馆各级干部和员工工作成效为主要对象，以指导、推动、协调图书馆的发展为目标，通过确定的衡量标准和指标全面评估图书馆的投入产出的基本情况，以达到优质、高效的目的。④ 针对图书馆未成年人数字化阅读服务的诸多难点，要对数字化阅读服务进行准确的绩效评估，必须对现有的图书馆绩效评定体系进行完善和丰富，在数字化资源部分指标、数字化阅读文献采选指标以及读者服务指标等各个考评指标中加入有关数字化阅读服务的考评内容。

三 建立未成年人数字化阅读推广的多维路径

过去十多年全国国民综合阅读率总体上升，传统纸媒阅读率呈总体降

---

① 陶蕾：《图书馆创客空间建设研究》，《图书情报工作》2013 年第 14 期。
② 张亚君：《图书馆创客空间协作建设研究》，《大学图书情报学刊》2015 年第 1 期。
③ 陶蕾：《图书馆创客空间建设研究》，《图书情报工作》2013 年第 14 期。
④ 李青：《构建图书馆数字化服务的绩效评估体系》，《考试周刊》2008 年第 6 期。

低趋势，数字化阅读率不断上升，数字化阅读不断普及。同时，城镇居民传统纸媒和新媒体的阅读率显著高于农村居民，国民浅阅读、功利化阅读倾向明显。因此，需要全系统、多路径开展未成年人数字化阅读推广。

1. 更新阅读理念，协同开展未成年人数字化阅读推广

从前面的研究可以看出，数字化阅读仅仅是一种新型阅读方式，对于传统纸质阅读而言绝不是洪水猛兽，要超越保护主义立场，积极面对和迎接数字化阅读，而对于未成年人的数字化阅读，更加需要理性和细致的工作来推广和引导。未成年人数字化阅读的推广工作是一项长期的工作，要建立长效机制就需要取得政府的支持，数字化阅读推广工作最好能积极征得上级主管部门的支持，制定详细的数字化阅读推广政策，从而得到较好的人力、物力和财力方面的支持。

2. 超越数字化阅读，将其纳入全民阅读推广范畴

中国国民阅读率总体偏低，国民对阅读满意度较低，提升国民阅读任重道远。数字化时代这一窘境更为明显。因此，需要在推广数字化阅读的过程中，超越数字化阅读，将其纳入全民阅读推广范畴，事实上，从历次全国国民阅读调查报告中可以看出，数字化阅读的普及有助于全民阅读率的提升，因此，要从推广数字化阅读的视角，来推广全民阅读。近年来，数字阅读已经成为推广全民阅读的新形式，需要整合社会力量与资源，借力图书馆等阅读服务部门，形成积极的数字化阅读氛围，从而进一步拓展全民阅读的多彩广度，丰富了全民阅读活动的内涵。推广深度的、有效的数字化阅读，可以为全民阅读的落实提供一种具体的实现方式。

3. 积极开展多样化的活动，推广未成年人数字化阅读

在数字化阅读推广活动中，针对部分父母、未成年人网络知识匮乏，可以组织行业专家学者开展公益系列讲座进行数字化阅读知识技能的普及和培训，也可以邀请一些数据库提供商进行相关数据库的使用办法等专题培训。图书馆可到各大热门的社交网站宣传移动阅读等数字化阅读服务，也可在开办图书馆自己的博客和论坛宣传图书馆移动阅读服务的同时，对读者进行网上阅读的引导；还可以与一些知名专家和学科带头人合作，在他们的博客上介绍和宣传图书馆的各种新服务和新资源。

4. 将数字化阅读素养纳入学校教育体系，推动未成年人数字化阅读

国外最新研究已经把数字化阅读作为个体的重要能力和素养加以关注，并进行全球性的、项目化的系统评估。欧美等发达国家在推广数字化

阅读方面作了大量的政策研究与实施路径探索。作为信息时代个体的重要能力和素养，2009年国际经合组织在其实施的国际学生评估项目（简称PISA）中开始加入数字化阅读测试，以评估学生的数字化阅读素养和表现。许多国家认识到数字化阅读对国家整体发展的重要性，纷纷开展数字化阅读素养教育运动。英国教育及职业部自1998年推动全国阅读年（National Year of Reading），要求所有学校教师、地方教育行政当局、家长、社区团体、图书馆与媒体工作者共同参与此项活动，以促进青少年的阅读和写作能力，并以在线阅读网站（http：//www.yearofreading.org.uk）推动各项阅读活动和提升学校教师在阅读和写作教学的教育训练。

5. 构建国家层面的未成年人数字化阅读推广活动体系

我国也提出"倡导全民阅读，构建学习型社会"，"开展全民阅读，构建和谐社会"，倡导全民阅读，但针对数字化阅读的推进还不够具体和深入，需要构建国家层面的未成年人数字化阅读推广活动体系。美国将"阅读优先计划"作为政策主轴，并强调数字化阅读及素养的重要性；澳洲联邦与各州政府联合推动"国家读写与数学计划"，同时将数字化阅读列为教育政策。从现有反馈来看，上述项目实施途径和政策保障具有一定的实效性，但还需在中国文化背景和教育制度下进行细致考量。

四 开发面向未成年人数字化阅读的政策框架

从政策层面促进全民阅读，一直是近期国内出版界、阅读界以及图书情报领域关注的一个焦点，也是全社会关注的一个议题。政策层面的考量主要有立法议程与规制制定。目前，我国全民阅读立法已列入2013年国家立法工作计划，全民阅读立法起草工作小组已草拟了《全民阅读促进条例》初稿。虽然尚处进展之中，但这实际上是从国家立法角度为全民阅读提供了政策上的保障与行动上的指南，相信一旦实施，对于促进未成年人数字化阅读将具有重要的意义。

对于未成年人数字化阅读而言，本身是一个跨领域的话题，一部立法可以为其"保驾护航"，但无法确保基层实施的效果，这就需要构建一种我国未成年人数字化阅读推广的政策框架，确保从国家立法到不同层面的具体落实。这一政策框架需要从国民阅读体系、教育体系、互联网安全体系、未成年人道德体系等不同领域出发，把握全面阅读背景下未成年人数字化阅读的现状、效果与需求，比较世界各国推进数字化阅读的政策及路径，从信息生态视角探究传统阅读与数字化阅读协同发展下的新型阅读模式与策略，探索推进我国数字化阅读的政策及路径，构建和谐的数字化阅读生态系统。框架的主要考虑有：

（1）全民阅读背景下我国数字化阅读的现状与需求分析。通过抽样调查，研究全民阅读背景下我国数字化阅读的现状、效果和需求。现状调查将描述不同年龄段数字化学习的时间、介质、习惯、活动、效果评价及对个体素质发展的自我效能感；需求分析主要包括政策背景、产业情景、内容制作、技能学习分析等方面。这对于推进我国数字化阅读的政策及途径有着重要作用。

（2）世界各国推进数字化阅读的政策及路径比较研究。如前所述，当前世界主要发达国家的教育政策中均不同程度涉及阅读和数字化阅读领域，通过比较欧美各国的阅读教育政策和途径，将有助于有效构建我国的数字化阅读政策体系，同时为推进数字化阅读的有效途径提供参照。同时，还要关注 PISA 等国际组织对数字化阅读的观点和建议。

（3）全民阅读视域下推进我国数字化阅读的政策建议。从一定意义上讲，全民阅读水平是衡量一个国家社会文明程度的重要标志。在此背景下，需要从社会、学校、家庭、产业等多个视角进行政策建议与构建，以推进中国国民数字化阅读能力与水平。社会层面主要强调国家在数字化阅读服务的免费提供、数字化阅读的内容分级、数字化学习与阅读的教育推进，数字化学习产业的扶持等方面；学校在推动个体数字化阅读和素养培养方面具有重要的功效；家庭承担培植良好个体数字化阅读习惯和心理的功能；产业界需要加大数字化阅读内容的开发和有效管理，同时加强自身建设，建立完整的数字化产业链和阅读服务体系。构建一个数字化阅读生态系统，需要实施政府主导、社会参与、公办民办并举的政策。

五　构建面向未成年人的数字化阅读服务生态圈

综合上述分析，理性判断数字化阅读对于未成年人发展的积极与消极影响，构建一种面向未成年人数字化阅读服务的生态系统至关重要。

未成年人数字化阅读服务本身就是全民阅读的一个重要组成部分，从大系统来说，涉及四方力量——政府、社会、家庭、企业等，政府提供数字化阅读政策保障，家庭确保阅读参与，社会提供阅读活动与推广空间，企业为数字化阅读提供技术产品与平台，从而由学生、教师、家庭、图书馆、社会、企业、国家构成了一条生态链;而与未成年人甚至阅读相关的阅读产品生产、阅读推广、阅读指导、绩效评估等实践活动则形成了一张生态网,面向未成年人数字化阅读的图书馆2.0服务"双环"模型,构建面向未成年人的数字化阅读生态圈,如图7—7所示。

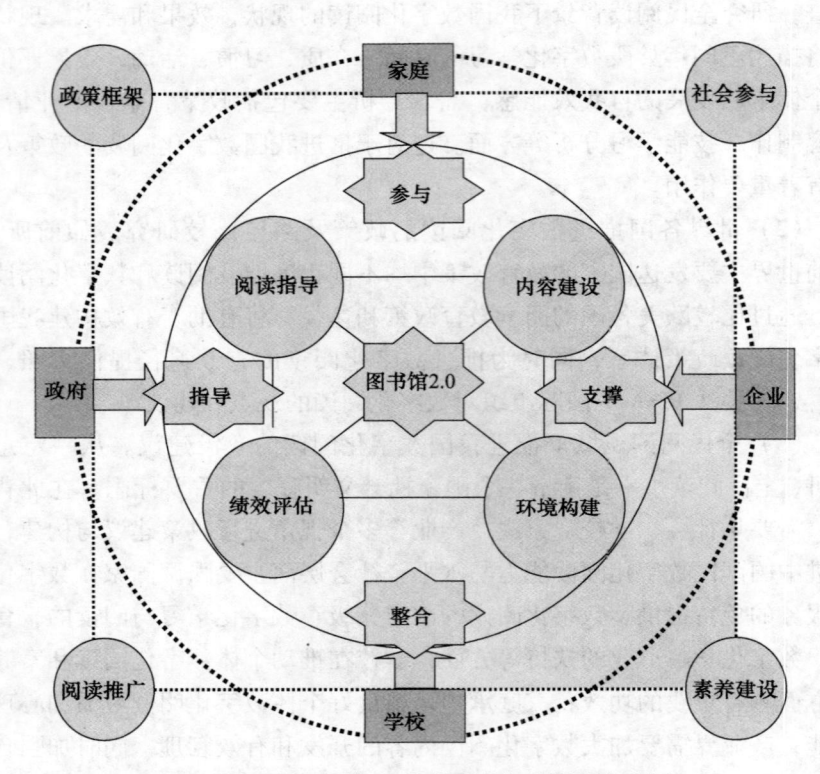

图7—7 面向未成年人的数字化阅读服务生态圈

当代功利性阅读取向造成未成年人阅读生态失衡也是事实。但更应该从时代的、积极、生态化的视角来推进数字化阅读,不能简单视其为一种功利性阅读。当代信息生态论学者纳迪和欧代认为,信息生态就是特定(局域)环境中由人、实践、价值观和技术构成的一个系统。以信息生态观来看待数字化阅读,其实数字化阅读系统也是由信息、信息人和信息环境三大因素构成,信息是沿信息流的流动方向从供应者依次经过传递者、消费者、分解者,到达信息环境中,与环境适应融合,最后达到信息共享和协同进化的目的。因此,应该在社会、家庭、学校、企业四个层面;阅读政策、阅读素养、社会参与、阅读推广四个维度；阅读指导、阅读内容、阅读环境、绩效评估活动四个平台，以重构自然、审美、人文、经典的阅读生态体系，形成有效的、生态化的数字化阅读体系。

结　语
迈向跨媒体社交化阅读

"阅读已死，或将迎来新生？"面对数字化生存环境下阅读形态的巨大变革，普林斯顿大学教授、哈佛大学图书馆馆长罗伯特·达恩顿（Robert Darnton）发出了振聋发聩的呐喊。[①] 的确，随着数字技术的快速普及与应用，信息传播方式正经历着颠覆性的变革，作为个体获取信息的主要方式，阅读也正经历着一场脱胎换骨式的重生，这一巨大变革将对国民的精神、知识和个体发展层面产生巨大影响，著名学者朱永新指出，一个人的阅读史就是精神发育史，如何看待阅读、选择何种方式阅读就关乎未来的价值选择。在数字化阅读与传统纸质阅读的选择中，需要有适切的研究来支撑和指引，否则将步入因噎废食、非此即彼的阅读选择困境之中。

一　观点总结

本研究在实地调查中国未成年人数字化阅读的特征基础上，通过眼动（EM）、行为分析、德尔菲法及准实验研究等实证方法，探索未成年人数字化阅读的倾向、规律与模式，揭示数字化阅读对未成年人社会发展与认知发展的影响，建构未成年人数字化阅读的引导策略与服务策略，为全民阅读及图书馆阅读服务创新提供基于证据的政策建议。主要观点总结为如下七个方面：

（一）建构了数字化阅读的术语谱系和概念视图

作为一个新兴的多学科交叉领域，数字化阅读因其技术发展的动态性及研究视角的多学科相关性，相关研究中存在一种术语纷呈、概念纷争的状态，为学术研究及实践应用带来了沟通上的困难，进而影响到学术交流与传播，不利于数字化阅读研究的深化。本研究借鉴分类学中的小众分类

[①] ［美］罗伯特·达恩顿：《阅读的未来》，熊祥译，中信出版社2011年版，第3页。

和大众分类原理，建构数字化阅读相关概念的四维分类谱系及概念视图，提出以数字化阅读概念的形态视角统整了该领域相关术语及概念体系，形成了一个相对清晰的数字化阅读领域概念框架。

框架由内到外由五个环组成，内环中的电子阅读最早是作为传统阅读的革新者而出现，而随着信息技术和数字技术的发展，电子阅读一词由于其电子技术时代的特征已经无法包容当下新媒体环境下的阅读形态，但作为一个原点，衍生和生发出了当前所体验过的阅读新样式。外环表征了更有抽象和上位的概念体系，包括学界高度认同的数字阅读、移动阅读等，也包括未来最受关注的泛在阅读和云阅读等新形态，均作为数字化阅读的子类而存在，也是可以统整中间三环相关术语和概念的上位概念。中间三环分别从具体的阅读属性进行归类，此类概念体系宜作为具体的描述性词汇显现，不宜作为新型阅读形态的表征术语。而在最上位的概念上，倾向于使用数字化阅读来统一表征，强调依靠各种数字化平台或移动终端，以数字化形式获取信息或传递认知的过程。为这一领域的深入研究提供参照，为该领域的研究发展提供基础性和前导性的工作，有助于跨学科协同研究。

（二）归纳了我国未成年人数字化阅读的倾向与特征

以7—18岁年龄段的未成年人作为研究样本，选择三种类型指标对未成年人的数字化阅读倾向与特征进行比较研究，包括人口统计指标（如年龄等）、数字化阅读表现性指标（如数字化阅读接触率等）和数字化阅读发展性指标（如数字化阅读行为等）。以表现性和发展性指标为重点，归纳出未成年人数字化阅读的主要倾向与特征。主要表现在：

（1）基于数字化阅读主体的特征方面：未成年人首次数字化阅读接触呈现低龄化趋势，数字化阅读仍为纸本阅读的补充形式，未成年人数字化阅读经验方面处于入门与熟练阶段，未成年人数字化阅读行为方面比较积极正向。

（2）基于数字化阅读媒介的特征方面：电脑和手机是未成年人进行数字化阅读的两种主要载具，手机阅读和电脑阅读对于未成年人具有最佳阅读体验感。

（3）基于数字化阅读方式的特征方面：在阅读时长分布上，数字化阅读与传统阅读已经持平，随着年龄的增加，纸质阅读和数字化阅读的时长段分布呈反向趋势，在个人阅读时间感知上，数字化阅读并未影响纸质阅读，在阅读行为上，社交化分享成为数字化阅读的主要特征，在阅读资源的获取上，未成年人具备良好的信息素养，在阅读习惯上，未成年人数字化阅读并非跳跃性阅读，在阅读方式的选择上，纸质阅读仍是未成年人的第一选择。

（4）基于数字化阅读内容的特征方面：从阅读目的上看，未成年人数字化阅读主要为休闲阅读，从阅读内容类型上看，未成年人数字化阅读主要偏重休闲娱乐，从阅读内容的具体分布来看，未成年人数字化阅读主要偏重轻阅读。

（5）对数字化阅读特点的认知方面：丰富、便捷、快速、廉价是数字化阅读的四大优势，广告、辐射、混杂、沉溺是数字化阅读的四大劣势，笔记功能、内容检索、阅读指导、减少广告是数字化阅读的四大需求。

（6）对数字化阅读动机的认知方面：信息获取方式的时代变迁是未成年人数字化阅读的主要动因，时间分配与设备环境是未成年人数字化阅读的主要障碍。

（7）对数字化阅读效果的认知方面：纸质阅读仍被未成年人视为有效的阅读方式，"浅阅读"并非数字化阅读的"专利"，视力影响和广告干扰是困扰数字化阅读效果的两大因素，数字化阅读对现有阅读生态形成了一定的冲击，数字化阅读的双刃剑效应初步显现。

（8）对数字化阅读预期的认知方面：对未来数字化阅读的发展持乐观态度，未成年人主观上希望数字化阅读主流化。

（9）数字化阅读的场景取向方面：家庭是未成年人进行数字化阅读的主要空间，不同年龄段的未成年人在数字化阅读空间上并无显著差异，休闲、资讯和社交是未成年人数字化阅读的三类典型场景，学校（图书馆）尚缺乏未成年人数字化阅读的基本服务。

（10）数字化阅读的态度取向方面：相对于未成年人自身对数字化阅读的认同，监管者也持相对宽松的态度。

（11）数字化阅读的消费取向方面：未成年人消费者购买纸质书与电子书的支出以及书籍购买取向，发现纸质书仍是消费者购买的主要类型。

（三）探究了未成年人数字化阅读过程中的内在认知机制

着眼于探究未成年人数字化阅读的心理与认知行为分析，采用眼动分析技术，分析未成年人数字化阅读中的眼动行为，挖掘这种新型阅读方式对未成年人的深层次影响。研究发现：

1. 相对于纸质阅读，数字化阅读在注意力分配、积极交互、测试成绩上均具有显著的优势。基于梅耶的多媒体学习的认知理论，以未成年人不同阅读介质接触为例，通过实验来探索传统课本与电子课本阅读过程中的眼动行为，定量描述两种课本的学习过程和效果的差异。结果表明：未成年人阅读传统课本和电子课本的注意力分配有差异；电子课本阅读促进了更积极的交互，情景动画起到了教学代理的作用；电子课本的测试成绩显著高于传统课本，正文的观察时间和注视次数与测试成绩显著相关。最后，在实验结论的基础上探讨了多媒体学习的特点，并提出了促进未成年人提高数字化阅读素养的相关策略。

2. 数字化阅读中多媒体要素并非干扰因素而是积极注意的信息区块，文字是信息加工深度最好的区块。应用眼动分析技术，依据用户阅读电子课本的注视点、注视时长、注视点个数等生理反应数据，分析电子课本中的文字、解释、图像、链接及按钮等版面要素等因素对用户的影响。结果表明，多媒体要素是电子课本中最容易引起注意和加工的信息区块，但多媒体要素并没有成为干扰用户首次注视的因素，不同的学科属性与学习习惯影响着用户的优先注视；文字区的注视时间最长，文字区的注视点个数大大多于其他区域，相对于图像来说，文字对于个体信息加工尤其是深度加工仍具有不可替代的作用；解释区在首次注视持续时长占优，电子课本中合理设置解释模块将有助于学习者的信息加工。研究可为电子课本的编辑出版提供认知依据。

3. 不同图式变量影响具体的眼动行为，但不影响阅读测试成绩。基于心理语言学领域的图式理论，采用双因素实验和眼动分析，探讨语言图式与内容图式对未成年人数字化阅读过程中眼动行为和阅读成绩的影响。研究表明：语言图式丰富者阅读成绩与动画区域的回视次数显著相关；内容图式与图片区域的观察时间存在显著相关；两种图式在文本和动画区域的观察时间、回视次数指标上存在着一定的交互作用，在测试成绩指标上的交互作用不显著。结果对于电子课本资源的设计开发以及阅读指导具有指导意义。

（四）挖掘了未成年人数字化阅读过程中的外在行为表现

通过行为观察法，结合量表测试和准实验研究，探究未成年人数字化阅读的外在行为表现。研究发现：

1. 使用经验高的学生阅读行为更加丰富，使用经验对不同阅读水平学生的内容理解度和课外知识拓展具有影响。采用实验研究法探究个体使用经验对未成年人数字化阅读行为及效果的具体影响。结果表明：使用经验高的学生阅读方向更加丰富；使用经验对学生数字化阅读行为中搜索、检索影响不大；在一定阅读目的下，使用经验高低对学生数字化阅读走神、分心方面影响不大。使用经验对数字化阅读中阅读速度影响不大；使用经验对阅读满意度影响不大；使用经验对不同阅读水平学生的内容理解度和课外知识拓展具有影响。业界有必要提高数字化阅读软件功能，图书馆需要在提高数字化阅读体验和优化数字化阅读内容上创新服务，以提升未成年人数字化阅读的质量与成效。

2. 使用者经验影响使用者的平板阅读操作行为，高经验受试者移动阅读经验可以进行顺利迁移。从用户经验角度切入，通过现场观察与个案访谈方法，揭示不同经验使用者在操作行为等方面的差异，描述挖掘数字化阅读的行为特征，探索未成年人数字化阅读的倾向、规律与模式，揭示数字化阅读对未成年人认知发展的影响以及用户经验与数字化操作行为的关系。结果发现，使用者经验影响使用者的平板电脑操作行为。高经验者能够运用本身的经验，依据不同情况灵活运用不同的操作方式和清除策略，因此让他们顺利的完成任务且满意操作的过程。高经验受试者认为使用智能型手机的经验是可以转移至平板电脑上，但低经验受试者则有不同的看法。高低经验受试者皆认为使用平板计算机来进行较复杂的任务是困难的，并且认为同样的任务在计算机上进行会比较容易，然而低经验者因不熟悉系统操作与清除策略，因此产生错误操作行为和单一的策略应用，导致他们对于系统和操作过程都感到不满意。研究可为未成年人数字化阅读服务提供实证依据。

（五）实证了数字化阅读对未成年人认知与社会性发展的影响

基于李克特量表的调查研究，探究数字化阅读对未成年人的影响，包括认知发展和社会性发展两个方面，结果发现：

1. 相对数字化阅读的"浅阅读、注意力分散、信息干扰、言语能力退化、阅读疲劳"等主观质疑，数字化阅读对未成年人的认知发展更具积极意义。采用李克特量表，以数字化阅读经历丰富者为研究样本，从注意、感知、记忆、思维与问题解决、言语与想象这五个层面实证分析数字化阅读对未成年人认知发展的积极和消极影响。结果表明，相对数字化阅读的"浅阅读、注意力分散、信息干扰、言语能力退化、阅读疲劳"等主观质疑，数字化阅读对未成年人的认知发展更具积极意义，表现在：非线性内容结构有利于注意力的保持和发展，多媒体表征有利于个体多通道感知和记忆内容，丰富的信息情境和策略有利于提升未成年人的思维水平，多样化的阅读互动策略和虚实结合的阅读空间有利于提升个体的言语与想象能力。针对数字化阅读的消极影响，需要从内容提供、阅读服务、技术体验、教育引导、素质提升和阅读推广等多方面引导未成年人进行积极有效的数字化阅读。

2. 数字化阅读有利于促进未成年人积极的社会化情绪，具有理性的自我意识和自我评价，强化了个体之间的交流，但对未成年人现实中同伴交往的影响甚微。采用李克特量表，该文以数字化阅读经历丰富者为研究样本，从社会化情绪、社会化关系、道德标准、自我意识、同伴关系五个层面实证分析数字化阅读对未成年人社会性发展的影响。结果发现：数字化阅读有利于促进未成年人积极的社会化情绪；通过即时、互动、同步的阅读行为强化了个体之间的交流，个体在数字化阅读过程中能够规避和抵制不健康阅读内容；并具有理性的自我意识和自我评价；数字化阅读对未成年人现实中同伴交往的影响甚微；针对部分未成年的数字化阅读成瘾与沉迷、数字化阅读内容甄别能力较差、虚拟阅读中的自我满足以及阅读中的分享互惠意识较弱等消极影响，需要从数字化阅读环境建设、内容建设与素养建设三个方面进行有效引导，研究结果将为面向未成年人的数字化阅读内容生产及新型阅读服务体系建设提供实证依据。

（六）征询了未成年人数字化阅读的指导策略

数字化阅读是一种新型的阅读方式，也是未来中小学生阅读的发展趋势，但随着数字化阅读的普及，它的弊端也逐渐显露出来，如何正确地引导中小学生进行数字化阅读就显得尤为重要。研究中采用德尔菲法，通过预设策略问卷，组织专家老师，进行背靠背式问卷调查，建构未成年人数字化阅读的四类引导策略：教学性策略、技术性策略、养成性策略和管理性策略，并具体化为28条可执行的数字化阅读引导方法。主要结论能够为图书馆、学校、家庭等提供未成年人数字化阅读指导策略体系，以正确引导未成年人的数字化阅读。

（七）建构了面向未成年人数字化阅读服务"双轮"模型及生态圈

未成年人数字化阅读服务本身就是全民阅读的一个重要组成部分，当代功利性阅读取向造成未成年人阅读生态失衡也是事实。基于 Web 2.0 技术与服务体系，构建面向未成年人数字化阅读的图书馆2.0服务"双环"模型，创新未成年人数字化阅读服务内容与方式，"双环"模型强化社区行动计划，建立整合学校、地方教育行政当局、家长、社区团体、图书馆与媒体工作者等社会力量形成数字化阅读服务创新社区，以有效推进未成年人数字化阅读。从生态观来看，未成年人数字化阅读服务体系涉及四方力量——政府、社会、家庭、企业等，政府提供数字化阅读政策保障，家庭确保阅读参与，社会提供阅读活动与推广空间，企业为数字化阅读提供技术产品与平台，从而由学生、教师、家庭、图书馆、社会、企业、国家构成了一条服务生态链；而与未成年人甚至阅读相关的阅读产品生产、阅读推广、阅读指导、绩效评估等实践活动则形成了一张生态网，社会、家庭、学校、企业四个层面共同协同，共同作用于阅读政策、阅读素养、社会参与、阅读推广四个维度，激活阅读指导、阅读内容、阅读环境、绩效评估活动四个平台，以重构自然、审美、人文、经典的阅读生态体系，形成有效的、生态化的数字化阅读途径，从而构建面向未成年人数字化阅读的服务生态圈，有效促进传统阅读和数字化阅读和谐共生，提升国民阅读能力和水平，促进全民素质提高。

二 创新与不足

本研究首次聚焦于未成年人数字化阅读问题，在国内外众多学者已有的、丰富的数字化阅读相关研究的基础上，主要采用实证方法探究未成年人数字化阅读这一现象，具有一定的时代感、紧迫感和创新性。表现在：

（一）学科整合的研究视角

数字化阅读是目前学术界关注的一个热点，但是未成年人数字化阅读的关注较少。而且从现实来看，未成年人网络误用、滥用已经成为社会关注的问题。与其他亚群体相比，该群体在教育、发展、文化和心理方面都具有自身特色，本课题整合多学科视角对未成年人数字化阅读进行系统研究，得出了不少有价值的数据和结论，比如实施了首次全国大样本的未成年人数字化阅读调查，样本数达到15326个，相关结论具有一定的价值，比如未成年人首次数字化阅读接触呈现低龄化趋势、未成年人数字化阅读经验方面处于入门与熟练阶段、随着年龄的增加，纸质阅读和数字化阅读的时长段分布呈反向趋势等，为面向未成年人数字化阅读服务提供了现实的依据；同时，通过整合图书馆学、阅读学、传播学、教育学、心理学关于阅读、媒介素养以及认知发展的理论成果，形成新的以未成年人数字化阅读为主的理论体系，为上述学科搭建理论沟通桥梁。

（二）实证方法的系统应用

本课题采用调查研究、行为观察、德尔菲法、眼动技术、准实验研究等实证方法，分别对"数字化阅读→未成年人社会发展"和"数字化阅读→未成年人认知发展"的影响关系进行论证。研究内容具有独特性，研究思路具有缜密性，实证方法具有系统性和多学科交叉特征，力图开拓新图书情报领域的研究路径。针对未成年人数字化阅读的眼动研究、行为观察、德尔菲法都是国内首次进行系统性强的实验研究，将极大丰富阅读领域的研究。

（三）实践应用的现实呼应

通过采集实证依据，为未成年人数字化阅读建立"行为基础"。通过对未成年人数字化阅读的深入研究，揭示未成年人数字化阅读各阶段隐藏的"认知规律"和"成长密码"，为未成年人数字化阅读的有效展开提供行为参照；通过对数字化阅读影响未成年人社会及认知发展的实证研究，为化解困扰学界的有关数字化阅读之争提供实证依据，为我国全民阅读中数字化阅读的推广提供有效对策。研究中提出的数字化阅读素养、参与式学习框架、面向未成年人数字化阅读服务的"双环"模型及生态圈模型，对于图书馆阅读服务具有很强的现实参考价值。

与当初的研究预期相比，本研究取得了较好的研究成果，但也存在不足和局限，表现在：

（1）研究领域的子类细分问题。本研究在文献部分就分析到，数字化阅读是一个从概念到类型都非常复杂而又含糊的领域。以数字化阅读这一表述为例，相关的表述多达30多种，其中有些是表述问题，有些是类型问题。在本研究中，实际上没有去显著区分不同类型的数字化阅读，比如电脑网络阅读与手机阅读。虽然这不至于影响整体结论，但很明显，随着数字技术的发展，数字化阅读的类型化越来越显著，需要对子类问题进行明确化和定位化，才能产生科学合理的结果。

（2）跨学科研究的力度把握问题。尽管未成年人数字化阅读显著表现为一个跨学科研究主题，但由于研究者学识有限，加之科学研究发展如此之快，数字化阅读发展如此之快，尚无法从整体上把握跨学科研究的视野,包括资料的收集、方法的使用、理论的阐释等。虽然本研究涉及了图书情报学、教育技术学、传播学、心理学等不同学科,但囿于本人的学科背景,上述学科在研究中并不平衡,尤其需要改进的是信息学、文艺学等视角尚无涉及,这一定程度上会影响未成年人数字化阅读这一问题的深度和广度,期待后续关注此主题。

(3)实证研究的方法执行问题。本研究全部采用实证方法,因此会碰到两个方面的问题,一是理论与实证的配合问题,实证固然可以提供大量的现实数据,但仍需要理论来进行阐述与分析;二是实证研究过程中对变量的控制、研究工具的设计、抽样的工作、数据的分析等都是巨大的挑战,因此,本研究结果也仅仅是解释了具体场景中的研究,其代表性是有限的,有些分析还不够深入,比如未成年人数字化阅读特征中对于不同性别的倾向性、对于不同类型的阅读的特征等均未涉及,比如眼动研究中的不同阅读层次也尚未考虑,等等。期待后续研究中加以改进。

三 研究展望

通过本项目,研究者深深感觉到,未成年人数字化阅读是一个学术性、实践性和理论性都非常强的课题,对于研究者来说,这是一个巨大的学术宝库,是一片学术的绿洲,只要愿意投入其中,经过辛勤工作,一定会有所收获。当前的研究仅仅反映了数字化社会未成年人数字化阅读的图景,在人—技术—社会这一框架下,这一图景显然在不断变化、延伸,需要持续的关注和探索。针对前述问题,后续将继续在如下方面开展研究:

1. 未成年人数字化阅读本体研究。在哲学上,本体是客观存在的一个系统的解释或说明,关心的是客观现实的抽象本质。在数字化阅读领域,主要探索数字化阅读不同形态的本质属性及其功能价值。具体议题包括数字阅读、移动阅读、泛在阅读、电子阅读、云阅读、社交化阅读的理论基础、行为规律、阅读价值、文化影响、阅读模式、阅读引导、发展态势等。同时数字化阅读的理论建构也非常急迫,需要整合图书馆学、阅读学、传播学、教育学、心理学关于阅读、媒介素养以及认知发展的理论成果,形成数字化阅读为主线的理论体系。本体视角的数字化阅读研究将从抽象的高度挖掘新媒体环境下阅读的社会价值和个体影响,为该领域的具体研究展开提供指引。

2. 未成年人数字化阅读分群研究。不同未成年人群体对数字化阅读的不同形态有不同的偏好、需求，在数字化阅读过程中表现出不同的心理、行为和认知特征，对其个体认知发展和社会发展产生不同的影响。从全民阅读视角看，数字化阅读的主体涵盖了所有阶层、各年龄层次的个体。只有推动数字化阅读在全社会得到普及和应用，全民阅读才能真正得到落实。从现实角度看，一些心智尚未成熟的群体、边缘化群体、弱势群体等更应该成为数字化阅读研究的关注对象，未成年人尚处心智发展的关键时期，阅读对其心智健康发展至关重要；从社会包容角度看，经济欠发达地区的未成年人属于弱势群体，如何均享优质阅读资源和公共图书馆阅读服务，提升其素质与幸福感，促进社会和谐，这也是一个重要的研究议题。

3. 未成年人数字化阅读交互行为方式。数字化阅读不同于传统纸质阅读的一个表象在于阅读方式与行为的差异。目前的研究将数字化阅读行为方式概括为：超文本、社会化、互动式、立体式、聚合化等，这也表明新媒体环境中阅读方式的巨大差异。尤其是要站在信息交互、网络行为等视角进行实证研究。

4. 未成年人数字化阅读客体研究。阅读客体指的是阅读信息载体，是最终影响用户的信息来源。与纸质阅读载体不一样，数字化阅读客体不但在物质层面表现出多样化，比如不同终端的信息呈现方式不一样，在信息结构层面也显示出多样化，具体包括网页内容、手机内容、微博、电子杂志、各类阅读 APP，等等。物质层面的实际上可以归纳为阅读环境，信息层面可以归纳为阅读对象。数字化阅读客体视角多采用教学干预的准实验和认知技术研究方法，比较不同阅读环境和不同阅读对象对个体产生的阅读效果之间的差异，从而为数字化阅读内容的选择与开发、电子杂志期刊、电子课本、电子教材设计与开发提供依据。

5. 未成年人跨媒体数字化阅读生态研究。随着泛在计算的到来，在多种设备之间使用信息资源，构建优化的学习与阅读体验已经成为常态。以传统纸质阅读和线下学习为起点，各种媒体在使用中互相配合构成卓越的用户体验，多屏幕、跨平台使用使用户学习效率变得更高。但这一过程中，设备的离散和多样化是非常大的挑战，要做到内容和信息的适应，应用和情境的适应还需要精心的设计和安排。后续研究中，多屏互动情境性下的跨媒体泛在学习、跨屏幕协同阅读与出版、多屏互联互动技术、跨屏内容资源开发都将成为亟须关注的主题。

"未来已来!"数字化阅读已经迈向一种跨媒体社交化阅读,这是一种泛在阅读新趋势。跨媒体、社交化阅读强调各种数字化阅读介质无缝衔接,构成流畅的线上线下阅读链条,组成了完整的、优化的泛在阅读体验。新近出版的《移动的力量》,将互联网教育基因注入传统纸质图书,为读者带来生动和立体的全新阅读和学习体验,[①] 实现了一种"跃读",预演着跨媒体阅读时代的到来。跨媒体阅读的登场,强调资源立体化、可视化、互动化,强调用户阅读的体验感、泛在化、聚合性,[②] 不仅仅是阅读载体和阅读模式的变革,更为未成年人的数字化学习与生活应用提供了一种新的思路,也为图书情报等领域的实践者、管理者、研究者提供了一片值得竞帆的蓝海!

---

① 吕廷杰、李易、周军:《移动的力量》,电子工业出版社2014年版。
② 王佑镁:《跨媒体阅读:整合O2O与MOOCs的泛在阅读新趋势》,《中国电化教育》2015年第1期。

附　　录

一　全国国民阅读调查历年主要数据一览表

发布年份	2015	2014	2013	2012	2011	2010	2009	2008	2006	2004	2002	2000
数据年份	2014年	2013年	2012年	2011年	2010年	2009年	2008年	2007年	2005年	2003年	2001年	1999年
国民图书阅读率（%）	58	57.80	54.90	53.90	52.30	50.10	49.30	48.80	48.70	51.70	54.20	60.40
数字化阅读方式接触率（%）	58.10	50.10	40.30	38.60	30.10	24.60	24.50	24.70				
网络阅读率（%）				54.90	44.90	41.00	36.80	44.90	27.80	18.30	7.50	3.70
各媒介综合率（%）	78.60	76.70	76.30	77.60	77.10	72	69.70					
网络在线阅读比例（%）	49.40	44.40	32.60	29.90	18.10	16.70	15.70					
手机阅读比例（%）	51.80	41.95	31.20	27.60	23	14.90	12.70					
光盘阅读比例（%）	2.00	0.90	1.60	2.40	1.80	2.30	3.30					
电子阅读器阅读比例（%）	5.30	5.80	4.60	5.40	3.90	1.30	1.00					
平板电脑阅读比例（%）	9.90	2.20	2.60	3.90	2.60	4.20	4.20					
微信阅读比例（%）	66.40											
国民电子书阅读率（%）	22.30	19.20	17.00	16.80	10.40							
电子报阅读率（%）	10	8.50	7.40	8.20	6.00							

续表

发布年份	2015	2014	2013	2012	2011	2010	2009	2008	2006	2004	2002	2000
电子期刊阅读率（%）	8.00	5.00	5.60	5.90								
人均纸质阅读量	4.56	4.77	4.39	4.35	4.25	3.88	4.72	4.58				
电子书阅读量	3.22	2.48	2.35	1.42	0.73							
每天读报时长	18.8	15.5	18.91	22	23.69	21.02						
每天读书时长	18.76	13.43	15.38	14.85	16.78	14.7						
每天微信阅读时长	14.11											
每天触网时长	54.87	50.78	46.77	47.53	42.73	34.09	26.2					
每天手机阅读时长	33.82	21.7	16.52	13.53	10.32	6.06	4.7					
每天电子阅读器阅读时长	3.79	2.26	2.94	3.11	1.75							
每天平板电脑接触时长	10.69											
国民上网率（%）	65.80	59.20	55.60	54.90	49.90	41		36.80				
手机上网比例（%）	56.20	42.70	29.20	25.40	16.60							
未成年人图书阅读率（%）	76.60	76.10	77.00	78.60	82.70	79		81.40				
未成年人人均图书阅读量	8.45	6.97	5.49									

数据来源：中国新闻出版研究院全民阅读调查课题组：《全民阅读调查报告》（2008—2011），中国书籍出版社，分别于2009年、2011年、2012年和2013年出版，其他数据来源于中国出版网每年发布的由中国新闻出版研究院组织的全民阅读调查结果，地址：http://www.chuban.cc/ztjj/yddc/。

二 我国未成年人数字化阅读现状调查（预调查表）

我国未成年人数字化阅读现状调查

亲爱的同学：

　　你好！我们正在进行一项关于未成年人数字阅读（也称为电子阅读）现状的调查，请你能够按照自己的真实想法填写下面的问题。我们的问卷只用于研究，绝不会透露你的相关信息。非常感谢你的支持。请在你认为最符合的答案上打√。

　　需要注意的是：本卷中提到的"数字化阅读"是指使用电脑、网络、MP3、MP4、手机、平板电脑、iPad、电子阅读器等进行阅读，阅读内容包括文字、图片、视频等。

学校：_____ 年级：_____ 性别：_____ 年龄：_____

1. 你平均每天花在纸质阅读上的时间是多少？

    A. 0~30 分钟　　　　　　　　B. 30~60 分钟
    C. 60~90 分钟　　　　　　　　D. 90~120 分钟
    E. 120 分钟以上

2. 你平均每天花在数字化阅读（包括网络阅读、电脑阅读、手机阅读等）上的时间是多少？

    A. 0~30 分钟　　　　　　　　B. 30~60 分钟
    C. 60~90 分钟　　　　　　　　D. 90~120 分钟
    E. 120 分钟以上

3. 你每次数字化阅读持续的时间是多少？

    A. 0~30 分钟　　　　　　　　B. 30~60 分钟
    C. 60~90 分钟　　　　　　　　D. 90~120 分钟
    E. 120 分钟以上

4. 你主要在何时何地进行数字化阅读？（可多选）

    A. 课堂上用手机阅读　　　　　B. 在机房进行电脑网络阅读
    C. 在家用电脑阅读　　　　　　D. 在家用手机阅读
    E. 在家用平板电脑（电子书）阅读　F. 在宿舍用手机阅读
    G. 在宿舍用电脑阅读　　　　　H. 在宿舍用平板电脑阅读

5. 你常常使用什么工具进行数字化阅读？（可多选）

   A. 电脑（网络）　　　　　　　B. 手机
   C. MP3/MP4　　　　　　　　　D. 平板电脑（如 iPad）
   E. 电子书阅读器

6. 你认为数字化阅读有哪些优点？（可多选）

   A. 界面漂亮生动　　　　　　　B. 阅读携带方便
   C. 交互性强　　　　　　　　　D. 价格便宜
   E. 内容丰富

7. 你觉得数字化阅读的缺点有哪些？（可多选）

   A. 有辐射、伤害眼睛　　　　　B. 价格太高
   C. 资源信息太杂　　　　　　　D. 不习惯这种阅读方式
   E. 广告太多　　　　　　　　　F. 其他_____

8. 你进行数字化阅读的主要内容有哪些？（可多选）

   A. 新闻资讯　　　　　　　　　B. 查询资料
   C. 玩游戏　　　　　　　　　　D. 电子书/杂志
   E. 收发邮件　　　　　　　　　F. 微博/博客
   G. 收听/收看/下载歌曲或电影　H. 其他_____

9. 你进行数字化阅读主要目的是什么？（可多选）

   A. 聊天交友　　　　　　　　　B. 了解实事资讯
   C. 娱乐放松　　　　　　　　　D. 获取知识、提高学习
   E. 打发时间　　　　　　　　　F. 开阔眼界
   G. 和同学朋友有共同话题　　　H. 学习任务的需要
   I. 习惯性阅读　　　　　　　　J. 其他_____

10. 数字化阅读过程中，你能又快又准查找到自己需要的资源吗？

    A. 经常能够　　　　　　　　　B. 偶尔能够
    C. 常常不能

11. 在进行数字化阅读时，你的习惯是什么？

    A. 仔细读完全部内容　　　　　B. 跳跃浏览
    C. 选择性地读　　　　　　　　D. 边读边记录有用的信息

12. 通过数字化阅读，你对自己阅读过的内容有印象吗？

    A. 有　　　　　　　　　　　　B. 基本上有
    C. 基本没有　　　　　　　　　D. 完全没有

13. 在数字化阅读时，你遇到哪些困惑？（可多选）

　　A. 广告太多　　　　　　　　　B. 影响视力

　　C. 阅读效果不高　　　　　　　D. 难以找到想要的信息

　　E. 不便于记录重要信息

14. 对数字化阅读，你有哪些希望？（可多选）

　　A. 提供笔记本功能，记录阅读到的重要信息

　　B. 能够评价阅读内容

　　C. 提供更便捷、准确的查找指南

　　D. 减少广告

　　E. 数字阅读能够得到老师家长的认可，并得到指导

15. 数字化阅读给你带来了哪些影响？（可多选）

　　A. 减少纸质阅读时间　　　　　B. 影响学习

　　C. 加快阅读速度　　　　　　　D. 降低阅读效果

　　E. 阅读形式多样，更喜欢阅读　F. 不再或者减少购买纸质图书

　　G. 使视力下降

16. 你希望学校和老师开设数字化阅读方面的指导课吗？

　　A. 非常希望　　　　　　　　　B. 比较希望

　　C. 无所谓　　　　　　　　　　D. 不希望

17. 促使你进行数字化阅读主要是因为什么？（可多选）

　　A. 信息数字时代的变化和影响

　　B. 同伴、同学的推荐和影响

　　C. 数字化阅读中的人物、情节更符合我们的口味

　　D. 网络上很多东西弥补了经典中的不足，给我们新的体验，刺激

　　E. 许多网络阅读简单易读，适合快餐时代

18. 你觉得阻碍你进行数字化阅读的原因是哪些？（可多选）

　　A. 学习任务太重，没时间

　　B. 学校不让带手机，上网，无法数字化阅读

　　C. 不喜欢数字化阅读

　　D. 对数字化阅读的内容不感兴趣

　　E. 其他_____

19. 你觉得数字化阅读存在哪些弊病？（可多选）

　　A. 数字化阅读内容门槛低，作品参差不齐，很多存在色情，暴力等

B. 很多青少年沉浸其中，难以自拔

C. 网络小说写手比较肤浅，以及市场商业目的，主要吸引关注，获得点击率

D. 数字化阅读对身体伤害很大，尤其是眼睛

20. 你在数字化阅读中，主要阅读内容的类型有哪些？（可多选）

　　A. 人文类　　　　　　　　B. 科普类
　　C. 经济类　　　　　　　　D. 外语类
　　E. 新闻类　　　　　　　　F. 哲学类
　　G. 科幻类　　　　　　　　H. 小说类
　　I. 其他_____

21. 你认为长期看数字化阅读会取代传统纸质阅读吗？

　　A. 是，环保是最重要的优点
　　B. 是，给人们阅读带来的方便无可取代
　　C. 是，高科技产品是跟上时尚潮流的一种方式
　　D. 否，纸质书能带给读者无法取代的阅读感受
　　E. 否，纸质阅读仍然是学习的主要方式

22. 你认为纸质阅读有哪些优点？

　　A. 保护眼睛　　　　　　　B. 方便做笔记
　　C. 随时翻阅　　　　　　　D. 更容易集中竞赛，印象深刻
　　E. 有收藏价值　　　　　　F. 更适合多数人的读书习惯
　　G. 其他_____

23. 你认为数字化阅读的最佳载体是什么？

　　A. 个人电脑　　　　　　　B. 智能手机
　　C. 电子书阅读器　　　　　D. 平板电脑

24. 平时阅读时，你更倾向于哪种阅读方式？

　　A. 纸质阅读　　　　　　　B. 数字化阅读

25. 你是否希望数字化阅读成为主流的阅读方式？

　　A. 是　　　　　　　　　　B. 否

26. 你是否愿意为数字化阅读花钱？

　　A. 是　　　　　　　　　　B. 否

27. 综合考虑数字化阅读的优缺点，你认为数字化阅读会代替纸质阅读吗？

A. 会   B. 不一定
C. 不会

28. 用一句话表达你对数字化阅读有什么期望或者建议？

问卷完毕，感谢参与！

三 我国未成年人数字化阅读现状调查（正式调查表）

我国未成年人数字化阅读现状调查

您好！

我们正在进行一项关于未成年人数字化阅读（也称为电子阅读）现状的调查，请您能够按照自己的真实情况填写下面的问题。本次调查仅用于研究，绝不会透露您的相关信息。非常感谢您的支持。

本问卷中提到的"数字化阅读"是指使用电脑、网络、MP4、手机、平板电脑、iPad、电子阅读器、电子书包等电子设备进行阅读活动，阅读内容包括文字、图片、视频等。

1. 您的性别：
2. 您所在的省份：
3. 您所在的区域：

   A. 省会城市（含直辖市）　　B. 地级市
   C. 县级市（含县城）　　　　D. 乡镇

4. 您的年龄段？
5. 您的年级段？
6. 最近半年您的最主要阅读方式是？（只选一项）

   A. 纸本阅读
   B. 手机等移动阅读
   C. MP4、平板电脑（如 iPad）、电子书阅读器等手持设备阅读
   D. 电脑网络阅读

7. 您常常使用什么工具进行数字化阅读？（可多选）

   A. 电脑（网络）　　　　　　B. 手机
   C. MP4　　　　　　　　　　D. 平板电脑（如 iPad）
   E. 电子书阅读器

8. 您第一次进行数字化阅读的时候是多少岁？（只选一项）

   A. 3 岁以下　　　　　　　　B. 4—7 岁
   C. 7—12 岁　　　　　　　　D. 13—15 岁
   E. 16—17 岁

9. 您拥有下列哪些属于自己的数字化阅读设备？（可多选）

A. 电脑（网络） B. 手机
C. MP4 D. 平板电脑（如 iPad）
E. 电子书阅读器

10. 在数字化阅读的经验方面，您觉得自己是属于哪一种类型？（只选一项）

A. 期待者：还没进行过数字化阅读，很期待
B. 入门者：刚刚开始接触各种数字化阅读
C. 熟练者：能够熟练使用各种设备进行数字化阅读
D. 专家级：在同伴中我觉得我的数字化阅读经验最多

11. 在数字化阅读的行为方面，您觉得自己属于哪一种类型？（只选一项）

A. 易读者：能够自由进行数字化阅读
B. 爱读者：非常喜欢进行数字化阅读
C. 压抑者：进行过数字化阅读，但由于学习或者父母、老师的要求不能进行数字化阅读
D. 想读者：想进行数字化阅读，但没有数字化阅读的条件和机会

12. 您平均每天花在纸质阅读上的时间是多少？（只选一项）

A. 0~30 分钟 B. 30~60 分钟
C. 60~90 分钟 D. 90~120 分钟
E. 120 分钟以上

13. 您平均每天花在数字化阅读（包括网络阅读、电脑阅读、手机阅读等）上的时间是多少？（只选一项）

A. 0~30 分钟 B. 30~60 分钟
C. 60~90 分钟 D. 90~120 分钟
E. 120 分钟以上

14. 您每次数字化阅读持续的时间是多少？（只选一项）

A. 0~30 分钟 B. 30~60 分钟
C. 60~90 分钟 D. 90~120 分钟
E. 120 分钟以上

15. 您主要在何时何地进行数字化阅读？（可多选）

A. 课堂上用手机阅读 B. 在机房进行电脑网络阅读
C. 在家用电脑阅读 D. 在家用手机阅读

E. 在家用平板电脑（电子书）阅读　F. 在宿舍用手机阅读

G. 在宿舍用电脑阅读　　　　　　　H. 在宿舍用平板电脑阅读

16. 您的父母对你进行数字化阅读的态度是？（只选一项）

　　A. 大力支持　　　　　　　　　B. 极力反对

　　C. 随意　　　　　　　　　　　D. 有时间控制

　　E. 从不关心

17. 学校老师对您进行数字化阅读的态度是？（只选一项）

　　A. 大力支持　　　　　　　　　B. 极力反对

　　C. 随意　　　　　　　　　　　D. 有时间控制

　　E. 从不关心

18. 最近半年您或者您父母帮您购买过几本纸质书？（只选一项）

　　A. 0　　　　　　　　　　　　 B. 1~3 本

　　C. 4~6 本　　　　　　　　　　D. 7~10 本

　　E. 11 本以上

19. 最近半年您或者您父母帮您购买（或者下载）过几本电子书？（只选一项）

　　A. 0　　　　　　　　　　　　 B. 1~3 本

　　C. 4~6 本　　　　　　　　　　D. 7~10 本

　　E. 11 本以上

20. 您认为数字化阅读有哪些优点？（可多选）

　　A. 界面漂亮生动

　　B. 阅读携带方便

　　C. 阅读中可以与同伴交流、交互性强

　　D. 省时省钱，价格便宜

　　E. 内容非常丰富

　　F. 方便快捷，及时更新

　　G. 形式多而且有趣，带来全方位的视听享受

　　H. 其他_____

21. 您认为数字化阅读存在哪些缺点？（可多选）

　　A. 内容资源信息太多太杂，作品参差不齐，很多存在色情、暴力等

　　B. 太容易吸引人，很多青少年沉浸其中，难以自拔

　　C. 内容比较肤浅，内容权威性不够，不适合精读

D. 广告太多，内容存在市场商业目的，主要吸引关注，获得点击率

E. 数字化阅读对身体伤害很大，有辐射、伤害眼睛，容易视觉疲劳

F. 不便于记录、学习和收藏

G. 没有古香古色的触摸感觉

H. 价格太高

I. 不习惯这种数字化阅读方式

J. 对设备有要求，学校禁止使用网络或者手机，不能进行数字化阅读

K. 其他_____

22. 对于知识学习而言，对比数字化阅读和纸质阅读，您觉得哪种更有效？（只选一项）

A. 纸本阅读

B. 手机等移动阅读

C. MP4、平板电脑（如 iPad）、电子书阅读器等手持设备阅读

D. 电脑网络阅读

23. 您进行数字化阅读主要目的是什么？（可多选）

A. 聊天交友　　　　　　　　B. 浏览新闻资讯

C. 娱乐放松　　　　　　　　D. 查询资料、学习知识技能

E. 打发时间　　　　　　　　F. 习惯性阅读

G. 课程学习任务的需要　　　H. 玩游戏

I. 看电子书/杂志　　　　　　J. 收发邮件

K. 微博/博客　　　　　　　　L. 收听/收看/下载歌曲或电影

M. 其他_____

24. 您进行数字化阅读的主要内容是什么？（可多选）

A. 动作冒险、科幻魔法类　　B. 轻松搞笑、生活休闲类

C. 影视艺术、爱情文艺类　　D. 财经管理、职场职业类

E. 新闻资讯、信息综合类　　F. 警探推理、游戏棋艺类

G. 温馨励志、语言学习类　　H. 政治理论、文史传记类

I. 功夫武侠、灵异鬼怪类　　J. 自然科学、科技生活类

K. 流行时尚、饮食风情类　　L. 宗教信仰、文化古迹类

M. 其他_____

25. 近半年您（或者父母和您一起）是否到图书馆（校内或者校外）

借书或看书？（可多选）

  A. 有到图书馆借书   B. 有到图书馆看书
  C. 有到图书馆看书和借书   D. 没有到图书馆借书和看书

26. 您觉得自从有了数字化阅读之后，您读纸质书的时间是多了还是少了？（只选一项）

  A. 比以往增加了   B. 比以往减少了
  C. 完全没有影响   D. 不确定

27. 在数字化阅读过程中，您是否经常与同伴分享感兴趣的阅读内容？（只选一项）

  A. 经常分享   B. 从不分享
  C. 方便的时候分享   D. 想分享，但不知道怎么分享

28. 在数字化阅读过程中您经常使用哪种方式分享感兴趣的内容？（可多选）

  A. 手机、短信   B. 电子邮件
  C. 亲口告诉   D. QQ、微信、微博、人人网等
  E. 不分享

29. 数字化阅读过程中，您能又快又准查找到自己需要的信息和资源吗？（只选一项）

  A. 经常能够   B. 偶尔能够
  C. 常常不能

30. 在进行数字化阅读时，您的阅读习惯是什么？（只选一项）

  A. 仔细读完全部内容   B. 跳跃浏览
  C. 选择性地读   D. 边读边记录有用的信息

31. 通过数字化阅读，您对自己阅读过的内容有印象吗？（只选一项）

  A. 印象深刻   B. 有点印象
  C. 基本没有印象

32. 在数字化阅读时，您遇到哪些困惑？（可多选）

  A. 广告太多   B. 影响视力
  C. 阅读效果不高   D. 难以找到想要的信息
  E. 不便于记录重要信息

33. 在数字化阅读过程中，您是否有意或者无意接触和浏览过不良、不好的信息？

A. 有 B. 没有
C. 没注意

34. 对数字化阅读，您有哪些希望？（可多选）

A. 提供笔记本功能，记录阅读到的重要信息
B. 能够评价阅读内容
C. 提供更便捷、准确的查找指南
D. 减少广告
E. 数字阅读能够得到老师家长的认可，并得到指导

35. 数字化阅读给您带来了哪些影响？（可多选）

A. 减少纸质阅读时间 B. 影响学习
C. 加快阅读速度 D. 降低阅读效果
E. 阅读形式多样，更喜欢阅读 F. 不再或者减少购买纸质图书
G. 使视力下降

36. 数字化阅读对您的学习和生活有哪些影响？（可多选）

A. 充实了日常生活，扩大了知识面和信息量
B. 挤占了正常的学习和纸质阅读时间，影响了学习
C. 增加了知识学习的内容和载体，使得学习更加高效
D. 数字化阅读的方式不利于身心健康，影响了视力和体力
E. 数字化阅读方式互动性强，提高了阅读的兴趣和效果
F. 数字化阅读的内容纷繁复杂，使人容易沉迷
G. 其他_____

37. 促使您进行数字化阅读主要是因为什么？（可多选）

A. 信息获取便利，信息数字时代的变化和影响
B. 同伴、同学的推荐和影响
C. 数字化阅读中的人物、情节更符合自己的口味
D. 网络上很多东西弥补了经典中的不足，带来新的体验，刺激
E. 许多网络阅读简单易读，适合快餐时代
F. 方便进行信息检索
G. 收费很少，甚至不收费
H. 方便复制和分享
I. 音画俱全、生动刺激
J. 阅读过程中可以与同伴共享、聊天

38. 您觉得阻碍你进行数字化阅读的原因是哪些？（可多选）
    A. 学习任务太重，没时间
    B. 学校不让带手机，不让上网，无法数字化阅读
    C. 不喜欢数字化阅读
    D. 对数字化阅读的内容不感兴趣
    E. 其他_____

39. 您所在的学校（图书馆）是否提供数字化阅读？（可多选）
    A. 老师上课经常指导我们进行数字化阅读
    B. 图书馆有专门的数字化阅读（电子阅读）教室
    C. 老师偶尔有指导我们进行数字化阅读
    D. 图书馆没有专门的数字化阅读（电子阅读）教室

40. 您希望学校、老师及图书馆开设数字化阅读方面的指导课吗？（只选一项）
    A. 非常希望   B. 比较希望
    C. 无所谓   D. 不希望

41. 您在数字化阅读中，主要阅读内容的类型有哪些？（可多选）
    A. 人文类   B. 科普类
    C. 经济类   D. 外语类
    E. 新闻报刊类   F. 哲学类
    G. 科幻类   H. 小说类
    I. 其他_____

42. 您认为长期看数字化阅读会取代传统纸质阅读吗？（只选一项）
    A. 是，环保是最重要的优点
    B. 是，给人民阅读带来的方便无可取代
    C. 是，高科技产品是跟上时尚潮流的一种方式
    D. 否，纸质书能带给读者无法取代的阅读感受
    E. 否，纸质阅读仍然是学习的主要方式

43. 您认为纸质阅读有哪些优点？（可多选）
    A. 保护眼睛   B. 方便做笔记
    C. 随时翻阅   D. 更容易集中竞赛，印象深刻
    E. 有收藏价值   F. 更适合多数人的读书习惯
    G. 其他_____

44. 从您的经验来看，您认为数字化阅读的最佳载体是什么？（只选一项）

　　A. 个人电脑　　　　　　　　　B. 智能手机

　　C. 电子书阅读器　　　　　　　D. 平板电脑

45. 平时想阅读时，您心里的第一选择是哪种阅读方式？（只选一项）

　　A. 纸质阅读　　　　　　　　　B. 数字化阅读

46. 若有一定的购书经费，您最想进行哪种购买方式？（只选一项）

　　A. 去书店购买纸本书

　　B. 平板电脑或者电子阅读器上购买电子书

　　C. 手机上购买手机报

　　D. 互联网上购买网络书

　　E. 其他_____

47. 您是否希望数字化阅读成为主流的阅读方式？（只选一项）

　　A. 是　　　　　　　　　　　　B. 否

48. 用一句话表达您关于数字化阅读方面有什么期望或者建议？

　　_____

　　_____

问卷完毕，感谢参与！

四 使用经验对未成年人数字化阅读的影响调查问卷

（一）未成年人数字化阅读情况调查问卷

同学，您好！

感谢您在紧张的学习之余参与我们的问卷调查，我是温州大学教育技术专业的学生，正在进行一项关于"未成年人数字化阅读状况"调查。您的回答对于本研究的进行至关重要，希望得到您的帮助。如有任何问题或要求，欢迎和我进行联系！再次感谢您的参与和支持！

注：本次调研所指"数字化阅读"是指利用个人计算机、手机、电子阅读器、IPAD、MP4、PDA 等终端阅读电子书、网络小说、电子地图、数码照片、博客、网页等数字内容的行为。

1. 性别
   A. 男   B. 女
2. 您是否开展过数字化阅读？
（注意：如果您选择"是"，请继续答题；选择"否"，请跳至15题。）
   A. 有   B. 完全没有
3. 您数字化阅读时主要依托的设备是（可多选）：
   A. 电脑   B. 手机
   C. iPad   D. 手持电子阅读器
   E. MP3/MP4   F. 电子词典
   G. 其他
4. 您数字化阅读时最喜欢的内容（可多选）：
   A. 新闻资讯   B. 网络游戏
   C. 社交信息   D. 歌曲
   E. 网络视频   F. 网络小说
   G. 其他
5. 您数字化阅读的主要类型（可多选）：
   A. 数字报纸   B. 电子杂志
   C. 电子书   D. 网页资讯

E. 微博　　　　　　　　　　　F. 博客

G. 社区（如天涯、豆瓣）　　　H. 论坛

I. QQ/微信/飞信　　　　　　　J. 其他

6. 您一般在什么地方进行数字化阅读？

A. 交通工具上　　　　　　　　B. 学校

C. 家中　　　　　　　　　　　D. 其他

7. 您有使用过以下哪些阅读软件（可多选）：

A. PDF 阅读器　　　　　　　　B. win Djview

C. 91 看书　　　　　　　　　 D. 小手阅读器

E. iRead 阅读器　　　　　　　F. 酷阅读

G. 百阅　　　　　　　　　　　H. Anyview 阅读器

I. GGBook　　　　　　　　　　J. 其他

K. 无

8. 您接触这些数字化电子设备多长时间了？

A. 一个月　　　　　　　　　　B. 3 个月

C. 半年　　　　　　　　　　　D. 一年

E. 2~3 年　　　　　　　　　　F. 3 年以上

9. 您数字化阅读频率：

A. 每日多次　　　　　　　　　B. 每日一次

C. 一周多次　　　　　　　　　D. 一周一次

E. 不到一周一次

10. 您每次数字化阅读持续的时间：

A. 小于 15 分钟　　　　　　　B. 15~30 分钟

C. 30~60 分钟　　　　　　　 D. 1~2 小时

E. 大于 2 小时

11. 以下哪个更符合您的数字化阅读行为？

A. 您经常进行数字化阅读

B. 只要时间和空间允许，您就会进行数字化阅读

C. 虽然您经常进行数字化阅读，但并没有放弃纸质阅读

D. 您进行数字化阅读的频率高于纸质阅读的频率

12. 您选择数字化阅读的原因是什么（可多选）：

A. 方便，不受时间空间限制　　B. 传播、更新迅速

C. 互动性强 D. 有个性化服务
E. 阅读成本较低 F. 同时满足视觉和听觉的需求
G. 新鲜时尚 H. 信息检索方便
I. 其他

13. 您进行数字化阅读的目的（可多选）：
A. 娱乐 B. 学习
C. 获得资讯 D. 交流沟通
E. 其他

14. 您之所以进行数字化阅读有一部分原因是：
A. 您周围很多同学或亲友都进行数字化阅读
B. 您周围的同学或亲友经常向您推荐数字化阅读设备
C. 您周围的同学或亲友经常向您推荐适合数字化阅读的内容
D. 以上都没有

15. 您将来对数字化阅读的意向是：
A. 您会推荐您的亲友开展数字化阅读
B. 您会更多地进行数字化阅读
C. 您会减少或不进行数字化阅读

16. 你平时多用哪种阅读：
A. 电子阅读 B. 纸质阅读

17. 你更喜欢用哪种阅读：
A. 电子阅读 B. 纸质阅读

18. 数字化阅读对您来说：
A. 能够提高您阅读或搜寻信息的效率
B. 对您来说很有用
C. 没什么用

19. 您认为数字化阅读终端容易使用吗：
A. 能马上上手 B. 还可以，得接触一段时间
C. 不容易，难操作

20. 父母对你数字化阅读的态度：
A. 很支持
B. 不干涉
C. 认为影响学习，反对数字化阅读，除非和学习相关

21. 老师对你数字化阅读的态度：

A. 支持

B. 不过问

C. 反对

D. 支持与学习相关的学习或阅读

22. 学校有开展有关数字化阅读的活动么？比如利用平板阅读新闻、开展小组课外活动等：

A. 有　　　　　　　　　　B. 没有

（二）测试完后的问卷调查

班级：_____　　姓名：_____

1. 您是否经过静读天下阅读器操作与使用的培训：（　　）

A. 是　　　　　　　　　　B. 否

2. 您对以下笔记操作熟悉么？

	A 非常熟悉，经常使用	B 熟悉，偶尔会用	C 会用，但阅读时基本不用这些操作	D 不熟悉	E 不知道如何操作
□书签					
□高亮					
□标注					
□字典					
□全文搜索					
□翻译					
□维基百科					
□google					

3. 在语文阅读测试中，您有出现以下哪些情况（多选题）：（　　）

A. 盯着屏幕感觉难受，很难阅读进去

B. 能阅读，但难阅读进去

C. 能阅读，但操作起来很不方便

D. 用起来很方便，和纸质阅读没什么区别

E. 有帮助我提高阅读或搜索信息的效率

F. 其他_____
4. 在语文阅读测试中，您有进行以下哪些操作（多选题）：（   ）
A. 插入书签   B. 高亮
C. 标注   D. 字典
E. 全文搜索   F. 翻译
G. 维基百科   H. google

五　用户经验与未成年人数字化阅读行为的关系调查问卷

（一）未成年人数字化阅读情况调查问卷

同附录四（一）

（二）《雪》阅读测试

班级：_____　姓名：_____　学号：_____　平板号：_____

1. 下列加着重点的字中注音有误的一项是（　　）。

A. 磬口（qìng）　嘴唇（chún）　蓬勃（bó）　凛冽（lǐn）

B. 滋润（rùn）　褪尽（tuì）　弥漫（mí）　脂粉奁（lián）

C. 灿烂（càn）　粘结（zhān）　灼灼（zhuó）　旋转（zhuǎn）

D. 单瓣（bàn）　朔方（shuò）　闪烁（shuò）　胭脂（zhǐ）

2. 下列句子中没有错别字的一项是（　　）。

A. 屋上的雪是早已就有消化了的，因为屋里居人的火的温热。

B. 孩子们呵着冻得通红，像紫芽姜一般的小手，七八个一齐来朔雪罗汉。

C. 连续的晴天又使他成为不知道算什么，而嘴上的胭脂也退尽了。

D. 但我的眼前仿佛看见冬花开在雪野中，有许多蜜蜂们忙录地飞着。

3. 作者写怀念中的江南的雪，主要抓住了两个方面来写，一是写_____，意在表现_____；一是写_____，意在表现_____。

（　　）

A. 北方的雪，孤独的特质，江南的雪，有活力

B. 雪天的胜景，江南雪景之美，雪天的乐事，人们对江南的雪的热爱

C. 北方的雪，有活力，江南的雪，孤独的特质

D. 雪天的胜景，人们对江南的雪的热爱，雪天的乐事，江南雪景之美

4. 对朔方的雪的赞颂，包含了作者什么样的感情？体现了鲁迅什么样的精神品格？

答：_____

5. 《雪》是鲁迅在_____著作中的一篇文章，是鲁迅先生唯一的一本_____类型的诗集。

请填完答案后填写问卷

1. 你觉得使用平板电脑作为查询工具好用吗？

　A. 好用

　B. 不好用，（填写理由）＿＿＿＿＿＿＿＿＿＿＿＿＿＿＿＿＿＿＿

2. 计算机和平板电脑查询资料，你更倾向于哪一个？

　A. 计算机　　　　　　　　B. 平板电脑

3. 有了平板电脑后你的解题时间是＿＿＿＿＿＿。

　A. 增加　　　　　　　　　B. 减少

（三）访谈大纲

【操作行为】	1. 你是什么方式操作平板电脑的？原因？
【搜寻策略】	2. 你都是用什么样的方式完成任务的？
	3. 我发现你的作答时间很短，你有理解题意吗？
【搜寻策略】	4. 你觉得使用 iPad 作为查询工具好用吗？整体而言，你给 iPad 在信息查询上的评分？ （①你能又快又准查找到自己需要的信息和资源吗？②在进行数字化阅读时，你的阅读习惯是什么？③通过数字化阅读，你对自己阅读过的内容有印象吗？④在数字化阅读时，你遇到哪些困惑？如广告太多；不便于记录重要信息；影响视力；阅读效果不高；难以找到想要的信息）
【建议功能】	5. 你认为平板电脑应提供什么样的功能或方式才能辅助你寻找数据 （提供笔记本功能，记录阅读到的重要信息，提供更便捷、准确的查找指南，数字化阅读能够得到老师家长的认可，并得到指导，能够评价阅读内容，减少广告其他）
【经验转移】	6. 你觉得你用平板电脑与手机的经验是相同的吗
	7. 电脑，平板电脑查询资料，你更倾向于哪一个？为什么？
	8. 对于知识学习而言，对比数字化阅读和纸质阅读，你觉得哪种更有效？（只选一项）
	9. 更倾向于哪种考试类型？ A. 每人分发一只平板，联网开卷考　B. 传统的纸质闭卷考试
	10. 为什么你不想用平板电脑呢（易用、有用、使用意图低） A. 内容资源信息太多太杂，作品参差不齐，很多存在色情、暴力等； B. 太容易吸引人，很多青少年沉浸其中，难以自拔； C. 内容比较肤浅，内容权威性不够，不适合精读； D. 广告太多，内容存在市场商业目的，主要吸引关注，获得点击率；

续表

【经验转移】	E. 数字化阅读对身体伤害很大，有辐射、伤害眼睛，容易视觉疲劳； F. 不便于记录、学习和收藏； G. 没有古香古色的触摸感觉； H. 价格太高； I. 不习惯这种数字化阅读方式； J. 对设备有要求，学校禁止使用网络或者手机，不能进行数字化阅读

六 数字化阅读对未成年人认知发展的影响调查问卷

数字化阅读对未成年人认知发展影响调查

亲爱的同学：

您好！我们正在进行一项关于未成年人数字阅读（也称为电子阅读）的调查，请您能够按照自己的真实想法填写下面的问题。我们的问卷只用于研究，绝不会透露您的相关信息。非常感谢您的支持。请在您认为最符合的答案上打√。

需要注意的是：本卷中提到的"数字化阅读"是指使用电脑、网络、MP3、MP4、手机、平板电脑、iPad、电子阅读器等进行阅读，阅读内容包括文字、图片、视频等。

年级：_____   性别：_____   年龄：_____

	题 项	非常同意	同意	没意见	不同意	非常不同意
注意	1. 数字化阅读过程中，页面内容太多使我分不清该注意哪里					
	2. 数字化阅读中我需要清晰的导航					
	3. 数字化阅读中我能长时间的关注在阅读内容上					
	4. 数字化阅读使我不容易转移注意力					
	5. 数字化阅读有助于培养我寻找有用信息的意识					
	6. 数字化阅读过程中我容易受到其他内容（如广告等）的影响而偏离原来阅读目的					
	7. 数字化阅读的内容常常让我沉迷其中，忘记了时间					
	8. 网上页面链接太多，使我在搜寻所需资料时常常迷航					
	9. 数字化阅读过程中常常感觉眼睛比较累，视力会下降					

续表

	题 项	非常同意	同意	没意见	不同意	非常不同意
感知	10. 数字化阅读内容丰富，能同时调动我的多种感官，接收到的信息更全面					
	11. 包含文本、图片、声音、动画等多种形式的学习资源更有助于我理解学习内容					
	12. 数字化阅读的内容排版清晰、有条理，能让我很快地把握到重点					
	13. 利用网络地图、google 地图等电子地图有利于培养我的空间知觉					
	14. 网页页面内容的多彩、声音的刺激可以提高我的感官敏锐度					
	15. 网页内容色彩太多常常让我眼花缭乱，网页音效让我觉得刺耳					
记忆	16. 我通过网络工具的备忘、提醒功能，能方便地做笔记，回忆内容					
	17. 通过数字化阅读了解的内容（如日常知识、历史事件等）更能让我印象深刻					
	18. 数字化阅读的内容更直观、有趣，让我回忆起来更轻松					
	19. 我经常通过电子设备看小说，但看的小说多了，以前看的故事情节就淡了					
	20. 数字化阅读的过程中，我可以通过多种感官参与，提高记忆效果					
	21. 我通过网络、手机等移动设备记单词时，效果没有通过使用书本一边写一边记的好					
思维与问题解决	22. 遇到问题、我习惯于去网上搜寻相关对策					
	23. 网上交流可以接触到各种意见，培养我多个角度看待问题的态度					

续表

	题　项	非常同意	同意	没意见	不同意	非常不同意
思维与问题解决	24. 对于网上出现的中奖或转发有奖等信息，我会抱着试一试的想法					
	25. 利用网络学习平台，我可以通过和老师同学交流，解决难题、分享学习经验					
	26. 数字化阅读内容具有丰富的故事和情境，能启发我进行思维发散					
	27. 数字化阅读丰富了我的阅历，能够提供我生活中没遇到过的经历					
	28. 在网上看到偏激的帖子时，我不会盲目地加入到口水战中					
	29. 我觉得数字化阅读主要是浏览信息，对学习没有积极影响					
言语与想象	30. 各种聊天工具使我更习惯于用文字来代替语言来抒发我的心情					
	31. 网上提供的阅读资料丰富，可以拓宽我的阅读视野和知识					
	32. 数字化阅读像是一个虚幻的空间，总让我产生不现实的幻想					
	33. 在数字化阅读中我总能从看到的内容中得到启发					
	34. 我觉得数字化阅读都是浏览信息，阅读和理解不够深刻					
	35. 我觉得数字化阅读对于课堂学习有很大帮助					
	36. 数字化阅读使我的日常语言表达和沟通有点困难					
	37. 多媒体化的数字化阅读提高了我的想象力					

七 数字化阅读对未成年人社会性发展的影响调查问卷

数字化阅读对青少年社会性发展影响的调查

亲爱的同学：

您好！我们正在进行一项关于青少年网络阅读（也称为电子阅读）的调查，请您能够按照自己的真实想法填写下面的问题。我们的问卷只用于研究，绝不会透露您的相关信息。非常感谢您的支持。请在您认为最符合的答案上打√。

需要注意的是：本卷中提到的"网络阅读"是指使用电脑、网络、联网手机、联网平板电脑（iPad、电子阅读器）等进行阅读，阅读内容包括文字、图片、视频等。

性别：_____ 年龄：_____ 年级：_____

	题 项	非常同意	同意	没意见	不同意	非常不同意
社会化情绪	1. 父母禁止我上网容易让我产生反抗与厌学的情绪					
	2. 网络阅读对我而言很重要，没它就活不下去					
	3. 我希望每天可以轻轻松松地在上网中度过					
	4. 我曾经因为想要上网阅读，有过逃课的经历					
	5. 比起现实中与同伴交流，我觉得在网络里更自在些					
	6. 我只有不断增加网络阅读的时间才能感到快乐，从而使得上网时间经常比预定的时间长					
	7. 如果有事不能进行上网阅读，我会感到烦躁不安或者情绪低落					
	8. 网络阅读是我解脱痛苦的一种重要方式					
	9. 进行网络阅读可以让我解闷，放松心情					

续表

	题 项	非常同意	同意	没意见	不同意	非常不同意
社会化关系	10. 通过网络阅读，我认识了很多朋友					
	11. 通过网络阅读，我增强了与外界的联系，开阔了视野					
	12. 通过参与虚拟社区，我享受了娱乐、交友、购物等乐趣					
	13. 网络阅读加强了我对外交流交际能力					
	14. 比起报纸、书刊，我更喜欢通过网络浏览信息					
	15. 遇到困难，我宁可选择求助于网络也不愿请教别人					
	16. 对于网络上的资源我经常东拼西凑，不加思考					
	17. 在花更多时间在网上阅读与和朋友外出之间，我选择网上阅读					
	18. 我更愿意在网上结交新朋友					
	19. 网络阅读拓宽了我的学习空间					
	20. 我很少有时间与父母进行面对面的交流，大多数都是通过手机与网络					
道德标准	21. 我觉得网上的某些信息容易诱发青少年的犯罪倾向					
	22. 我不知道该如何鉴别网上信息的真假					
	23. 我会通过在线的方式参与一些社会问题的讨论					
	24. 在网络中，我可以做到与在现实中一样诚实					
	25. 我可以用公平、公正的心态来看待网络上的观点、事物					
	26. 我对网络上的一些传闻与不健康的内容感到很好奇					

续表

	题 项	非常同意	同意	没意见	不同意	非常不同意
道德标准	27. 我接触过网络上一些传播不良非法信息的站点					
	28. 如果收到不良信息，我会转发给朋友，当作娱乐					
	29. 我觉得要用技术手段区分成年人与未成年人的网络内容					
	30. 我觉得相关部门应该开设更多的网络教育课，指引青少年正确使用网络					
自我意识	31. 网络阅读已经影响了我原有的生活习惯					
	32. 曾不止一次，有人告诉我，我花了太久的时间在网络阅读上					
	33. 我经常幻想生活在一个虚拟的网络世界					
	34. 我在网络中的形象与在现实中的形象相差较大					
	35. 比起在现实中，在进行网络阅读时，我更容易获得满足感					
	36. 我无法控制自己想要上网阅读的冲动					
	37. 网络阅读已经占据了我的身心					
同伴关系	38. 比起与同伴玩耍，我觉得上网阅读更刺激、更好玩					
	39. 我曾经因为上网的原因面临过失去朋友的情况					
	40. 通过与网友的交流，减轻了我在学习等方面的心理压力					
	41. 我会将发生的趣事与网友一起分享					
	42. 在网上阅读时，碰到与其他人不同的观点我会力争到底					
	43. 通过查阅相关资料，我会尽可能回答网友在网络上提出的问题					

八 未成年人数字化阅读的引导策略相关研究问卷

（一）"未成年人数字化阅读引导策略研究"专家征询问卷

尊敬的专家：

您好！

首先，非常感谢您在百忙之中填写这份征询问卷！

本问卷是为"未成年人数字化阅读引导策略研究"课题研究而设计的。鉴于您在本领域的成就与知名度，经我导师××的推荐，诚挚地请求您就以下问题发表相关意见或看法。由于时间关系，请您将填好的问卷发送至电子邮箱：××。非常感谢您的辛勤付出，感谢您对学子的关心支持。

联系人：×× 电话：××

1. 基本情况

（1）您的学位：（请将您认为的选项变为粗体，或打√）

☐博士　　　☐硕士　　　☐学士　　　☐其他

（2）您的职称：（请将您认为的选项变为粗体，或打√）

☐特级　　　☐高级　　　☐中级　　　☐初级

☐其他

（3）您的专长领域：（请将您认为的选项变为粗体，或打√）

☐图书情报　　　　　　　　☐教育技术

☐媒体传播　　　　　　　　☐计算机/信息技术

☐数学教学　　　　　　　　☐语文教学

☐英语教学　　　　　　　　☐其他_____

2. 关于数字化阅读的定义

所谓"数字化阅读"，又称电子阅读，是指使用电脑、网络、MP4、手机、平板电脑、iPad、电子阅读器等各种数字化平台或移动终端，以数字化形式获取信息或传递认知的过程。阅读内容包括文字、图片、视频等。

您的意见是：（请将您认为的选项变为粗体，或打√）

☐赞同　　　☐不赞同　　　☐部分赞同　　　☐建议修改为：

3. 您认为未成年人数字化阅读与其学习绩效和个体发展之间有负相关吗?

您的意见是:(请将您认为的选项变为粗体,或打√)

□有　□没有。其间的关联强度是:　　　　　　□强

□中　　　　　　　　　　　　　　　　　　　　□低

□说不清

4. 对"未成年人数字化阅读引导策略"的意见征询

为探讨未成年人数字化阅读的引导策略,准确理解每项策略的要素或内涵,我们在文献研究的基础上构建了一个"未成年人数字化阅读引导策略框架",现就本框架的构成要素和内涵向您征询意见。请您按照提示在下表内填写您的意见或看法。如表1、表2所示。

填写提示:

(1) 请您评议引导策略的构成要素,即评议各构成要素是否能说明引导策略的内涵。

◆ 如果本项构成要素具有必不可少、不可替代的作用,就选"4 非常重要";

◆ 如果本项构成要素不是必不可少的,但是具有一定的意义,就选"3 重要";

◆ 如果本项构成要素有一定意义,但不足以作为独立条目,就选"2 一般重要";

◆ 如果本项构成要素意义很小或完全没有必要,就选"1 不重要"。

(2) 请您对未成年人数字化阅读引导策略类型、构成要素及内涵提出修改意见,填写在"各要素及内涵修改意见"一栏中。

(3) 请您补充问卷没有考虑到的构成要素或其他任何建议。填写在最后"建议新增的要素"一栏中。

表1　　　　　　　未成年人数字化阅读引导策略的策略类型

策略类型及其内涵	调查选项	该构成要素的必要性（请在您认为合适的选项后打√，或填入数字）				各要素及内涵修改意见
		4 非常重要	3 重要	2 一般	1 不重要	
教学性策略	通过学校教育教学手段发展学生的数字化阅读策略、技巧与方法					
技术性策略	通过改进数字化阅读材料和内容设计保障未成年人数字化阅读的成效					
素养性策略	通过提升未成年人信息素养和阅读素养来确保数字化阅读的积极效果					
管理性策略	通过提高学校、图书馆、家庭（父母）的阅读管理策略来引导未成年人正确进行数字化阅读					

建议新增的数字化阅读引导策略类型及其理由：

表2　　　　　未成年人数字化阅读引导策略的构成要素框架（初稿）

构成要素及其内涵	调查选项	该构成要素的必要性（请在您认为合适的选项后打√，或填入数字）				各要素及内涵修改意见
		4 非常重要	3 重要	2 一般	1 不重要	
教学性策略	1. 开设专门的数字化阅读指导校本课程					
	2. 教师在教学中加强数字化阅读材料的使用与整合					

续表

构成要素及其内涵 / 调查选项		该构成要素的必要性（请在您认为合适的选项后打√，或填入数字）				各要素及内涵修改意见
		4 非常重要	3 重要	2 一般	1 不重要	
教学性策略	3. 在相关课程如语文、信息技术课程中讲授数字化阅读技巧					
	4. 促进学生之间的交流，分享数字化阅读经验					
	5. 强化教师的网络化、数字化教学能力，积极构建数字化学习环境					
	6. 注重数字化阅读的导读和书目推荐，尤其注重经典推荐					
	7. 引导学生形成数字化阅读与传统阅读相结合的阅读习惯					
技术性策略	8. 减少数字化阅读页面内容里的无关信息					
	9. 注重对数字化阅读材料"热点内容"的推荐和引导					
	10. 阅读内容排版清晰、有条理，能让学生很快地把握到重点					
	11. 阅读材料设计注重吸引通过多种感官参与，提高记忆效果					
	12. 注重数字化阅读的延伸与引导，阅读前后提供清晰的导读书目					
	13. 开发和使用阅读注释、评论和分享工具，让学生可以做笔记					
	14. 开发和使用监控视觉疲劳的软件，在学生长时间阅读之后强制弹出放松眼睛					

续表

构成要素及其内涵	调查选项	该构成要素的必要性 （请在您认为合适的选项后打√，或填入数字）				各要素及内涵修改意见
		4 非常重要	3 重要	2 一般	1 不重要	
技术性策略	15. 实行数字化阅读页面内容分级，从数字化阅读接触方面进行监控					
	16. 构建未成年人数字化阅读档案袋，引导学生有效进行数字化阅读					
	17. 构建网络书房平台，为数字化阅读提供健康绿色空间					
素养性策略	18. 引导未成年人批判性地看待数字化阅读的优缺点					
	19. 强化阅读与思考相结合，发展学生认知、想象、创造能力；培养学生多个角度看待问题的态度					
	20. 强化传统阅读素养的提升，注重经典阅读；确立正确的阅读目的，培养良好的阅读品质					
	21. 培训学生数字化阅读设备、数字化阅读软件的使用					
	22. 强化数字化阅读中的笔记习惯，积极进行自我反思					
	23. 引导学生数字化阅读过程中的互动、分享与交流					
	24. 进行信息道德教育和信息法律宣传，树立网络文明意识					
	25. 加强信息素养培养，提高学生信息处理能力					
	26. 强调数字化阅读的安全问题，以免学生上当受骗					

续表

构成要素及其内涵	调查选项	该构成要素的必要性（请在您认为合适的选项后打√，或填入数字）				各要素及内涵修改意见
		4 非常重要	3 重要	2 一般	1 不重要	
管理性策略	27. 建立数字化阅读导读制度，引导积极健康的数字化阅读习惯					
	28. 建立数字化阅读规章制度，遵守网络使用规则					
	29. 通过监控技术设置学生的阅读时限和权限					
	30. 倡导数字化阅读中的亲子活动，提倡亲子数字化阅读					
	31. 开展数字化阅读活动周，提倡科学的阅读方法和技巧					
	32. 成立专门的未成年人数字化阅读指导队伍；针对不同的学生群体，按需提供个性化指导					
	33. 举办各种数字化阅读推广活动，如网络读书会、读书辩论会等					
	34. 有计划开展网络检索竞赛活动、信息资源应用技术的培训					
	35. 对电子阅览室实施精细化管理，注重数字化人文环境的建设					
	36. 加大数字化资源建设的投入和力度，加强数字化网络资源管理					
	37. 结合全民阅读活动，重视数字化阅读的普及和推广工作					
	38. 建议设立专门的数字化阅读节，提倡各级领导人使用数字化阅读					

续表

构成要素及其内涵 \ 调查选项	该构成要素的必要性（请在您认为合适的选项后打√，或填入数字）				各要素及内涵修改意见
	4 非常重要	3 重要	2 一般	1 不重要	
管理性策略 — 39. 图书馆等加强 Web 2.0 建设，创设积极的数字化阅读社区、空间与环境；做好数字化阅读的延伸服务					
40. 构建未成年人数字化阅读知识银行，形成良好的阅读习惯					
41. 探索数字化阅读分级制度，确保未成年人数字化阅读的科学有效					
42. 发布我国青少年数字化阅读指数并纳入社会发展体系					
43. 建设公共数字阅读服务平台，推广经典名著的数字化阅读					

建议新增的数字化阅读引导策略构成要素及其理由：

调查完毕，感谢您对学子的呵护！

（二）未成年人数字化阅读引导策略修改意见汇总

问 题	专家意见
1. 通过提高学校、图书馆、家庭（父母）的阅读管理策略来引导未成年人正确进行数字化阅读	增加同伴的引导与管理
2. 阅读材料设计注重吸引通过多种感官参与，提高记忆效果	提高记忆效果；可以不要
3. 强化阅读与思考相结合，发展学生认知、想象、创造能力；培养学生多个角度看待问题的态度	好像是两个题目

续表

问题	专家意见
4. 强化传统阅读素养的提升，注重经典阅读；确立正确的阅读目的，培养良好的阅读品质	好像是两个题目
5. 成立专门的未成年人数字化阅读指导队伍；针对不同的学生群体，按需提供个性化指导	好像是两个题目
6. 开发和使用监控视觉疲劳的软件，在学生长时间阅读之后强制弹出放松眼睛	可自由设置时间
7. 建议新增的数字化阅读引导策略类型及其理由	1. 是否可以考虑：整合性策略，即将数字化阅读的技术与内容整合到学生的正式与非正式学习中？我没有研究，不知道有没有这样的提法？ 2. 次序是否要做调整？此外，四个策略是否会重叠？比如1、2、4的目的是否就是为了培养3？

（三）未成年人数字化阅读引导策略的构成要素框架（定稿）

构成要素及其内涵	调查选项	该构成要素的必要性（请在您认为合适的选项后打√，或填入数字）				各要素及内涵修改意见
		4 非常重要	3 重要	2 一般	1 不重要	
教学性策略	1. 教师在教学中加强数字化阅读材料的使用与整合					
	2. 在相关课程如语文、信息技术课程中讲授数字化阅读技巧					
	3. 促进学生之间的交流，分享数字化阅读经验					
	4. 强化教师的网络化、数字化教学能力，积极构建数字化学习环境					

续表

构成要素及其内涵	调查选项	该构成要素的必要性（请在您认为合适的选项后打√，或填入数字）				各要素及内涵修改意见
		4 非常重要	3 重要	2 一般	1 不重要	
教学性策略	5. 注重数字化阅读的导读（热点导读）和书目推荐，尤其注重经典推荐					
	6. 引导学生形成数字化阅读与传统阅读相结合的阅读习惯					
技术性策略	7. 阅读内容排版清晰、有条理，能让学生很快地把握到重点					
	8. 阅读材料设计注重吸引通过多种感官参与					
	9. 开发和使用阅读注释、评论和分享工具，让学生可以做笔记					
	10. 开发和使用监控视觉疲劳的软件，自由设置阅读时间，在时间到了的时候强制弹出放松眼睛					
养成性策略	11. 强化阅读与思考相结合，发展学生认知、想象、创造能力					
	12. 强化传统阅读素养的提升，注重经典阅读					
	13. 引导未成年人批判性地看待数字化阅读的优缺点					
	14. 进行信息道德教育和信息法律宣传，树立网络文明意识					
	15. 加强信息素养培养，提高学生信息处理能力					
	16. 强调数字化阅读的安全问题，以免学生上当受骗					

续表

构成要素及其内涵	调查选项	该构成要素的必要性 （请在您认为合适的选项后打√，或填入数字）				各要素及内涵修改意见
		4 非常重要	3 重要	2 一般	1 不重要	
养成性策略	17. 建立数字化阅读导读制度，引导积极健康的数字化阅读习惯					
	18. 确立正确的阅读目的，培养良好的阅读品质					
管理性策略	19. 倡导数字化阅读中的亲子活动，提倡亲子数字化阅读					
	20. 结合全民阅读活动，重视数字化阅读的普及和推广工作，开展数字化阅读活动周，提倡科学的阅读方法和技巧					
	21. 成立专门的未成年人数字化阅读指导队伍；针对不同的学生群体，按需提供个性化指导					
	22. 举办各种数字化阅读推广活动，如网络读书会、读书辩论会等					
	23. 有计划开展网络检索竞赛活动、信息资源应用技术的培训					
	24. 对电子阅览室实施精细化管理，注重数字化人文环境的建设					
	25. 加大数字化资源建设的投入和力度，加强数字化网络资源管理					
	26. 图书馆等加强 Web 2.0 建设，创设积极的数字化阅读社区、空间与环境；做好数字化阅读的延伸服务					

续表

调查选项 构成要素及其内涵	该构成要素的必要性 （请在您认为合适的选项后打√，或填入数字）				各要素及内涵修改意见
	4 非常重要	3 重要	2 一般	1 不重要	
管理性策略 27. 构建未成年人数字化阅读知识银行，形成良好的阅读习惯					
管理性策略 28. 探索数字化阅读分级制度，确保未成年数字化阅读的科学有效					

建议新增的数字化阅读引导策略构成要素及其理由：

参考文献

一 中文部分

1. [美] 罗伯特·达恩顿：《阅读的未来》，熊祥译，中信出版社 2011 年版。
2. [美] 莫提摩·J. 艾德勒、查尔斯·范多伦：《如何阅读一本书》，郝明义、朱衣译，商务印书馆 2004 年版。
3. [美] 尼古拉·尼葛洛庞蒂：《数字化生存》，胡泳译，海南出版社 1996 年版。
4. [美] 尼古拉斯·卡尔：《浅薄：互联网如何毒化了我们的大脑》，刘纯毅译，中信出版社 2010 年版。
5. [美] 斯文·伯克茨：《读书的挽歌——从纸质书到电子书》，中国对外翻译出版公司 2001 年版。
6. [英] 彼得·泰勒：《如何设计教师培训课程——参与式课程开发指南》，陈则航译，北京师范大学出版社 2006 年版。
7. 白学军、沈德立：《初学阅读者和熟练阅读者阅读课文时眼动特征的比较研究》，《心理发展与教育》1995 年第 2 期。
8. 白玉：《少儿图书馆在数字阅读中的任务及对策》，《图书馆学刊》2012 年第 7 期。
9. 毕静：《图书馆 Web 2.0 背景下的数字阅读》，《农业图书情报学刊》2010 年第 12 期。
10. 蔡国用：《数字出版物阅读对传统阅读的影响研究》，硕士学位论文，安徽大学，2013 年。
11. 邓香莲等：《解析新媒体环境下国民对阅读重要性和阅读目的的认知》，《科技与出版》2012 年第 1 期。
12. 邓香莲、张卫：《解析新媒体环境下国民传统阅读时间的变化》，《科技与出版》2012 年第 2 期。
13. 邓香莲等：《解析新媒体环境下现代家庭的阅读消费》，《科技与出版》2012 年第 3 期。
14. 邓香莲等：《解析新媒体环境下国民的首选阅读方式》，《科技与出版》2012 年第 4 期。
15. 曹东云、邱婷、谢云、杨南昌：《文本呈现方式、认知风格、自我感受对大学生电脑屏幕阅读成绩的影响研究》，《电化教育研究》2013 年第 1 期。
16. 曹远：《普通高中生数字化课外阅读研究》，硕士学位论文，扬州大学，2011 年。
17. 陈丹、程小雨：《我国儿童数字化阅读接受模式研究》，《中国出版》2013 年第 3 期。
18. 陈丹、杨萌、李蒲：《大学生数字化阅读现状及特征分析》，《科技与出版》，2013 年。
19. 陈会昌：《儿童社会性发展量表的编制与常模制定》，《心理发展与教育》1994 年第 4 期。
20. 陈慧斌：《支持未成年人数字化阅读的参与式学习研究》，硕士学位论文，温州大学，2014 年。
21. 陈丽冰：《关于青少年数字阅读素养教育问题的思考》，《探求》2014 年第 6 期。
22. 陈铭：《儿童纸质阅读和数字阅读比较研究综述》，《新闻传播》2013 年第 10 期。
23. 陈鹏飞：《少年儿童网络阅读现象及对策》，《大众文艺》2008 年第 10 期。
24. 陈七妹：《从媒介分析角度看网络对传统阅读方式的影响》，《新闻界》2004 年第 6 期。
25. 陈锐军：《广东省青少年数字阅读现状调查与分析》，《中国出版》2010 年第 8 期。
26. 陈赟文：《新的心理疾病：网络成瘾症》，《社会》2000 年第 6 期。
27. 陈中原：《数字化阅读：一场静悄悄的阅读革命》，《中国教育报》2009 年 8 月 18 日。
28. 程欣：《网络时代少儿阅读需求与阅读指导》，《中小学图书情报世界》2008 年第 5 期。

29. 仇壮丽、吴晓奕：《数字化阅读存在的问题与图书馆的对策研究》，《图书情报工作网刊》2012 年第 11 期。
30. 崔磊：《数字出版环境中的受众阅读及其反思》，《编辑之友》2012 年第 4 期。
31. 崔丽娟、王小晔：《互联网对青少年心理发展影响研究综述》，《心理科学》2003 年第 3 期。
32. 崔丽娟、赵鑫等：《网络成瘾对青少年的社会性发展影响研究》，《心理科学》2006 年第 1 期。
33. 邓大才：《概念建构与概念化：知识再生产的基础》，《社会科学研究》2011 年第 4 期。
34. 邓琼、刘晓伟：《广东首次发布的居民阅读调查报告显示综合阅读率数字阅读率均高于全国水平》，《羊城晚报》2012 年 8 月 16 日。
35. 邓小昭：《网络用户信息行为研究》，科学出版社 2010 年版。
36. 董朝峰：《电子传媒时代的深浅阅读再辨析》，《图书馆杂志》2011 年第 3 期。
37. 董一凡：《对近两年图书馆界关于"浅阅读"问题研究的述评》，《图书馆论坛》2009 年第 6 期。
38. 段朝辉、颜志强、王福兴、周宗奎：《动画呈现速度对多媒体学习效果影响的眼动研究》，《心理发展与教育》2013 年第 1 期。
39. 段一、胡耀华：《数字阅读：变革与反思》，《新闻知识》2010 年第 11 期。
40. 风笑天：《社会调查中的问卷设计》，天津人民出版社 2002 年版。
41. 冯蕾：《数字阅读视野下未成年人阅读推广的分析与实践》，《河南图书馆学刊》2013 年第 5 期。
42. 付昕：《近 10 年来国内网络阅读研究代表性观点述评》，《图书馆学刊》2009 年第 5 期。
43. 高晓卿、王永跃、葛列众：《眼动技术与脑电技术的结合——一种认知研究新方法》，《人类工效学》2005 年第 11 期。
44. 耿玉玲：《网络文献与网络阅读探析》，《图书馆论坛》2006 年第 2 期。
45. 谷婵娟、钱晓飞、庄重：《手机阅读的生态化发展策略探析》，《图书馆理论与实践》2011 年第 3 期。
46. 顾小清、傅伟、齐贵超：《连接阅读与学习：电子课本的信息模型设计》，《华东师范大学学报》（自然科学版）2012 年第 3 期。
47. 顾雪林：《数字阅读迈出万里长征第一步　未来发展将无比灿烂》，《中国教育报》2009 年 4 月 24 日。
48. 郭成：《试论语文阅读的内涵与理念》，《山东教育学院学报》2011 年第 11 期。
49. 郭健强、龚杰民：《超文本中的迷路问题》，《西安电子科技大学学报》1997 年第 1 期。
50. 郭恋：《手机移动阅读效果影响因素的实验研究》，硕士学位论文，浙江师范大学，2012 年。
51. 官建文：《中国移动互联网发展报告（2014）》，社会科学文献出版社 2014 年版。
52. 官建文：《中国移动互联网发展报告（2015）》，社会科学文献出版社 2015 年版。
53. 韩立红：《阅读革命带来的利好与冲击》，《领导之友》2011 年第 4 期。
54. 郝振省：《中国数字出版产业年度报告（2011—2012）》，中国书籍出版社 2012 年版。
55. 郝振省、陈威：《中国阅读：全民阅读蓝皮书（第一卷）》，中国书籍出版社、海天出版社 2009 年版。
56. 郝振省、陈威：《中国阅读：全民阅读蓝皮书（第二卷）》，中国书籍出版社、海天出版社 2011 年版。
57. 何婉莘：《浅论少儿图书馆青少年网络阅读指导服务》，《福建图书馆理论与实践》2010 年第 3 期。
58. 贺平、余胜泉：《1∶1 数字化学习对小学生阅读理解水平的影响研究》，《中国电化教育》2013 年第 5 期。
59. 贺子岳：《论网络阅读模式的构建》，《武汉大学学报》（人文科学版）2006 年第 3 期。
60. 黄丹俞、张志美：《跨媒体阅读案例分析与启示》，《图书馆杂志》2013 年第 5 期。
61. 黄丹俞：《跨媒体阅读：图书馆阅读推广的新趋势》，《图书与情报》

2012年第5期。
62. 姜洪伟：《儿童在线阅读的价值认知探析》，《中国出版》2014年第2期。
63. 姜洪伟：《数字阅读概念辨析及其类型特征》，《图书馆理论与实践》2013年第9期。
64. 姜丽红：《电脑屏幕与纸面呈现载体对大学生阅读效果的影响研究》，硕士学位论文，苏州大学，2008年。
65. 蒋波、章菁华：《1980—2009年国内眼动研究的文献计量分析》，《心理科学》2011年第1期。
66. 柯惠新等：《调查研究中的统计分析法》，北京广播学院出版社1996年版。
67. 寇蕊：《未成年人网络阅读之我见》，《江苏图书馆学刊》2009年第3期。
68. 李红梅：《大学生网络阅读中存在的问题及引导措施》，《中国成人教育》2007年第15期。
69. 李洁：《不同呈现方式对大学生电脑屏幕阅读成绩的影响研究》，硕士学位论文，上海师范大学，2009年。
70. 李劲：《论浅阅读时代图书馆对大众阅读的深度引导》，《图书馆学研究》2008年第4期。
71. 李曦：《基于数字阅读需求的图书馆儿童数字信息服务研究——以陕西省儿童为调查对象》，西北大学硕士学位论文，2014年。
72. 李晓娟、赵薇：《眼动研究对阅读困难内在机制探讨的贡献与不足》，《中国特殊教育》2007年第7期。
73. 李新娥：《大众传媒对少年儿童阅读的影响及对策》，《江西图书馆学刊》2007年第3期。
74. 李新祥：《方法、问题与对策：我国国民阅读研究现状述评》，《浙江传媒学院学报》2010年第2期。
75. 李新祥：《数字时代国民阅读行为嬗变研究》，中国社会科学出版社2014年版。
76. 李玉英、赵文：《青少年网络阅读的调查与思考》，《河北青年管理干部学院学报》2008年第9期。
77. 李媛、周晓霞：《我国青少年网络阅读现状分析》，《图书馆学研究》

2013 年第 3 期。
78. 李文革、沈洁：《中国未成年人互联网运用报告（2009—2010）》，社会科学文献出版社 2010 年版。
79. 李文革、沈洁：《中国未成年人新媒体运用报告（2011—2012）》，社会科学文献出版社 2012 年版。
80. 李文革、沈洁：《中国未成年人互联网运用报告（2013—2014）》，社会科学文献出版社 2014 年版。
81. 梁桂英：《1997—2007 年国内网络阅读研究综述》，《图书馆杂志》2008 年第 4 期。
82. 梁涛：《青少年网络网读的负效应及对策》，《中国青年研究》2007 年第 6 期。
83. 凌遵斌、张新新：《数字出版时代的深阅读与浅阅读》，《数字无限》2011 年第 11 期。
84. 刘朝杰：《问卷的信度与效度评价》，《中国慢性病预防与控制》1997 年第 4 期。
85. 刘德寰、郑雪、崔凯、张晓鸽、左灿、崔忱：《数字化时代对国民阅读影响的文献综述》，《广告大观（理论版）》2009 年第 2 期。
86. 刘德寰：《上网、读书时间和催化剂》，《广告大观》（理论版）2007 年第 6 期。
87. 刘鸿娟：《浅议青少年网络阅读与纸质阅读的选择》，《图书馆工作与研究》2012 年第 10 期。
88. 刘婧、华薇娜：《国内外网络阅读研究概述》，《新世纪图书馆》2013 年第 6 期。
89. 刘敏：《青少年网络阅读的心理负效应及应对策略》，《编辑之友》2013 年第 6 期。
90. 刘儒德、程铁刚、周蕾：《网上阅读与纸面阅读行为的对比调查》，《电化教育研究》2004 年第 5 期。
91. 刘儒德、赵妍、柴松针、徐娟：《多媒体学习的影响因素》，《中国电化教育》2007 年第 10 期。
92. 刘晓景、曾婧：《儿童电子书阅读的实证研究》，《图书馆界》2014 年第 4 期。
93. 刘昕亭：《浅阅读：书展时代的读书生活》，《中国图书评论》2011 年第 12 期。

94. 刘艳妮：《数字化阅读对传统阅读的影响研究》，硕士学位论文，辽宁大学，2011 年。
95. 刘元荣：《2000—2010 年网络阅读研究述评》，《图书馆学研究》2011 年第 6 期。
96. 龙起香：《网络多媒体学习对儿童思维的影响》，《基础教育研究》2009 年第 6 期。
97. 楼向英、高春玲：《Mobile 2.0 背景下的手机阅读》，《图书馆杂志》2009 年第 10 期。
98. 卢宏：《五次我国全国国民阅读调查综述》，《图书情报知识》2014 年第 1 期。
99. 鲁耀斌、徐红梅：《技术接受模型的实证研究综述》，《研究与发展管理》2006 年第 3 期。
100. 吕廷杰、李易、周军：《移动的力量》，电子工业出版社 2014 年版。
101. 罗昌娴：《全民阅读背景下手机阅读的推广》，《理论前沿》2011 年第 2 期。
102. 马飞：《数字化阅读让阅读更精彩》，《新世纪图书馆》2008 年第 4 期。
103. 马英：《中学生网络阅读研究述评》，《湖北第二师范学院学报》2014 年第 7 期。
104. 茆意宏：《论手机移动阅读》，《大学图书馆学报》2010 年第 6 期。
105. 倪凤霞：《以图书馆 2.0 为背景的高校图书馆服务》，《图书馆学刊》2011 年第 4 期。
106. 倪圣、袁顺波：《我国手机阅读研究现状述评》，《现代情报》2012 年第 6 期。
107. 欧晓平：《网络阅读的特点、模式与网络作文的意义》，《引进与咨询》2006 年第 12 期。
108. 潘双林：《网络阅读深度化的实践探索》，《中国电化教育》2012 年第 4 期。
109. 潘英伟：《电子课本解读》，《出版广角》2007 年第 8 期。
110. 彭聃龄、张必隐：《认知心理学》，浙江教育出版社 2004 年版。
111. 秦静：《大学生数字化阅读的影响因素分析》，《现代情报》2014 年第 5 期。
112. 荣梅、张劲：《当代青少年课外阅读现状的实证分析》，《出版发行研究》2012 年第 12 期。
113. 沈德立：《学生汉语阅读过程的眼动研究》，教育科学出版社 2001 年版。
114. 沈水荣：《新媒体新技术下的阅读新变革》，《出版参考》2011 年第 9 期。
115. 盛华：《数字化阅读：图书馆服务的机遇与挑战》，《江西图书馆学刊》2011 年第 1 期。
116. 盛终娟：《网络时代少年儿童读者的需求与满足研究》，《中小学图书情报世界》2008 年第 12 期。
117. 时少华、何明生：《网络阅读一般模式的构建》，《哈尔滨工业大学学报》（社会科学版）2003 年第 12 期。
118. 斯琴、李满亮：《从图式理论的视角看阅读理解的心理过程》，《内蒙古师范大学学报》（社会科学版）2007 年第 1 期。
119. 孙复川、L. Stark：《视觉信息处理阅读：中文和英文时眼动模式的对比研究》，《生物物理学报》1988 年第 4 期。
120. 孙静、王慧萍：《关于网络对青少年心理发展正面影响的研究》，《烟台教育学院学报》2004 年第 12 期。
121. 孙淑静：《浅阅读的内涵及其弊端》，《读者》2007 年第 4 期。
122. 孙延藆：《网络阅读的创新功能》，《泰山学院学报》2005 年第 4 期。
123. 孙益祥、陈琳：《青少年的网络阅读及其模式》，《出版发行研究》2010 年第 4 期。
124. 陶侃：《略论读图时代的"游戏素养"及构建要素》，《现代远程教育研究》2009 年第 2 期。
125. 陶蕾：《图书馆创客空间建设研究》，《图书情报工作》2013 年第 14 期。
126. 陶云：《不同年级学生阅读有或无配图课文的眼动实验研究》，硕士学位论文，天津师范大学，2001 年。
127. 田军、张朋柱、王刊良、汪应洛：《基于德尔菲法的专家意见集成模型研究》，《系统工程理论和实践》2004 年第 1 期。
128. 王海燕：《我国社会化阅读研究综述》，《图书馆理论与实践》2015

年第 3 期。
129. 王慧、刘婧、顾围：《国内外未成年人数字阅读研究综述》，《山东图书馆学刊》2015 年第 2 期。
130. 王建中、曾娜、郑旭东：《理查德·梅耶多媒体学习的理论基础》，《现代远程教育研究》2013 年第 2 期。
131. 王健、陈琳：《信息化时代的阅读方式与前景探析》，《江苏开放大学学报》2010 年第 21 期。
132. 王健、张立荣：《新媒介时代大学生数字化阅读素养的内涵与培养》，《现代远距离教育》2011 年第 6 期。
133. 王平：《移动社交时代的电子阅读》，知识产权出版社 2015 年版。
134. 王思根、员立亭：《数字化阅读的现状及其趋势》，《商洛学院学报》2011 年第 5 期。
145. 王素芳：《网络阅读的发展现状和前景探析》，《图书与情报》2004 年第 3 期。
136. 王筱萌：《"云阅读"时代到来》，《出版参考》2013 年第 3 期。
137. 王雪侠：《青少年数字化阅读推广的影响因素分析》，硕士学位论文，山东师范大学，2013 年。
138. 王晔：《从 UnLibrary 项目与创客空间建设看图书馆的转型与超越》，《图书情报工作》2014 年第 4 期。
139. 王佑镁：《跨媒体阅读：整合 O2O 与 MOOCs 的泛在阅读新趋势》，《中国电化教育》2015 年第 1 期。
140. 王佑镁：《全民阅读视阈下未成年人新媒体阅读及其推广》，《中国信息界》2012 年第 2 期。
141. 王佑镁：《国内外数字化阅读发展及阅读服务创新研究》，《中国信息界》2011 年第 12 期。
142. 王佑镁：《数字化阅读：Web 2.0 时代阅读方式的传承与嬗变》，《中国信息界》2011 年第 11 期。
143. 王佑镁：《数字化阅读的概念纷争与统整：一个分类学框架及其研究线索》，《远程教育杂志》2014 年第 1 期。
144. 王佑镁：《数字化阅读对未成年人认知发展的影响研究》，《中国电化教育》2013 年第 11 期。
145. 王佑镁：《眼动分析技术在学习与阅读研究中的应用述评——基于主

题词的共词聚类分析》，《远程教育杂志》2005 年第 5 期。

146. 王佑镁：《Web 2.0 时代阅读方式的传承与嬗变》，《中国信息界》2011 年第 11 期。
147. 王雨、李子运：《"关联时代"的数字化阅读》，《现代教育技术》2013 年第 5 期。
148. 王雨、李子运：《大学生数字化阅读现状调查与对策研究》，《图书馆建设》2013 年第 5 期。
149. 王玉琴、王成伟：《媒体组合与学习步调对多媒体学习影响的眼动实验研究》，《电化教育研究》2007 年第 11 期。
150. 王子舟：《随电子书洪流走入数字阅读时代》，《图书馆建设》2010 年第 6 期。
151. 翁国华：《从传播学视角论网络对青少年认知发展的影响》，《中国青年研究》2003 年第 12 期。
152. 温红博、辛涛：《阅读素养：孩子面向未来的基础能力》，《中国教育报》2011 年 3 月 17 日。
153. 吴迪、舒华：《眼动技术在阅读研究中的应用》，《心理学动态》2001 年第 4 期。
154. 吴慧华、金友忠、毛汉玉：《大学生网络阅读的现状及其教育策略》，《上饶师范学院学报》2010 年第 3 期。
155. 吴旭君：《网络阅读和其他》，《出版与印刷》2000 年第 1 期。
156. 吴赟、杨锋：《新媒体环境下中国国民阅读行为嬗变的特征及其问题反思》，《出版广角》2012 年第 12 期。
157. 吴志攀：《移动阅读与图书馆的未来》，《大学图书馆学报》2004 年第 1 期。
158. 武永明：《关于个性化阅读相关问题的思考》，《语文建设》2007 年第 7—8 期。
159. 谢晓波：《青少年网络阅读导读及其策略》，《图书馆工作与研究》2008 年第 9 期。
160. 辛晓磊：《首都大学生数字化阅读行为研究》，硕士学位论文，北京印刷学院，2013 年。
161. 熊婷婷：《大学生群体手机阅读业务的采纳行为研究》，硕士学位论文，华中科技大学，2010 年。

162. 徐彬：《电子阅读新选择》，《软件》2000 年第 10 期。
163. 徐克学：《数量分类学》，科学出版社 1994 年版。
164. 徐丽芳、方卿、邹莉、丛挺：《数字出版物研究综述》，《出版科学》2010 年第 5 期。
165. 徐婷：《数字化阅读及其对传统出版物的影响》，硕士学位论文，中国科学技术大学，2009 年。
166. 许光耀：《数字阅读可能影响儿童学习能力提高》，《解放日报》2012 年 1 月 31 日。
167. 杨帆：《阅读的革命》，《图书与情报》2003 年第 1 期。
168. 杨红：《"浅阅读"时代图书馆的应对策略》，《图书馆》2008 年第 2 期。
169. 杨军：《媒介形态变迁与阅读行为的嬗变——以印刷媒介与网络媒介为例的考察》，《图书馆工作与研究》2006 年第 3 期。
170. 杨敏：《大学生网络阅读中存在的问题与对策探析》，《新西部》2008 年第 9 期。
171. 杨清：《贴近学生的真实阅读：国外阅读评价分析——以 PIRLS，PISA 和 NEAP 为例》，《外国中小学教育》2012 年第 5 期。
172. 杨宪东：《开发"数字化阅读"课程的实践与思考》，《徐州教育学院学报》2005 年第 1 期。
173. 杨志刚：《开展数字阅读提升图书馆内容服务》，《图书馆论坛》2011 年第 1 期。
174. 姚本先：《心理学》，高等教育出版社 2009 年版。
175. 叶凤云：《移动阅读国内外研究综述》，《图书情报工作》2012 年第 11 期。
176. 尹中艳：《泛在知识环境下数字图书馆服务研究》，硕士学位论文，黑龙江大学，2012 年。
177. 于洋：《从青少年写作辅导谈少儿图书馆网站的服务创新》，《才智》2012 年第 34 期。
178. 余金香：《Folksonomy 及其国外研究进展》，《图书情报工作》2007 年第 7 期。
179. 余训培：《网络阅读指导研究》，《图书情报知识》2005 年第 4 期。
180. 俞立君、陈树年：《文献分类学》，武汉大学出版社 2004 年版。

181. 喻国明、汤雪梅、苏林森、李彪：《读者阅读中文报纸版面的视觉轨迹及其规律———一项基于眼动仪的实验研究》，《国际新闻界》2007年第8期。
182. 岳园：《电子故事书阅读对5—6岁幼儿早期阅读能力的影响》，硕士学位论文，浙江理工大学，2013年。
183. 曾克宇：《网络时代的大众阅读———"网络阅读"研究综述》，《高校图书馆工作》2007年第2期。
184. 曾敏灵：《电子阅读发展与图书馆建设的对策》，《图书馆论坛》2008年第3期。
185. 翟青竹：《基于使用与满足理论的大学生数字媒介阅读研究》，硕士学位论文，安徽大学，2012年。
186. 张必隐：《阅读心理学》，北京师范大学出版社1992年版。
187. 张冰、张敏：《数字阅读必然会导致浅阅读吗？———基于眼动追踪技术的数字阅读与纸质阅读对比实证分析》，《新闻传播》2013年第1期。
188. 张春兴：《张氏心理学辞典》，上海辞书出版社1992年版，第123页。
189. 张浩、钱冬明、祝智庭：《电子阅读方式分类研究》，《中国电化教育》2011年第9期。
190. 张岚：《大学生网络阅读研究》，《图书馆理论与实践》2009年第3期。
191. 张岚：《网络阅读研究》，《沈阳工程学院学报》（社会科学版）2008年第3期。
192. 张岚等：《大学生经典名著阅读与网络阅读透视》，《图书馆论坛》2008年第2期。
193. 张蓬：《青少年网络阅读问题探析》，《理论界》2009年第12期。
194. 张文莉：《论新时期对大学生的网络阅读指导》，《河南图书馆学刊》2009年第5期。
195. 张文青：《论数字化阅读的优越性》，《科技情报开发与经济》2010年第16期。
196. 张仙峰、叶文玲：《当前阅读研究中眼动指标述评》，《心理与行为研究》2006年第3期。

197. 张学军：《"数字化"引领时代"云阅读"改变生活》，《图书馆建设》2012 年第 8 期。
198. 张亚君：《图书馆创客空间协作建设研究》，《大学图书情报学刊》2015 年第 1 期。
199. 张正：《数字化阅读：图书馆的挑战与机遇》，《图书与情报》2009 年第 6 期。
200. 张智君、江程铭、朱伟：《信息呈现方式、时间压力和认知风格对网上学习的影响》，《浙江大学学报》（理学版）2004 年第 1 期。
201. 张智君：《超文本阅读中的迷路问题及其心理学研究》，《心理学动态》2001 年第 2 期。
202. 张立：《中国数字出版产业年度报告（2013—2014）》，中国书籍出版社 2014 年版。
203. 赵健、郑太年、任友群、裴新宁：《学习科学研究之发展综述》，《开放教育研究》2007 年第 2 期。
204. 赵荣、张丽、郑鑫：《网络环境下我国高校图书馆信息服务调查与分析》，《科技导报》2003 年第 21 期。
205. 赵荣：《浅谈图书馆服务工作如何应对数字化阅读的挑战》，《图书馆工作与研究》2011 年第 7 期。
206. 赵维森：《远离图像，亲近文字——关于文化工业时代阅读的社会学意义的思考》，《阅读与写作》2000 年第 8 期。
207. 赵宣：《数字化阅读与传统阅读比较研究——兼谈阅读经典文献的有效介质》，《新世纪图书馆》2012 年第 2 期。
208. 郑彩华：《PISA 视野下的电子阅读素养测评其启示》，《基础教育》2012 年第 9 期。
209. 郑淮：《场域视野下的学生社会性发展研究》，硕士学位论文，西南大学，2003 年。
210. 郑俊、陈欢欢、颜志强、王福兴、马征、张红萍：《多媒体视频学习中的教师角色》，《心理研究》2012 年第 5 期。
211. 仲明：《"读"书可能高雅"读"网未必低俗 网络阅读就一定低俗吗》，《光明日报》2009 年 2 月 9 日。
212. 周加仙：《教育神经科学的领域建构》，《华东师范大学学报》（教育科学版）2009 年第 9 期。

213. 周涛：《大学生社交焦虑与网络成瘾的相关研究》，《湖南师范大学教育科学学报》2003 年第 3 期。
214. 朱俊融：《新媒体时代受众阅读习惯研究》，硕士学位论文，南京艺术学院，2011 年。
215. 朱尉：《跨媒体传播与国民阅读方式变革》，《编辑之友》2010 年第 9 期。
216. 朱音：《移动阅读点亮出版未来》，《中国出版》2008 年第 6 期。
217. 朱原谅：《基于元认知的网络阅读研究》，《图书情报工作》2010 年第 2 期。
218. 朱咫渝、史雯：《新媒体时代数字化阅读的审视》，《现代情报》2011 年第 2 期。
219. 佐斌、张陆、叶娜：《内隐态度之"内隐"的涵义》，《心理学探新》2009 年第 2 期。
220. 中国新闻出版研究院全民阅读调查课题组：《全民阅读调查报告》（2008），中国书籍出版社 2009 年版。
221. 中国新闻出版研究院全民阅读调查课题组：《全民阅读调查报告》（2009），中国书籍出版社 2011 年版。
222. 中国新闻出版研究院全民阅读调查课题组：《全民阅读调查报告》（2010），中国书籍出版社 2012 年版。
223. 中国新闻出版研究院全民阅读调查课题组：《全民阅读调查报告》（2011），中国书籍出版社 2013 年版。
224. 中国青少年研究中心：《新媒介与新儿童》，中国青年出版社 2014 年版。
225. 中国社会科学院新闻传播研究所：《中国新媒体发展报告（2015）》，社会科学文献出版社 2015 年版。
226. 中国社会科学院新闻传播研究所：《中国新媒体发展报告（2013）》，社会科学文献出版社 2013 年版。
227. 中国社会科学院新闻传播研究所：《中国新媒体发展报告（2014）》，社会科学文献出版社 2014 年版。

二 英文部分

1. Al-Shehri, Saleh; Gitsaki, Christina (2010). Online Reading: A Prelimi-

nary Study of The Impact of Integrated And Split-Attention Formats On L2 Students' Cognitive Load. Recall, 22 (3): 356 – 375.

2. Andrew Berg (2009), Reading the Future of the Digital Book, Wireless Week, May/June, 10.

3. Anne Burke & Jennifer Rowsell (2008). Screen Pedagogy: Challenging Perceptions of Digital Reading Practice, Changing English: Studies in Culture and Education, 15 (4): 445 – 456.

4. Aydemir, Zeynep; Ozturk, Ergun; Horzum, M. Baris (2013). The Effect of Reading from Screen on The 5th Grade Elementary Students' Level of Reading Comprehension on Informative and Narrative Type of Texts. Kuram Ve Uygulamada Egitim Bilimleri, 3 (4): 2272 – 2276.

5. Akihiro Motoki, Tomoko Harada, Takashi Nagatsuka (2010). The Relation between Comments Inserted onto Digital Textbooks by Students and Grades Earned in the Course. ICADL 2010, LNCS 6102, 2010: 40 – 49.

6. Antonella Chifari, Giuseppe Chiazzese (2010). A Reflection on Some Critical Aspects of Online Reading Comprehension. Via Ugo La Malfa, 153, Palermo-Italy, 34: 491 – 496.

7. Barthelson, M. (2002). Reading behaviour in online news reading. Lund University: Department of Cognitive Science, 310.

8 Bawden, D. (2001). Information and digital literacies: a review of concepts. Journal of Documentation, 57 (2): 218 – 259.

9. Björn B. de Koning, Huib K. Tabbers, Remy M. J. P. Rikers, Fred Paas (2010). Attention guidance in learning from a complex animation: Seeing is understanding? . Learning and Instruction, 20 (2): 111 – 122.

10. Brunet, D. P. , Bates, M. L. , Gallo III, J. R. & Strother, E. A. (2011). Incoming dental students' expectations and acceptance of an electronic textbook program. Journal of Dental Education, 75 (5): 646 – 652.

11. Catts, R. & Lau, J. (2008). Towards Information Literacy Indicators. Paris: UNESCO.

12. Chaudhry, Abdus Sattar (2014). Student Response to E-Books: Study of Attitude Toward Reading Among Elementary School Children in Kuwait. Electronic Library, 32 (4): 458 – 472.

13. Chen, C. – M, Wang, J. – Y. & Chen, Y. – C. (2014). Facilitating english-language reading performance by a digital reading annotation system with self-Regulated learning mechanisms. Educational Technology & Society, 17 (1): 102 – 114.
14. Chen-Chung Liu, Kuo-Hung Tseng, Leon Yufeng Wu (2013). A Participatory Learning Framework For Enhancing Children's Reading Experience With Electronic Book Readers. Research And Practice In Technology Enhanced Learning, Vol. 8, No. 1: 129 – 151.
15. Ciampa, K. ICANREAD (2012): The Effects of an Online Reading Program on Grade 1 Students Engagement and Comprehension Strategy Use. Journal of Research on Technology in Education, 45 (1): 27 – 59.
16. Chen Nian-Shing, Teng Daniel Chia-En, Lee Cheng-Han & Kinshuk (2011). Augmenting paper-based reading activity with direct access to digital materials and scaffolded questioning. Computers & Education, Sep. Vol. 57 Issue 2, 1705 – 1715.
17. D. Rumelhart (1980). Schemata: The Building Blocks of Cognition. Theoretical Issues In Reading Comprehension. N J Hillsdale: Erlbaum.
18. Davison, N. (1990). Cooperative learning in mathematics: A Handbooks for teachers. Cafornia: Addison-Wesley, 278.
19. De Jong, MT; Bus (2004). AG. The Efficacy of Electronic Books in Fostering Kindergarten Children's Emergent Story Understanding. Reading Research Quarterly. 39 (4): 378 – 393.
20. DeFreitas, S. & Neumann, T. (2009). The use of "exploratory learning" for supporting immersive learning in virtual environments. Computers & Education 52, 343 – 352.
21. Dennis S. Davis, Carin Neitzel. (2012). Collaborative sense-making in print and digital text environments. Read Write. (25): 831 – 856.
22. Dresang Eliza T. (2009), Kotrla Bowie, Radical Change Theory and Synergistic Reading for Digital Age Youth, Journal of Aesthetic Education, Vol. 43, No. 2: 92 – 107.
23. Druin, A., Weeks, A., Massey, S. & Bederson, B. B. (2007).

Children's interests and concerns when using the International Children's Digital Library: A four country case study. In Proceedings of Joint Conference on Digital Libraries (JCDL, 2007) Vancouver, British Columbia, Canada. 167 – 176. a paper which gives an overview of our work with digital libraries and children in New Zealand, Honduras, Germany, and the U. S.

24. Ertem, Ihsan Seyit (2010). The Effect of Electronic Storybooks on Struggling Fourth-Graders' Reading Comprehension. Turkish Online Journal of Educational Technology. 9 (4): 140 – 155.

25. Eshet-Alkalai, Y. (2004). Digital literacy: A conceptual framework for survival skills in the digital era. Journal of Educational Multimedia and Hypermedia, 13 (1): 93 – 106.

26. Esther Uso-Jua & Noelia Ruiz Madrid (2009). Reading Printed versus Online Tests, A Study of EFL learners Shategic Reading Behavior. International Jounal of English Studies, Vol. 9 (2): 59 – 79.

27. Florian Schmidt-Weigand, Alfred Kohnert, Ulrich Glowalla (2010). A closer look at split visual attention in system-and self-paced instruction in multimedia learning. Learning and Instruction, (20): 100 – 110.

28. Ford, N. & Chen, S. Y. (2001). Matching/mismatching revisited: an empirical study of learning an ateaching styles. British Journal of Educational Technology, 32, 5 – 22.

29. Fred D Davis (1989). Perceived Usefulness: Perceived Ease of Use, and User Acceptance of Information Technology. MIS Quarterly, (9): 319 – 340.

30. Gabrielle Strouse (2011), Why E-Reading With Your Kid Can Impede Learning. TIME Magazine, December 20.

31. Ghinea, G. & Chen, S. Y. (2003). The impact of cognitive styles on perceptual distributed multimedia quality. British Journal of Educational Technology, 34, 393 – 406.

32. Gilster, P. (1997). Digital literacy. New York; Chichester: John Wiley.

33. Grigorenko, E. L. & Sternberg, R. J. (1997). Styles of thinking, abilities, and academic performance. Exceptional Children, 63, 295 – 312.

34. Grimshaw, Shirley; Dungworth, Naomi; McKnight, Cliff (2007). Elec-

tronic books: children's reading and comprehension. British Journal of Educational Technology, 38 (4): 583 – 599.
35. Gu X. Q., Wu B., Xu X. J., Design, development, and learning in e-Textbooks: what we learned and where we are going. Journal of Computers in Education, 2015 (2): 25 – 41.
36. Han-Chin Liu, Chao-Jung Chen, Hsueh-Hua Chuang, Chi-Jen Huang (2012). Using Eye-Tracking Technology to Investigate the Impact of Different Types of Advance Organizers on Viewers' Reading of Web-Based Content: A Pilot Study. Advanced Information Technology in Education Advances in Intelligent and Soft Computing, 63 – 69.
37. Holmqvist, K., Holsanova, J., Barthelson, M. & Lundqvist, D. (2003). Reading or Scanning? A study of newspaper and net paper reading. The Mind's Eye: Cognitive and applied aspects of eye movement research. Amsterdam: Elsevier, 657 – 670.
38. Hsueh-Hua Chuang, Han-Chin Liu (2012). Effects of Different Multimedia Presentations on Viewers' Information-Processing Activities Measured by Eye-Tracking Technology. Journal of Science Education and Technology, (4): 276 – 286.
39. Holmqvist, K., Holsanova, J., Barthelson, M. & Lundqvist, D. (2003). Reading or Scanning? A study of newspaper and net paper reading. The Mind's Eye: Cognitive and applied aspects of eye movement research. Amsterdam: Elsevier, 657 – 670.
40. Hsu, CL, Lu, HP (2004). Why do people play on-line games? An extended TAM with social Influences and flow experience. Inform Management, 9.41 (7): 853 – 868.
41. Hsueh-Hua Chuang, Han-Chin Liu (2012). Effects of different multimedia presentations on viewers' Information-processing activities measured by eye-tracking technology. Journal of Science Education and Technology, (4): 276 – 286.
42. Inglis, M. & Alcock, L. (2012). Expert and Novice Approaches to Reading Mathematical Proofs. Journal for Research in Mathematics Education, 43, 358 – 390.

43. Jane L. Howland, David H. Jonassen, Rose M. Marra (2011). Meaningful Learning with Technology. Boston: Allyn& Bacon Pearson, 7 – 11.
44. Jeung, H., Chandler, P. & Sweller, J. (1997). The role of visual indicators in dual sensory mode instruction. Educational Psychology, (17): 329 – 343.
45. Jonassen, D., Howland J., Moore, J. & Marra, R. (2003). Learning to solve problems with technology: A constructivist perspective. Upper Saddle River, NJ: Merrill Prentice Hall, 126.
46. Jones, T. & Brown (2011). Reading Engagement: A Comparison between e-Books and Traditional Print Books in an Elementary Classroom. International Journal of Instruction, 4 (2): 5 – 22.
47. John Palfrey & Urs Gasser (2008). Born Digital: Understanding the First Generation of Digital Natives, New York: Basic Books.
48. K. S. Goodman (1976). Reading: A Psycholinguistic Guessing Game. Journal of the Reading Specialist, (3): 18 – 23.
49. Kalyuga, S., Ayres, P., Chandler, P. & Sweller, J. (2003). The expertise reversal effect. Educational Psychologist, (38): 23 – 31.
50. Kelli J. Esteves, Elizabeth Whitten (2011). Assisted reading with digital audiobooks for students with reading disabilities. Reading Horizons, 51 (1): 22 – 40.
51. Kenton O'Hara & Abigail Scllen (1997). A Comparison of Reading Paper and On-Line Documents, CHI March, 22 – 27.
52. Kolb, D. A. (1984). Experiential learning: Experience as the source of learning and development. Englewood Cliffs, NJ: Prentice Hall.
53. Korat, O.; Shamir (2007), A. Electronic Books Versus Adult Readers: Effects on Children's Emergent Literacy as A Function of Social Class. Journal of Computer Assisted Learning, 23 (3): 48 – 259.
54. Kraut, R., Patterson, M., Lundmark, V., Kiesler, S., Mukopadhyay, T., and Scherlis. W. (1998). Internet Paradox: A Social Technology That Reduces Social Involvement and Psychological Well-Being?. American Psychologist, (9): 1017 – 1031.
55. Kurniawan, S. H., & Zaphiris, P., (2001). Reading online or on paper:

Which is faster? Proceedings of the 9th International Conference on Human-Computer Interaction, 220–222.

56. Kenton O'Hara & Abigail Sellen (1997). A Comparison of Reading Paper and On-Line Documents. CHI, March, 22–27.

57. Kimberly M. Parsons (2014). What Are They Thinking? Dental Assisting Students' Feelings About E-Books. TechTrends, (2): 78–86.

58. Kolb, D. A. (1984). Experiential learning: Experience as the source of learning and development. Englewood Cliffs, NJ: Prentice Hall.

59. Lazonder, A. W. (2000). Exploring novice users' training needs in searching information on the WWW. Journal of Computer Assisted Learning16, 326–335.

60. Lee, C.-C., Cheng, H. K. & Cheng, H.-H. (2007). An empirical study of mobile commerce in insurance industry: Task-technology fit and individual differences. Decision Support Systems, 43 (1), 95–110.

61. Leopoldina Fortunati & Jane Vincen (2014). Sociological Insights on the Comparison of Writing/Reading, Telematics and Informatics Volume 31, Issue 1, February, 39–51.

62. Leu, D. J. & Zawilinski, L. (2007). The New Literacies of Online Reading Comprehension. New England Reading Association Journal, 43 (1), 1–7.

63. Lisa Guernsey (2011), Why E-Reading with Your Kid Can Impede Learning. TIME, 2011.12.20.

64. Lovio, Riikka; Halttunen, Anu; Lyytinen, Heikki (2012). Reading Skill and Neural Processing Accuracy Improvement after A 3–Hour Intervention In Preschoolers with Difficulties in Reading-Related Skills. Brain Research, 1448: 42–55.

65. Lyons, K., Starner, T. & Gane, B. (2006). Experimental evaluations of the twiddler one-handed chording mobile keyboard. Human-Computer Interaction, 21, 343–392.

66. M. Koufaris (2002). Applying the technology acceptance model and flow theory to on-line Consumer behavior. Information System Research, 13 (2): 205–223.

67. Marc Prensky (2001). Digital Natives, Digital Immigrants Part 2: Do They Really Think Differently?, On the Horizon, Vol. 9, 1 – 6.
68. Massey, Sheri; Weeks, Ann Carlson; Druin, Allison (2005). Initial Findings from a Three-Year International Case Study Exploring Children's Responses To Literature In a Digital Library. Library Trends, 54 (2).
69. MATT RICHTEL (2010). Digital Devices Deprive Brain of Needed Downtime. The New York Times, 08 – 25, B1 – 7.
70. Maynard, S. & Cheyne, E. (2005). Can electronic textbooks help children to learn. Electronic Library, 23 (1): 103 – 115.
71. Maynard, Sally (2010). The Impact of E-Books on Young Children's Reading Habits, publishing Research Quarterly, Dec, Vol. 26, Issue 4, 236 – 248.
72. McClanahan, B., Williams, K., Kennedy, E. & Tate, S. (2012). A Breakthrough for Josh: How Use of An Ipad Facilitated Reading Improvement. TechTrends, 56, 20 – 28.
73. Merga, Margaret K. (2014). Are Teenagers Really Keen Digital Readers? Adolescent Engagement in Ebook Reading and the Relevance of Paper Books Today, 49 (1): 27 – 37.
74. Miller, Elizabeth B.; Warschauer, Mark (2014). Young Children and E-Reading: Research to Date and Questions for the future. Learning, Media and Technology, 39 (3): 283 – 305.
75. Morahan J, Schumacher P. (2000) Incidence and correlates of pathological internet use a-mongst college students. Computers In Human Behavior, (1): 13 – 29.
76. Maynard, S. & Cheyne, E. (2005). Can electronic textbooks help children to learn?. Electronic Library, 23 (1): 103 – 115.
77. Moody, A. K. (2010). Using electronic books in the classroom to enhance emergent literacy skills in young children. Journal of Literacy and Technology, 11 (4): 22 – 52.
78. Ora Segal-Drori, Ofra Korat, Adina Shamir (2010). Reading electronic and printed books with and without adult instruction: effect on emergent reading. Reading and Writing, (8): 913 – 930.

79. Parish-Morris, J., N. Mahajan, K. Hirsh-Pasek, R. M. Golinkoff, and M. F. Collins (2013). Once Upon a Time: Parent-Child Dialogue and Storybook Reading in the Electronic Era. Mind, Brain, and Education, 7 (3): 200–211.
80. Peppler, K. & Warschauer, M. (2012). Uncovering Literacies, Disrupting Stereotypes: Examining The (Dis) Abilities of A Child Learning to Computer Program And Read. International Journal of Learning and Media, 3 (3): 15–41.
81. Radach, R., Lemmer, S., Vorstius, C., Heller, D. & Radach, K. (2003). Eye movements in the processing of print advertisements. The Mind's Eye: Cognitive and applied aspects of eye movement research. Amsterdam: Elsevier, 609–632.
82. Reuter, K; Druin (2004). A: Bringing Together Children and Books: An Initial Descriptive Study of Children's Book Searching And Selection Behavior in A Digital Library. 67th Annual Meeting of the American Society for Information Science and Technology. Providence, RI. NOV 12–17.
83. Roberts, M. C. & C. R. Barber (2013). Effects of Reading Formats on the Comprehension of New Independent Readers. Journal of Literacy and Technology, 14 (2): 24–55.
84. Rowsell, J. & Burke, A. (2009). Reading by Design: Two Case Studies of Digital Reading Practices, Journal of Adolescent & Adult Literacy, October, 53 (2): 106–118.
85. Segal-Drori, O., Korat, O., Shamir, A. & Klein, P. S.. Reading electronic and printed books with and without adult instruction: Effects on emergent reading. Reading and Writing, (8): 913–930.
86. Sutherland-Smith, W. (2002). Weaving the literacy web: Changes in reading from page to screen. The Reading Teacher, 55 (7), 662–669.
87. Schnotz, W. & Bannert, M. (2013). Construction and interference in learning from multimedia representation. Learning and Instruction, 13 (2): 141–156.
88. Segal-Drori, O., Korat, O., Shamir, A. & Klein, P. S. (2010). Reading electronic and printed books with and without adult instruction: Effects

on emergent reading. Reading and Writing, (8): 913 - 930.
89. Tarng, W., Tsai, S. - H., Lin, C. M., Lee, C. - Y. & Liou, H. - H. (2012). Design of Physical Games for Learning the Lotus Effect. International Journal of Computer Science, 4.
90. Turkle S. (1996). Virtuality and its discontents: Searching for community in cyberspace. The American Prospect, (24): 50 - 57.
91. Ulla Johnsaon-Smaragdi, Annelia Jonsson (2006). Book Reading in Leigure Time: Long-Tern Changes m Young Peoples' Book Reading Habits, Scandinavian Journal of Educational Research, Vol. 50, No. 5, November, 519 - 540.
92. van Deursen, A. J. A. M. & van Dijk, J. A. G. M. (2009). Using the Internet: Skill related problems in users' online behavior. Interacting with Computers, 21 (5/6): 393 - 402.
93. Victoria C. Coyle. (2014). The predictive value of reading frequencies in digital and print formats and on eight grade english language arts outcomes. University at Albany/SUNY.
94. Whitehurst, G. J., Falco, F. L., Lonigan, C. J., Fischel, J. E., De-Baryshe, B. D., Valdez-Menchaca, M. C. & Caulfield, M. (1988). Accelerating language development through picture book reading. Developmental Psychology, 24 (4): 552 - 559.
95. Wijekumar, K. K., B. J. F. Meyer, and P. Lei (2010). Large-Scale Randomized Control Trial with 4th Graders Using Intelligent Tutoring of the Structure Strategy to Improve Nonfiction Reading Comprehension. Educational Technology Research and Development, 60 (6): 987 - 1013.
96. Zhang, M. (2013). Supporting Middle School Students' Online Reading of Scientific Resources: Moving Beyond Cursory, Fragmented, and Opportunistic Reading. Journal of Computer Assisted Learning, 29 (2): 138 - 152.
97. Ziming Liu (2005). Reading Behavior in the Digital Environment: Changes in Reading Behavior Over the Past Ten Years, Journal of Documentation, Vol. 61, Issue 6, 700 - 712.
98. Zucker, Tricia A. (2009). Moody, Amelia K.; McKenna, Michael

C. The Effects of Electronic Books on PreKindergarten to Grade 5 Students' Literacy and Language Outcomes: A Research Synthesis. Journal of Educational Computing Research, 40 (1): 47-87.
99. Zurkowski, P. G. (1974). The Information Environment: Relationships and Priorities, National Commission on Libraries and Information Science, Washington.

三 网页部分

1. 艾瑞网：《2014年中国数字阅读用户行为研究报告》，http://report.iresearch.cn/2211.html, 2015-10-05。
2. Boxi：《数字时代的阅读：纸质书和电子书背后的科学》，http://36kr.com/p/202596.html, 2015-10-05。
3. 今日头条：《今日头条年度数据大揭秘》，http://tech.huanqiu.com/observe/2015-01/5507670.html, 2015-10-05。
4. 极客公园：《多屏幕使用环境下的产品模式》，http://www.geekpark.net/read/view/163095, 2014-12-06。
5. 刘净植：《微阅读盛行，未必是阅读之危》，http://news.cuc.edu.cn/article/27636, 2015-10-05。
6. 屈一平：《微博：碎片阅读之忧》，http://news.sohu.com/20120514/n343112971.shtml, 2015-10-04。
7. 上海市新闻出版局，共青团上海市委员会：《上海市青少年阅读状况调查分析报告（2013年度）》，http://www.hellobook.com.cn/qsndsw/template/viewInfo.jsp?resId=CMS0000000000060905, 2015-10-04。
8. 上海市新闻出版局：《2015年上海市民阅读状况调查报告发布》，http://news.online.sh.cn/news/gb/content/2015-08/11/content_7505228.htm, 2015-10-05。
9. 网易云阅读：《2014年移动阅读报告》，http://www.sootoo.com/content/544395.shtml, 2015-10-05。
10. 亚马逊中国：《亚马逊中国"2015全民阅读"调查报告》，http://www.199it.com/archives/342115.html, 2015-10-05。
11. 易观智库、塔读文学：《中国移动阅读用户研究报告2014》，http://www.wtoutiao.com/a/142253.html, 2015-10-05。

12. 云中书城：《2012 年度中文数字阅读数据报告》，http：//culture. people. com. cn/n/2013/0118/c87423 – 20253005. html，2015 – 10 – 05。
13. 张林初：《调查显示：法国数字阅读发展迅猛》，http：//www. qikan. com. cn/Article/cbck/cbck201123/cbck20112338. html，2012 – 02 – 16。
14. 中国互联网络信息中心：《2013 年中国青少年上网行为调查报告》，http：//www. cnnic. net. cn/hlwfzyj/hlwxzbg/qsnbg/201406/t20140611_47215. htm，2015 – 10 – 05。
15. 中国互联网络信息中心：《第 33 次中国互联网络发展状况统计报告》，http：//www. cnnic. net. cn/hlwfzyj/hlwxzbg/hlwtjbg/201403/t20140305_46240. htm，2015 – 10 – 06。
16. 中国少先队事业发展中心：《第七次中国未成年人互联网运用状况调查报告》，http：//kid. qq. com/a/20140624/030820. htm，2015 – 10 – 05。
17. 中国统计信息服务中心（CSISC），千龙网，中国首都网：《2014 首都青少年阅读状况调查报告》，http：//beijingww. qianlong. com/mmsource/images/2014/04/22/wwzlt042204. pdf，2015 – 10 – 05。
18. 中国新闻出版研究院：《第十二次全国国民阅读调查》，http：//www. gapp. gov. cn/news/1658/249412. shtml，2015 – 10 – 05。
19. Doris Lessing, On Not Winning the Nobel Prize, http：//www. nobelprize. org/nobel_prizes/literature/laureates/2007/lessing-lecture_en. html, 2015 – 10 – 04.
20. Jakob Nielsen. F-Shaped Pattern For Reading Web Content. http：//www. useit. com/alertbox/reading_pattern. html, 2013 – 08 – 20.
21. Maryanne Wolf, Learning to Think in Digital World, http：//www. boston. com/news, 2015 – 10 – 04.
22. NAEP：《Assessment Schedule 1969 – 2017》，http：//nces. ed. gov/nationsreportcard/about/assessmentsched. asp, 2015 – 10 – 06.
23. Scholastic, Harrison Croup, 2012 Kids & Family Reading Report™, http：//mediaroom. scholastic. com/files/kfrr2013 – wappendix. pdf.
24. Vaala, S.：Takeuchi, L. Co-reading with Children on iPads：Parents' Perceptions and Practices. The Joan Ganz Cooney Center, Quick Report. http：//www. joanganzcooneycenter. org/publication/quick-report-parent-co-reading-survey/，2015 – 10 – 05。

25. Winnips, J. C.. Scaffolding by design: A Model for WWW-Based Learner Support, Universiteit Twente, Doctoral thesis. http://purl.utwente.nl/publications/36146, 2015-10-06.
26. PIRLS. 2011 Assessment Framework, http://timssandpirls.bc.edu/pirls2011/downloads/PIRLS2011_Framework.pdf, 2015-10-07.
27. PISA. 2009 Assessment Framework Key competencies in reading, mathematics and science. http://www.oecd.org/pisa/pisaproducts/44455820.pdf, 2015-10-07.